W0287986

Java Webservices

Friedrich Kiltz

Java Webservices

mitp

Bibliografische Information der Deutschen Nationalbibliothek
Die Deutsche Nationalbibliothek verzeichnet diese Publikation in der Deutschen Nationalbibliografie; detaillierte bibliografische Daten sind im Internet über <http://dnb.d-nb.de> abrufbar.

Bei der Herstellung des Werkes haben wir uns zukunftsbewusst für umweltverträgliche und wiederverwertbare Materialien entschieden. Der Inhalt ist auf elementar chlorfreiem Papier gedruckt.

ISBN 978-3-8266-5601-9
1. Auflage 2010

E-Mail: kundenbetreuung@hjr-verlag.de

Telefon: +49 89/2183-7928
Telefax: +49 89/2183-7620

www.mitp.de

Lektorat: Sabine Schulz
Sprachkorrektorat: Maren Feilen
Fachkorrektorat: Claudia Nölker
Satz: III-satz, Husby, www.drei-satz.de
Druck: Beltz Druckpartner GmbH und Co. KG, Hemsbach
Coverbild: © Dmitry Pistrov – Fotolia.com

Inhaltsverzeichnis

Einleitung

Zunächst stelle ich Ihnen die Zielsetzung des Buches und die Zielgruppe vor, also die Fragen nach dem WAS für WEN. Dann zeige ich die Struktur des Buches auf und beschreibe mein durchgängiges Beispiel. Am Ende der Einleitung erläutere ich noch kurz die Bestandteile und den Aufbau der einzelnen Anwendungsfälle, die in den entsprechenden Kapiteln als Handlungshilfe angefügt sind.

Ziel des Buches

Webservices sind nach der Zeit des Hypes schon längst erwachsen und zu einem ernst zu nehmenden Bestandteil der IT-Landschaft geworden. Wenn eine Technologie erwachsen wird, verdichten sich die Leistungen der Frameworks auf jene konkreten Aufgaben, die sich in der Praxis für diese Technologie bewährt haben. Dennoch gibt es eine riesige Vielfalt von Aufgaben für Webservices, die sich auch in der Berechtigung der unterschiedlichen Frameworks widerspiegelt. Inzwischen gibt es eine schon fast unüberschaubare Anzahl von Frameworks, die uns dabei unterstützen sollen, Webservices effektiv zu erstellen und performant zu nutzen. In der Praxis kristallisieren sich drei Hauptbereiche für die Nutzung von Webservices heraus:

- Einfache und schnelle Webservices
- Umfangreiche und komplexe Webservice-Applikationen
- Normale Webservices, die den Standardanforderungen von Webservices entsprechen

Für die einfachen Webservices wie die Abfrage einer BLZ oder die Nutzung der Schufa-Auskunft wird immer öfter die Kombination aus REST und JSON genutzt. Für die komplexen, tiefgreifend konfigurierbaren Webservice-Landschaften ist Axis2 immer eine sehr gute Wahl. In Bezug auf die Standardanforderungen kann auch sehr gut der Standard JAX-WS mit Metro zum Einsatz kommen. Was hier ein wenig plakativ erscheint, wird das Buch genauer beleuchten. Darzustellen, welches Framework für welche Aufgabe in welcher Umgebung sinnvoll sein wird, ist eines der Ziele dieses Buches. Hierbei lege ich den Schwerpunkt auf die folgenden Top-Frameworks:

- Axis2
- Metro für JAX-WS

- Jersey für JAX-RS
- Spring-WS
- Apache CXF

Diese Frameworks stelle ich in ihren Grundlagen, Stärken und Schwächen vor und gebe ganz konkrete Hilfen für den Einsatz und die Nutzung, wobei der Schwerpunkt der Vorstellung auf dem Einstieg und den gebräuchlichsten Nutzungsarten liegt. Im Rahmen dieses Buches kann und will ich nicht bis in die letzten Details der Frameworks vordringen.

Zweites Ziel des Buches ist es, dem Entwickler eine Art Handbuch zu bieten, in dem typische Situationen dargestellt und Schritt für Schritt gelöst werden. Hierbei werden auch kleine Abstecher in alternative Wege und mögliche Fehlersituationen gemacht, um der Praxis Rechnung zu tragen.

Das Buch setzt sich nicht mit den konzeptionellen Überlegungen von SOA auseinander, sondern betrachtet die technischen Realisierungen per Webservices, die sich aus einer SOA heraus ergeben können. Für die ausgiebige Betrachtung der SOA kann ich nur das Buch »SOA in der Praxis« von [Josuttis08] empfehlen.

Zielgruppe

Dieses Buch bietet einen Einstieg in die Realisierung von Webservices und die Nutzung einiger interessanter Frameworks. Es soll Entwickler und Programmierer beim Einstieg in ihr Webservice-Projekt und bei der Auswahl des richtigen Frameworks unterstützen.

Ich stelle die grundlegenden Technologien und den Kontext von Webservices vor und biete konkrete Handlungsanweisungen für die unterschiedlichen Aufgaben, die sich bei der Entwicklung von Webservices ergeben.

Weiterhin stelle ich mehrere Frameworks mit ihren Stärken und Schwächen vor. Ich stelle heraus, was diese Frameworks so besonders macht und in welchem Umfeld sie sich am besten entfalten können.

Dabei setze ich beim Leser gute Java-Kenntnisse voraus. Ein Verständnis für verteilte Anwendungen ist erforderlich. Zu diesem Zweck habe ich in Kapitel 7 einen Exkurs in die Entwicklung der verteilten Anwendungen beigefügt. Kenntnisse über XML sind ebenfalls erforderlich. Als Wiederholung ist in Anhang D eine kurze Erinnerung eingefügt.

Downloads im Internet

Die Listings zu allen Beispielen finden Sie zum kostenlosen Download im Internet unter *www.mitp.de/5601*.

Aufbau des Buches

- Teil A: **Bestimmung der Mitte und Stecken der Grenzen.** Im ersten Teil arbeite ich den Schwerpunkt des Buches heraus und stelle die Nachbardisziplinen mit ihren Schnittstellen vor.
  - Kapitel 1: **Überblick Webservices** zeigt, was Webservices sind und stellt die sich daraus ergebenden Aufgabenbereiche vor.
  - Kapitel 2: **Kontext von Webservices** erklärt die Einbettung und Abgrenzung von Webservices zu ihren Nachbardisziplinen.
- Teil B: **Technische Grundlagen** beschreibt die Techniken, auf denen Webservices aufbauen. Sie bilden die Grundlagen unserer Realisierungen.
  - Kapitel 3: **Technologien für Webservices** klärt die allgemeinen technischen Vorkenntnisse.
  - Kapitel 4: **SOAP** stellt das SOAP-Protokoll vor.
  - Kapitel 5: **WSDL – Web Services Description Language** zeigt den Aufbau, die Nutzung und die Versionen von WSDL.
  - Kapitel 6: **REST – REpresentational State Transfer** zeigt den Aufbau und das Wesen von REST.
  - Kapitel 7: **Webservice-Architektur in Java** zeigt die Entwicklung zur Architektur für Webservices in einem kurzen Abriss von Socket-Verbindungen über RMI zu JAX-RPC bis zu JAX-WS.
- Teil C: **Tools und Frameworks** stellt die gebräuchlichsten Frameworks für die Realisierung von Webservices vor.
  - Kapitel 8: **Axis2** – Die zweite Generation des erfolgreichen Frameworks.
  - Kapitel 9: **Metro-Framework** – Die Referenzimplementierung von JAX-WS.
  - Kapitel 10: **Jersey** – Die Referenzimplementierung für REST.
  - Kapitel 11: **Spring-WS** – Springs Lösung für Webservices.
  - Kapitel 12: **Apache CXF** – Der Zusammenschluss von XFire und Celtix.
  - Kapitel 13: **Vergleich der Frameworks** zeigt die Unterschiede, Stärken und Schwächen der Frameworks im Überblick.
- Teil D: **Weitere wichtige Information**
  - Kapitel 14: **Weiterführende Themen** zu wichtigen Themen wie Performance, Interoperabilität und Sicherheit.

Beispiel

Ein Beispiel für Webservices aufzubauen, ist gar nicht einfach, da ihr Einsatzbereich sehr breit gefächert ist. Einer meiner Kunden nutzt Webservices, um unterschiedliche Systeme miteinander zu verbinden. Da werden Cobol-Programme, die die Kernfunktionalität abbilden, weiterhin genutzt und per Webservices anderen Programmen zur Verfügung gestellt. Andere bilden ganz konkrete B2B-Aufgaben zu ihren verteilten Geschäftspartnern mit Webservices ab und wieder andere wie Amazon bieten die Dienste ihrer Websites als Webservices an, damit diese in die Programme ihrer Kunden integriert werden können.

Ich habe als durchgängiges Beispiel eine kleine Importfirma klassischer und erlesener Waren vor Augen. Sie hat den Namen *Edeltraut GmbH* – kurz Traudel. Wir importieren Weine aus Frankreich und Italien, Olivenöl und Halloumi aus Zypern, Datteln aus Marokko, Vanille aus Madagaskar, Safran aus dem Iran und natürlich Whisky aus Schottland.

Diese Firma werden wir aus den Blickwinkeln betrachten, die durch eine Vernetzung per Webservices unterstützt werden können. Dies sind die Beziehungen zu den zahlreichen, weit verstreuten Lieferanten, dies sind die unterschiedlichen Absatzkanäle, mit denen wir unsere Waren wieder verkaufen, und dies sind die Beziehungen zu verbundenen Unternehmen, die unser wichtiges Netzwerk bilden.

Der folgende Überblick zeigt, dass diese Beziehungen fast überall zu finden sind. Edeltraut steht für das moderne vernetzte Unternehmen.

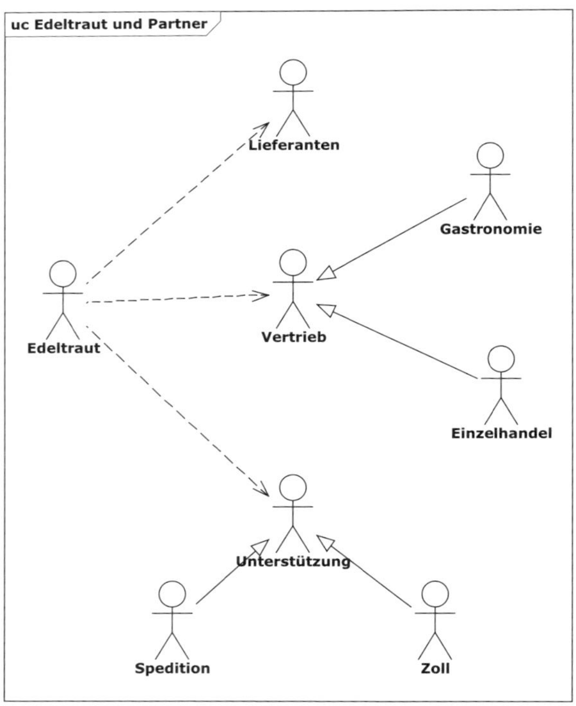

Abb. E.1: Edeltraut und Partner

Um eine Vergleichbarkeit der Frameworks sicherzustellen, werde ich zwei Anwendungsfälle von Edeltraut durch alle Frameworks ziehen lassen. Zum einen wird ein kleiner Kommunikationstest aufgebaut, ein »Hallo World« oder ein »Ping«, also eine Überprüfung der Kommunikation, um die Erreichbarkeit unserer Services zu testen. Die Komplexität des Ping wird zwar meist belächelt, zeigt aber die Schritte auf, die ich zum Aufbau eines funktionierenden Webservices brauche. Zum anderen wird ein abgeschlossenes, aber komplexeres Beispiel in allen Frameworks beleuchtet, das einen zentralen Anwendungsfall von Edeltraut beinhaltet: eine komplexere Datenstruktur in Form einer Rechnung und ein paar Methoden zum Erstellen und Lesen von Rechnungen. Die Datenstruktur der Rechnungen enthält die üblichen Fallstricke und Klippen für Webservices.

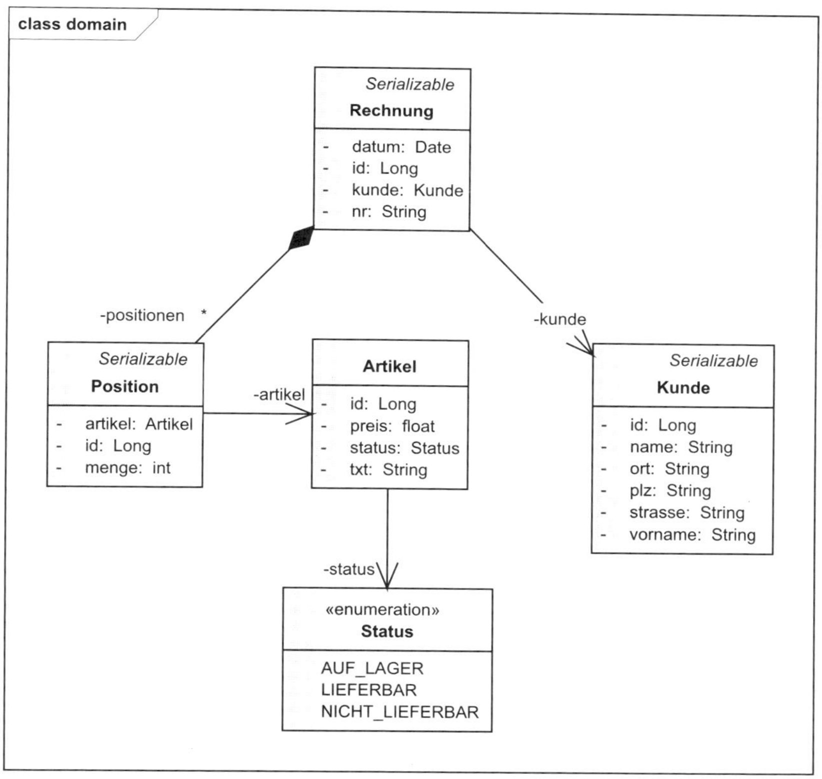

Abb. E.2: Domain-Modell der Rechnung

Die Rechnung hat schöne Beziehungen zu anderen komplexen Typen (Artikel, Kunde), enthält die gebräuchlichsten Datentypen (Primitive, Date etc.), eine Liste mit Positionen und eine Enumeration für den Status. Der Service bietet Methoden, um neue Rechnungen zu erstellen, alte Rechnungen zu lesen und Rechnungen zu finden. In dieser Datenstruktur sind einige Anforderungen, die uns im Umgang mit einem Webservice das Leben schwer machen können.

Ich denke, dass das Beispiel Edeltraut zukunftsfähig ist, denn ich gehe davon aus, dass die Zukunft der Unternehmen in der Vernetzung liegt. Ich hoffe, dass die Zukunft darin liegt, dass selbstständige Unternehmen miteinander kooperieren und freie Netzwerke bilden. Dies kann nur dann effektiv funktionieren, wenn eine reibungslose und effiziente Kommunikation zwischen den Unternehmen und alternativen Handelspartnern möglich ist. Die Reibungsverluste durch die Eigenständigkeit des Unternehmens müssen durch eine geeignete Technologie vermindert werden. Diese Anforderung kann durch Webservices erfüllt werden.

In meinen Beispielen nutze ich das Paket `de.traudel`. Die Domain `traudel.de` gehört mir nicht. Zum jetzigen Zeitpunkt möchte jemand diese Domain verkaufen. Ich hoffe, dass derjenige, der sie dann kauft, keinen Groll gegen meine dreiste Nutzung hegen mag.

Aufbau der Anwendungsfälle

Am Ende der betreffenden Kapitel stelle ich typische Aufgaben rund um das Framework in Form von Anwendungsfällen zusammen. Die Anwendungsfälle sollen die Situation des Entwicklers widerspiegeln, in denen er sich bei der Realisierung von Webservices befinden kann. Die Anwendungsfälle sollen dann eine gezielte Unterstützung der Bearbeitung dieser Aufgabe sein.

Der Aufbau für die Anwendungsfälle stellt sich folgendermaßen dar:

- **Name**: Name des Anwendungsfalls und somit Name des Abschnitts.
- **Kurzbeschreibung**: Ein oder zwei Sätze, um zu erkennen, um was es in dem Anwendungsfall geht und ob der Anwendungsfall für mich zutrifft.
- **Ausgangssituation/Voraussetzung**: Auf welcher Umgebung setzen wir auf? Welche Programme sollten installiert sein? Welche Programmteile sollten schon vorhanden sein? Einige Anwendungsfälle bauen aufeinander auf. Das Ziel eines Anwendungsfalls kann eine Voraussetzung für den aktuellen Anwendungsfall sein.
- **Ziel**: Was wollen wir mit dem Anwendungsfall erreichen? Wann sind wir fertig mit der Aufgabe? Hierbei versuche ich, objektiv erreichbare Zustände zu definieren. Durch die Definition eines klaren Ziels wird vermieden, dass man sich in die vielen wundervollen Einzelheiten (die auch noch mit dem Fall zu tun haben) verliert. Alternativen und interessante Randgebiete werden später noch behandelt.
- **Ablauf**: Das Good-Day-Szenario. Hier stelle ich den grundsätzlichen Ablauf ohne Alternativen oder Umwege dar. Der Weg ist meist nicht der einzig grad-

linige, aber der aus meiner Sicht beste, um von der Ausgangssituation zum Ziel zu kommen. Die aufgeführten Schritte sind klein und übersichtlich gehalten und zeigen das Wesen des Schrittes. Die dabei nicht selten notwendigen Quellcodes füge ich der Übersichtlichkeit wegen an das Ende des Anwendungsfalls.

- **Fehlersituationen**: In diesem Abschnitt zeige ich zu den einzelnen Schritten des Ablaufs gern gemachte Fehler auf. Dabei beschreibe ich die Ursache des Fehlers und seine Lösungsmöglichkeiten.
- **Alternativen**: Bei vielen Aufgaben gibt es auch andere Wege zu einer Lösung, die in bestimmten Situationen meist auch gar nicht schlechter, sondern sogar besser sind als die Schritte aus dem Ablauf. Diese alternativen Wege und ihre Bedeutung stelle ich in diesem Abschnitt dar.
- **Dokumente**: Um die Übersichtlichkeit in den vorherigen Abschnitten zu erhalten, füge ich erst am Ende des Anwendungsfalls die genutzten Quellcodes, Diagramme und Screenshots ein, die für den Anwendungsfall wichtig sind.

Teil A

Bestimmung der Mitte und Stecken der Grenzen

In diesem Teil:

Kapitel 1

Überblick Webservices

Mit dem Begriff »Webservices« wird nicht immer das Gleiche verbunden. Dieses Kapitel definiert die Webservices, wie sie diesem Buch zugrunde liegen, differenziert die Arten von Webservices und stellt die Aufgaben heraus, die Webservices lösen können und lösen sollten. Zum Abschluss des Kapitels finden Sie noch eine Übersicht der Message Exchange Patterns.

1.1 Was sind Webservices?

Die Frage nach der Erklärung des Begriffs Webservice muss man unter verschiedenen Aspekten betrachten. Ein Aspekt ist die Frage nach dem Warum. Warum sollte man Webservices einsetzen? Was können Webservices, das alternative Konzepte nicht können und was sind die alternativen Konzepte? Im Mittelpunkt des Buches steht die Frage nach dem Wie. Dies liegt an der Zielgruppe dieses Buches, was uns zum dritten Aspekt unserer Frage bringt: Wer ist an der Konzeption und Realisierung von Webservices beteiligt und wie stellt sich seine Sicht dar?

Damit können wir die recht komplexe Frage »Was sind Webservices?« in drei hoffentlich einfachere Fragen aufteilen:

- **Warum** braucht man Webservices?
- **Wie** werden Webservices realisiert?
- **Wer** ist an der Konzeption und Nutzung von Webservices beteiligt?

1.1.1 Warum braucht man Webservices?

Wenn wir davon ausgehen, dass niemand aus Jux und Tollerei ein neues Softwarekonzept wie Webservices entwickelt, sondern dass ganz besondere Aufgaben, die mit vorhandenen Techniken nicht – oder nicht gut – zu lösen waren, der Grund für diese Entwicklung waren, geben uns diese Aufgaben gute Hinweise auf das Wesen von Webservices.

Die zentrale Aufgabe der Webservices ist es, ein verteiltes System bereitzustellen, welches heterogene Programme verbinden kann. Die Heterogenität der Programme bezieht sich dabei sowohl auf die Plattform (Windows, Linux/Unix, Mac) als auch auf unterschiedliche Programmiersprachen (Java, Cobol, C etc.). Diesen Ansatz gibt es schon: CORBA.

CORBA hat das Problem, dass die Beteiligten sich auf eine Objektstruktur einigen müssen. Dies führte zu dem Versuch, ein gemeinsames fachliches Objektmodell einzuführen. Ein Objekt *Kunde* kann doch gar nicht so unterschiedlich sein – oder doch? Ich denke, dass der Otto-Versand doch weit größere Anforderungen an das Objekt *Kunde* hat, als z.B. der lokale Heizöllieferant. Ein weiteres Problem ist, dass CORBA sehr feingranular ist und auf die Ebene der Setter und Getter zurückgeht und die Objekte verteilt »per Remote« anbietet. Dieser Remotezugriff führt zu einer schlechten Skalierbarkeit des Programms. Eine Nutzung der Objekte per Value ist eine Erweiterung von CORBA, aber eigentlich nicht der Grundgedanke von CORBA.

Die Notwendigkeit von Webservices entstand also daraus, dass unterschiedliche Systeme mit unterschiedlichen Objektmodellen gut skalierbar verbunden werden sollen. Gute Skalierbarkeit bedeutet, dass bei einem steigenden Datenverkehr der Ressourcenverbrauch proportional steigt.

Typische Beispiele für die Notwendigkeit von Webservices erkennen wir in folgenden repräsentativen Beispielen:

- Das Webservice-Angebot von Amazon ermöglicht es vielen Nutzern, die Dienste von Amazon in ihre Umgebungen einzubinden und kann damit einen größeren Umsatz erzielen.
- Die Anbindung von Alt- und Neusystemen, wie z.B. einer Host-Anwendung in Cobol mit einer neuen Java-Webapplikation, kann als Insellösung oder als ein Baustein einer SOA-Landschaft teurere Neuentwicklungen vermeiden und vorhandene Ressourcen nutzen.
- International tätige Unternehmen, die mit einer Vielfalt von unterschiedlichen Unternehmen zusammenarbeiten, können ihre Geschäftsprozesse mit Webservices optimieren. Als Beispiel hierfür kann man Traudel als Importeur erlesener Waren mit seinen eingangs erwähnten Anwendungsfällen betrachten.

1.1.2 Wie werden Webservices realisiert?

Aus technischer Sicht ist ein Webservice die Realisierung einer verteilten Anwendung mit HTTP(S) als Transportprotokoll, XML für die Nutzlast (Daten und Zusatzinformationen) im SOAP-Format, XML-Schema für die Beschreibung der Struktur der Daten und WSDL für die Definition der Schnittstelle. Dabei ist es egal, welche Programmiersprache und welche Container benutzt werden. Durch HTTP als Transportprotokoll und XML als Datenformat ist eine Unabhängigkeit weitestgehend sichergestellt.

Als Transportprotokoll kann neben HTTP(S) auch SMTP, TCP oder JMS genutzt werden. Ebenso können die Daten auch in anderen Formaten als XML übertragen werden, z.B. mit JSON. Auch eine binäre Kodierung mit dem Hessian-Protokoll ist verbreitet.

Die folgenden Kapitel befassen sich hauptsächlich mit der Realisierung von Webservices und den dafür notwendigen Technologien. Deshalb möchte ich hier die Realisierung nur aus einer Höhe von 10.000 Fuß betrachten. Grob gesehen, haben wir zwei Hauptaufgaben bei der Realisierung:

- Erzeugung des Webservices
- Nutzung des Webservices

Bei der Erzeugung des Webservices ist die WSDL die zentrale Einheit der Synchronisation von Client und Server oder – besser passend im Webservice-Umfeld – Provider als der Anbieter des Services und Consumer als der Nutzer des Services. Sie enthält die Informationen über die zu übertragenden Datentypen (Parameter und Rückgabewerte) sowie die möglichen Operationen und darüber, wie man diese aufrufen kann. Diese Informationen kann man sowohl auf Provider- als auch auf Consumer-Seite in eine Programmstruktur (z.B. Methode) umwandeln.

Bei der Nutzung des Webservices ist SOAP von zentraler Bedeutung. SOAP umschließt die Daten und die benötigten Informationen, damit der Provider weiß, was er mit den Daten tun soll und der Consumer weiß, woher und warum er diese Daten bekommt. Zusätzlich muss der Provider seine Dienste über ein Transportprotokoll zur Verfügung stellen. Dies tut er meist mit einem Webserver per HTTP. Der Consumer muss nun in der Lage sein, das Transportprotokoll zu nutzen und einen Request zusammenzustellen, ihn zu versenden und bei Bedarf seine Response auszuwerten.

SOAP und WSDL basieren auf XML und somit dreht sich bei der Realisierung von Webservices vieles um die Erzeugung und Verarbeitung von XML.

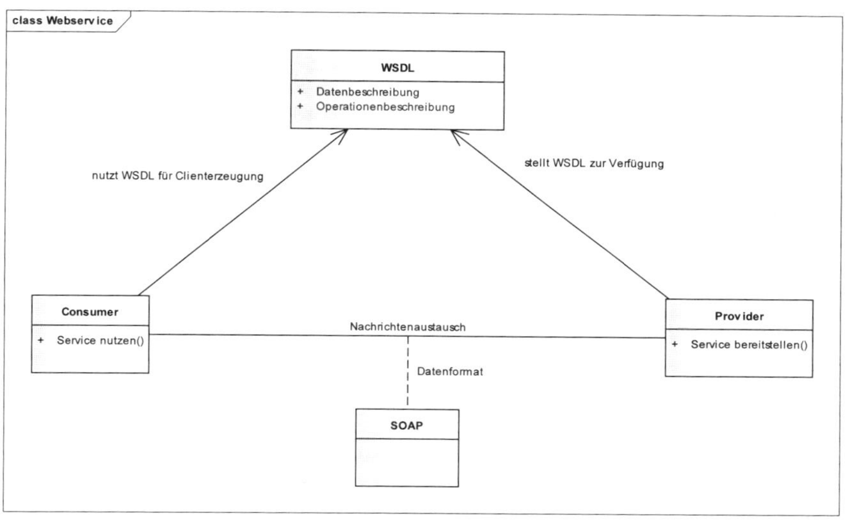

Abb. 1.1: Die Hauptakteure des Webservices aus technischer Sicht

Was soll nun aus technischer Sicht das Revolutionäre sein? Durch die Nutzung von HTTP hat man ein Transportprotokoll, das von fast jedem verstanden wird und das fast jeder nutzen kann. Die Übertragung der Daten per XML hat den gemeinsamen Nenner, dass jeder Textdateien verarbeiten kann und dass man mit XML auch sehr komplexe Datenstrukturen beschreiben und formatieren kann.

Webservices basieren aus technischer Sicht auf fünf Basis-Standards:

- **XML**: Die Datenstruktur der Nutzdaten und Beschreibungsdaten
- **HTTP**: Ein mögliches, viel genutztes Transportprotokoll
- **WSDL**: Die Beschreibung des Services
- **SOAP**: Die übergeordnete Struktur der Nutzdaten
- **UDDI**: Der Verzeichnisdienst

Für weitere Aufgabenbereiche rund um Webservices haben sich weitere Standards gebildet, die meist mit *WS-* beginnen. Berühmte Vertreter sind dabei *WS-Addressing, WS-Policy, WS-Security*. Diese Standards werden hauptsächlich von den Organisationen W3C, OASIS und WS-I herausgegeben.

Nicht zu vergessen ist REST, einen Architekturstil, den man flapsig auch Webservice-Light-Technologie nennen kann. Hier beschränkt man sich auf das Transportprotokoll HTTP (das sowieso in den meisten Fällen genutzt wird) und das Kommunikationsmuster Request/Response (das in sehr vielen Fällen Anwendung findet) und spart sich den SOAP-Umschlag (der in vielen Fällen keinen großen Vorteil bietet). REST kann mit einfachen Bordmitteln einen Großteil der Anforderungen abdecken. Deshalb wird es in diesem Buch auch ausführlich beschrieben.

1.1.3 Wer ist an der Konzeption und Nutzung von Webservices beteiligt?

Wenn man einen Webservice aus verschiedenen Perspektiven betrachtet, sollte man sich auch ansehen, wer diese Perspektiven einnimmt. Die Betrachtung sollte bei der Ermittlung des Bedarfs ansetzen. Aus den Bereichen der Geschäftsprozessanalyse und -modellierung ermitteln die Betriebswirtschaftler die Aufgaben, die von den Webservices erfüllt werden sollen.

Um Wildwuchs zu vermeiden und die Vielzahl der Aufgaben und Lösungsansätze zu koordinieren, benötigen wir Architekten, die eine saubere SOA-Landschaft aufbauen und stabile Schnittstellen beschreiben.

Softwareentwickler setzen nun die Schnittstellen um und nutzen hierzu Frameworks, um die Webservices zu realisieren und zu pflegen.

Nicht vergessen sollte man die Administratoren, die u.a. das Deployment und das Monitoring zu ihren Aufgabenbereichen zählen.

Alle diese Gruppen haben unterschiedliche Anforderungen an Webservices. Die Betriebswirtschaftler und die Architekten sollten sich auf alle Fälle von Bernd

Oestereich et al. das Buch »Objektorientierte Geschäftsprozessmodellierung mit der UML« [Oestereich04] ansehen, das ihnen sehr hilfreich bei der Beschreibung der Aufgaben sein kann. Architekten sei das Buch »SOA in der Praxis« von Nicolai Josuttis [Josuttis08] ans Herz gelegt. Das vor Ihnen liegende Buch ist im Kern für Softwareentwickler und Programmierer gedacht, welche die Aufgaben mit den Technologien umsetzen.

1.1.4 Der gemeinsame Nenner

Zusammenfassend kann man sich die Definition aus Wikipedia vor Augen führen:

> *»Das World Wide Web Consortium definiert die Bereitstellung eines Webservices als Unterstützung zur Zusammenarbeit zwischen verschiedenen Anwendungsprogrammen, die auf unterschiedlichen Plattformen und/oder Frameworks betrieben werden. Ein Webservice oder Webdienst ist eine Software-Anwendung, die mit einem Uniform Resource Identifier (URI) eindeutig identifizierbar ist und deren Schnittstelle als XML-Artefakt definiert, beschrieben und gefunden werden kann. Ein Webservice unterstützt die direkte Interaktion mit anderen Software-Agenten unter Verwendung XML-basierter Nachrichten durch den Austausch über internetbasierte Protokolle.« (s. [wikipedia])*

Aus dieser Definition kommt noch ein zusätzlicher wichtiger Aspekt in den Vordergrund, nämlich die »*Unterstützung zur Zusammenarbeit zwischen verschiedenen Anwendungsprogrammen*«. Dies heißt nichts anderes, als dass die Webservices eine Verknüpfung von Programmen darstellen. Der Nutzer eines Webservices ist nie ein Benutzer (Mensch), sondern immer ein anderes System.

1.2 Arten von Webservices

Ein schöner Ansatz der Definition von Webservices ist eine Klassifizierung davon. Analog zur Klassifizierung von Services von [Josuttis08] sollte man eine sinnvolle Einteilung von Webservices vornehmen.

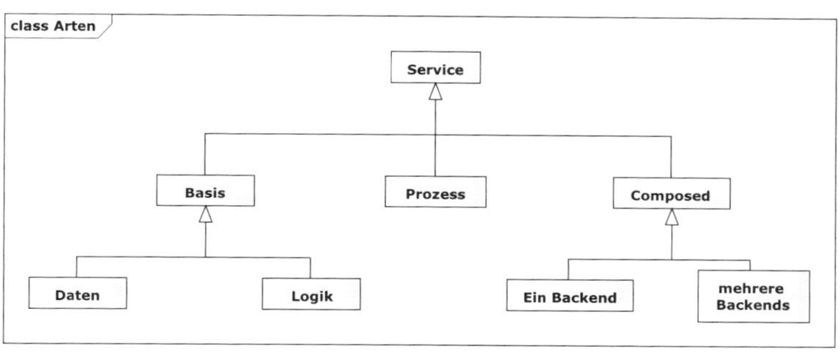

Abb. 1.2: Einteilung der Services nach [Josuttis08]

1.2.1 Basis-Services

In den »Basis-Services« wird jeweils eine fachliche Funktionalität zur Verfügung gestellt. Normalerweise sind diese Services kurzlaufend, zustandslos und synchron. Sie entsprechen dem normalen Request-Response-Pattern. Basis-Services werden in »Basis-Daten-Services« und »Basis-Logik-Services« unterschieden. »Basis-Daten-Services« lesen oder schreiben Daten auf dem Backend, sie sind für die Verwaltung von Daten auf dem Backend zuständig. Typische Beispiele für einen Basis-Daten-Service wären:

- Erzeugen/Absenden einer Bestellung
- Registrierung eines Kunden
- Löschen, Ändern oder Suchen eines Artikels
- Authentifizierung eines Benutzers
- Lieferung eines Belegs (Rechnung, Lieferschein, Bestellung)

Die »Basis-Logik-Services« greifen nicht auf Daten zu, sondern präsentieren Geschäftsregeln. Typische Beispiele für Basis-Logik-Services wären:

- Validierung von Daten
- Berechnung der Restschuld eines Kredits
- Ermittlung von Konditionen (Rabatt bei einer bestimmten Bestellsumme)

1.2.2 Composed-Services

»Composed-Services« setzen sich aus mehreren (Basis-)Services zusammen. Die Komposition neuer Services aus vorhandenen Services nennt man Orchestrierung. Composed-Services sind aber normalerweise immer noch kurzlaufend und zustandslos. In den meisten Fällen sind Composed-Services Kompositionen von unterschiedlichen Backend-Systemen. So kann eine komplexe Bestellung u.a. aus folgenden Services bestehen:

- Kernsystem: Fakturierung
- Prüfung der Verfügbarkeit: Lagerhaltung/Lieferant
- Prüfung der Kreditwürdigkeit: Schufa
- Prüfung der Lieferzeit: Spediteur

Composed-Services können sich auch nur auf ein Backend-System beziehen. Hierbei kann es sich mitunter auch um einen Adapter- oder Wrapper-Service handeln, der verschiedenen Nutzern unterschiedliche Schnittstellen anbietet.

Ein Problembereich von Composed-Services ist die Transaktion. Bei mehreren Backends wird normalerweise kein Rollback, sondern eine Kompensation vorgenommen. Vgl. hierzu Kapitel 14 Absatz 2 Transaktionen.

1.2.3 Prozess-Services

»Prozess-Services« repräsentieren meist ganze Workflows, bei denen es sich um langlaufende und zustandsbehaftete Services handelt. Hierbei ist es auch möglich, dass durch Interaktionen Unterbrechungen stattfinden. Josuttis führt hier in [Josuttis08] als typisches Beispiel den Abschluss einer Versicherung an. Die Initiierung kann z.B. von dem zu Versichernden über ein Web-Portal ausgehen. Dann kann ein Sachbearbeiter mit einem Back-Office-Platz evtl. die Daten prüfen und ergänzen oder im Dialog Rückfragen klären.

Prozess-Services sind meiner Ansicht nach aber eher ein Aspekt der SOA, weniger ein Problem zur Realisierung von Webservices. Denn dieser Prozess wird aus Sicht der Realisation in mehrere Basis- oder Composed-Services unterteilt.

1.3 Aufgaben rund um Webservices

Um die Planung, die Realisierung und den Betrieb von Webservices entstehen unterschiedliche Aufgaben. Die wichtigsten Aufgaben kann man in folgende Gruppen zusammenfassen:

- Definition der Schnittstelle: Die Schnittstelle fasst die angebotenen Funktionen (Services) zusammen und definiert den Namen, die Parameter, den Rückgabewert und die Ausnahmen (Faults, Exceptions), die bei dem Service auftreten können.
- Definition der Datentypen: Die Datentypen für die Parameter und Rückgabewerte werden mit einem XML-Schema definiert. Dies können einfache vordefinierte Datentypen oder komplexe Strukturen sein.
- Realisierung der Webservice-Schnittstelle durch den Service: Der Service sucht die Implementation in Form eines Spring- oder EJB-Services und vermittelt zwischen dem, was der Webservice erwartet und was die eigentliche Implementation uns anbietet.
- Publizierung: Je nach der eingesetzten Technik, dem benutzten Framework und der Plattform, in der der Webservice laufen soll, muss der Webservice mit seinen dazugehörigen Komponenten deployed werden.
- Erstellung der Consumer: Ist der Webservice deployed und erreichbar, kann ein Client erzeugt werden. Die Art und Weise dieser Erstellung hängt natürlich von der eingesetzten Technik und dem Framework für den Client ab, die völlig unterschiedlich zur eingesetzten Technik des Webservices sein kann.

1.4 Granularität von Webservices

Die Granularität eines Webservices ist im Normalfall gröber als in einer durch EJB verteilten Anwendung. Ein Webservice sollte im Mindesten einen zusammenhängenden fachlichen Service repräsentieren. Teilschritte zur Sammlung der Daten müssen dann auf der Consumer-Seite durchgeführt werden.

Während es bei einer EJB-Anwendung denkbar ist, dass für einen Bestellvorgang die Zusammensetzung der Bestellung (Hinzufügen eines Artikels, Zuordnen des Kunden, Auswahl der Lieferadresse etc.) in einzelnen Remote-Aufrufen realisiert wird, wird in einem Webservice nur die komplette Bestellung als Remote-Aufruf durchgeführt. Die Remote-Aufrufe für das Suchen der Artikel- oder Kundendaten bleiben dabei unberührt.

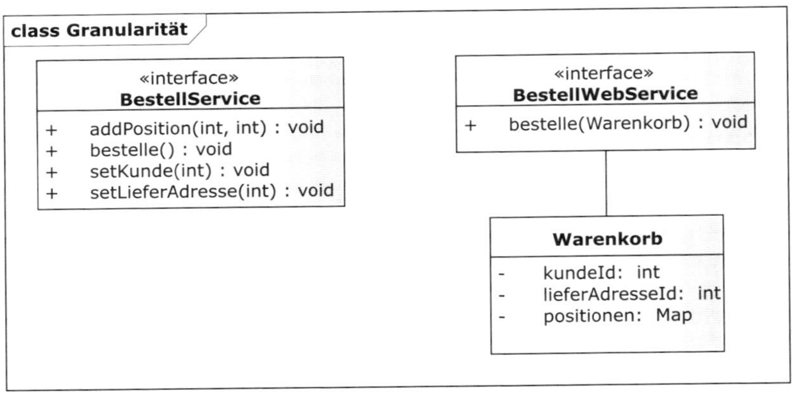

Abb. 1.3: Unterschiedliche Schnittstelle für (EJB-)Service und WebService

Die Schnittstelle des `BestellService` könnte von einer Stateful Session Bean realisiert werden. Hier werden die Informationen gesammelt und durch `bestelle()` wird die Bestellung ausgeführt. Bei dem `BestellWebService` werden die kompletten Daten für die Bestellung als Parameter mit übergeben. Hierdurch ergibt sich eine andere Aufgabenverteilung für den Client bzw. Consumer. Auch bei einem EJB-Service sollte eine zustandslose Vorgehensweise aus Performance- und Skalierbarkeitsgründen vorgezogen werden.

1.5 Message Exchange Patterns

In diesem Abschnitt zeige ich eine kleine Zusammenfassung der »Message Exchange Patterns« (MEP). MEP sind ein generelles Konzept, um die Kommunikation zwischen verschiedenen Systemen zu beschreiben. Hierbei übernimmt ein

Partner die Rolle des Consumers (Nutzer) und einer die Rolle des Producers (Anbieter).

Folgende MEP können unterschieden werden:

Request/Response: Die klassische Kommunikation stellt sich so dar, dass der Consumer seine Anfrage stellt und auf das Ergebnis des Producers wartet.

One-Way: Sollte der Consumer keine Antwort erwarten, kann er seine Nachricht absenden und den Vorgang als abgeschlossen betrachten. Dieses MEP haben wir typischerweise beim Versand von E-Mails.

Zweimal One-Way statt Request/Response: Sofern man auf die Response nicht warten muss und auch keine genaue Zuordnung einer »Antwort« auf eine »Frage« benötigt, kann man auch den Request/Response in zwei One-Ways mit getauschten Rollen umändern. Sollte unsere Firma Edeltraud eine Bestellung von Halloumi in Zypern vornehmen und eine Benachrichtigung über den Liefertermin erwarten (um den Käse im Hafen abzuholen), so muss die Anfrage (Bestellung von Traudel) nicht unbedingt auf die Antwort (Nennung des Lieferzeitpunkts) warten. Der Zypriot, der zum Zeitpunkt des Bestellungseingangs noch am Strand war (ich weiß, ein Klischee, aber ein schönes), kann nach seiner Rückkehr ins Büro und in Absprache mit der Käserei den Lieferzeitpunkt zu einem späteren Zeitpunkt zurücksenden.

Request/Callback: Sofern in obigem Beispiel eine Zuordnung zwischen Bestellung und Bekanntgabe des Lieferzeitraums schwierig ist oder weitere Aktionen auslöst werden sollen, kann man beim Aufruf eine Adresse für eine Callback-Funktion angeben, die bei der Antwort aufgerufen werden soll. Damit hat man ein Request/Response-MEP, bei dem der Consumer nicht auf die Antwort warten muss, sondern über den Eingang der Antwort informiert wird. Dieses Pattern nennt man auch häufig asynchrones Request/Response.

Publish/Subscribe: Aus dem Bereich des Java Messaging Services (JMS) ist dieses MEP bekannt, bei dem man sich für ein Thema (Topic) registrieren kann und bei Nachrichten zu diesem Thema informiert wird. Traudel könnte sich dabei bei einem Service über betrügerische Onlinekunden registrieren und erhält Informationen darüber, wenn ein Kunde als »Schwarzes Schaf« auf der Liste erscheint.

Kapitel 2

Kontext von Webservices

Dieses Kapitel stellt den Rahmen oder auch die Einbettung von Webservices vor. Dieser Rahmen kann aus konzeptioneller und auch aus technischer Sicht betrachtet werden. Aus konzeptioneller Sicht sind für Webservices die SOA und die Umsetzung von Geschäftsprozessen von Bedeutung. Aus technischer Sicht betten sich die Webservices in Container ein und stehen in Konkurrenz oder Beziehung zu verschiedenen Frameworks und Technologien. Sie kommunizieren meist mit anderen Programmteilen.

2.1 Überblick SOA

»Webservices sind *eine* Möglichkeit, die technischen Aspekte von SOA zu implementieren.« [Josuttis08], Kap. 1.5.3

2.1.1 Die Bedeutung von SOA in diesem Buch

Webservices werden oft im Zusammenhang mit SOA genannt. Sie sind ein wichtiger Aspekt in einer SOA, aber sie gehören nicht zwingend zu einer SOA. Man kann es folgendermaßen vergleichen: Gehen wir davon aus, dass die SOA ein Siedlungskonzept einer Gemeinde, Stadt oder eines Landkreises ist und ein Webservice ein Haus repräsentiert. In dem vorliegenden Buch nehmen wir die Rolle des Bauherren, des Architekten für ein Haus und die Rolle eines Maurers ein. Das große Bild, das unseren Stadtrat antreibt, ist für uns manchmal ein Rahmenwerk, eine angrenzende Disziplin oder auch manchmal einfach nur lästig, weil es Vorgaben und Regeln aufstellt, die wir beachten und realisieren müssen.

Aus dieser Sichtweise möchte ich hier nur die wichtigsten Aspekte einer SOA darstellen.

2.1.2 Was ist SOA?

»Service Oriented Architecture (SOA) represents a collection of best practices principles and patterns related to service-aware, enterprise-level, distributed computing.« [OASIS-SOA]

Josuttis unterteilt in [Josuttis08] die Sammlung der »Best Practices« in fünf Folien:

- Technische Konzepte
- Richtlinien und Prozesse
- Webservices
- SOA in der Praxis
- SOA-Governance und Managementunterstützung

Technische Konzepte

Die drei wichtigen technischen Konzepte sind hierbei der Service, die Interoperabilität und die lose Kopplung.

Ein Service ist ein Stück in sich abgeschlossene Funktionalität. Diese Funktionalität soll einen geschäftlichen Nutzen aufweisen und somit helfen, die Kluft zwischen IT und Fachlichkeit zu überbrücken.

Die Interoperabilität stellt sicher, dass möglichst viele unterschiedliche Systeme ohne großen Aufwand miteinander kommunizieren können. Hierzu stellt sie Standards auf, die von allen Beteiligten erfüllt werden müssen.

Die lose Kopplung sorgt für eine Minimierung von Abhängigkeiten zwischen den beteiligten Systemen. Durch die lose Kopplung erhöht sich die Komplexität der Systeme.

Richtlinien und Prozesse

Die verteilte Verarbeitung erfordert eine Zusammenarbeit verschiedener Abteilungen. Diese Verteilung erfordert Koordination und Organisation, die durch definierte Rollen, Richtlinien und Prozesse sichergestellt werden.

Diese Verteilung führt dazu, dass die Entwicklung, Überprüfung, Inbetriebnahme und Weiterentwicklung viel aufwendiger ist als bei einem einfachen Programm. Dies kommt nicht zuletzt durch die Notwendigkeit der Integration und der losen Kopplung.

Webservices

Webservices sind – wie eingangs erwähnt – *eine* Möglichkeit, SOA zu realisieren. Webservices haben Stärken und Schwächen, die dieses Buch aufzeigen sollen. Man sollte nie vergessen, zu überprüfen, ob ein Service nicht durch eine andere Technologie sinnvoller und besser zu realisieren ist.

SOA in der Praxis

Ich bin davon überzeugt, dass in der Zukunft keine kompletten Systeme mehr von Grund auf entwickelt werden, sondern nur noch neue oder geänderte Bausteine, die in ein bestehendes System integriert werden. Das Programm der Zukunft ist ein Flickenteppich bestehender und neuer Services, der mit unterschiedlichen Technologien realisiert wurde.

Wichtige, in der Theorie oft unterschätzte Aspekte hierbei sind Performance, Sicherheit, Stabilität und Kompatibilität. Die Services stehen in einem bestimmten Kontext. Das, was in dem einen Kontext funktioniert, muss für den anderen Kontext nicht unbedingt die richtige Lösung sein.

SOA-Governance und Managementunterstützung

Die Grundlage einer effektiven SOA ist das richtige Maß der Steuerung. Es muss die richtige Mischung aus Zentralismus und Verteilung geschaffen werden. Außerdem benötigt eine funktionierende SOA die Unterstützung des Topmanagements, da sich die SOA durch das komplette Unternehmen zieht.

2.2 Geschäftsprozesse

Webservices müssen nicht unbedingt ein Teil einer SOA sein. Sie können auch eine Umsetzung besonderer Geschäftsvorfälle sein, die sich in einem Service materialisieren.

Im vorherigen Unterkapitel haben wir den Service als eine in sich abgeschlossene Funktionalität mit geschäftlichem Nutzen kennengelernt.

Diese Definition kennen wir in etwas anderer Form aus den Grundlagen der Objektorientierung, bei denen wir Anwendungsfälle (insbesondere Geschäftsanwendungsfälle) als einen zusammenhängenden Arbeitsablauf aus Sicht eines Akteurs betrachten, der zu einem für den Akteur wahrnehmbaren (fachlichen) Ergebnis führt. »Jeder Anwendungsfall hat einen fachlichen Auslöser und ein fachlich relevantes und wertvolles Ergebnis.« [Oestereich06]

Ein Geschäftsprozess ist nach [Oestereich04] eine Zusammenfassung einer Menge fachlich verwandter Geschäftsanwendungsfälle. Somit kann man Services als Teile eines oder mehrerer verteilter Geschäftsprozesse betrachten. [Josuttis08] Diese Definitionen lassen eine starke Überschneidung der Begriffe »Service« und »Geschäftsanwendungsfall« vermuten.

Nicht jede Umsetzung eines Geschäftsvorfalls in einem Service ist ein hoffnungsvoller Aspirant für einen Webservice. Welche Anforderungen muss wohl der Geschäftsprozess mit sich bringen, damit wir für seine Realisation Webservices benötigen? In Kapitel 7 werden wir auf diese Frage zurückkommen.

2.3 Webservices und die Container

Ein Webservice existiert nicht alleine. Er wird im Normalfall von einem Container zur Verfügung gestellt, der als Server fungiert. Einige Frameworks haben einen eigenen Server im Angebot und bieten diesen meist zu Testzwecken oder als Entwicklungsplattform an. In Produktivumgebungen kommen normalerweise Webserver wie der Tomcat oder Application Server wie Glassfish, JBOSS, Websphere oder Bea Weblogic als Container infrage.

Alle diese Container haben ihre Ecken und Kanten und ihre eigene Art, einen Standard zu implementieren. Auf alle diese Details kann ich in diesem Rahmen nicht eingehen. Aber ich kann die Basics legen, die ein Verhalten (unerwartet oder unerwünscht) erklären, so dass Sie das Problem gezielt mit Google lösen können.

Als gemeinsame Basis stellt jedes Framework eine Webapplikation zur Verfügung, in der Webservices in einem WAR-File bei dem Container deployed werden können. In den meisten Fällen wird dies durch ein Dispatcher-Servlet erreicht, das über einen Mapping-Mechanismus zu dem entsprechenden Webservice verzweigt. Diese gemeinsame Basis erlaubt uns, unsere Webservices unter den unterschiedlichsten Containern zu betreiben. Dabei muss man berücksichtigen, welche Bibliotheken vom Container zur Verfügung gestellt werden – und sich somit von Container zu Container unterscheiden – und welche Bibliotheken im Framework enthalten sind – und somit als konstante Größe bei den unterschiedlichen Containern zu betrachten sind oder Probleme bei unterschiedlichen Versionen im Classloader verursachen.

2.4 Einbettung in der Gesamtapplikation

Webservices sind selten Standalone-Programme, sondern sind Teil einer Gesamtapplikation und kommunizieren mit anderen Diensten. Zwei mögliche Szenarien sind, dass eigene Dienste über einen Webservice weiteren Applikationen/Präsentationsebenen angeboten werden oder dass die eigenen Services zur Erfüllung ihrer Aufgabe die zusätzlichen Dienste eines Webservices – der sie mit einem anderen Programm verbindet – nutzen.

2.4.1 Webservices als Erweiterung des Zugangs zu eigenen Services

Gehen wir davon aus, dass unsere Applikation für Edeltraud einen Service zum Versand und der Verwaltung von Rechnungen anbietet. Dieser Service ist ursprünglich für die Sachbearbeiter von Traudel entwickelt worden und wird nun dahingehend erweitert, dass unsere Lieferanten ihre Rechnungen im beleglosen Austausch bei uns einstellen und unsere Kunden beleglose Rechnungen abrufen können.

Für die Hauptapplikation haben wir den Aufbau einer dreistufigen Applikation in den fünf Ebenen von J2EE. Zur Erinnerung und zum Abgleich unserer Vorstellungen möchte ich diese Ebenen kurz skizzieren:

Client-Tier

Diese Ebene enthält alle Komponenten, die Clients einer Enterprise-Applikation sind, z.B. Webbrowser (Firefox, Google Chrome), die einzelnen Betriebssysteme bei GUI-Anwendungen, Handheld Devices sowie andere Applikationen, die auf Services der Webapplikation zugreifen.

Presentation-Tier

Diese Ebene enthält die Präsentationslogik und arbeitet mit der Clientebene als Schnittstelle zusammen. Diese Ebene akzeptiert Requests, behandelt Autorisierung (Genehmigung) und Authentifizierung (Bestätigung), managt Sessions, delegiert den Business-Prozess zur Business-Ebene und präsentiert dem Client die geforderte Response.

Typische Komponenten auf dieser Ebene sind Filter, Servlets, JavaBeans, JSP.

Business-Tier

Diese Ebene ist das Herz der Applikation und implementiert die Kern-Business-Services. Sie besteht normalerweise aus Enterprise-JavaBeans-Komponenten oder Spring Beans, die die Regeln der Business-Verarbeitung handhaben.

Integration-Tier

Der Job dieser Ebene ist die nahtlose Integration der unterschiedlichen externen Ressourcen aus der Ressourcenebene mit der Business-Ebene. Die Komponenten nutzen u.a. die Mechanismen JDBC oder JPA.

Resource-Tier

Diese Ebene enthält die externen Ressourcen, die die Daten für die Applikation zur Verfügung halten. Diese Ressourcen können entweder Datenbanken oder weitere Systeme wie Applikationen auf Mainframes oder vorhandene Systeme (Altsysteme) sowie Drittanbieter-Services (z.B. Kreditkartenautorisierung) sein.

In unserem Beispiel werden wir zwischen der Business- und der Presentation-Tier die Webservices einbinden. Dabei können wir uns zwei Präsentationsebenen vorstellen: eine GUI-Ebene mit Frames und Dialogen für unsere Mitarbeiter und die Präsentationsebene unserer Kunden oder Lieferanten, die das Problem anderer Leute (PAL) sind. Somit stellt sich der Aufbau folgendermaßen dar:

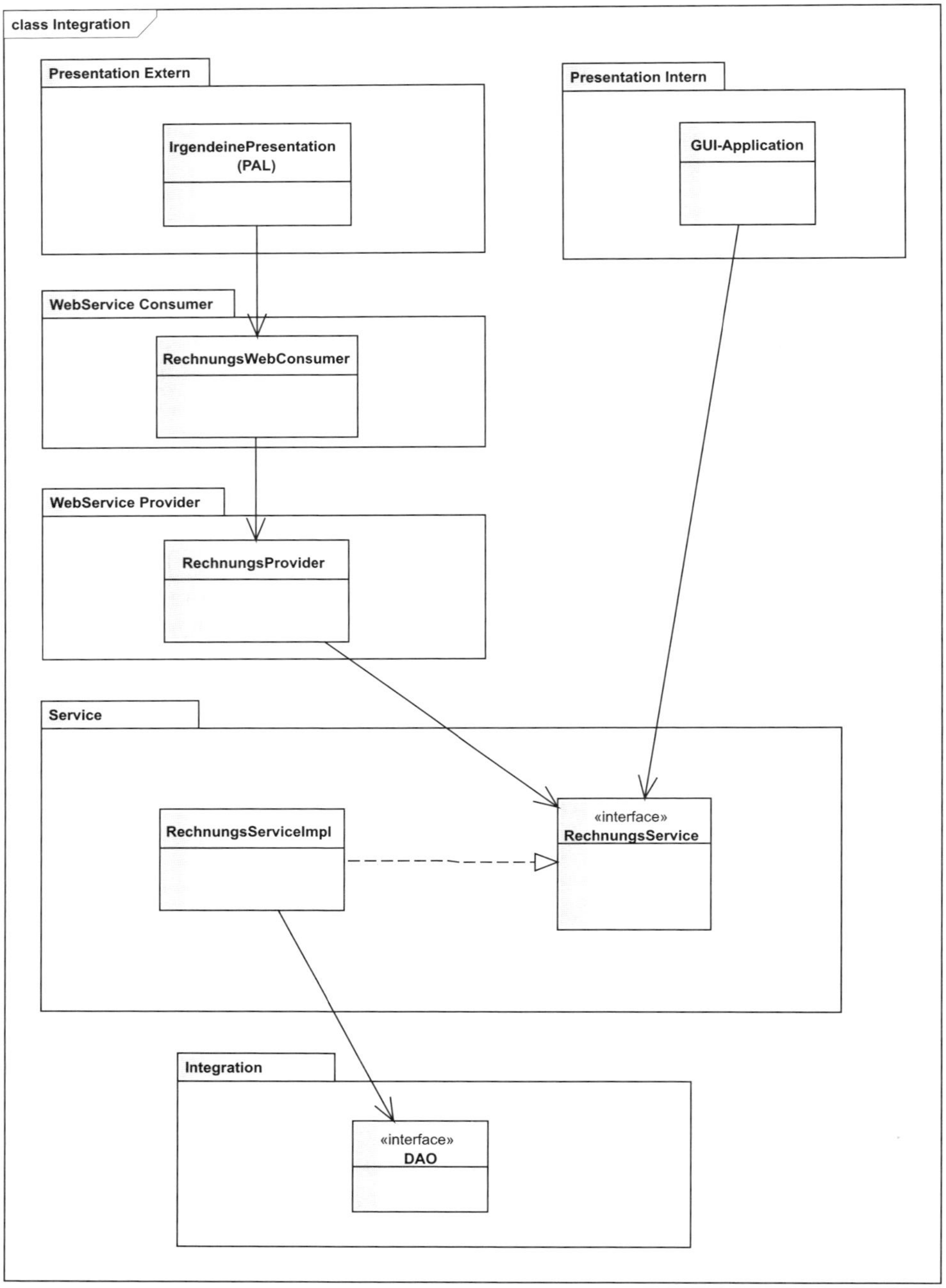

Abb. 2.1: Einbinden des Webservices in die Applikation

Wenn nun wie hier der Consumer nicht in unseren Verantwortlichkeitsbereich gehört, reicht es aus, den möglichen Nutzern eine gute WSDL anzubieten. Anstandshalber kann man aber auch einen Consumer erzeugen (wie das z.B. Google oder Amazon für verschiedene Programmiersprachen tun) und diese dem Geschäftspartner zur Verfügung stellen, damit er seine Applikation an diesen Consumer anbinden lassen kann.

Natürlich muss der Consumer nicht extern sein. Es gibt jede Menge Beispiele, bei denen der Consumer zur eigenen Firma oder zum eigenen Konzern gehört. Dies sollte aber keine großartigen Auswirkungen auf die Qualität des Webservices haben.

2.4.2 Webservices als Unterstützung der eigenen Services

Außerdem kann natürlich ein Webservice die eigenen Services unterstützen. Stellen Sie sich vor, dass bei Edeltraut bei der Verarbeitung einer Bestellung (z.B. per Onlineshop) ein Service der Schufa in Anspruch genommen wird, der die Bonität des Kunden ermittelt. Dies würde in obigem Diagramm dazu führen, dass der Service über einen Webservice Consumer mit dem (hier: fremden) Provider kommuniziert.

Der Provider muss hierbei natürlich nicht extern sein. Auch hier kann er ein Anschluss an eine existierende (gut funktionierende und erhaltungswürdige) Applikation sein, die spezielle unterstützende Dienste für unseren Service bereitstellt.

Teil B

Technische Grundlagen

In diesem Teil:

Kapitel 3

Technologien für Webservices

In diesem Teil stelle ich die technischen Grundlagen vor, die für Webservices genutzt werden. Mit einigen der Techniken werden Sie bei der Verwendung der Webservice-Frameworks wahrscheinlich nicht direkt in Kontakt kommen, sie werden durch das Framework verdeckt. Sie sollten diese Techniken aber kennen und verstehen, da hierin die Ursachen für Probleme liegen können, die sich gerne bei der Fehlersuche verbergen.

Auf folgende Techniken lege ich hier den Schwerpunkt:

- XML-Schema
- JAXP (SAX, DOM, StAX)
- JAXB

XML setze ich eigentlich voraus. Um noch einmal das ein oder andere nachzuschlagen, finden Sie noch ein paar Informationen zu XML in Anhang D. Der Vollständigkeit halber habe ich auch noch eine kurze Darstellung von UDDI am Ende des Kapitels beigefügt. UDDI soll für unsere Betrachtung kaum Auswirkungen haben.

3.1 XML-Schema

3.1.1 Aufgabe des XML-Schemas

Das XML-Schema ist eine Alternative zur DTD zur Beschreibung der Struktur einer Menge gleichartiger XML-Dokumente. Es ist eine XML-Vokabelsammlung, die es uns ermöglicht, die Struktur und die Business-Regeln einer XML-Datei auszudrücken. Die Hauptmerkmale liegen auf der Validierung der XML-Datei und Umsetzung der Daten in entsprechende Datentypen einer Programmiersprache. Das XML-Schema beschreibt die Struktur eines Dokuments und die Datentypen der einzelnen Elemente in weitaus ausführlicherer Art und Weise als die DTD. Ein weiterer Vorteil gegenüber der DTD ist, dass das XML-Schema selbst in XML geschrieben ist.

Das XML-Schema definiert mehr als 44 Datentypen. Weiterhin kann man eigene Datentypen sowie Ableitungen von erstellten Datentypen erzeugen und Aggregationen nutzen. Gleiche Datentypen kann man in verschiedenen Kontexten nutzen (man definiere eine Adresse und nutze sie als Lieferadresse und als Rechnungsadresse). Multiplizitäten können genau angegeben werden (»Ein Auto hat 4 Räder«) und Zusicherungen können spezifiziert werden (»Radius vom Typ `int` muss größer 0 sein«).

3.1.2 Beispiel

Sehen wir uns ein XML-Schema unserer Beispielanwendung an. Das Erste, was uns auffallen wird, ist, dass alle Elemente mit `<xsd:` anfangen. Manchmal spart man sich auch einen Buchstaben und nimmt nur `<xs:`. Mit einem Doppelpunkt kann man Namensräume definieren, die eine Gruppierung und Eindeutigkeit von Elementnamen ermöglichen.

```
<?xml version="1.0"?>  <!-- die XML-Deklaration -->
<!-- Festlegung des Namensraums xsd nach den Regeln von "http://www.w3.org/
2001/XMLSchema" -->
<xsd:schema xmlns:xsd="http://www.w3.org/2001/XMLSchema">
   <xsd:annotation>       <!-- optionale Infos -->
      <xsd:documentation xml:lang="de">
        Die Beschreibung einer Flasche Wein
      </xsd:documentation>
   </xsd:annotation>
   <!-- Zuordnung des Elementnamens zu seinem Typ -->
   <xsd:element name="EineFlascheWein"
           type="EineFlascheWeinTyp"/>
   <!-- Deklaration des Typs -->
   <xsd:complexType name="EineFlascheWeinTyp">
      <xsd:sequence>
         <xsd:element name="Jahrgang" type="xsd:int"/>
         <xsd:element name="Rebsorte" type="xsd:string"
                                minOccurs="1">
            <xsd:attribute name="Art" type="xsd:string"
                                use="required"/>
         </xsd:element>
         <xsd:element name="Qualifikation" type="xsd:string"
                          minOccurs="0" maxOccurs="1"/>
        <xsd:element name="Preis" type="xsd:float"/>
            <xsd:attribute name="Waehrung">
               <xsd:simpleType>
                  <xsd:restriction base="xsd:string">
                     <xsd:pattern value="USD|EUR"/>
                  </xsd:restriction>
               </xsd:simpleType>
            </xsd:attribute>
```

```
            </xsd:element>
        </xsd:sequence>
    </xsd:complexType>
</xsd:schema>
```

Listing 3.1: Ein XML-Schema für einen Wein

Das `schema`-Element ist das Root-Element, das mit dem Attribut für den Namespace `xmlns:xsd` erweitert wurde. Mit `:xsd` wird festgelegt, dass alle Elemente des Schemas mit `<xsd:` angesprochen werden.

Die Zuordnung des Schemas zum XML-Dokument wird bei dem Root-Element der XML-Datei vorgenommen. In diesem Fall würde die Datei `wein.xml` eine Verbindung zur `wein.xsd` mit folgender Notation herstellen:

```
<?xml version="1.0" encoding="ISO-8859-1"?>
<EineFlascheWein
  xmlns="http://www.traudel.de"           ①
  xmlns:xsi="http://www.w3.org/2001/XMLSchema-instance" ②
  xsi:schemaLocation="http://www.traudel.de wein.xsd" ③
      >
    <Jahrgang>1999</Jahrgang>
    <Rebsorte art="Merlot"/>
    <Lage>Bordeaux</Lage>
    <Preis waehrung="EUR">69.90</Preis>
</EineFlascheWein>
```

Listing 3.2: Eine XML-Schema-Instanz

Das Attribut `xmlns` ① setzt den Default-Namespace, der mit dem Attribut `xsi:schemaLocation` ③ durch die Datei `wein.xsd` definiert wird. Das Attribut `xmlns:xsi` ② definiert, dass das Attribut `xsi:schemaLocation` zum Namespace des W3C gehört, also dort definiert ist. Daraus folgt, dass ein Schema ein neues Vokabular erzeugt und ein XML-Dokument (auch »Instance document« genannt) dieses neue Vokabular benutzt. Eine Ähnlichkeit zwischen der Definition von Klassen zu den Objekten ist nicht rein zufällig.

3.1.3 Daten und Aufbau

Die simplen Datentypen, die schon zum Vokabular gehören, können unter [W3XMLSchema04] eingesehen werden. Die gebräuchlichsten Datentypen sind:

- `xsd.string`
- `xsd:decimal`
- `xsd:integer`
- `xsd:boolean`

- `xsd:date`
- `xsd:time`

Im Folgenden spreche ich einige wichtige Situationen bei der Erstellung von XSD-Dateien (XML-Schema) an:

Einfache Elemente haben die allgemeine Form:

```
<xsd:element name="x" type="y"/>
```

dabei ist `x` der Name des Elements und `y` der Typ, der entweder einer der oben dargestellten vordefinierten Typen oder ein selbst definierter Typ ist.

```
<xsd:element name="Jahrgang" type="xsd:int"/>
<xsd:element name="EineFlascheWein"
                  type="EineFlascheWeinTyp"/>
```

Attribute, die nur zu komplexen Elementen gehören können werden als simple Typen deklariert. Zusicherungen, wie sie oben bei der Währung vorgenommen wurden, sind möglich. Somit ist die allgemeine Form für die Deklaration eines Attributs analog zur Deklaration eines Elements:

```
<xsd:attribute name="x" type="y"/>
```

Der Default-Wert eines Attributs wird mit `default="Wert"` festgelegt:

```
<xsd:attribute name="radius" type="xsd:integer" default="0"/>
```

Optionale oder erforderliche Attribute werden mit `use="optional|required"` festgelegt:

```
<xsd:attribute name="anrede" type="xsd:string"
                        use="required"/>
```

Restriktionen oder Zusicherungen haben immer einen Ausgangstyp, der im Wertebereich eingeschränkt wird:

```
<xsd:element name="alter">
    <xsd:simpleType>
        <xsd:restriction base="xsd:integer">
            <xsd:minInclusive value="0"/>
            <xsd:maxInclusive value="110"/>
        </xsd:restriction>
    </xsd:simpleType>
</xsd:element>
```

Listing 3.3: Element mit einer Einschränkung im Wertebereich

Bei Aufzählungen oder Auswahlmöglichkeiten wird das Element `xsd:enumeration` statt `xsd:minInclusive` genutzt.

Bei Webservices wird das XML-Schema hauptsächlich zur Definition der Daten, die transportiert werden sollen, genutzt. Das XML-Schema ist ein wichtiger Bestandteil der WSDL.

Ein sehr gutes Tutorial zum XML-Schema finden Sie unter [Costello].

3.1.4 Namensräume

Ein wichtiges Element bei der Nutzung des XML-Schemas in XML-Daten ist die Unterscheidung von Namensräumen. Namensräume ermöglichen es, einen Sprachschatz festzulegen und dabei gleichen Elementnamen unterschiedliche Bedeutung zuzumessen. Dabei nutzt man im Allgemeinen einen Bezug des XML-Dokuments zu einer Schema-Definition.

Die einfache Variante definiert ein XML-Dokument als Schema-Instance einer XSD, wobei kein besonderer Namensraum genutzt wird:

```
<?xml version="1.0" encoding="UTF-8"?>
<Person xmlns:xsi="http://www.w3.org/2001/XMLSchema-instance"
   xsi:noNamespaceSchemaLocation="person.xsd">
   <Name>Kiltz</Name>
   <Vorname>Friedrich</Vorname>
</Person>
```

Listing 3.4: Schema-Instance ohne besonderen Namensraum

Das Schema dazu sieht folgendermaßen aus:

```
<?xml version="1.0" encoding="UTF-8"?>
<xs:schema xmlns:xs="http://www.w3.org/2001/XMLSchema"
   elementFormDefault="qualified">
   <xs:element name="Name" type="xs:string" />
   <xs:element name="Vorname" type="xs:string" />
   <xs:element name="Person">
      <xs:complexType>
         <xs:sequence>
            <xs:element ref="Name" />
            <xs:element ref="Vorname" />
         </xs:sequence>
      </xs:complexType>
   </xs:element>
</xs:schema>
```

Listing 3.5: Schema ohne Definition eines Namensraums

Wenn wir einen eigenen Namensraum definieren möchten, müssen wir den Namen dazu in unserer XSD definieren:

```
<?xml version="1.0" encoding="UTF-8"?>
<xs:schema
   targetNamespace="http://www.kiltz.de/Schema/Person"
   xmlns="http://www.kiltz.de/Schema/Person"
   xmlns:xs="http://www.w3.org/2001/XMLSchema">
   <xs:element name="Name" type="xs:string"/>
   ...
</xs:schema>
```

Listing 3.6: Schema-Instance mit Namensraum

Dann können wir diesen Namen in dem XML-Dokument referenzieren entweder mit Präfix:

```
<?xml version="1.0" encoding="UTF-8"?>
<tz:Person xmlns:tz="http://www.kiltz.de/Schema/Person"
   xmlns:xsi="http://www.w3.org/2001/XMLSchema-instance"
   xsi:schemaLocation="http://www.kiltz.de/Schema/Person
                                              person.xsd">
   <tz:Name>Kiltz</tz:Name>
   <tz:Vorname>Friedrich</tz:Vorname>
</tz:Person>
```

Listing 3.7: Schema mit Definition eines Namensraums mit Präfix

oder ohne Präfix:

```
<?xml version="1.0" encoding="UTF-8"?>
<Person xmlns="http://www.kiltz.de/Schema/Person"
   xmlns:xsi="http://www.w3.org/2001/XMLSchema-instance"
   xsi:schemaLocation="http://www.kiltz.de/Schema/Person
                                              person.xsd">
   <Name>Kiltz</Name>
   <Vorname>Friedrich</Vorname>
</Person>
```

Listing 3.8: Schema mit Definition eines Namensraums ohne Präfix

3.2 JAXP

JAXP (Java API for XML Processing) hat die Aufgabe, XML-Dokumente zu lesen und zu schreiben. Diese Tätigkeiten werden von anderen – höheren – Technologien benutzt, um die Verarbeitung auf unterer Ebene durchzuführen und z.B. ein XML-Dokument in eine Java-Objekt-Struktur umzuwandeln.

Die drei vorherrschenden Schnittstellen für die Implementierung des APIs sind SAX, DOM und StAX.

3.2.1 SAX – Simple API for XML

SAX ist ein Ansatz, um XML-Daten schnell und effizient zu lesen.

Der Ansatz geht davon aus, dass ein Parser das XML-Dokument sequentiell verarbeitet und dass hierbei Ereignisse entstehen, auf die wir reagieren möchten. Diese Ereignisse sind:

- Der Parser ist am Anfang des Dokuments (beginnt seine Arbeit)
- Der Parser hat ein Element erreicht (Start-Tag)
- Der Parser ist bei dem Inhalt eines Elements
- Der Parser ist am Ende eines Elements (End-Tag)
- Der Parser ist am Ende eines Dokuments (fertig!)

SAX verarbeitet Dokumente nur lesend. Durch die sequentielle Verarbeitung kann man sehr große Datenmengen verarbeiten. Nachdem der Parse-Vorgang angestoßen wurde, gibt das Programm die Kontrolle an den Parser ab. Ein sauberes Abbrechen der Verarbeitung ist nicht möglich.

Folgendes Beispiel soll die Umsetzung von SAX verdeutlichen:

Das SAX-Beispiel folgt der Idee, dass beim Parsen des XML-Dokuments der Entwickler die Informationen »abgreift«, die er für seine Applikation benötigt. Zum Parsen brauchen wir einen entsprechenden Parser. JAXP bietet uns hierfür die abstrakte Klasse `javax.xml.parsers.SAXParser`.

Gehen wir von der Aufgabe aus, dass eine Weinliste mit Jahrgang und Lage erstellt werden soll. Dies bedeutet, dass wir uns merken müssen, wann ein neuer Datensatz (`<Wein>`) anfängt, wann der Parser bei dem gewünschten Element (`<Jahrgang>` und `<Lage>`) ist und uns dann die Inhalte der gewünschten Elemente merken müssen. Am Ende der Elemente können wir die »Merker« wieder auf `false` setzen. Wenn wir am Ende eines Datensatzes (`</Wein>`) angekommen sind, können wir die Informationen verarbeiten (z.B. ausgeben).

Somit können wir folgenden Ablauf herausarbeiten:

1. Erzeugung eines Eventhandlers, an den die Ereignisse gesendet werden.
2. Erzeugung eines Parsers, der die Verarbeitung (Parsen) übernimmt.
3. Erzeugen der Methode `startElement` in unserem Eventhandler, in der wir uns merken können, bei welchem Element wir sind.
4. Erzeugen einer Methode `characters`, in der wir den Inhalt des Elements herauslesen können.
5. Erzeugen einer Methode `endElement`, in der wir unseren Marker zurücksetzen können und die Datensätze ausgeben.

Zu 1:

Als Eventhandler bietet uns JAXP die Klasse org.xml.sax.helpers.DefaultHandler, die wir als Superklasse unserer Beispielklasse benutzen. Somit kann die eigene Klasse als Empfänger der Ereignisse genutzt werden:

```
public class WeinListe extends DefaultHandler {
    ...
    public static void main( String[] args ) {
        DefaultHandler handler = new WeinListe();
        ...
    }
}
```

Zu 2:

Mithilfe der abstrakten Klasse javax.xml.parsers.SAXParserFactory erzeugen wir eine Instanz der Klasse javax.xml.parsers.SAXParser. Hierbei wird je nach Umgebung der Parser Crimson oder der Parser Xerces2 genutzt. Der Methode parse wird dann der DefaultHandler als Empfänger der Events übergeben:

```
public class WeinListe extends DefaultHandler {
    ...
    public static void main( String[] args )   {
        DefaultHandler handler = new WeinListe();
        SAXParser parser =
            SAXParserFactory.newInstance().newSAXParser();
        parser.parse( new File( "weine.xml" ), handler);
    }
}
```

Zu 3:

Der DefaultHandler spezifiziert die Signatur der Methode startElement mit den Parametern für den URI des Namensraums, dem lokalen Namen (ohne Namensraum), dem qualifizierten Namen (mit Namensraum) und den Attributen

```
startElement(String uri, String lName, String qName, Attributes att)
```

In dieser Methode können nun die Schalter für die Elemente Jahrgang und Lage gesetzt werden.

Zu 4:

Die Methode characters(char ch, int start, int length) sammelt alle Inhalte unserer Elemente. Mit der Anweisung

```
String inhalt = new String( ch, start, length );
```

können wir den Inhalt speichern.

Zu 5:

Mit der Methode `endElement(String uri, String localName, String qName)` (Attribute sind bei den End-Tags nicht vorhanden) können wir nun unsere Schalter wieder zurückstellen und die Ausgabe vornehmen.

3.2.2 DOM – Document Object Model

Der DOM-Ansatz geht davon aus, dass ein XML-Dokument als Baum im Speicher zur Verfügung steht und ein wahlfreier Zugang zu einzelnen Knoten oder Knotengruppen möglich ist. In diesem Modell ist auch die Änderung der Baumstruktur möglich, indem neue Knoten hinzugefügt, Inhalte verändert oder Knoten gelöscht werden. Dieser zweite Ansatz ist insbesondere durch die JavaScript-Verarbeitung von DHTML bekannt.

Das DOM-Beispiel, das zu dem gleichen Ergebnis wie das SAX-Beispiel führen würde, hätte einen völlig anderen Ablauf. Zuerst muss die XML-Datei als XML-Dokument (oder auch XML-Baum) in den Speicher geladen werden. Hierfür stellt das JAXP die Klasse `org.w3c.dom.Document` zur Verfügung. Die Erzeugung des Dokuments geschieht wieder durch einen Parser, der eine Implementation der abstrakten Klasse `javax.xml.parsers.DocumentBuilder` ist. Hierfür wird auch das Factory-Pattern genutzt:

```
DocumentBuilderFactory docBuilderFactory =
    DocumentBuilderFactory.newInstance();
DocumentBuilder docBuilder =
    docBuilderFactory.newDocumentBuilder();
Document dokument = docBuilder.parse( new File( "weine.xml" ) );
```

Listing 3.9: Erzeugen eines DOM-Dokuments

Danach können aus dem XML-Baum `dokument` alle Elemente mit einem bestimmten Namen in einer `NodeList` herausgezogen werden:

```
NodeList jahre = dokument.getElementsByTagName( "Jahrgang" );
```

Diese `NodeList` kann nun in einer Schleife durchlaufen werden. Die einzelnen Elemente in der `NodeList` sind vom Typ `Node`, die wiederum verschiedene Typen darstellen kann. Die wichtigsten Typen hierbei sind folgende:

- TEXT_NODE - der Text zwischen Start- und End-Tag
- ELEMENT_NODE – ein Element
- ATTRIBUTE_NODE – der Knoten ist ein Attribut

Die Klasse `Document` stellt uns auch Methoden zur Verfügung, mit denen neue Knoten erzeugt und dem Dokument hinzugefügt werden können. Das folgende Beispiel erzeugt einen neuen Knoten `<Info>Das ist ein neuer Knoten</Info>` unter dem Wurzelelement:

```
Element root = dokument.getDocumentElement();
Node knoten = liste.item(i);
Element neuEle = dokument.createElement("Info");
Text txt = dokument.createTextNode("Das ist ein neuer Knoten");
neuEle.appendChild(txt);
root.appendChild(neuEle);
```

Listing 3.10: Erzeugung eines neuen Knotens mit DOM

Der Vorteil von DOM liegt in der Möglichkeit, per `XPath` Daten zu suchen und darin, XML-Dokumente zu erzeugen. Da DOM das komplette XML-Dokument in den Speicher einliest und im Speicher behält, hat es einen hohen Speicherbedarf und ist nicht für sehr große Dokumente geeignet.

3.2.3 StAX – Streaming API for XML

StAX ist im Gegensatz zu SAX ein Pull-Parser, bei dem die Applikation die Kontrolle behält, während beim Push-Parser SAX nach Anstoßen des Parsens der Parser die Kontrolle hat und erst aufhört, wenn er fertig ist. StAX ist leistungsfähiger als SAX, wenn nicht immer die kompletten Daten verarbeitet werden müssen, sondern z.B. nur zu Anfang die HEAD-Informationen eines XML-Dokuments. Aus diesem Grund hat es weite Verbreitung von StAX bei Webservices gegeben, was das Kapitel »SOAP« noch verdeutlichen wird.

StAX-Cursor-API

Mit der Cursor-API erhält man einen Cursor, mit dem man vorwärts lesend von einem Token zum nächsten kommt. Die zu unterscheidenden Tokens sind in dem Interface `XMLStreamConstants` definiert. Die wichtigsten Tokens hierbei sind:

- START_ELEMENT
- END_ELEMENT
- CHARACTERS
- COMMENT
- START_DOCUMENT
- END_DOCUMENT
- ATTRIBUTE

Eine Nutzung der StAX-Cursor-API könnte folgendermaßen aussehen:

```
InputStream in = new FileInputStream(datei);
XMLInputFactory factory = XMLInputFactory.newInstance();

XMLStreamReader reader = factory.createXMLStreamReader(in);

while (reader.hasNext())
{
    int event = reader.next();
    switch (event) {
    case XMLStreamConstants.START_ELEMENT:
        System.out.println("StartElement: "+reader.getLocalName());
        break;
    case XMLStreamConstants.CHARACTERS:
        System.out.println("Inhalt: "+reader.getText());
        break;
    case XMLStreamConstants.END_ELEMENT:
        System.out.println("EndElement: "+reader.getLocalName());
        break;
    }
}
```

Listing 3.11: Beispiel für StAX-Cursor-API (lesend)

StAX-Iterator-API

Die Iterator-API ist der Cursor-API ähnlich. Jedoch werden in der Iterator-API die Informationen nicht aus dem Reader gelesen, sondern aus dem Objekt, das die Methode `next()` zurückgibt. `next()` gibt dabei eine Instanz des Interfaces `XMLEvent` zurück, das durch Auswertung des Typs in den entsprechenden Sub-Typ gecastet werden kann.

Ein einfaches Beispiel dazu schaut folgendermaßen aus:

```
InputStream in = new FileInputStream(datei);
XMLInputFactory factory = XMLInputFactory.newInstance();
XMLEventReader reader = factory.createXMLEventReader(in);

while (reader.hasNext()) {
    XMLEvent event = reader.nextEvent();
    int type = event.getEventType();
    switch (type) {
    case XMLStreamConstants.START_ELEMENT:
        StartElement se = (StartElement)event;
        System.out.println("StartElement: "+se.getName());
        break;
```

```
    case XMLStreamConstants.CHARACTERS:
        Characters cs = (Characters)event;
        System.out.println("Inhalt: "+cs.getData());
        break;
    case XMLStreamConstants.END_ELEMENT:
        EndElement ee = (EndElement)event;
        System.out.println("EndElement: "+ee.getName());
        break;
    }
}
```

Listing 3.12: StAX-Iterator-API

Schreiben mit StAX

StAX kann auch schreiben. Die Erzeugung einer XML-Datei mit StAX erfolgt sequentiell mithilfe eines `Writers`.

```
OutputStream out = new FileOutputStream(datei);
XMLOutputFactory factory = XMLOutputFactory.newInstance();
XMLStreamWriter writer = factory.createXMLStreamWriter(out);

writer.writeStartDocument();

writer.writeStartElement("wein");
writer.writeAttribute("nr", "4015");
writer.writeComment("Ein Wein mit StAX");

writer.writeStartElement("preis");
writer.writeCharacters("12.50");
writer.writeEndElement();

writer.writeStartElement("lage");
writer.writeCharacters("Kreuznacher Hinkelstein");
writer.writeEndElement();
writer.writeEndElement();

writer.writeEndDocument();
```

Listing 3.13: Erzeugen eines XML-Elements mit StAX

StAX ist im Hinblick auf die Performance mit SAX vergleichbar. Insbesondere die Cursor-Variante, die performanter und speicherfreundlicher als die Iterator-API ist. Der Nachteil von StAX liegt gegenüber SAX in der Performance und der Verbreitung der Nutzung und gegenüber DOM in der sequentiellen Verarbeitung der Daten.

3.3 JAXB

Eine der Hauptaufgaben des JAXP ist die Umwandlung von XML-Daten in Java-Objekte. Da dieser Vorgang generalisierbar ist, hat sich für diese Aufgabe ein eigenes Framework entwickelt.

Die »Java Architecture for XML Binding« (JAXB) ermöglicht es, XML-Daten in Java-Objekte (und umgekehrt) umzuwandeln. JAXB benutzt hierfür das XML-Schema oder Annotations als Umwandlungsvorschrift.

Der Binding Compiler ist in der Lage, aus einem XML-Schema Hilfsklassen für die Umwandlung von XML in Java und umgekehrt zu erzeugen. Mit diesen Hilfsklassen kann unsere Applikation nun XML-Daten in Java-Objekte unmarschallen und Java-Objekte in XML-Daten marschallen.

Zur Nutzung von JAXB benötigen wir einen Kontext zu der Klasse, die als Wurzelelement benutzt wird:

```
JAXBContext context = JAXBContext.newInstance( Wein.class );
```

Aus diesem Kontext können wir einen Marshaller zum Schreiben:

```
Wein w = new Wein("1997", "Merlot", 37.2f);
Marshaller m = context.createMarshaller();
m.setProperty( Marshaller.JAXB_FORMATTED_OUTPUT, Boolean.TRUE );
m.marshal( w, new FileWriter(file) );
```

Listing 3.14: Marschallen eines Objekts

und einen Unmarshaller zum Lesen von XML-Dokumenten erzeugen:

```
Unmarshaller um = context.createUnmarshaller();
Wein w2 = (Wein) um.unmarshal( new FileReader( file ) );
```

Listing 3.15: Unmarschallen eines Objekts

Die Datenklassen (hier die Klasse `Wein`) können mit Annotations aus dem Paket `javax.xml.bind.annotation` konfiguriert werden. Dabei muss zumindest die »Wurzelklasse« die Annotation `@XmlRootElement` aufweisen.

Die folgende Tabelle führt die wichtigsten Annotations zu JAXB auf. Die Spezifikation für JAXB ist die JSR 222, die in Kapitel 7.3.3 ausführlich behandelt wird.

Annotation	Bedeutung
XmlRootElement	Markiert die Klasse, die das Wurzelelement repräsentiert.
XmlElement	Mit dieser Annotation können wir Eigenschaften unserer Klasse konfigurieren, um z.B. einen Namen, Vorgabewert, Type, Optional und Nullable festzulegen.
XmlAttribute	Die Eigenschaft wird als Attribut abgebildet.
Transient	Als `Transient` markierte Felder werden nicht umgewandelt.
XmlType	Mit `XmlType` kann man die Reihenfolge der Elemente festlegen (`@XmlType(propOrder = jahrgang, lage)`).

Tabelle 3.1: Auswahl wichtiger Annotations für JAXB

Bei JAXB gibt es sehr große Unterschiede in den Versionen 1.0 (max. 1.0.6), 2.0 und 2.1 (Okt. 2008: 2.1.9). Die Version 1.0 hat noch nicht den vollen Umfang des XML-Schemas unterstützt. Aktuell gibt es immer noch einige Application Server, die nur ältere Versionen unterstützen.

Der JDK 1.6 enthält JAXB in der Version 2.0. Ab JDK 1.6 Update 4 enthält der JDK JAXB in der Version 2.1.

Das zugrunde liegende Binding-Schema für die unterschiedlichen Versionen kann unter `http://java.sun.com/xml/ns/jaxb/` eingesehen werden.

3.4 UDDI

»Universal Description, Discovery and Integration« ist ein Versuch, einen Marktplatz für Webservices aufzubauen. UDDI sollte dabei die Rolle des Namensdienstes übernehmen (wie RMIRegistry oder JNDI). Die Anbieter sollten Ihre Webservices bei einer UDDI Business Registry mithilfe des UDDI-Protokolls anmelden. Hierzu wurden folgende Bereiche aufgebaut:

- **White Pages**: Namen, Beschreibung und Kontaktdaten von Unternehmen, die Webservices publiziert haben. White Pages sind mit einem Telefonbuch vergleichbar.
- **Yellow Pages**: Klassifizierung und Kategorisierung der Services (wie Gelbe Seiten).
- **Green Pages**: Technische Dokumentationen zu den Services (z.B. WSDL).

Mithilfe von UDDI kann die Initialverbindung von Client und Server hergestellt werden. Das Prinzip wurde nicht angenommen und 2006 wurden die zentralen Register abgeschaltet. Teilweise wird das UDDI-Protokoll noch für lokale Register genutzt. In den folgenden Betrachtungen wird UDDI kaum eine weitere Rolle spielen. Für weitere Informationen zu UDDI verweise ich auf die Spezifikation bei Oasis [OASIS-UDDI].

Kapitel 4

SOAP

SOAP ist ursprünglich die Abkürzung für »Simple Object Access Protocol«. Da SOAP weder einfach ist, noch einen Zugriff auf ein Objekt repräsentiert, sich die Abkürzung SOAP aber gut eingebürgert hatte, wurde ab SOAP 1.2 der Begriff SOAP als Eigenname genutzt. SOAP ist das Kommunikationsprotokoll für Webservice-Anwendungen – somit ist wenigstens das »P« aus der Abkürzung wahr geworden.

Mit SOAP konnte man sich auf ein XML-Format für den Austausch von Nachrichten einigen. Die SOAP-Spezifikation definiert im Wesentlichen die Struktur der SOAP-Message, den Aufbau des Datenmodells und die Mechanismen zur Optimierung der Übertragung (MTOM und XOP) [W3SOAP07].

4.1 Was ist SOAP?

SOAP ist im Wesentlichen ein XML-Infoset wie HTML, XSL oder SVG. Es definiert einen Satz von XML-Tags, die bei der Verarbeitung von SOAP-Nachrichten eine besondere Bedeutung haben. Die SOAP-Nachricht enthält Informationen darüber, welcher Service aufgerufen werden soll, welche Daten übertragen werden und welche Fehler eventuell aufgetreten sind. Zusätzlich können Informationen bezüglich Sicherheit oder Routing übertragen werden.

In einigen Fällen wird SOAP noch als Protokoll bezeichnet, das über dem Transportprotokoll (TCP) die Protokolle HTTP oder HTTPS erweitert. (Vgl. hierzu auch »SOAP im TCP/IP-Protokollstapel« unter `http://de.wikipedia.org/wiki/SOAP`.) Diese Sichtweise bewertet SOAP meines Erachtens über. SOAP ist »nur« ein XML-Infoset, bei dem die Interpretation der XML-Tags die große Aufgabe der Webservice-Frameworks ist.

Für SOAP werden unterschiedliche Spezifikationen genutzt. In der Praxis finden wir die Versionen 1.1 und 1.2. SOAP 1.2 ist im Prinzip abwärtskompatibel und bereichert SOAP um weitere Sprachelemente und zusätzliche Regeln. Im Folgenden werde ich mich auf den gemeinsamen Nenner der Versionen beschränken und weise darauf hin, dass trotz der Abwärtskompatibilität zwischen den Versionen eine gemischte Nutzung früher oder später zu Problemen führt. Aus diesem Grund stellen einige Frameworks (z.B. Axis2) per Default sowohl einen SOAP-1.1- als auch einen SOAP-1.2-Service zur Verfügung.

4.2 Aufbau einer SOAP-Nachricht

Eine SOAP-Nachricht besteht aus drei Hauptelementen:

- SOAP-Envelope: Der Umschlag, in den die Daten gesteckt werden (Wurzelelement)
- SOAP-Header: Bereich für Zusatzinformationen (optional)
- SOAP-Body: Die geforderten Daten (Methodenname, Übergabeparameter und Rückgabewerte bzw. ein Fault-Element)

Zusätzlich können der SOAP-Nachricht noch Attachments beigefügt werden.

Das zugrunde liegende XML-Schema hierfür ist unter `http://schemas.xmlsoap.org/soap/envelope/` definiert. Der Aufbau einer SOAP-Message ähnelt dem eines HTML-Dokuments: Die »Nutzlast« wird im Body definiert, die Zusatzinformationen (z.B. Authentifizierung, Routing-Information, Parameter) werden im Header übertragen.

4.3 Beispiel einer SOAP-Message

Sehen wir uns das Wesen und die Bedeutung von SOAP in einem kleinen Beispiel an. Unser Großkunde Heinrich Schwaben möchte seine Rechnungen per Webservice von uns beziehen. Hierfür fordert er die Rechnung mit einer entsprechenden ID an. Der Name des Services soll nun `holeRechnung` sein. Um spezifizieren zu können, welche Rechnung gemeint ist, übergibt man die ID zur Rechnung. Damit beide Seiten die gleiche Sprache nutzen, wird dieses Ansinnen in eine SOAP-Nachricht verpackt:

```
<?xml version="1.0" ?>
<S:Envelope xmlns:S="http://schemas.xmlsoap.org/soap/envelope/">
  <S:Body>
    <ns2:holeRechnung xmlns:ns2="http://rechnung.service.jaxws.traudel.de/">
      <arg0>1</arg0>
    </ns2:holeRechnung>
  </S:Body>
</S:Envelope>
```

Listing 4.1: SOAP-Request

Hierbei fordert er mit `holeRechnung` die Service-Operation an und übergibt als Parameter die Nummer der Rechnung (hier: 1) mit. Der Namensraum S, definiert durch das Schema für den SOAP-Envelope, beschreibt die Tags `Envelope` und `Body`. Der Namensraum `ns2` bezieht sich auf die WSDL, die wir im nächsten Kapitel besprechen.

Sofern der Kunde die richtige ID mit übergeben hat und es bei Traudel eine Methode **holeRechnung** gibt, erhält der Kunde die Daten seiner Rechnung in der SOAP-Response zurück:

```
<?xml version='1.0' encoding='UTF-8'?>
  <S:Envelope xmlns:S="http://schemas.xmlsoap.org/soap/envelope/">
    <S:Body>
      <ns2:holeRechnungResponse <!-- ① -->
         xmlns:ns2="http://rechnung.service.jaxws.traudel.de/">
        <return> <!-- ② -->
          <datum>2010-04-20T13:42:17.898+02:00</datum> <!-- ③ -->
          <id>1</id>
          <kunde> <!-- ④ -->
            <id>1</id>
            <name>Schwaben</name>
            <ort>Bamberg</ort>
            <plz>96049</plz>
            <strasse>Am Dom 6</strasse>
            <vorname>Heinrich</vorname>
          </kunde>
          <nr>1</nr>
          <positionen> <!-- ⑤ -->
            <artikel>
              <preis>7.75</preis>
              <status>LIEFERBAR</status>
              <txt>abgepackter Halloumi</txt>
            </artikel>
            <id>1</id>
            <menge>1</menge>
          </positionen>
          <positionen>
            <artikel>
              <preis>24.0</preis>
              <status>AUF_LAGER</status>
              <txt>Challoumi 3-kg-Flasche</txt>
            </artikel>
            <id>2</id>
            <menge>2</menge>
          </positionen>
        </return>
      </ns2:holeRechnungResponse>
    </S:Body>
  </S:Envelope>
```

Listing 4.2: SOAP-Response

Die Antwort, die im Normalfall den Namen der angeforderten Operation (`holeRechnung`) mit dem Zusatz `Response` erhält ①, beinhaltet in dem Element `return` ② die angeforderte Rechnung. Das Rechnungsdatum wurde nachlässigerweise als Datentyp `dateTime` definiert ③, ein Typ `date` hätte auch gereicht. Die komplexen Typen, wie z.B. der Kunde ④ und die Positionen ⑤, werden gemäß der Strukturdefinition der WSDL abgebildet.

Sofern eine nicht vorhandene Rechnung angefordert wird oder bei der Verarbeitung ein mitteilungswürdiger Fehler auftritt, wird im Body ein Fault zurückgeliefert:

```
<?xml version='1.0' encoding='UTF-8'?>
  <S:Envelope xmlns:S="http://schemas.xmlsoap.org/soap/envelope/">
    <S:Body>
      <S:Fault xmlns:ns4="http://www.w3.org/2003/05/soap-envelope">
        <faultcode>S:Server</faultcode>
        <faultstring>Rechnung nicht vorhanden!</faultstring>
        <detail>
          <ns2:Exception
            xmlns:ns2="http://rechnung.service.jaxws.traudel.de/">
             <message>Rechnung nicht vorhanden!</message>
          </ns2:Exception>
        </detail>
      </S:Fault>
    </S:Body>
  </S:Envelope>
```

Listing 4.3: Ein SOAP-Fault

An diesem einfachen Beispiel erkennt man, dass SOAP im Wesen für den Transport der Anfrage (Request) und der Antwort (Response) den gemeinsamen Sprachschatz zur Verfügung stellt, der von dem Framework auf der Seite des Senders und des Empfängers verarbeitet werden muss.

In dem einfachen Beispiel wurde die Bedeutung des Headers vernachlässigt. Im Header sind optional Informationen über Sessions, Security oder WS-Addressing enthalten, wie im folgenden einfachen Beispiel:

```
<?xml version="1.0" ?>
<S:Envelope xmlns:S="http://schemas.xmlsoap.org/soap/envelope/">
  <S:Header>
    <To xmlns="http://www.w3.org/2005/08/addressing">
      http://localhost:8888/reService/holeRechnung
    </To>
    <Action xmlns="http://www.w3.org/2005/08/addressing">
```

```
      http://wsaddr.traudel.de/reService/holeRechnungRequest
    </Action>
    <ReplyTo xmlns="http://www.w3.org/2005/08/addressing">
      <Address>http://www.w3.org/2005/08/addressing/anonymous</Address>
    </ReplyTo>
    <MessageID xmlns="http://www.w3.org/2005/08/addressing">
      uuid:6ff8b506-6b36-4333-aabc-081273123516
    </MessageID>
  </S:Header>
  <S:Body>
     <ns2:holeRechnung xmlns:ns2="http://http://wsaddr.traudel.de/">
       <arg0>1</arg0>
     </ns2:holeRechnung>
    <ns2:ping xmlns:ns2="http://wsaddr.traudel.de/">
      <arg0>sag was Großes!</arg0>
    </ns2:ping>
  </S:Body>
</S:Envelope>
```

Listing 4.4: SOAP-Nachricht mit WS-Addressing

Hierbei werden im SOAP-Header die spezifischen Informationen für das WS-Addressing (To, `Action`, `ReplyTo` und `MessageID`) gekapselt. Analog zum Head-Tag in HTML werden im Header der SOAP-Nachricht Zusatzinformationen zur im Body enthaltenen Nutzlast übertragen. Das WS-Addressing wird in Kapitel 14.3 ausführlicher behandelt.

Diese Nachrichten können z.B. per HTTP und POST versendet werden:

```
POST /metroWS/re HTTP/1.1
Content-type: text/xml;charset="utf-8"
Soapaction: ""
Accept: text/xml, multipart/related, text/html, image/gif, image/jpeg
User-Agent: JAX-WS RI 2.1.6 in JDK 6
Host: 127.0.0.1:8888
Connection: keep-alive
Content-Length: 221
```

Listing 4.5: HTTP-Header einer SOAP-Nachricht

Alternativ könnten natürlich auch andere Transportprotokolle zum Versenden der Nachricht infrage kommen, insbesondere, wenn viele Binärdaten übertragen werden müssen.

4.4 Transport von Binärdaten

4.4.1 Attachments

Beim Transport von Binärdaten wie Grafiken, PDF-Dateien oder Signaturen hat man grundsätzlich zwei Möglichkeiten, diese mitzuversenden.

- **By Value**: Eine Möglichkeit, diese Binärdaten mit der SOAP-Nachricht zu transportieren, ist, die Binärdatei zu kodieren (z.B. in die Base64-Kodierung) und im SOAP-Body zu integrieren. Der Vorteil von »by Value« ist, dass wir ein durchgängiges XML-Format für unsere Nachricht haben, was insbesondere bei besonderen Anforderungen, wie z.B. WS-Security, wichtig ist. Der Nachteil ist, dass die Daten durch die Kodierung größer werden: bei Base64 um ein Drittel, bei der Kodierung nach Hexadezimal verdoppelt sich der Umfang der Daten.
- **By Reference**: Die zweite Möglichkeit ist, die Binärdaten in einem eigenen Block zusätzlich zur Nachricht zu versenden und diese Blöcke in der SOAP-Nachricht zu referenzieren. Der bekannteste Vertreter dieser Technik ist »SOAP with Attachments« (SwA). Vorteilhaft bei dieser Methode ist, dass ein Aufblähen der Daten vermieden wird, da die Daten in ihrem ursprünglichen binären Format bleiben. Der Nachteil ist, dass die Daten nun nicht mehr zum eigentlichen Infoset der Nachricht gehören. WS-Security kann sich nun nicht mehr um die Binärdaten kümmern.

Vgl. hierzu [Axis2], insbesondere `http://ws.apache.org/axis2/1_3/mtom-guide.html`.

4.4.2 Der Ansatz von MTOM

MTOM (SOAP Message Transmission Optimization Mechanism) versucht, die Vorteile der beiden oben genannten Möglichkeiten miteinander zu vereinen und die Nachteile zu minimieren. MTOM ist mit der Version SOAP 1.2 Bestandteil der SOAP-Spezifikation des W3-Konsortiums geworden und wurde 2005 vom W3C als Standard verabschiedet (s. dazu [MTOM]).

Das Ziel von MTOM ist, dass bei der Übertragung der Daten diese im Umfang minimiert werden, indem die Methode SwA für den Versand genutzt wird, die Daten also in ihrem Originalformat übertragen werden. Außerhalb der Versandphase (beim Empfänger oder beim Sender) wird das Attachment als XML-Infoset behandelt. Diese Fähigkeit wird mithilfe von XOP (XML Binary Optimized Packaging) über das Element `XOP:Include` realisiert. Somit ist das Attachment bei Empfänger und Sender »by Value« und beim Transport »by Reference«.

Wollte nun unser Kunde seine Rechnung per PDF zugestellt bekommen, würde sich die SOAP-Nachricht vielleicht in folgender Form verändern:

```
<?xml version='1.0' encoding='UTF-8'?>
<S:Envelope xmlns:S="http://schemas.xmlsoap.org/soap/envelope/">
  <S:Body>
    <ns2:sendeRechnungPerPDFResponse
        xmlns:ns2="http://rechnung.service.jaxws.traudel.de/">
      <return>
        <xop:Include
          xmlns:xop="http://www.w3.org/2004/08/xop/include"
          href="cid:fla2dab2...@example.jaxws.sun.com"/>
      </return>
    </ns2:sendeRechnungPerPDFResponse>
  </S:Body>
</S:Envelope>
--uuid:2baa32da-619c-4795-9e9d-117494797d15Content-Id:
<fla2dab2...@example.jaxws.sun.com>Content-Type: application/octet-stream-
Content-Transfer-Encoding: binary% <die Binärdaten der PDF-Datei>
```

Listing 4.6: Eine SOAP-Nachricht mit einem Attachment

In dieser SOAP-Nachricht wird das PDF-Dokument per `xop:Include` referenziert und als extra Päckchen mitgeschickt. Bei der Referenz habe ich die ID zur besseren Lesbarkeit mit drei Punkten verkürzt und die Binärdaten durch den Eintrag `<die Binärdaten der PDF-Datei>` ersetzt.

4.5 Vorteile und Nachteile von SOAP

SOAP ist ein Standard, der von allen Beteiligten der Webservice-Landschaft anerkannt ist und gut verarbeitet werden kann. Durch die Unterscheidung von Zusatzinformation (Header) und Nutzlast (Body) in Anlehnung an das HTML-Protokoll hat man eine saubere Trennung zwischen den eigentlichen Daten und den Webservice-spezifischen Daten, die insbesondere mit den Handlern gut verarbeitet und analysiert werden können. Dabei wird bei den Handlern der am Anfang der Nachricht befindliche Header analysiert, der für die weitere Verarbeitung (z.B. der Zuteilung) von Bedeutung ist. Durch die Nutzung von StAX kann man hierbei einiges an Ressourcen einsparen, insbesondere, wenn es um Routing oder Security geht.

Die Problematik bei SOAP ist, dass sehr schnell viel Overhead produziert werden kann. Als Beispiel hierfür möchte ich folgenden kleinen SOAP-Mitschnitt eines Axis-1.2-Requests darstellen:

```
POST /ws/services/WeinLaden HTTP/1.0
Content-Type: text/xml; charset=utf-8
Accept: application/soap+xml,
```

```
        application/dime, multipart/related, text/*
User-Agent: Axis/1.2
Host: localhost:8081
Cache-Control: no-cache
Pragma: no-cache
SOAPAction: ""
Content-Length: 630

<?xml version="1.0" encoding="UTF-8"?>
<soapenv:Envelope xmlns:soapenv="http://schemas.xmlsoap.org/soap/envelope/"
    xmlns:xsd="http://www.w3.org/2001/XMLSchema"
    xmlns:xsi="http://www.w3.org/2001/XMLSchema-instance">
  <soapenv:Body>
   <getWein soapenv:encodingStyle="http://schemas.xmlsoap.org/soap/encoding/
">
     <arg0 href="#id0"/>
   </getWein>
   <multiRef id="id0" soapenc:root="0"
       soapenv:encodingStyle="http://schemas.xmlsoap.org/soap/encoding/"
       xsi:type="soapenc:int"
       xmlns:soapenc="http://schemas.xmlsoap.org/soap/encoding/">
     2
   </multiRef>
  </soapenv:Body>
</soapenv:Envelope>
```

Listing 4.7: Axis-1.2-Request

In den Header-Informationen des HTTP-Requests erkennt man, dass die SOAP-Nachricht 630 Zeichen lang ist, die für den Request eigentlich relevanten Daten sind `getWein` (der Name des Services) und 2 (die Nummer für den Wein). Okay, die Information, dass die Nummer des Weins ein `int` ist, lasse ich auch noch zu. Somit haben wir 11 Zeichen Information in 630 Zeichen Nachricht versteckt.

Bei diesem kleinen Beispiel mag das kein Weltuntergang sein, wenn man sich dabei aber größere Datenmengen mit vielen Requests vorstellt, kann das zu einem Problem führen. Aus diesem Grund wird in einigen Applikationen JSON zur Formatierung der Daten genutzt, da hierbei weniger Überhang anfällt. Mehr zu JSON erfahren Sie in Kapitel 6 bei »REST«.

Kapitel 5

WSDL – Web Services Description Language

Damit ein Client dynamisch auf einen Webservice zugreifen kann, muss der Webservice seine Schnittstellen in standardisierter Form zur Verfügung stellen. Hieraus muss ersichtlich sein, welche Methoden zur Verfügung stehen und welche Parameter die Methoden erwarten, welche Rückgabewerte zu erwarten sind und welche Zugriffsmöglichkeiten zur Verfügung gestellt werden. Diesen Aufgaben stellt sich die WSDL.

5.1 Allgemeiner Aufbau einer WSDL

WSDL ist in der Version 1.1 weit verbreitet. Das folgende Listing zeigt den allgemeinen Aufbau einer WSDL. Zur besseren Lesbarkeit habe ich den Namensraum `wsdl:` weggelassen.

```
<definitions>
  <!-- Beschreibung der Datentypen (sofern nicht Basistypen) ① -->
  <types>
    <schema></schema>
  </types>
  <!-- Beschreibung von Request und Response -->
  <message>
    <part></part>
  </message>
  <!-- Beschreibung der Methoden -->
  <portType>
    <operation>
      <input></input>
      <output></output>
      <fault></fault> <!-- optional -->
    </operation>
  </portType>
  <!-- Kodierung und Transport -->
  <binding>
    <operation>
      <input></input>
```

```
      <output></output>
    </operation>
  </binding>
  <!-- Zugriff auf den Service -->
  <service>
    <port></port>
  </service>
<definitions>
```

Listing 5.1: Grundgerüst eines WSDL-Dokuments

Innerhalb von `wsdl:types` ① werden mit einem XML-Schema die komplexeren Datentypen definiert. Das Schema kann auch in ein eigenes Dokument ausgelagert und durch einen Import referenziert werden:

```
<wsdl:types>
   <xsd:schema>
      <xsd:import namespace="http://traudel.de/"
   schemaLocation="http://localhost:8880/xyz"/>
   </xsd:schema>
</wsdl:types>
```

Listing 5.2: Import eines XML-Schemas

Mit dem Element `message` werden die Nachrichten beschrieben. Falls notwendig werden die Parameter mit einem Bezug zu dem Schema der Typendefinition hergestellt.

Mit `portType` wird die Service-Schnittstelle definiert. In WSDL 2.0 ist dieses Element in `interface` umbenannt worden. Ein `portType` oder `interface` definiert eine Menge von Operationen, die einen Bezug zu den definierten Messages herstellen. Es können `input-`, `output-` und `fault`-Operationen definiert werden.

Im Bereich `binding` werden die Nachrichtenformate (Document), Kommunikations- (SOAP) und Transportprotokolle (HTTP) definiert. Für einen Port können mehrere Bindings konfiguriert werden.

Das Service-Element umschließt die Definition der konkreten Endpunkte. Hier werden den Binding-Definitionen bestimmte URIs zugeordnet. So kann der gleiche Service mit unterschiedlichen Protokollen über unterschiedliche URIs aufgerufen werden.

5.2 Beispiel einer WSDL

Dem Beispiel für die SOAP-Message aus dem vorherigen Kapitel lag folgende WSDL zugrunde:

```
<?xml version='1.0' encoding='UTF-8'?>
<definitions
  xmlns:soap="http://schemas.xmlsoap.org/wsdl/soap/"
  xmlns:tns="http://rechnung.service.jaxws.traudel.de/"
  xmlns:xsd="http://www.w3.org/2001/XMLSchema"
  xmlns="http://schemas.xmlsoap.org/wsdl/"
  targetNamespace="http://rechnung.service.jaxws.traudel.de/"
  name="RechnungsEndpointImplService">
  <types>
    <xsd:schema> <-- ① -->
      <xsd:import namespace="http://rechnung.service.jaxws.traudel.de/"
        schemaLocation="http://127.0.0.1:8888/metroWS/re?xsd=1" />
    </xsd:schema>
  </types>
  <-- ② -->
  <message name="holeAlleRechnungen">
    <part name="parameters" element="tns:holeAlleRechnungen" />
  </message>
  <message name="holeAlleRechnungenResponse">
    <part name="parameters" element="tns:holeAlleRechnungenResponse" />
  </message>
  <message name="Exception_Exception">
    <part name="fault" element="tns:Exception" />
  </message>
  <message name="holeRechnung">
    <part name="parameters" element="tns:holeRechnung" />
  </message>
  <message name="holeRechnungResponse">
    <part name="parameters" element="tns:holeRechnungResponse" />
  </message>
  <message name="neueRechnung">
    <part name="parameters" element="tns:neueRechnung" />
  </message>
  <message name="neueRechnungResponse">
    <part name="parameters" element="tns:neueRechnungResponse" />
  </message>
  <-- ③ -->
  <portType name="RechnungsEndpointImpl">
    <operation name="holeAlleRechnungen">
      <input message="tns:holeAlleRechnungen" />
      <output message="tns:holeAlleRechnungenResponse" />
```

```
    <fault message="tns:Exception_Exception" name="Exception_Exception" />
  </operation>
  <operation name="holeRechnung">
    <input message="tns:holeRechnung" />
    <output message="tns:holeRechnungResponse" />
    <fault message="tns:Exception_Exception" name="Exception_Exception" />
  </operation>
  <operation name="neueRechnung">
    <input message="tns:neueRechnung" />
    <output message="tns:neueRechnungResponse" />
    <fault message="tns:Exception_Exception" name="Exception_Exception" />
  </operation>
</portType>
<-- ④ -->
<binding name="RechnungsEndpointImplPortBinding"
    type="tns:RechnungsEndpointImpl">
  <soap:binding transport="http://schemas.xmlsoap.org/soap/http"
    style="document" />
  <operation name="holeAlleRechnungen">
    <soap:operation soapAction="" />
    <input>
      <soap:body use="literal" />
    </input>
    <output>
      <soap:body use="literal" />
    </output>
    <fault name="Exception_Exception">
      <soap:fault name="Exception_Exception" use="literal" />
    </fault>
  </operation>
  <operation name="holeRechnung">
    <soap:operation soapAction="" />
    <input>
      <soap:body use="literal" />
    </input>
    <output>
      <soap:body use="literal" />
    </output>
    <fault name="Exception_Exception">
      <soap:fault name="Exception_Exception" use="literal" />
    </fault>
  </operation>
```

```
        <operation name="neueRechnung">
            <soap:operation soapAction="" />
            <input>
                <soap:body use="literal" />
            </input>
            <output>
                <soap:body use="literal" />
            </output>
            <fault name="Exception_Exception">
                <soap:fault name="Exception_Exception" use="literal" />
            </fault>
        </operation>
    </binding>
    <-- ⑤ -->
    <service name="RechnungsEndpointImplService">
        <port name="RechnungsEndpointImplPort"
         binding="tns:RechnungsEndpointImplPortBinding">
            <soap:address location="http://127.0.0.1:8888/metroWS/re" />
        </port>
    </service>
</definitions>
```

Listing 5.3: WSDL für den Rechnungsservice

Die Datentypen des Beispiels sind bei dieser WSDL ausgelagert ① und werden weiter unten beschrieben. Im zweiten Abschnitt werden die »Messages« definiert ②. Hierfür wird für jede Nachricht, die im Request-Response-Modus ausgeführt wird, der Aufruf (`holeRechnung`) und seine Antwort (`holeRechnungResponse`) mit den entsprechenden Parametern definiert. An dieser Stelle werden auch mögliche Fehler definiert. Die Parameter und Rückgabewerte mit dem Namensraum `tns:` werden in dem ausgelagerten XML-Schema definiert. Der `portType` ③ verbindet die Messages zu einer Einheit, die im Normalfall aus einer Request-Message, einer Response und evtl. auch einer oder mehreren Fault-Messages besteht. Der Abschnitt »Binding« ④ definiert, wie die Daten in eine SOAP-Message umgesetzt werden. Die Bindings mit ihren Kombinationen werden im folgenden Abschnitt erklärt. Der »Service« ⑤ definiert schließlich die Adresse und stellt die Verbindung zum Binding her.

Das XML-Schema in der ausgelagerten Definition der Typen (`http://127.0.0.1:8888/metroWS/re?xsd=1`) stellt sich folgendermaßen dar:

```
<?xml version="1.0" encoding="UTF-8"?>
<xs:schema xmlns:tns="http://rechnung.service.jaxws.traudel.de/"
   xmlns:xs="http://www.w3.org/2001/XMLSchema" version="1.0"
```

```
targetNamespace="http://rechnung.service.jaxws.traudel.de/">

<-- ① -->
<xs:element name="Exception" type="tns:Exception_Exception" />
<xs:element name="holeAlleRechnungen" type="tns:holeAlleRechnungen" />
<xs:element name="holeAlleRechnungenResponse"
      type="tns:holeAlleRechnungenResponse" />
<xs:element name="holeRechnung" type="tns:holeRechnung" />
<xs:element name="holeRechnungResponse" type="tns:holeRechnungResponse" />
<xs:element name="neueRechnung" type="tns:neueRechnung" />
<xs:element name="neueRechnungResponse" type="tns:neueRechnungResponse" />
<-- ② -->
<xs:complexType name="rechnung">
   <xs:sequence>
      <xs:element name="datum" type="xs:dateTime" minOccurs="0" />
      <xs:element name="id" type="xs:long" minOccurs="0" />
      <xs:element name="kunde" type="tns:kunde" minOccurs="0" />
      <xs:element name="nr" type="xs:string" minOccurs="0" />
      <xs:element name="positionen" type="tns:position"
         nillable="true" minOccurs="0" maxOccurs="unbounded" />
   </xs:sequence>
</xs:complexType>

<xs:complexType name="kunde">
   <xs:sequence>
      <xs:element name="id" type="xs:long" minOccurs="0" />
      <xs:element name="name" type="xs:string" minOccurs="0" />
      <xs:element name="ort" type="xs:string" minOccurs="0" />
      <xs:element name="plz" type="xs:string" minOccurs="0" />
      <xs:element name="strasse" type="xs:string" minOccurs="0" />
      <xs:element name="vorname" type="xs:string" minOccurs="0" />
   </xs:sequence>
</xs:complexType>

<xs:complexType name="position">
   <xs:sequence>
      <xs:element name="artikel" type="tns:artikel" minOccurs="0" />
      <xs:element name="id" type="xs:long" minOccurs="0" />
      <xs:element name="menge" type="xs:int" />
   </xs:sequence>
</xs:complexType>

<xs:complexType name="artikel">
   <xs:sequence>
```

```
            <xs:element name="id" type="xs:long" minOccurs="0" />
            <xs:element name="preis" type="xs:float" />
            <xs:element name="status" type="tns:status" minOccurs="0" />
            <xs:element name="txt" type="xs:string" minOccurs="0" />
        </xs:sequence>
    </xs:complexType>

    <xs:complexType name="Exception_Exception">
        <xs:sequence>
            <xs:element name="message" type="xs:string" minOccurs="0" />
        </xs:sequence>
    </xs:complexType>

    <xs:complexType name="holeAlleRechnungen">
        <xs:sequence />
    </xs:complexType>

    <xs:complexType name="holeAlleRechnungenResponse">
        <xs:sequence>
            <xs:element name="return" type="tns:rechnung" minOccurs="0"
                maxOccurs="unbounded" />
        </xs:sequence>
    </xs:complexType>

    <xs:complexType name="neueRechnung">
        <xs:sequence>
            <xs:element name="arg0" type="tns:rechnung" minOccurs="0" />
        </xs:sequence>
    </xs:complexType>

    <xs:complexType name="neueRechnungResponse">
        <xs:sequence>
            <xs:element name="return" type="xs:long" minOccurs="0" />
        </xs:sequence>
    </xs:complexType>

    <xs:complexType name="holeRechnung">
        <xs:sequence>
            <xs:element name="arg0" type="xs:long" minOccurs="0" />
        </xs:sequence>
    </xs:complexType>

    <xs:complexType name="holeRechnungResponse">
        <xs:sequence>
```

```
        <xs:element name="return" type="tns:rechnung" minOccurs="0" />
      </xs:sequence>
    </xs:complexType>

    <xs:simpleType name="status">
      <xs:restriction base="xs:string">
        <xs:enumeration value="AUF_LAGER" />
        <xs:enumeration value="LIEFERBAR" />
        <xs:enumeration value="NICHT_LIEFERBAR" />
      </xs:restriction>
    </xs:simpleType>
</xs:schema>
```

Listing 5.4: XML-Schema für die WSDL-Typen

Dabei werden zu Anfang ① die Elemente definiert und einem bestimmten Typ zugeordnet. Im zweiten Teil ② werden die einzelnen Typen beschrieben.

5.3 SOAP-Bindings

Die SOAP-Bindings (siehe *4* in Listing 5.3) legen das Messaging-Protokoll mit dem Attribut `transport` und den Stil des Nachrichtenformats mit `style` fest. Als Stil können Sie entweder `rpc` oder `document` setzen. Der SOAP-Stil wiederum kann entweder `encoded` oder `literal` sein.

Für die SOAP-Bindings, also die Art und Weise, wie Parameter und Typen behandelt werden, sind drei Parameter entscheidend.

Der Stil RPC betrachtet den Webservice aus der Sicht einer Programmiersprache mit Methoden und Parametern, was dazu führt, dass im Message-Part der WSDL die Typen der Parameter und Rückgabewerte angegeben werden:

```
<message name="holeRechnung">
  <part name="parameters" type="xs:long"/>
</message>
```

Document lagert die Typdefinitionen in den dafür vorgesehenen Types-Part als eigenständiges XSD-Dokument aus und der Message-Part referenziert diese Definitionen. Somit ist der Message-Part frei vom XML-Schema und die Typen können mit einem XSD-Validator geprüft werden, da sie als eigenständiges XSD-Document betrachtet werden können:

```
... im Types-Part ...
<xs:complexType name="holeRechnung">
  <xs:sequence>
```

```
        <xs:element name="arg0" type="xs:long" minOccurs="0" />
    </xs:sequence>
</xs:complexType>
... im Message Part ...
<message name="holeRechnung">
  <part name="parameters" element="tns:holeRechnung" />
</message>
```

Bei RPC-konformen Encodings kann zwischen den Arten »Encoded« und »Literal« unterschieden werden. Bei Encoded wird der Typ der Parameter mit in die SOAP-Message geschrieben, was zu einem Overhead führt, da die Typen ja schon durch die WSDL definiert sind. Bei Literal wird der Datentyp nicht mehr in der SOAP-Nachricht angegeben.

Die Parameter können beim Typ Document einzeln (Bare) oder verpackt (Wrapped) übergeben werden. Bei RPC sind die Parameter immer Wrapped.

Insgesamt ergeben sich damit folgende Kombinationen:

RPC/Encoded	In der WSDL werden die Typen der Parameter im Message-Part und nicht im Types-Part definiert. In der SOAP-Message wird der Name der Operation angegeben. Die Typen der Parameter werden mit XML-Schema-Typen angegeben: <zahl xsi:type="xsd:int">42</zahl> Dies führt zu einem Overhead und ist nicht WS-I-kompatibel. Es können Probleme mit der Interoperabilität auftreten.
RPC/Literal	WSDL wie bei RPC/Encoded. In der SOAP-Message wird der Name der Methode genannt. Der Typ der Parameter wird nicht angegeben. <zahl>42</zahl> Die SOAP-Message ist WS-I-kompatibel.
Document/Encoded	Dieser Stil ist nicht WS-I-kompatibel und wird nicht genutzt.
Document/Literal/Bare	In der WSDL werden die Typen im Types-Part definiert. Der Message-Part referenziert diese Typen. In der SOAP-Message geht der Name der Methode verloren, was evtl. zu Problemen beim Debugging oder Logging führen kann. Nach der WS-I-Vorgabe darf eine Methode nur einen Parameter haben.
Document/Literal/Wrapped	Dieser Stil umhüllt (wrapped) die Parameter in einem eigenen Typ. Der Wrapper-Typ hat den Namen der Methode und erscheint somit in der SOAP-Message.

Tabelle 5.1: SOAP-Bindings (vgl. [Butek05])

Mit der Kombination Document/Literal/Wrapped haben Sie eine gute Kombination, in der eine saubere Trennung der Datentypen in der WSDL erfolgt und wobei in der SOAP-Nachricht nur die erforderlichen Informationen (Name der Methode, keine Typangabe der Parameter) enthalten sind. Bei älteren Frameworks kann es vorkommen, dass Document nicht unterstützt wird. In diesem Fall sollten Sie RPC/Literal nutzen.

5.4 Unterschiede zu WSDL 2.0

Die wichtigsten Änderungen in WSDL 2.0:

- Das Wurzelelement ist von `definitions` in `description` umbenannt worden
- `portType` wird zu `interface`.
- Die Nachrichten werden nicht mehr separat im `message`-Bereich beschrieben, sondern als `nested`-Element von `interface` definiert.
- WSDL 2.0 enthält Features und Properties, um nicht funktionale Anforderungen beschreiben zu können.

In der Grundstruktur kann man die beiden Versionen folgendermaßen vergleichen:

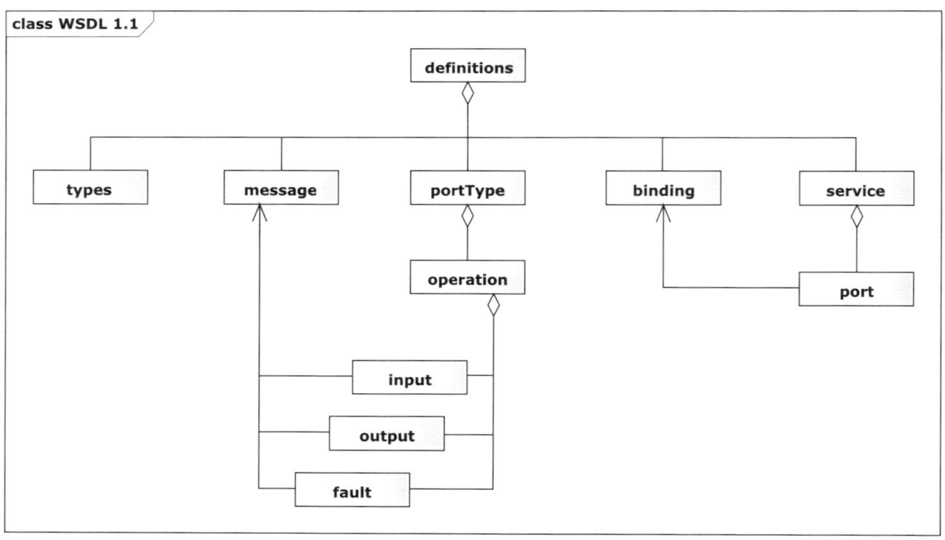

Abb. 5.1: WSDL 1.1

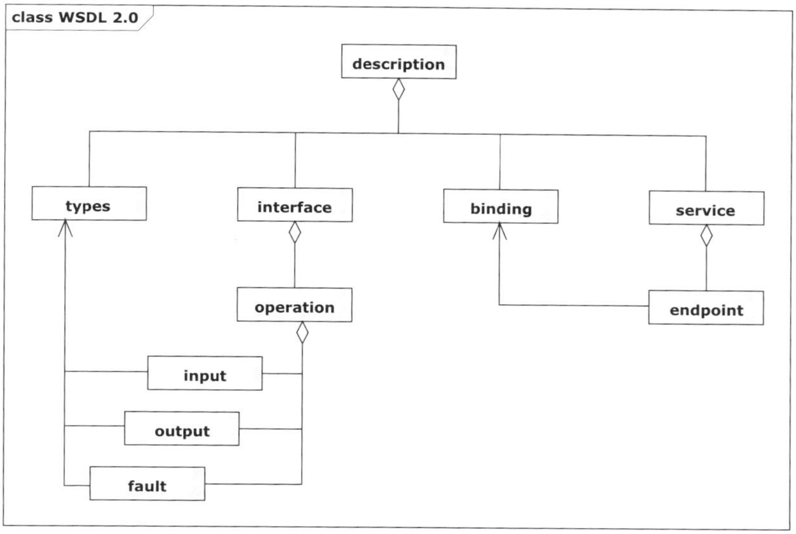

Abb. 5.2: WSDL 2.0

5.5 Code-First – Contract-First

Bei der Erzeugung von Webservices werden immer wieder die Ansätze »Code-First« und »Contract-First« genannt. Diese beiden Ansätze unterscheiden sich sowohl von der technischen als auch von der philosophischen Seite. Bei beiden Betrachtungen steht der Weg der Erzeugung und weiteren Nutzung der WSDL im Mittelpunkt, deshalb ist hier ein guter Punkt, ein paar Gedanken zu Ansätzen aufzuschreiben.

Die WSDL ist der Vertrag (Contract) zwischen dem Provider (Anbieter eines Dienstes) und dem Consumer (Nutzer eines Dienstes), der Code die Realisierung des Vertrags.

5.5.1 Code-First

Aus Sicht der Technik bedeutet Code-First, dass aus einer Service-Schnittstelle oder auch Implementation und deren genutzten Datentypen mithilfe von Tools die passende WSDL (der Vertrag) erzeugt wird.

Der Ansatz bedeutet, dass wir aus unserer Realisierung einen Vertrag ableiten. Der Fokus unserer Betrachtung liegt dabei auf der Realisierung, sprich auf unserer Java-Klasse.

Diese Arbeitsweise ist schnell und einfach. Mit den inzwischen sehr guten Tools werden sehr gute Resultate erzielt. Hierbei kann aber das Problem auftreten, dass

Interoperabilitätsprobleme zu spät erkannt werden und der Ansatz aus vorhandenen, für Webservices nicht optimalen, Schnittstellen erzeugt wird.

5.5.2 Contract-First

Bei Contract-First wird zuerst die WSDL – sprich der Vertrag – erzeugt und daraus die Service-Schnittstelle generiert. Die Erstellung des Vertrags erfolgt in zwei Schritten: Im ersten Schritt wird das XML-Schema für die Datentypen und die Service-Parameter erzeugt und im zweiten Schritt wird die WSDL erzeugt, die sich auf das Schema bezieht.

Dieser Ansatz geht den Weg, dass zuerst ein Vertrag erstellt wird und wenn dieser so gestaltet wurde, dass der Entwickler von seiner stabilen und unabhängigen Gestaltung überzeugt ist, werden daraus die benötigten Klassen generiert.

Contract-First basiert auf einer unvoreingenommenen Planung, bei der der Fokus auf dem Vertragswerk liegt und die Implementation nur die logische Konsequenz des Vertrags ist. Dieser Ansatz ist sehr schwierig und erfordert sehr gute Kenntnisse für den Aufbau der WSDL. Die Tool-Unterstützung hierfür ist nicht so komfortabel wie bei dem Ansatz Code-First.

5.5.3 Meine Empfehlung

Meiner Meinung nach ist es ein guter, praktikabler Weg, für seinen Service eine eigene Schnittstelle (mit Fokus auf dem Webservice) zu erzeugen, aus dieser die WSDL zu erzeugen und gegebenenfalls anzupassen. Dies hat den Vorteil, dass eine saubere WSDL als Grundlage für die weitere Arbeit zur Verfügung steht. Dann müssen nur noch die Änderungen eingearbeitet werden und nicht die WSDL von Anfang an erzeugt werden. Aus dieser WSDL kann dann der eigentliche Service generiert werden. Ich nenne diesen Ansatz immer »Code-First, Contract-Second«. Wichtig dabei ist, dass man sich bei der Erstellung der Schnittstelle von der vorhandenen Struktur löst und eine Schnittstelle genau für den Webservice erzeugt.

Eine wundervolle Abhandlung über ein Streitgespräch zwischen Code-First und Contract-First finden Sie unter `http://www.innoq.com/blog/hw/slides/2006/OOP 2006 - Contract First vs. Code First Folien.pdf`.

Kapitel 6

REST – REpresentational State Transfer

Ein Kritikpunkt an SOAP ist, dass sehr viel Overhead dadurch erzeugt wird, dass viele Eventualitäten damit behandelt werden können, die aber vielleicht nicht genutzt werden. In vielen Fällen wird gar kein Head benötigt – somit auch kein Envelope. Sehr häufig basieren Webservices auf dem Kommunikationsmuster Request/Response, andere Möglichkeiten müssen für diese Services nicht berücksichtigt werden. Eine Beschränkung auf die wirklich notwendigen Anforderungen kann somit zu Vereinfachungen führen. Diese Kritik hat im Jahr 2000 zu dem Architekturstil REST von Roy Thomas Fielding geführt, den er in seiner Dissertation vorgestellt hat.

6.1 Grundlagen von REST

6.1.1 Beschreibung von REST

REST lehnt sich an das Prinzip des WWW an und unterstützt nur das Kommunikationsmuster Request/Response. Ein wichtiges Prinzip ist die eindeutige Adressierbarkeit jeder Ressource durch einen URI. Hierbei kann der Request per GET oder POST erfolgen und entweder per Query-String oder POST einfache Datentypen, HTML-, XML- oder Binärdaten übertragen. Der Response gibt nur die Nutzdaten zurück. Je nach Anforderung durch den Client kann die Rückgabe in einer unterschiedlichen Repräsentation geschehen, z.B. in HTML, XML, JPG etc. Neben den Zugriffsmethoden POST und GET können die beiden anderen HTTP-Methoden PUT und DELETE für die Erzeugung oder Löschung von Ressourcen benutzt werden.

`GET`	Abrufen von Informationen, wie z.B. die Liste der Artikel, einen Kunden, den Status einer Lieferung. Die Daten können eventuell gecached werden (analog zum Read aus CRUD). `GET /kundenverwaltung/k123`

`POST`	Erzeugung von Teilressourcen, wie z.B. der Position einer Bestellung, Bemerkungen zu einem Kunden (analog zum Create aus CRUD).
	`POST /bestellung/0815`
	`<position nr="1" artnr="123" menge="5"/>`

Tabelle 6.1: Die wichtigsten HTTP-Methoden und deren Bedeutung für REST

PUT	Erzeugung einer Ressource mit einer bestimmten ID, wie z.B. den Lieferanten l321 (analog zum Update aus CRUD).
	`PUT /lieferantenverwaltung/l321`
	`<name>Chateau Certan de May</name>`
	`<land>Frankreich</land>`

DELETE	Löschen einer Ressource, wie z.B. Löschen des Kunden mit der Kd-Nr.: k123 (analog zum Delete aus CRUD). `DELETE /kundenverwaltung/k123`

Tabelle 6.1: Die wichtigsten HTTP-Methoden und deren Bedeutung für REST (Forts.)

Die HTTP-Methoden TRACE, OPTIONS und HEAD werden in der Praxis kaum genutzt.

REST ist genau wie HTTP zustandslos, d.h., jeder Zugriff steht für sich allein. Sessions sollten nur auf der Clientseite verwaltet werden. Dies hat den Nachteil, dass die Daten im Request größer werden und bereits übertragene Daten erneut übertragen werden müssen, da immer *alle* relevanten Daten übertragen werden müssen. Auf die Daten vorheriger Requests kann nicht zugegriffen werden. Die Zustandslosigkeit bringt die Eigenschaften Sichtbarkeit, Ausfallsicherheit und Skalierbarkeit mit sich. Die Sichtbarkeit ergibt sich daraus, dass ein einzelner Request alle relevanten Daten enthält und keine Annahmen über vorherige Requests getroffen werden müssen. Die Ausfallsicherheit wird verbessert, da bei einem partiellen Ausfall des Systems nur der letzte Request wiederholt werden muss. Die Skalierbarkeit wird verbessert, weil keine Daten auf dem Server gehalten werden und somit kein Session-Sharing benötigt wird. Vgl. hierzu [Fielding00].

Fielding [Fielding00] unterscheidet in seiner Dissertation folgende Datenelemente für REST:

Datenelement	Beschreibung
`resource`	Das beabsichtige Ziel eines Weblinks
`resource identifier`	Die Adresse zu dem Ziel als URI oder URN
`representation`	Die Darstellung der Ressource als HTML- oder XML-Dokument oder in Binärdaten z.B. als JPG
`representation metatdata`	Metadaten wie Datentyp oder Zeitpunkt der letzten Änderung
`control data`	Cacheverhalten, Verhalten bei Modifikation (`if-modified-since`)

Tabelle 6.2: REST-Datenelemente nach [Fielding00]

6.1.2 Architekturansatz in REST

Die HTTP-Methoden GET, PUT, POST und DELETE können nun für eine Lieferantenverwaltung von Edeltraut genutzt werden. Dies führt zu folgendem Modell mit und ohne Angabe einer ID:

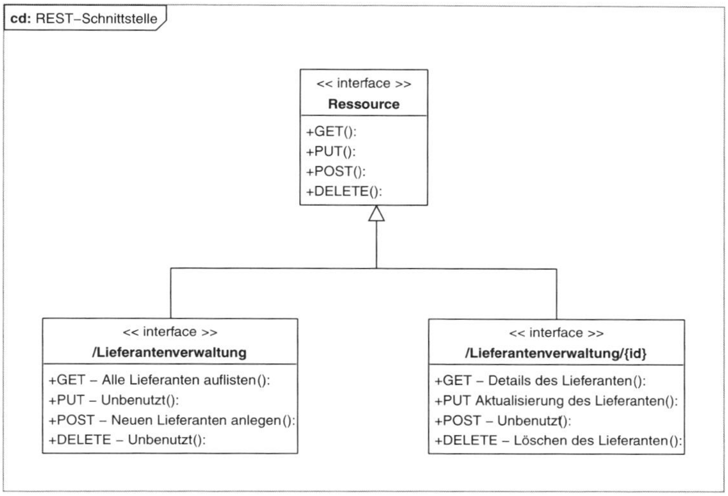

Abb. 6.1: REST-Schnittstelle

Diese HTTP-Methoden in Beziehung zu der Ressource bilden dann die entsprechenden Methoden der Schnittstellen unserer Applikation ab.

Über den Request-Header `Accept` können wir das Format wählen, um somit unterschiedliche »Repräsentationen« der gleichen Ressource zu erhalten. Eine Plain-Text-Anfrage in der Form:

```
GET /Lieferantenverwaltung/1321
HOST edeltraud.de
Accept: text/plain
```

ergibt:

```
COWBOY FARMS LTD
Kariou 10, Aradippou
Larnaca-Cyprus
Telephone: +357 24 533 085
Fax: +357 24 823 307
Email: info@challoumi.com
WWW: http://www.challoumi.com/
```

Listing 6.1: Ergebnis des REST-Requests in Plain-Text

Die Anfrage nach der XML-Repräsentation:

```
GET /Lieferantenverwaltung/1321
HOST edeltraud.de
Accept: application/xml
```

ergibt:

```
<name>COWBOY FARMS LTD</name>
<strasse>Kariou 10, Aradippou</strasse>
<ort>Larnaca</ort> <land>Cyprus</land>
<telefon>+357 24 533 085</telefon>
<fax>+357 24 823 307</fax>
<email>info@challoumi.com</email>
<url>http://www.challoumi.com/</url>
```

Listing 6.2: Ergebnis des REST-Requests in XML

Das Mapping von URL, Methode und Mime-Typ kann z.B. per JAX-RS realisiert werden.

6.2 JAX-RS

In der JSR 311 wird die JAX-RS (Java API for RESTful Webservices)-Spezifikation definiert. [JAX-RS] hat folgende Ziele:

- Die Grundlage der Entwicklung sind POJO, die per Annotation als Webressource zur Verfügung gestellt werden. Die Spezifikation legt auch den Lebenszyklus und den Sichtsbarkeitsbereich (Scope) der Ressourcen fest.
- JAX-RS basiert auf HTTP. Eine Unabhängigkeit des Protokolls wird nicht angestrebt.
- JAX-RS strebt eine Unabhängigkeit des Formats an. Diese Formate werden per MIME-Type im Header angegeben und definieren so den erwarteten Content-Type.
- JAX-RS ist unabhängig von einem Container. Die Spezifikation unterstützt das Deployment in einem Servlet-Container und in einer JAX-WS-Umgebung.

JAX-RS verwendet folgende Terminologie:

Resource class	Eine Java-Klasse, die per Annotations eine Webressource implementiert.

Tabelle 6.3: JAX-RS-Terminologie

Root resource class	Eine Ressourcenklasse mit der Annotation `@Path`. Sie stellen die Wurzel eines Ressourcenbaums da.
Request method designator	Die Annotation `@HttpMethod`, mit der die HTTP-Methode für eine Ressource Methode festgelegt wird. Auch: Bezeichner für die Request-Methode.
Resource method	Eine Methode einer Ressourcenklasse, die einen spezifischen Request verarbeitet.
Sub-resource locator	Eine Methode einer Ressourcenklasse, die eine Sub-Ressource lokalisiert.
Sub-resource method	Eine Methode einer Ressourcenklasse, die den Request für eine Sub-Ressource realisiert.
Provider	Die Implementation eines JAX-RS-Interfaces.

Tabelle 6.3: JAX-RS-Terminologie (Forts.)

JAX-RS kümmert sich nur um die Serverseite.

6.2.1 Resource Classes

Die Annotation Path

Eine Ressourcenklasse ist ein POJO und hat im Minimum eine Methode, die mit der `@javax.ws.rs.Path`-Annotation versehen ist. `@Path` hat nur den Parameter `value`, der den URI relativ zum Deployment-Kontext der Applikation definiert. Dem Path können mehrere Parameter übergeben werden, die in geschweiften Klammern angegeben werden:

```
@Path(value="/Lieferanten/{nr}")
public class LieferantenResource {
  ...
}
```

Die Klasse `LieferantenResource`, die unsere Service-Methoden für den REST-Webservice enthält, wird mit dem URI `http://localhost/restBeispiele/Lieferanten/1321` referenziert, wobei die Applikation auf `localhost` läuft und der Kontext der Applikation `/restBeispiele` lautet. Die `@Path`-Annotation bei der Klasse stellt hierbei das Präfix dar, eine weitere `@Path`-Annotation bei einer Methode eine Erweiterung des URI.

Lebenszyklus

Per Default wird für jeden Request eine neue Instanz einer Ressourcenklasse erzeugt. Nach dem Durchlauf des Konstruktors werden alle Abhängigkeiten aufgelöst, die angeforderte Methode ausgeführt und die Klasse für den Garbage Collector freigegeben. Es ist einer Implementierung des JAX-RS freigestellt, einen anderen Lebenszyklus zu verwenden.

Parameter

JAX-RS unterscheidet folgende Parameter, die für Eigenschaften genutzt werden können:

`@MatrixParam`	Extrahiert den Inhalt eines Matrix-Parameters. Zum Vergleich von Matrix- und Query-Parameter siehe [Dargan09].
`@QueryParam`	Extrahiert den Inhalt eines Query-Parameters.
`@PathParam`	Extrahiert den Inhalt eines Template-Parameters.
`@CookieParam`	Extrahiert den Inhalt eines Cookies.
`@HeaderParam`	Extrahiert den Inhalt eines Headers.

Tabelle 6.4: Parameter zu den Eigenschaften einer Ressourcenklasse

Diese Parameter können auf folgende Datentypen angewendet werden:

- primitive Datentypen
- Typen mit einer statischen Methode mit dem Namen `valueOf` oder `fromString` mit einem einzelnen String als Parameter
- `List<T>`, `Set<T>` oder `SortedSet<T>`, wobei `T` eine der beiden vorherigen Voraussetzungen erfüllt

Die Eigenschaften können noch mit den Annotations `@DefaultValue` und `@Encoded` erweitert werden, siehe dazu auch Tabelle 6.5.

Request-Informationen mit @Context

Mit der Annotation `@Context` können folgende Informationen an eine Ressourcenmethode übergeben werden:

- `javax.ws.rs.core.UriInfo`
- `javax.ws.rs.core.HttpHeaders`
- `javax.ws.rs.core.Request`
- `javax.ws.rs.core.SecurityContext`
- `javax.ws.rs.ext.Providers`

Das Interface »UriInfo« enthält in erster Linie Pfadinformationen und Query-Parameter aus dem aufrufenden URI.

```
@GET
@Path("info")
```

```
    @Produces("text/plain")
    public String getUriInfo(@Context UriInfo info)  {
        StringBuilder txt = new StringBuilder("UriInfo:\n----------\n");
        txt.append("Path: "+info.getPath());
        txt.append("\nAbsolutePath(): "+info.getAbsolutePath());
        txt.append("\nBaseUri(): "+info.getBaseUri());
        for (Map.Entry<String, List<String>> e :
                    info.getQueryParameters().entrySet()) {
            txt.append("\n"+e.getKey()+": "+e.getValue());
        }
        return txt.toString();
    }
```

Listing 6.3: Elemente aus UriInfo

Mit dem Request

```
/Context/info?auswahl=eins&test=nein&auswahl=sieben
```

erhält man folgendes Ergebnis:

```
UriInfo:
----------
Path: Context/info
AbsolutePath(): http://127.0.0.1:8080/rs/services/Context/info
BaseUri(): http://127.0.0.1:8080/rs/services/
auswahl: [eins, sieben]
test: [nein]
```

Listing 6.4: Ergebnis aus UriInfo

Aus dem Interface »HttpHeaders« erhält man alle Header-Informationen zu dem aktuellen Request. Die Methode `getRequestHeaders()` gibt dabei eine `Map<String, List<String>>` zurück, die analysiert werden kann.

Mit dem Interface »Request« kann man die Request-Methode ermitteln. Außerdem kann man eine Abstimmung des Requests mit Content Negotiation (Inhaltsvereinbarung) vornehmen. Des Weiteren ist eine Überprüfung der Voraussetzungen möglich.

Mit dem »SecurityContext« kann man auf den Principal zugreifen, um z.B. den Namen des Benutzers oder seine Rolle zu überprüfen.

Mit dem Interface »Providers« kann man den Entity Provider manipulieren und somit festlegen, wie die Umwandlung von Java zu dem gewünschten Repräsentationstyp vorgenommen wird. Mehr dazu im Kapitel »REST Provider«.

Abhängig von der Laufzeitumgebung kann per `@Context` auch auf Ressourcen des Containers zugegriffen werden. Bei einem Servlet Container sind dies `ServletConfig`, `ServletContext`, `HttpServletRequest` und `HttpServlet Response`. So kann z.B. unter dem Deployment im Tomcat folgende Methode ausgeführt werden:

```
@GET
@Path("holeHttpRequest")
@Produces("text/plain")
public String getHttpRequest(@Context HttpServletRequest req){
   StringBuilder txt = new StringBuilder(
                  "HttpServletRequest:\n----------\n");
   txt.append("ContextPath: "+req.getContextPath());
   txt.append("\nRemoteAddr: "+req.getRemoteAddr());
   return txt.toString();
}
```

Listing 6.5: Übergabe des `HttpServletRequests` per `@Context`

Mit `curl` kann nun folgendermaßen auf die Ressource zugegriffen werden:

```
curl -i http://127.0.0.1:8080/rs/services/Context/holeHttpRequest
            -H "ACCEPT:text/plain"
```

was zu folgender Ausgabe führt:

```
HTTP/1.1 200 OK
Server: Apache-Coyote/1.1
Content-Type: text/plain
Transfer-Encoding: chunked
Date: Thu, 02 Jul 2009 08:36:41 GMT

HttpServletRequest:
----------
ContextPath: /rs
RemoteAddr: 127.0.0.1
```

Listing 6.6: Ausgabe bei Zugriff auf den `HttpServletResponse`

6.2.2 REST-Provider

Mit dem REST-Provider kann man eigene Umwandlungsvorschriften von Java zu seiner Repräsentation treffen. Hierfür muss eine Klasse erstellt werden, die das Interface `javax.ws.rs.ext.MessageBodyWriter` oder `javax.ws.rs.ext.MessageBodyReader` implementiert. Diese Klasse wird mit der Annotation

`@javax.ws.rs.ext.Provider` versehen und gibt mit der Annotation `@javax.ws.rs.Produces` an, welchen Output dieser Provider erzeugt.

Eine eigene XML-Struktur für unseren Lieferanten könnte folgendermaßen realisiert werden:

```
package de.traudel.rest.provider;
import …; ①
import javax.ws.rs.Produces;
import javax.ws.rs.WebApplicationException;
import javax.ws.rs.core.MediaType;
import javax.ws.rs.core.MultivaluedMap;
import javax.ws.rs.ext.MessageBodyWriter;
import javax.ws.rs.ext.Provider;
import javax.xml.stream.XMLOutputFactory;
import javax.xml.stream.XMLStreamException;
import javax.xml.stream.XMLStreamWriter;
import de.traudel.rest.lieferanten.Lieferant;
@Provider ②
@Produces("application/de.traudel.lieferanten+xml")
public class LieferantWriter implements MessageBodyWriter<Lieferant> {
   /**
    * getSize() wird vor der Methode writeTo aufgerufen. Mit dieser Methode
    * kann man den Wert des Headers length manipulieren.
    * Bei einem negativen Rückgabewert wird der Standardwert genutzt. ③
    */
   @Override
   public long getSize(Lieferant arg0, Class<?> arg1, Type arg2,
         Annotation[] arg3, MediaType arg4) {
      return -1;
   }
   /**
    * Prüfung der unterstützen Typen. ④
    */
   @Override
   public boolean isWriteable(Class<?> lieferant, Type type,
         Annotation[] annotations, MediaType mediaType) {
      return Lieferant.class == type;
   }
   /**
    * Die Ausgabe eines Lieferanten mit StAX. ⑤
    */
   @Override
   public void writeTo(Lieferant lieferant, Class<?> type,
```

```
            Type genericType,
            Annotation[] annotations,
            MediaType mediaType,
            MultivaluedMap<String, Object> httpHeaders,
            OutputStream out) throws IOException,
            WebApplicationException {
        XMLOutputFactory factory = XMLOutputFactory.newInstance();
        XMLStreamWriter writer;
        try {
            writer = factory.createXMLStreamWriter(out);
            writer.writeStartDocument();
            writer.writeStartElement("lieferant");
            writer.writeAttribute("nr", lieferant.getNr());
            writer.writeAttribute("id", ""+lieferant.getId());
            writer.writeStartElement("name");
            writer.writeCharacters(lieferant.getName());
            writer.writeEndElement();
            writer.writeStartElement("email");
            writer.writeCharacters(lieferant.getEmail());
            writer.writeEndElement();
            writer.writeEndDocument();
            writer.close();

        } catch (XMLStreamException e) {
            e.printStackTrace();
        }
    }
}
```

Listing 6.7: REST-Provider

Die nicht relevanten Imports ①*1* habe ich der Übersichtlichkeit halber weggelassen. Zur Klassendefinition gehören die Annotation Provider und der Ausgabetyp ② für den Provider. Mit der Methode `getSize` ③ kann man den Wert des Headers für die Länge des Responses manipulieren. Mit der Methode `isWritable` ④ bestimmen wir, für welche Klassen dieser Provider bestimmt ist. Die Methode `writeTo` ⑤ nimmt dann die eigentliche Umformung vor – hier mit einem StAX-Writer.

Diesen Provider können wir in unserer Ressourcenklasse folgendermaßen nutzen:

```
    /**
     * Lesen eines Lieferanten. Rückgabe des Lieferanten mithilfe
     * eines eigenen Providers.
```

```
 *
 * Nutzt die Service-Methode:
 * public Lieferant getByNr(String nr) throws Exception;
 *
 * Test mit
 * curl -i http://127.0.0.1:8080/rs/services/Lieferanten/1321
 *         -H "ACCEPT:application/de.traudel.lieferanten+xml"
 */
@GET
@Path("{nr}")
@Produces("application/de.traudel.lieferanten+xml")
public Lieferant getLieferantPro(@PathParam("nr") String liefNr)
        throws Exception
{
   return service.getByNr(liefNr);
}
```

Listing 6.8: Ressourcenklasse, die einen Provider nutzt

Die Zuordnung von Producer- und Ressourcenklasse wird durch die Annotation `@Produces("application/de.traudel.lieferanten+xml")` vorgenommen.

6.2.3 Übersicht der Annotations

Annotation	Element	Beschreibung
@Consumes	Klasse oder Methode	Liste der Mediatypen, die konsumiert werden können. @Consumes("application/x-www-form-urlencoded")
@Produces	Klasse oder Methode	Liste der Mediatypen, die erzeugt werden können. @Produces("text/plain")
@GET @POST @PUT @DELETE @HEAD	Methode	Spezifiziert, dass diese Methode einen entsprechenden Request behandelt.
@Path	Klasse oder Methode	Spezifiziert den relativen Pfad zu dieser Ressource. Angabe aus der Klasse und den Methoden werden zusammengesetzt. @Path("info")

Tabelle 6.5: JAX-RS-Annotations

Annotation	Element	Beschreibung
`@PathParam`	Parameter, Feld oder Methode	Spezifiziert, dass ein Teil des Pfades als Parameter übergeben wird, z.B. `http://.../Lieferanten/1321`. `getLieferantPro(@PathParam("nr") String liefNr)`
`@QueryParam`	Parameter, Feld oder Methode	Spezifiziert, dass ein bestimmter Query-Parameter zu einer Variablen gemapped wird, z.B. `http://.../Lieferanten/s=Zypern` zu der Methode ...`getLieferanten(@QueryParam("s") String such)`
`@FormParam`	Parameter, Feld oder Methode	Wie `@QueryParam` nur für Formular-Elemente. Sollte nur bei Methoden-Parametern genutzt werden. `neu(@FormParam("name") String name, @FormParam("nr") String nr)`

`@MatrixParam`	Parameter, Feld oder Methode	Wie `@QueryParam` nur für Matrix-Parameter.
		`@MatrixParam("info")`
		`@DefaultValue("Life")`
		`@Encoded`
		`private String info;`

`@CookieParam`	Parameter, Feld oder Methode	Spezifiziert, dass ein Methoden-Parameter durch einen Cookie-Parameter gefüllt wird.
`@HeaderParam`	Parameter, Feld oder Methode	Überträgt einen Header-Parameter an einen Methoden-Parameter.
`@Encoded`	Klasse, Konstruktor, Parameter, Feld oder Methode	Die Parameter werden normalerweise decoded. Sollte dies nicht geschehen, kann diese Standardeinstellung mit `@Encoded` ausgeschaltet werden.
`@DefaultValue`	Parameter, Feld oder Methode	In Kombination mit den Annotations `@QueryParam`, `@MatrixParam`, `@CookieParam`, `@FormParam` und `@HeaderParam` kann diese Annotation den Vorgabewert spezifizieren.
`@Context`	Parameter, Feld oder Methode	Definiert ein Ziel für eine Dependency Injection, wie im vorherigen Abschnitt beschrieben wurde. `getUriInfo(@Context UriInfo info)`
`@Provider`	Klasse	Annotation für eine Klasse, die eine JAX-RS-Extension-Schnittstelle implementiert.

Tabelle 6.5: JAX-RS-Annotations (Forts.)

6.2.4 Das Response-Objekt

Resource-Methoden können ein Objekt der Klasse Response zurückgeben, um z.B. mit einen Status-Code zu antworten oder eine entsprechende Repräsentation zurückzugeben.

Für ein einfaches OK (HTTP-Status 200) kann man folgende Rückgabe nutzen:

```
Response.ok().build();
```

Dabei erzeugt die Methode `ok()` einen ResponseBuilder, der mit der Methode `build()` eine Response erzeugen kann.

Mit der Methode `static Response.ResponseBuilder status(Response.Status status)` kann man den gewünschten Status als Response erzeugen. Die folgende Tabelle stellt die häufigsten Response-Status-Codes dar:

200	OK	Request wurde wie erwartet verarbeitet.
201	CREATED	Eine neue Ressource wurde erzeugt. Der URI zu dieser neuen Ressource ist in der Response enthalten.
202	ACCEPTED	Der Request wurde angenommen, aber noch nicht abgeschlossen.
204	NO_CONTENT	Der Request wurde verarbeitet, ein Response-Body ist nicht notwendig.
303	MOVED_ PERMANENTLY SEE_OTHER	Die Response für den Request ist unter einer zurückgegeben Adresse erreichbar und kann dort per GET abgeholt werden.
304	NOT MODIFIED	Bei einem »Conditional GET« (enthält »If-Modified-Since«-Header) wird geprüft, ob die Ressource sich seit dem angegebenen Datum geändert hat – wenn nicht, wird ein 304 zurück gegeben.
307	TEMPORARY_ REDIRECT	Die Ressource ist zurzeit unter einer in der Response angegebenen Adresse erreichbar.
400	BAD REQUEST	Der Server versteht die Anfrage nicht. Die Syntax des Requests ist nicht vorgesehen.
401	UNAUTHORIZED	User Authentication ist erforderlich. Entweder wurde noch keine Authentifizierung vorgenommen oder der authentifizierte Benutzer ist für diese Ressource nicht berechtigt.
403	FORBIDDEN	Der Server erlaubt diesen Request trotz bestmöglicher Authentifizierung nicht. In der Response sollte ein Grund angegeben werden. Will man grundlos den Zugriff verweigern, schickt man besser ein 404.
404	NOT FOUND	Die angeforderte Ressource ist nicht vorhanden.
405	METHOD NOT ALLOWED	Die genutzte Request-Methode (GET, POST etc.) wird nicht unterstützt.

Tabelle 6.6: Response-Status-Codes

406	NOT_ACCEPTABLE	Im Accept-Header wurde ein Typ angefordert, der von der Ressource nicht vorgesehen wird.
409	CONFLICT	Bei PUT-Requests mit Versionsverwaltung kann ein Versionskonflikt auftreten.
410	GONE	Mit unbekanntem Ziel verzogen.
412	PRECONDITION_ FAILED	Dieser Fehler tritt normalerweise auf, wenn ein erforderliches Header-Feld nicht vorhanden ist oder den falschen Inhalt hat.
415	UNSUPPORTED_ MEDIA_TYPE	Der Inhalt des Requests wird von der Ressource nicht akzeptiert.
500	INTERNAL_ SERVER_ERROR	Unerwarteter Fehler beim Server.
503	SERVICE_ UNAVAILABLE	Der Server ist im Moment nicht erreichbar, z.B. durch eine zu hohe Auslastung

Tabelle 6.6: Response-Status-Codes (Forts.)

Mit der Methode ok() des Response-Objekts kann man Nutzdaten an den Client senden.

```
@GET
@Path("images/{image}")
@Produces("image/*")
public Response getImage(@PathParam("image") String image) {
    File f = new File(image);

    if (!f.exists()) {
        throw new WebApplicationException(404);
    }

    String mt = new MimetypesFileTypeMap().getContentType(f);
    return Response.ok(f, mt).build();
}
```

Listing 6.9: Senden eines Bildes mit dem Response-Objekt

6.2.5 REST-Beispiel

Edeltraud bietet den Mitarbeitern im Außendienst die Möglichkeit an, die Lieferanten überall auf der Welt zu pflegen. So kann der neu gewonnene Lieferant für Datteln in Marokko sofort aus dessen Garten in unsere EDV eingetragen werden. Das folgende Beispiel zeigt die Umsetzung der Basisfunktionalitäten dieses Lieferanten-Services in REST. Die zugrunde liegenden Business-Services stellen sich folgendermaßen dar:

```
public interface LieferantenService {
    public void create(Lieferant l) throws Exception;
    public Lieferant getById(Integer id) throws Exception;
    public Lieferant getByNr(String nr) throws Exception;
    public void update(Integer id, Lieferant l) throws Exception;
    public void delete(Integer id) throws Exception;
    public List<Lieferant> getByName(String name) throws Exception;
}
```

Listing 6.10: Methoden des Lieferanten-Services

Die Implementation des Services ist für den weiteren Verlauf nicht relevant. Gehen wir davon aus, dass sie funktioniert. Wichtiger ist, wie unsere Ressourcenklasse diese Funktionalitäten abbildet.

```
package de.traudel.rest.lieferanten;
import …; ①
import javax.ws.rs.Consumes;
import javax.ws.rs.DefaultValue;
import javax.ws.rs.FormParam;
import javax.ws.rs.GET;
import javax.ws.rs.HttpMethod;
import javax.ws.rs.MatrixParam;
import javax.ws.rs.POST;
import javax.ws.rs.Path;
import javax.ws.rs.PathParam;
import javax.ws.rs.Produces;
import javax.ws.rs.QueryParam;
import javax.ws.rs.core.Response;
import javax.ws.rs.WebApplicationException;

@Produces("application/xml") ②
@Path("/Lieferanten")
public class LieferantenResource {
    LieferantenService service;

    public LieferantenResource() {
        service = EdelFactory.getLieferantenService(); // ③
    }

    /**
     * Lesen eines Lieferanten. Rückgabe des Lieferanten in XML.
     *
     * Nutzt die Service-Methode:
     * public Lieferant getByNr(String nr) throws Exception;
     *
```

```
 * Test mit
 * curl -i http://127.0.0.1:8080/rs/services/Lieferanten/1321
 */
@GET
@Path("{nr}")
public Lieferant getLieferant(@PathParam("nr") String liefNr)
   throws Exception
{
   Lieferant l = service.getByNr(liefNr);
   if ( l == null )
   {
      throw new WebApplicationException(404);
   }
   return l;
}
/**
 * Lesen eines Lieferanten. Rückgabe des Lieferanten mithilfe
 * eines eigenen Providers.
 *
 * Nutzt die Service-Methode:
 * public Lieferant getByNr(String nr) throws Exception;
 *
 * Test mit
 * curl -i http://127.0.0.1:8080/rs/services/Lieferanten/1321
 *          -H "ACCEPT:application/de.traudel.lieferanten+xml"
 */
@GET
@Path("{nr}")
@Produces("application/de.traudel.lieferanten+xml") // ④
public Lieferant getLieferantPro(@PathParam("nr") String liefNr)
   throws Exception
{
   Lieferant l = service.getByNr(liefNr);
   if ( l == null )
   {
      throw new WebApplicationException(404);
   }
   return l;
}

/**
 * Lesen eines Lieferanten. Rückgabe des Lieferanten als Text.
 *
 * Nutzt die Service-Methode:
 * public Lieferant getByNr(String nr) throws Exception;
```

```
 *
 * Test mit
 * curl -i http://127.0.0.1:8080/rs/services/Lieferanten/1321
 *                            -H "ACCEPT:text/plain"
 */
@GET
@Path("{nr}")
@Produces("text/plain")
public String getLieferantString(@PathParam("nr") String liefNr)
    throws Exception
{
    Lieferant l = service.getByNr(liefNr);
    if ( l == null )
    {
        throw new WebApplicationException(404);
    }
    return l.toString();
}
/**
 * Erzeugen eines neuen Lieferanten.
 * Übergabe der Parameter als Formularinhalte.
 *
 * Nutzt die Service-Methode:
 * public void neu(Lieferant l) throws Exception;
 *
 * Test mit
 * curl -i http://127.0.0.1:8080/rs/services/Lieferanten
 *                            -d name=Neu -d nr=1322
 *
 */

@POST
@Consumes("application/x-www-form-urlencoded")
public Response neu(@FormParam("name") String name,
        @FormParam("nr") String nr)
{
    Lieferant l = new Lieferant(nr, name);
    Response ret = null;
    try {
        service.create(l);
        ret = Response.ok().build();
    } catch (Exception e) {
        e.printStackTrace();
        ret = Response.status(400).
            entity(e.getMessage()+"\n").
```

```
            type("text/plain").build();
        }
        return ret;
    }

    /**
     * Suchen von Lieferanten. Rückgabe des Ergebnisses in XML.
     *
     * Nutzt die Service-Methode:
     * public List<Lieferant> getByName(String name) throws Exception;
     *
     * Test mit
     * curl -i http://127.0.0.1:8080/rs/services/Lieferanten?s=farms
     *
     */
    @GET
    public List<Lieferant> getLieferanten(
            @QueryParam("s") String suchbegriff) throws Exception
    {

        return service.getByName(suchbegriff);
    }
}
```

Listing 6.11: JAX-RS-Ressourcenklasse

Nicht relevante Imports ① wurden hier der Übersichtlichkeit halber entfernt. `Produces` ② gibt hier das Standardausgabeformat an. Die Auflösung der Abhängigkeit zum eigentlichen Service wird im Konstruktor ③ durch eine Factory realisiert. Die Implementationen von Factory und Service stehen hier nicht im Mittelpunkt und können in den Quelltexten nachgesehen werden. Durch die Angabe von `@Produces("application/de.traudel.lieferanten+xml")` bei ④ wird der eigene Provider benutzt. Die anderen Methoden zeigen die verschiedenen Varianten, wie sie im vorhergehenden Kommentar beschrieben sind.

6.2.6 WADL

Eine vergleichbare Funktion wie WSDL für SOAP-Webservices übernimmt die »Web Application Description Language« (WADL) für REST-Services.

Die WADL beschreibt zu einer Basis-Adresse die darunter erreichbaren Ressourcen. Innerhalb der Ressourcen sind die verfügbaren Methoden mit Request und Response und den benötigten Parametern definiert. Für unsere Lieferanten-Applikation könnte sich die WADL folgendermaßen darstellen:

```
<?xml version="1.0" encoding="UTF-8" standalone="yes"?>
<application xmlns="http://research.sun.com/wadl/2006/10">
```

```
<doc xmlns:jersey="http://jersey.dev.java.net/"
   jersey:generatedBy="Jersey: 1.1.0-ea 04/30/2009 04:46 PM"/>
<resources base="http://localhost:8080/rs/services/">
   <resource path="/Lieferanten"> ①
      <method name="POST" id="neu"> ②
         <request>
            <representation
               mediaType="application/x-www-form-urlencoded">
               <param xmlns:xs="http://www.w3.org/2001/XMLSchema"
                  type="xs:string" style="query" name="name"/>
               <param xmlns:xs="http://www.w3.org/2001/XMLSchema"
                  type="xs:string" style="query" name="nr"/>
            </representation>
         </request>
         <response>
            <representation mediaType="application/xml"/>
         </response>
      </method>
      <method name="GET" id="getLieferanten">
         <request>
            <param xmlns:xs="http://www.w3.org/2001/XMLSchema"
               type="xs:string" style="query" name="s"/>
         </request>
         <response>
            <representation mediaType="application/xml"/>
         </response>
      </method>
      <resource path="{id}">
         <param xmlns:xs="http://www.w3.org/2001/XMLSchema"
            type="xs:int" style="template" name="id"/>
         <method name="POST" id="update">
            <request>
               <representation
               mediaType="application/x-www-form-urlencoded"/>
            </request>
            <response>
               <representation mediaType="application/xml"/>
            </response>
         </method>
      </resource>
      <resource path="{nr}">
         <param xmlns:xs="http://www.w3.org/2001/XMLSchema"
            type="xs:string" style="template" name="nr"/>
         <method name="GET" id="getLieferant">
            <response>
               <representation mediaType="application/xml"/>
```

```
                </response>
            </method>
            <method name="GET" id="getLieferantPro">
                <response>
                    <representation
                    mediaType="application/de.traudel.lieferanten+xml"/>
                </response>
            </method>
            <method name="GET" id="getLieferantString">
                <response>
                    <representation mediaType="text/plain"/>
                </response>
            </method>
        </resource>
    </resource>
    <resource path="/Basic">
        <resource path="ping"> ③
            <method name="GET" id="ping">
                <request>
                    <param
                      xmlns:xs="http://www.w3.org/2001/XMLSchema"
                      type="xs:string" style="query" name="s"/>
                </request>
                <response>
                    <representation mediaType="text/plain"/>
                </response>
            </method>
        </resource>
        <resource path="images/{image}">
            <param xmlns:xs="http://www.w3.org/2001/XMLSchema"
                type="xs:string" style="template" name="image"/>
            <method name="GET" id="getImage">
                <response>
                    <representation mediaType="image/*"/>
                </response>
            </method>
        </resource>
    </resource>
  </resources>
</application>
```

Listing 6.12: WADL für den Lieferanten-Service

Mit dem Tag `resource` ① werden die Pfade zu den eigentlichen Methoden zusammengebaut. Dabei führt die Verschachtelung von `resource`-Tags zu einem zusammengesetzten Pfad, wie z.B. bei `/Basic/ping` ③.

Die Referenzimplementation von JAX-RS 1.0 ist Jersey und unter `https://jersey.dev.java.net` zu beziehen. Unter Jersey erhält man die WADL mit der Adresse `http://localhost:8080/rs/services/application.wadl`. Jersey wird in Kapitel 10 ausführlich besprochen.

6.3 REST-Clients

Als REST-Client kommt eigentlich alles infrage, was in der Lage ist, einen HTTP-Request abzusetzen und seine Response auszuwerten. Hilfreich ist dabei natürlich, wenn man noch die HTTP-Methode und die Parameter spezifizieren kann. Exemplarisch stelle ich das Wesen dreier verschiedener Clienttypen vor. Genaue schrittweise Anleitungen zur Nutzung der Clients finden Sie in Kapitel 10 bei den Anwendungsfällen.

6.3.1 Java-REST-Client

Ein Java-REST-Client kann mit den normalen Bordmitteln zur Erzeugung einer HTTP-Verbindung realisiert werden. Hierzu kann man mit der Klasse `java.net.HttpURLConnection` eine Verbindung aufbauen oder mit dem Projekt `HttpClient` der Apache Foundation einen Request absetzen und die Response verarbeiten. Dabei tritt das kleine Problem auf, dass die Rückgabe von einer Zeichenkette in eine Objektstruktur überführt werden muss. Wenn die Rückgabe der Daten im XML-Format vorgenommen wird, müssen wir daher den XML-Stream z.B. mit JAXB in Objekte umwandeln.

Jersey bietet uns einen REST-Client, der uns einen einfach zu konfigurierenden Zugriff auf eine REST-Ressource ermöglicht. Um einen Lieferanten zu lesen, der die Lieferantennummer als Pfaderweiterung erwartet, benötigen wir folgenden Aufruf:

```
Client c = new Client();
WebResource wr = c.resource("http://localhost:8080/rs/services/Lieferanten");
// Die Nummer des Lieferanten
wr = wr.path("/1321");
System.out.println("Hole Lieferant mit der Nr. 1321...");
Lieferant l = wr.accept("application/xml").get(Lieferant.class);
System.out.println(String.format("Rückgabe:\n%s", l.getName()));
```

Listing 6.13: Jersey-Client für JSON-Get-Request

Die Erzeugung der Instanz von `Client` ist recht zeit- und ressourcenintensiv und sollte an einer zentralen Stelle vorgenommen werden. Clientinstanzen können für mehrere Webressourcen benutzt werden. Die `WebResource` kann nun konfiguriert werden. Mit der Methode `accept(String... typ)` spezifiziert man die unterstützten MIME-Typen. Mit der Methode `path(String pfad)` kann man den

Basis-URL erweitern, dem die Erzeugung der Webressource zugrunde liegt. Am Ende ruft man dann die gewünschte HTTP-Methode in Form der entsprechenden WebResource-Methode (`get(...)`, `post(...)`, `put(...)` oder `delete(...)`) auf und erhält die Rückgabe in der durch die Parameter spezifizierten Weise. Der Jersey-Client wird in Kapitel 10.3 ausführlich besprochen.

6.3.2 PHP-REST-Client

Mit den PHP-Bordmitteln kann man REST-Requests mit der Funktion `file_get_contents(...)` ausführen. Durch Erweiterung des URL durch Query-Parameter kann man hier entsprechende Daten mit übergeben, aber leider nicht spezifizieren, mit welcher HTTP-Methode die Daten übertragen werden.

Auch für PHP haben sich spezielle Frameworks entwickelt, von denen wohl PEAR das bekannteste ist. PEAR hat eine eigene REST-Bibliothek, die uns die gewünschte Funktionalität mit der `RESTclient`-Klasse zur Verfügung stellt. Um einen neuen Lieferanten anzulegen, sieht der Code z.B. so aus:

```
<?php
require_once "RESTclient.php";
$rest = new RESTclient();
$parameter = array();
$parameter["name"] = "Goudi in Paphos";
$parameter["land"] = "Zypern";
$url = "http://rest.traudel.de/Lieferservice/neu/";
$rest->createRequest($url,"POST",$inputs);
$rest->sendRequest();
$rueckgabe = $rest->getResponse();
echo $rueckgabe;
?>
```

Listing 6.14: Ein PHP-REST-Client mit PEAR

Die `RESTclient.php` baut auf dem PEAR-Paket `HTTP_REQUEST` auf. Die Rückgabe des Requests in Form von z.B. XML oder JSON kann dann mit den entsprechenden Tools in Strukturen umgewandelt werden.

6.3.3 AJAX-REST-Client

Immer beliebter wird die Nutzung von REST durch AJAX. Mit der Klasse `XML-HttpRequest` können bei der Anforderung sowohl die Parameter als auch die Request-Methode bestimmt werden.

```
xmlhttp = new XMLHttpRequest();
xmlHttp.open( "GET", "http://rest.traudel.de/Lieferservice/"+nr, true );
```

Die meisten AJAX-Frameworks bieten uns hier schon eine komfortable REST-Unterstützung an. Das JavaScript-Framework jQuery bietet beispielsweise bei seinen AJAX-Funktionen Unterstützung für Get- und Post-Requests und die Umwandlung von JSON-Daten in JavaScript-Objekte. [jQuery]

In Anhang D befindet sich ein kleiner Exkurs zu AJAX.

6.4 REST und JSON

Im Zusammenhang mit REST wird gern das Datenformat JSON (JavaScript Object Notation) als Alternative zu XML genutzt. JSON hat wie XML die Fähigkeit, komplexe Strukturen abzubilden, kommt aber ohne den oft bemängelten Overhead von XML aus. Auf der Projektseite von [JSON] wird der Aufbau der Datenstrukturen erklärt und Frameworks für die Verarbeitung von JSON in den einzelnen Programmiersprachen angeboten.

6.4.1 JSON in Java

JSON bietet unter `http://www.json.org/java/index.html` ein Framework für die typischen Anwendungen rund um JSON. Die Hauptklasse für die Umwandlung von Java zu einem JSON-String ist die Klasse `org.json.JSONObject`. Diese Klasse ist eine unsortierte Liste von Name/Value-Paaren. Hiermit können auch JavaBeans in einen JSON-String umgewandelt werden.

```
List<String> liste = new ArrayList<String>();
liste.add("Eins");
liste.add("Zwei");
liste.add("Drei");

Map<String, Integer> mappe = new HashMap<String, Integer>();
mappe.put("Jan", 1);
mappe.put("Feb", 2);
mappe.put("Mar", 3);

JSONObject jo1 = new JSONObject();
jo1.put("wahr", true);
jo1.put("zahl", 12.5);
jo1.put("wahr", true);
jo1.put("liste", liste);
jo1.put("mappe", mappe);

System.out.println(jo1.toString());
```

Listing 6.15: Einfaches JSONObject als Container

Die Methode `toString()` von `JSONObject` wandelt die Daten in einen JSON-String um:

```
{"zahl":12.5,
   "wahr":true,
   "mappe":{"Feb":2,"Mar":3,"Jan":1},
   "liste":["Eins","Zwei","Drei"]
}
```

Listing 6.16: JSON-String der Daten

Das `JSONObject` wandelt JavaBeans über die entsprechenden Getter zu einem JSON-String um. Bei der Umwandlung von Traudels Rechnung, die wir in Kapitel 4.3 in XML kennengelernt haben, schaut die Ausgabe in JSON folgendermaßen aus:

```
{"id":1,"nr":"1",
"kunde":{"id":1,"strasse":"Am Dom 6","vorname":"Heinrich",
   "name":"Schwaben","plz":"96049","ort":"Bamberg"},
"datum":"Mon Feb 01 19:23:48 CET 2010",
"positionen":[
   {"id":1,"GPreis":1,"menge":1,
      "artikel":{"id":1,"status":{},"preis":7.75,
         "txt":"abgepackter Halloumi"}},
   {"id":2,"GPreis":4,"menge":2,
      "artikel":{"id":2,"status":{},"preis":2,
         "txt":"Challoumi 3-kg-Flasche"}}
]}
```

Listing 6.17: Eine Rechnung als JSON-String

Bei dieser Datenkette fällt auf, dass die Enumeration für den Status

```
public enum Status {
  AUF_LAGER, LIEFERBAR, NICHT_LIEFERBAR
}
```

Listing 6.18: Enumeration-Status

nicht umgesetzt wird. Obwohl beim ersten Artikel der Status `LIEFERBAR` und beim zweiten Artikel der Status `AUF_LAGER` hinterlegt ist, wird in beiden Fällen `"status":{}` ausgegeben. Das JSON-Datenformat kann diese Enumerations noch nicht umsetzen. Diese Werte müssen dem JSON-Objekt noch per Hand zugewiesen werden. Die restlichen Daten sind korrekt.

6.4.2 Vergleich von JSON und XML

Bei einem Datenobjekt mit den einschlägigen Datentypen fällt der Vergleich von JSON und XML folgendermaßen aus:

```
{
   "datum":"2009-08-30T10:15:04.182+02:00",
   "gleitZahl":"0.81461143",
   "komplexeListe":[
      {"gleitZahl":"0.9684062",
         "txt":"Text: 0.9684061877310985","zahl":"6"},
      {"gleitZahl":"0.048405327",
         "txt":"Text: 0.04840532540340714","zahl":"1"},
      {"gleitZahl":"0.39887068",
         "txt":"Text: 0.39887069094230143","zahl":"3"}
   ],
   "liste":["Eins","Zwei","Drei"],
   "mappe":{"entry":[
      {"key":"1","value":"Jan"},
      {"key":"2","value":"Feb"},
      {"key":"3","value":"Mar"},
      {"key":"4","value":"Apr"}
      ]},
   "txt":"Text: 0.8146114401000343","zahl":"5"
}
```

Listing 6.19: Daten im JSON-Format

```
<?xml version="1.0" encoding="UTF-8" standalone="yes"?>
<datenObjekt>
   <datum>2009-08-30T11:24:25.559+02:00
   </datum>
   <gleitZahl>0.6910912</gleitZahl>
   <komplexeListe>
      <gleitZahl>0.78598</gleitZahl>
      <txt>Text: 0.7859800049171163</txt>
      <zahl>5</zahl>
   </komplexeListe>
   <komplexeListe>
      <gleitZahl>0.28866997</gleitZahl>
      <txt>Text: 0.2886699716756669</txt>
      <zahl>2</zahl>
   </komplexeListe>
   <komplexeListe>
      <gleitZahl>0.88986385</gleitZahl>
```

```
        <txt>Text: 0.8898638365065235</txt>
        <zahl>6</zahl>
    </komplexeListe>
    <liste>Eins</liste>
    <liste>Zwei</liste>
    <liste>Drei</liste>
    <mappe>
        <entry>
            <key>1</key>
            <value>Jan</value>
        </entry>
        <entry>
            <key>2</key>
            <value>Feb</value>
        </entry>
        <entry>
            <key>3</key>
            <value>Mar</value>
        </entry>
        <entry>
            <key>4</key>
            <value>Apr</value>
        </entry>
    </mappe>
    <txt>Text: 0.6910912031499702</txt>
    <zahl>5</zahl>
</datenObjekt>
```

Listing 6.20: Die gleichen Daten in XML

Die Datei mit den Daten im JSON-Format enthält 498 Bytes, die gleichen Daten in XML benötigen 795 Bytes als Nutzdaten (ohne zusätzliche Leerzeichen für eine lesbare Darstellung). Insbesondere spart JSON Daten durch die fehlenden End-Tags. JSON wird sehr gut von den meisten Programmiersprachen unterstützt. Neben der kleineren Byte-Anzahl (und damit schnelleren Übertragung) hat es noch den Vorteil, dass es leichter zu verarbeiten ist. Insbesondere bei AJAX-Anwendungen findet es eine immer größere Verbreitung.

Kapitel 7

Webservice-Architektur in Java

In dem Kapitel »Webservice-Architektur« betrachten wir das Zusammenspiel der Technologien des vorangegangenen Kapitels. Für die Grundlagen beginne ich mit der Aufgabe, Funktionalität und Lösungen verteilter Anwendungen in Java von Sockets über RMI zu EJB vorzustellen. Im Unterkapitel »JAX-RPC« sehen wir den Übergang von verteilten Anwendungen zu der Realisierung von Webservices, welches in JAX-WS, der aktuellen Entwicklung, abgerundet wird.

7.1 Verteilte Anwendungen

Die Realisierung von Webservices basiert auf den Anforderungen von verteilten Anwendungen in einem anderen Kontext. Bevor wir den Kontext verschieben und eingrenzen, sollten wir einen Blick auf die Grundlagen verteilter Anwendungen legen.

7.1.1 Sockets

Die Grundlage der Verteilung basiert auf der Realisierung von Sockets. Hierbei verbinden sich zwei Programme auf verschiedenen Rechnern, indem der Server an einem Port einen Endpunkt aufbaut, zu dem der Client eine Verbindung herstellen kann. Über diese Verbindung können wir Datenströme erstellen, über die Informationen übertragen werden.

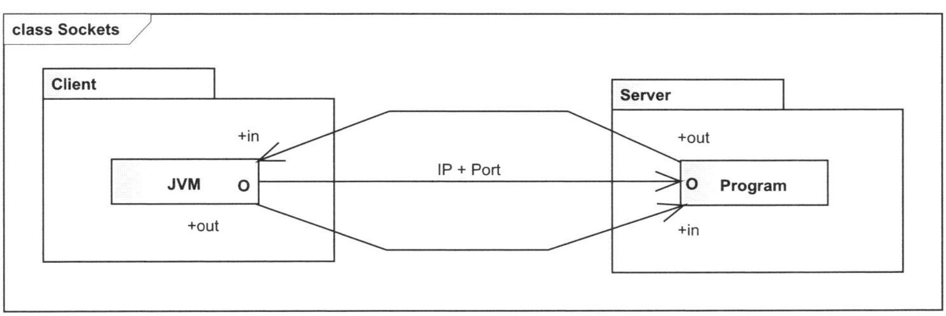

Abb. 7.1: Aufbau einer Socket-Verbindung

Per IP und Port kann der Client den Server identifizieren. Hierzu identifiziert der Client mit der IP den Rechner und mit dem Port das Programm. Nach dieser Identifikation kennt der Client den Server und der Server (nachdem die Verbindung geöffnet worden ist) den Client als Endpunkt. Zu diesen Endpunkten können dann In- und Out-Datenströme, z.B. als Objekt-Input/Output-Stream, erzeugt werden. Welche Daten übertragen und wie diese ausgewertet werden, ist unserer Phantasie überlassen.

Wenn wir davon ausgehen, dass ein Konstrukt aus dem Namen einer Methode mit einer Liste der benötigten Parameter übertragen wird, kann man sich gut vorstellen, wie auf der Gegenseite ein Programm diese Informationen auswertet und eine entsprechende Methode mit den übergebenen Parametern aufruft, das Rückgabeergebnis verpackt und an den Sender zurückschickt. Die übertragenen Objekte müssen dafür alle serialisierbar sein.

Da das Analysieren der Informationen, der Aufruf der Methode und die Rückgabe des Ergebnisses reine Fleißarbeit ist, können wir dies auch automatisieren und wir sind bei RMI.

7.1.2 RMI – Remote Method Invocation

RMI bedeutet, dass eine Methode eines entfernten (d.h. eines nicht auf der lokalen JVM vorhandenen) Java-Objekts aufgerufen wird. RMI baut auf der vorherigen Darstellung des Sockets auf und lässt die Fleißarbeit von Stub und Skeleton erledigen.

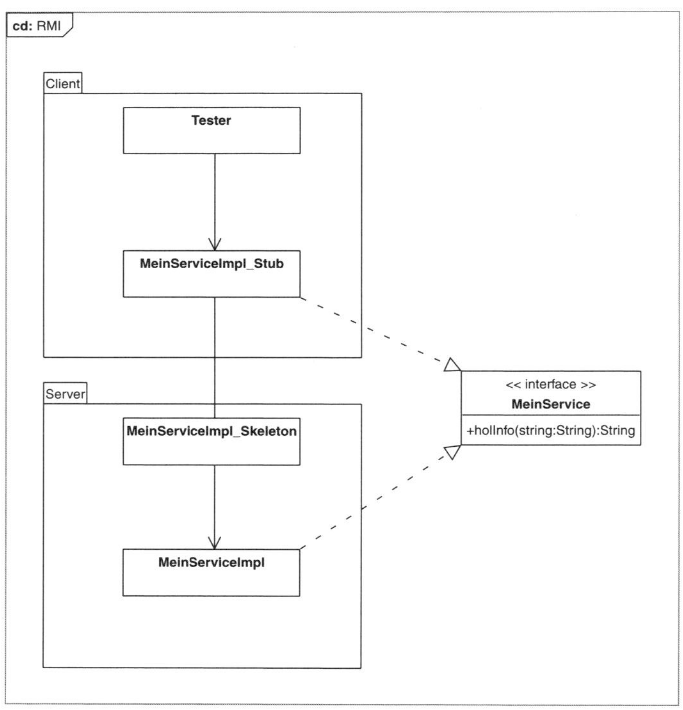

Abb. 7.2: Einfaches RMI

Der Skeleton stellt den Server-Socket zur Verfügung und wartet auf die Kontaktaufnahme durch den Client. Der Stub stellt auf dem Client die Signatur der Methoden des Services dem Aufrufer, hier dem Tester, zur Verfügung. Er nimmt die Rolle des Stellvertreters des entfernten Java-Objekts ein. Wenn der Nutzer eine dieser Methoden aufruft, stellt der Stub eine Verbindung zu dem Skeleton her (sofern nicht schon vorhanden) und übermittelt den Namen und die Parameter der aufzurufenden Methode. Der Skeleton analysiert die Informationen und ruft die entsprechende Service-Methode auf. Das Rückgabeergebnis wird vom Skeleton verpackt und an den Stub übermittelt, der diesen Rückgabewert an den Aufrufer übergibt.

Das Prinzip von RMI ähnelt recht gut JAX-RPC wie wir im folgenden Kapitel sehen werden. Das Protokoll wird hierzu auf HTTP geändert und die Daten werden per XML übertragen.

7.1.3 EJB

Die Entwicklung für verteilte Applikationen ist bei RMI nicht stehen geblieben. RMI alleine hat ein paar Nachteile, die man mit EJB beseitigen wollte. Dies sind insbesondere:

- Mehrere Clients sollen sich kein Remote-Objekt teilen müssen. Aus diesem Grund teilen sich die Clients nur die »Factory«, die für die einzelnen Clients Remote-Objekte erzeugt.
- Vor und nach dem eigentlichen Methodenaufruf sollte die Möglichkeit bestehen, Querschnittsbelange (Cross-Cutting-Concerns) einzuweben. Diese Querschnittsbelange sind insbesondere Transaktionsmanagement und Sicherheit. Diese Möglichkeit hat man realisiert, indem die Factory nicht das eigentliche Business-Objekt zurückgegeben hat, sondern nur einen »Proxy« zu dem Service.
- Um die Zergliederung durch Factory und Proxy nicht zu aufwendig zu gestalten, hat man diese beiden in einem »Container« zusammengefasst. Dieser Container kann auch einen gemeinsamen Kontext zur Verfügung stellen, in dem Konfigurationen oder gemeinsame Daten (z.B. Informationen über den Aufrufer) gelagert werden können.

Die Hauptaufgaben eines Containers sind:

- Lebenszyklus-Management (Lifecycle Management): Kontrolle des Lebenszyklus, insbesondere Erzeugung und Zerstörung der Objekte.
- Lookup: Lokalisierung von Referenzen auf verwaltete Objekte. Dies sind insbesondere die Verwaltung und die Bereitstellung des JNDI-Kontextes.
- Konfiguration: Konfiguration und Parametrisierung von Komponenten.
- Auflösung von Abhängigkeiten (Dependency Resolution): Verwaltung von Abhängigkeiten zwischen den Komponenten untereinander.

Den typischen Vertreter dieser Anforderungen für Proxy, Factory und Container finden wir in der alten EJB-2.x-Technologie. Die EJB-2.x-Technologie war zu umständlich. Deshalb hat sich als Alternative eine Lösung durch leichtgewichtige Container entwickelt, deren Hauptvertreter Spring ist.

7.2 JAX-RPC

7.2.1 Beschreibung

Die JAX-RPC (Java API for XML-based RPC (Remote Procedure Call)) ist die Übertragung der Erkenntnisse von RMI auf die Grundlagen der Webservices. Während bei RMI auf der Gegenseite auch immer ein Java-Client erwartet wurde, soll nun aber auf der Gegenseite jegliche andere Programmiersprache möglich sein. Außerdem sollten nun nicht mehr nur serialisierte Java-Objekte übertragen, sondern die Daten sollen in einem für alle lesbaren Format vorliegen und in einem standardisierten Protokoll übertragen werden. Als gemeinsamen Nenner hat man hier XML als Datenformat und zumeist HTTP als Übertragungsprotokoll genutzt.

JAX-RPC wandelt jeden Aufruf mit allen Parametern in ein XML-Format um und konstruiert aus dem Methodenaufruf eine SOAP-Nachricht, die z.B. per HTTP an einen Service-Endpunkt geschickt wird. Dort wird von JAX-RPC die XML-Datei wieder entpackt und an den JAX-RPC-Skeleton weitergegeben, der dann den Service aufruft. Zu den Ebenen Stub und Skeleton von RMI kommt also noch die Ebene der Umwandlung von Objekten in XML und umgekehrt.

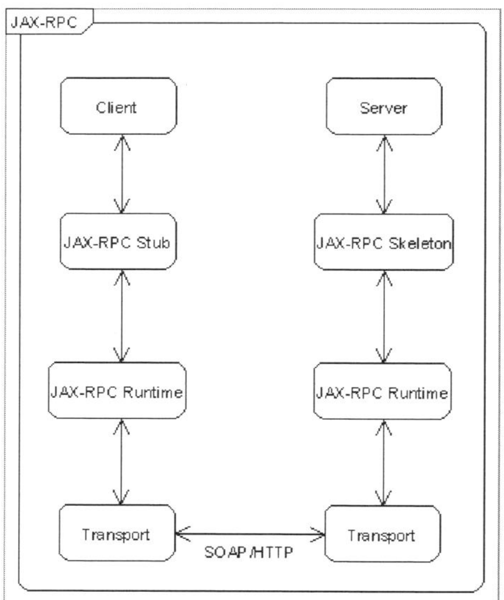

Abb. 7.3: Komponenten eines JAX-RPC

7.2.2 Anwendungsfälle

Nach der JSR 101 für [JAX-RPC] werden folgende Anwendungsfälle für JAX-RPC unterschieden:

- Die Definition des Service-Endpunkts wird durch ein Java-Interface vorgenommen. Hierbei geht JAX-RPC davon aus, dass das Interface `java.rmi.Remote` erweitert und jede Methode eine `java.rmi.RemoteException` wirft.
- Das Deployment des Services erfolgt auf einem Container-basierten JAX-RPC-Runtime-System. Zum Deployment gehört die Generierung der vom Server benötigen Klassen und Dateien (z.B. Skeleton) und die Festlegung des Bindings, also das Übertragungs- und Transportprotokoll. Dies sind meist SOAP und HTTP. Weiterhin wird beim Deployment der Service-Endpunkt erzeugt, der vom Client aufgerufen werden kann. Also besteht das Deployment aus folgenden drei Schritten:
  - Generierung der serverseitig benötigten Klassen und Dateien
  - Festlegen des Bindings (Transport- und Übertragungsprotokoll)
  - Erstellen des Service-Endpunkts

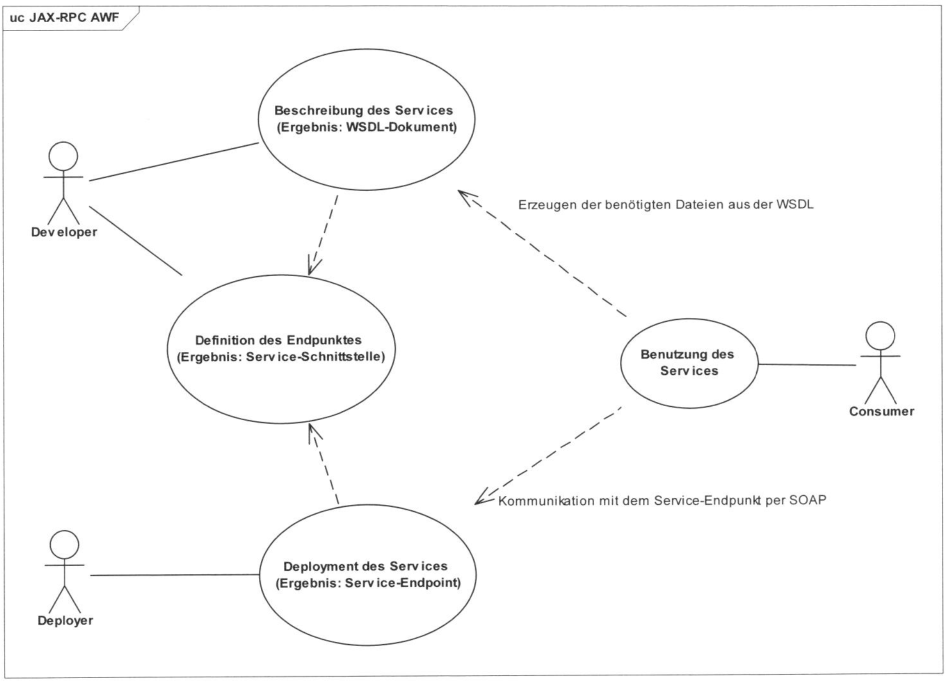

Abb. 7.4: Anwendungsfälle für JAX-RPC

- Die Beschreibung des Services erfolgt in dem schon beschriebenen WSDL-Dokument. Typischerweise wird bei JAX-RPC die WSDL aus der Service-Schnittstelle erzeugt. Hierfür wird normalerweise ein Java-to-WSDL-Mapping-Tool verwendet.
- Die Benutzung des Services besteht hauptsächlich aus zwei verschiedenen Schritten. Im ersten Schritt werden aus der Beschreibung des Services (dem WSDL-Dokument) die vom Client benötigten Dateien (insbesondere der Stub) generiert. Dies erfolgt normalerweise mit einem WSDL-to-Java-Mapping-Tool. Im zweiten Schritt wird der Service lokalisiert und aufgerufen. Die Kommunikation zwischen Client und Server erfolgt dann über die im Binding festgelegten Protokolle (z.B. HTTP und SOAP).

7.2.3 WSDL/XML to Java Mapping

Zum WSDL/XML to Java Mapping gehören folgende Aspekte:

- Mapping der XML-Datentypen zu Java-Typen
- Mapping der Port-Typen und -Operationen zu Java-Interfaces und -Klassen
- Die Umsetzung in Java für die `wsdl:port` Adresse
- Die Umsetzung in Java für die `wsdl:service` Definition

XML to Java Type Mapping

Die Grundlage für das Mapping von XML-Datentypen zu Java-Datentypen finden wir in dem entsprechenden Encoding-Stil. Bei JAX-RPC werden die einfachen Datentypen des XML-Schemas nach dem SOAP-Encoding in Java-Typen umgewandelt. Der Namensraum für das SOAP-1.1.-Encoding ist `http://schemas.xmlsoap.org/soap/encoding/`.

XML-Schema Simple Type	Java Type
`xsd:string`	`java.lang.String`
`xsd:integer`	`java.math.BigInteger`
`xsd:int`	`int`
`xsd:long`	`long`
`xsd:short`	`short`
`xsd:decimal`	`java.math.BigDecimal`
`xsd:float`	`float`
`xsd:double`	`double`
`xsd:boolean`	`boolean`

Tabelle 7.1: Mapping der simplen XML-Schema-Typen zu Java-Typen aus [JAX-RPC]

XML-Schema Simple Type	Java Type
xsd:byte	byte
xsd:unsignedInt	long
xsd:unsignedShort	int
xsd:unsignedByte	short
xsd:QName	javax.xml.namespace.QName
xsd:dateTime	java.util.Calendar
xsd:date	java.util.Calendar
xsd:time	java.util.Calendar
xsd:anyURI	java.net.URI (ab J2SE 1.4) java.lang.String (vor J2SE 1.4)
xsd:base64Binary	byte[]
xsd:hexBinary	byte[]
xsd:anySimpleType	java.lang.String

Tabelle 7.1: Mapping der simplen XML-Schema-Typen zu Java-Typen aus [JAX-RPC] (Forts.)

Die JAX-RPC-Spezifikation definiert keinen Java-Typ für den XML-Schema-Typ `xsd:anyType`; die entsprechende JAC-RPC-Implementation muss diesen Typ nicht unterstützen.

Die weiteren XML-Schema-Datentypen werden, sofern sie in eine Ganzzahl umwandelbar sind, in den Datentyp `java.math.BigInteger` umgewandelt, andernfalls in einen String bzw. in ein String-Array.

In folgenden Fällen müssen die primitiven Java-Typen durch ihre Wrapper-Klassen ersetzt werden:

- wenn das Element null sein kann (`nillable="true"`)
- wenn das Element optional ist (`minOccurs="0"` bei `maxOccurs="1"`)
- bei einem optionalen Attribut (`use="optional"` oder ohne `use`, `default` und `fixed` Attribut)

Arrays können in der WSDL auf zwei Arten definiert werden. Dabei werden sie von dem `soapenc`-Type `Array` abgeleitet:

Die erste Art ist mit `maxOccurs="unbounded"` :

```
<complexType name="ArrayOfInt">
    <complexContent>
        <restriction base="soapenc:Array">
            <sequence>
                <element name="zahlen"
```

```
                type="xsd:int" maxOccurs="unbounded"/>
        </sequence>
    </restriction>
  </complexContent>
</complexType>
```

Listing 7.1: Array mit `maxOccurs`

Die zweite Art mit eckigen Klammern beim Datentyp und dem WSDL-Typ `arrayType`:

```
<complexType name="ArrayOfInt">
  <complexContent>
    <restriction base="soapenc:Array">
      <attribute ref="soapenc:arrayType"
              wsdl:arrayType="xsd:int[]"/>
    </restriction>
  </complexContent>
</complexType>
```

Listing 7.2: Array mit dem `arrayType`

Für XML-Strukturen und komplexe Typen werden folgende Typen unterstützt:

- Komplexe Typen mit einer Sequenz von simplen oder komplexen Typen: `xsd:complexType` mit `xsd:sequence`
- Komplexe Typen mit einer Gruppe unsortierter komplexer oder simpler Typen: `xsd:complexType` mit `xsd:all`
- Komplexe Typen mit einer Erweiterung eines simplen Inhalts: `xsd:complexType` mit `xsd:simpleContent`

Attribute werden mit den Elementen `xsd:attribute` und `xsd:attributeGroup` unterstützt.

Die Elemente des komplexen Typs werden in der Klasse mit entsprechenden Gettern und Settern abgebildet. Aus dem XML-Schema

```
<complexType name="Artikel">
  <sequence>
    <element name="artikelNr" type="xsd:int"/>
    <element name="verfuegbar" type="xsd:boolean"/>
    <element name="auszeichnungen" type="xsd:string" maxOccurs="5"/>
  <sequence>
</complexType>
```

Listing 7.3: XML-Schema für einen Artikel

wird folgende Java-Klasse:

```
public class Artikel {
    // Die Getter der privaten Eigenschaften
    public int getArtikelNr() {...}
    public void setArtikelNr(int artikelNr) {...}
    public boolean isVerfuegbar() {...}
    public void setVerfuegbar() {...}
    public String[] getAuszeichnungen () {...}
    public void setAuszeichnungen (String[] a...) {...}
}
```

Listing 7.4: Die Klasse, die dem XML-Schema des Artikels entspricht

In JAX-RPC werden die XML-Schema-Enumerationen noch in eine Klasse mit entsprechenden Konstanten umgewandelt.

WSDL to Java Mapping

In JAX-RPC ist für folgende Elemente festgelegt, wie die Umwandlung von WSDL zu Java erfolgen soll:

- Der Paketname der Dateien muss einzigartig und kann der Namensraum des WSDL-Dokuments sein.
- Das SEI (Service Endpoint Interface) wird aus dem `wsdl:portType` erzeugt. Der Inhalt des Attributs `name` des `portType`-Elements bestimmt den Namen des SEI.
- Die Namen der Methoden werden aus den `wsdl:operation`-Elementen bestimmt. Hierbei wird die Input-Message zugrunde gelegt. Die Output-Message hat den Zusatz »Response«.
- Exceptions können mit den `wsdl:fault`-Elementen bestimmt werden. Dabei ist jede Exception von `java.rmi.RemoteException` abgeleitet.
- Der WSDL-Service wird aus den Informationen des `wsdl:port`- und des `wsdl:service`-Elements generiert.

SOAP-Bindings

JAX-RPC unterstützt nur die folgenden Operation Modes:

- RPC/Encoded
- RPC/Literal
- Document/Encoded

Eine Beschreibung der Bindings finden Sie in Kapitel 5.3.

7.3 JAX-WS

7.3.1 Von JAX-RPC zu JAX-WS

JAX-WS ist der Nachfolger von JAX-RPC. Im Nachhinein ist JAX-RPC eigentlich JAX-WS 1.0 und das, was man als JAX-WS bezeichnet, ist JAX-WS ab der Version 2.0. JAX-WS ist abwärtskompatibel zu JAX-RPC und unterstützt auch hier die Standards SOAP 1.1 und WSDL 1.1.

JAX-WS ist in der JSR 224 festgelegt. Die finale Version für JAX-WS 2.0 ist im April 2006 herausgekommen. Die Spezifikation kümmert sich um folgende Bereiche:

- WSDL 1.1. to Java-Mapping
- Java to WSDL 1.1. Mapping
- Client-APIs
- Service-APIs
- Core APIs wie Bindings, Providers und Exceptions
- Annotations
- Customizations
- Handler-Framework
- SOAP-Binding
- HTTP-Binding

Die Unterschiede von JAX-WS zu JAX-RPC sind im Folgenden zusammengefasst:

	JAX-RPC	JAX-WS
Java-Version	Java 1.4 ausreichend	Benötigt mindestens Java-Version 1.5, ab Java 1.6 ist JAX-WS in der Standard Edition enthalten, ab 1.6 Update 4 ist JAX-WS in der Version 2.1 enthalten
Annotations	Keine Annotations	Annotations
SOAP-Version	SOAP 1.1	SOAP 1.1 und SOAP 1.2
WSDL-Unterstützung	WSDL-1.1-HTTP-Binding (Versenden von XML ohne SOAP) wurde von JAX-RPC ignoriert	JAX-WS unterstützt HTTP-Binding

Tabelle 7.2: Unterschiede zwischen JAX-RPC und JAX-WS

	JAX-RPC	JAX-WS
Schema-Mapping	JAX-RPC benutzt ein eigenes Schema-Mapping.	JAX-WS benutzt JAXB
REST	-	REST-Unterstützung
Generator Tools	`wsdl2java` und `java2wsdl`	`wsimport`
WS-I-Unterstützung	WS-I Basic Profile Version 1.0	WS-I Basic Profile Version 1.1
SEI	Erforderlich, muss das Interface `java.rmi.Remote` erweitern	Das SEI ist nicht erforderlich, aber empfehlenswert, es muss nicht von `java.rmi.Remote` abgeleitet sein
MEP	Nur synchrone Aufrufe	Auch asynchrone Aufrufe
MTOM	-	MTOM-Unterstützung durch JAXB

Tabelle 7.2: Unterschiede zwischen JAX-RPC und JAX-WS (Forts.)

7.3.2 Client- und Service-APIs

JAX-WS definiert die abstrakte Klasse `javax.xml.ws.Service`, von der man mit der statischen Methode `create(Uri wsdlLocation, QName serviceName)` eine Instanz erstellen kann. Mit dieser Instanz kann man dann einen Proxy für einen bestimmten Port erzeugen. Die Ports kann man auch mit einer Enumeration durchlaufen. Weiterhin kann man Handler-Ketten, die das Interface `avax.xml.ws.handler.HandlerResolver` implementieren, mit der Methode `setHandlerResolver(...)` zuweisen.

Die Client-API definiert das Interface `javax.xml.ws.BindingProvider`, das Methoden zur Verfügung stellt, um auf das Binding auf der Clientseite zuzugreifen. Das Interface `BindingProvider` wird durch das Interface `javax.xml.ws.Dispatch<T>` erweitert. Eine Instanz von Dispatch erhält man durch die Methode `createDispatch(...)` von der Service-Instanz. Mit Dispatch kann man die Service-Ausführung (synchron und asynchron) dynamisch nutzen.

Die Service-API bietet uns das Interface `javax.xml.ws.Provider<T>` als Alternative zum normalen SEI. Mit dem Provider-Interface kann man auf einem niedrigeren Niveau direkt mit XML-Nachrichten arbeiten. Hierfür muss der Service entweder `Provider<Source>`, `Provider<SOAPMessage>` oder `Provider<DataSource>` unterstützen. In der Methode `invoke` kann dann direkt auf den jeweiligen Typ zugegriffen werden.

Weiterhin bietet die Service-API die Klasse `javax.xml.ws.Endpoint`, um einen Webservice zu erzeugen und zu publizieren. Mit der Methode `create(...)` kann man einen Endpunkt erzeugen und mit `publish(...)` publizieren. Das Laufzeitverhalten kann man mit einem `Executor` steuern. Für Webservices ist der Endpoint ein Zugriffspunkt für den Client, der über einen URI erreichbar ist. Die Funktionen des Endpoints werden durch das Service Endpoint Interface (SEI) definiert. Dies ist eine Schnittstelle, die von der Aufgabe her mit einem Remote Interface vergleichbar ist. Die Implementation der SEI nennt man Service Implementation Bean (SIB). Diese Klasse ist entweder ein POJO oder eine Stateless Session Bean.

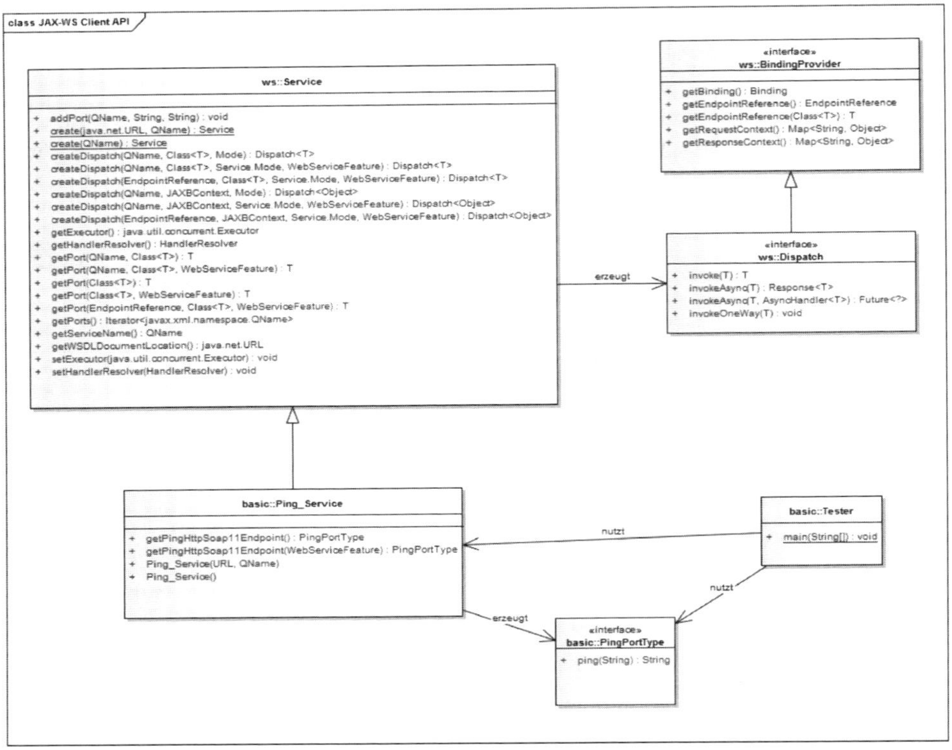

Abb. 7.5: Die Service-API

Schließlich bietet die Service-API noch das Interface `javax.xml.ws.WebServiceContext`, von dem man sich eine Instanz per Dependency Injection zuweisen lassen kann.

```
@Resource
private WebServiceContext context;
```

Aus diesem Context kann man sich die `EndpointReference`, den `MessageContext` und den `Principal` geben lassen. Mit der Methode `boolean isUserInRole(String role)` kann man die Berechtigung prüfen.

7.3.3 Annotations

Annotations spielen für JAX-WS eine zentrale Rolle. Sie werden sowohl für das Mapping zwischen Java und WSDL und das XML-Schema als auch für die Kontrolle der Services genutzt. Die zentralen Annotations für JAX-WS sind in den folgenden JSRs spezifiziert:

- JSR 181 Web Services Metadata for the Java Platform
- JSR 224 Java API for XML-Based Web Services (JAX-WS) 2.0
- JSR 222 Java Architecture for XML Binding (JAXB) 2.0
- JSR 250 Common Annotations for the Java Platform

Diese Annotations sind in Anhang E komplett zusammengestellt. Im Folgenden möchte ich ihre wichtigsten Elemente vorstellen.

JSR 181 Web Services Metadata for the Java Platform

Die JSR 181 definiert die Annotations

- `javax.jws.WebService`
- `javax.jws.WebMethod`
- `javax.jws.OneWay`
- `javax.jws.WebParam`
- `javax.jws.WebResult`
- `javax.jws.HandlerChain`
- `javax.jws.soap.SOAPBinding`

Hierbei ist nur die Annotation `WebService` zwingend erforderlich, da die restlichen Annotations intelligente Vorgabewerte nutzen. Sofern diese Vorgabewerte für unsere Zwecke reichen, können wir mit folgender Klasse einen Webservice für die Erstellung unserer Rechnungen erzeugen:

```
package de.traudel.jaxws.service.rechnung;

@WebService
public RechnungsEndpoint {
    public Rechnung holeRechnung(Long id) throws Exception;
    // Rest des Interfaces
}
```

Listing 7.5: Minimalkonfiguration mit JSR 181

Eine ausführlichere Beschreibung dieses Webservices mit der JSR 181 füllt die anderen Annotations und die Attribute mit den Default-Werten:

```
package de.traudel.jaxws.service.rechnung;

@WebService(name = "RechnungsEndpoint",
   targetNamespace = "http://rechnung.service.jaxws.traudel.de/")
public interface RechnungsEndpoint {
   @WebMethod
   @WebResult(targetNamespace = "")
   public Rechnung holeRechnung(
      @WebParam(name = "id", targetNamespace = "")
      Long id)
      throws Exception
   ;
```

Listing 7.6: Ausführliche Beschreibung mit JSR 181

An diesem kleinen Beispiel erkennt man sehr schön, dass sich viele Vorgabewerte aus der Service-Schnittstelle selbst ergeben. Der Paketname beeinflusst den `targetNamespace`, der Name des Interfaces den Namen des Webservices und der Name des Parameters bestimmt das Name-Attribut der Annotation `WebParam`.

JSR 224 Java API for XML-Based Web Services (JAX-WS) 2.0

Ergänzend zur JSR 181 kann der Webservice mit der JSR 224 genauer spezifiziert werden. In dieser JSR werden folgende Annotations definiert:

- `javax.xml.ws.BindingType`
- `javax.xml.ws.RequestWrapper`
- `javax.xml.ws.ResponseWrapper`
- `javax.xml.ws.ServiceMode`
- `javax.xml.ws.WebEndpoint`
- `javax.xml.ws.WebFault`
- `javax.xml.ws.WebServiceClient`
- `javax.xml.ws.WebServiceProvider`
- `javax.xml.ws.WebServiceRef`
- `javax.xml.ws.Action`
- `javax.xml.ws.FaultAction`

Unsere Webservice-Methode `holeRechnung` aus dem obigen Beispiel wird mit der JSR 224 um die Annotations `RequestWrapper` und `ResponseWrapper` erweitert:

```
@WebMethod
@WebResult(targetNamespace = "")
@RequestWrapper(localName = "holeRechnung",
   targetNamespace = "http://rechnung.service.jaxws.traudel.de/",
```

```
        className = "de.traudel.jaxws.service.rechnung.HoleRechnung")
    @ResponseWrapper(localName = "holeRechnungResponse",
        targetNamespace = "http://rechnung.service.jaxws.traudel.de/",
        className = "de.traudel.jaxws.service.rechnung.HoleRechnungResponse")
    public Rechnung holeRechnung(
        @WebParam(name = "id", targetNamespace = "")
        Long id)
        throws Exception
    ;
```

Listing 7.7: Erweiterung der Webservice-Methode mit der JSR 224

Mit den Annotations `BindingType`, `RequestMapper`, `ResponseWrapper`, `ServiceMode`, `Action` und `FaultAction` können wir den Webservice nach unseren Wünschen konfigurieren.

Mit den Annotations `WebEndpoint`, `WebServiceClient` und `WebServiceRef` konfigurieren wir unseren Webservice-Client. Mit `WebFault` spezifizieren wir unsere Exceptions.

Ein Großteil der Annotations beeinflusst das Aussehen der generierten WSDL oder bietet die Möglichkeit, zwischen unterschiedlichen Namensgebungen zwischen der WSDL- und der Java-Klasse zu vermitteln.

JSR 222 Java Architecture for XML Binding (JAXB) 2.0

Die Spezifikation für JAXB beschreibt das Mapping zwischen den Java-Klassen und der WSDL mit ihrem XML-Schema. Die Annotations sind:

- `javax.xml.bind.annotation.XmlRootElement`
- `javax.xml.bind.annotation.XmlAccessorType`
- `javax.xml.bind.annotation.XmlType`
- `javax.xml.bind.annotation.XmlElement`
- `javax.xml.bind.annotation.XmlSeeAlso`

Bei der Nutzung der JSR 222 reicht es in vielen Fällen, die umzuwandelnde Java-Klasse mit der Annotation `XmlRootElement` zu annotieren. Die restlichen Annotations haben intelligente Vorgabewerte. Sofern diese Vorgabewerte geändert werden, kann man mithilfe der anderen Annotations eine genaue Zuordnung zwischen dem XML-Schema und der Java-Klasse definieren.

Die beiden Datentypen (Parameter und Return-Wert) für die Service-Methode `holeRechnung` aus dem vorherigen Beispiel erhalten in der JSR 222 folgende Annotations:

```
package de.traudel.jaxws.service.rechnung;
```

```
import javax.xml.bind.annotation.XmlAccessType;
import javax.xml.bind.annotation.XmlAccessorType;
import javax.xml.bind.annotation.XmlType;

@XmlAccessorType(XmlAccessType.FIELD)
@XmlType(name = "holeRechnung", propOrder = {
    "id"
})
public class HoleRechnung {

    protected Long id;

    // Setter und Getter für die id
}
```

Listing 7.8: Der Request-Parameter mit JSR 222

```
package de.traudel.jaxws.service.rechnung;

import javax.xml.bind.annotation.XmlAccessType;
import javax.xml.bind.annotation.XmlAccessorType;
import javax.xml.bind.annotation.XmlElement;
import javax.xml.bind.annotation.XmlType;

@XmlAccessorType(XmlAccessType.FIELD)
@XmlType(name = "holeRechnungResponse", propOrder = {
    "_return"
})
public class HoleRechnungResponse {

    @XmlElement(name = "return")
    protected Rechnung _return;

    // Setter und Getter für die Rechnung
}
```

Listing 7.9: Der Response-Parameter mit JSR 222

Mit dem Attribut `propOrder` wird die Reihenfolge der Elemente, die im XML-Schema mit dem Tag `sequence` definiert wird, sichergestellt.

JSR 250 Common Annotations for the Java Platform

Zusätzlich zu den oben genannten Spezifikationen können wir bei unseren Webservices auch die Common Annotations

- `javax.annotation.Resource`
- `javax.annotation.PostConstruct`
- `javax.annotation.PreDestroy`

nutzen. Mit diesen können Abhängigkeiten aufgelöst und auf den Lifecycle des Services reagiert werden.

7.3.4 SOAP-Bindings

Mit der Annotation `javax.jws.soap.SOAPBinding` kann man das Binding in den Daten beeinflussen. Folgende Kombinationen sind erlaubt:

- Document Wrapped (Document, Literal, Wrapped, die Voreinstellung)
- Document Bare (Document, Literal, Bare)
- RPC (RPC, Literal, Wrapped)

Document Wrapped (Document, Literal, Wrapped, die Voreinstellung): Jede Methode wird in zwei JavaBean-Klassen umgewandelt, eine für den Input (Parameter) und eine für den Output (Return-Wert). Dabei werden unabhängig von der Anzahl der Methoden-Parameter die Parameter in einem Bean zusammengefasst, so dass die Signatur des Webservices immer genau einen Parameter hat.

Als Vorgabe hat die InputBean den Namen der Methode, beginnend mit einem Großbuchstaben, die OutputBean hängt an den Namen der InputBean noch »Response« an. Statischer Polymorphismus ist bei dieser Kombination nicht möglich.

Bei Document Wrapped wird die Signatur der Methode `public Rechnung holeRechnung(long id)` in der WSDL folgendermaßen umgesetzt:

```
<xs:element name="holeRechnung" type="tns:holeRechnung"/>
<xs:element name="holeRechnungResponse" type="tns:holeRechnungResponse"/>
<xs:complexType name="holeRechnung">
  <xs:sequence>
    <xs:element name="arg0" type="xs:long" minOccurs="0"/>
  </xs:sequence>
</xs:complexType>
<xs:complexType name="holeRechnungResponse">
  <xs:sequence>
    <xs:element name="return" type="tns:rechnung" minOccurs="0"/>
  </xs:sequence>
</xs:complexType>
```

Listing 7.10: WSDL-Fragment bei Document Wrapped

Document Bare (Document, Literal, Bare): Bei dieser Kombination dürfen die Methoden höchstens einen Parameter besitzen. Die Parameter werden direkt bei den Elementen definiert und nicht vorher in einen Wrapper-Typ verpackt. Sollte eine Methode mehrere Parameter besitzen, erhalten wir folgende Fehlermeldung:

```
RechnungsServiceImpl has method sucheRechnungenZuKunde annotated as BARE
but it has more than one parameter bound to body. This is invalid. Please
annotate the method with annotation: @SOAPBinding(parameterStyle=SOAPBinding.
ParameterStyle.WRAPPED)
```

Bei dieser Kombination ist auch statischer Polymorphismus problematisch:

```
Non unique body parts! In a port, as per BP 1.1 R2710 operations must have unique
operation signature on the wire for successful dispatch. Methods [suche
RechnungenZuKunde, sucheRechnungenZuKunde] have the same request body block
{http://service.ws.ejb3.kiltz.de/}sucheRechnungenZuKunde. Method dispatch-
ing may fail, runtime will try to dispatch using SOAPAction.
```

Das WSDL-Fragment für Document Bare stellt sich folgendermaßen dar:

```
<xs:element name="holeRechnung" nillable="true" type="xs:long"/>
<xs:element name="holeRechnungResponse" nillable="true" type="tns:rechnung"/>
```

RPC (RPC, Literal, Wrapped): RPC kann nur mit dem Stil Wrapped genutzt werden. Bei diesem Stil werden die Parameter direkt den entsprechenden Datentypen zugeordnet:

```
<message name="Exception">
   <part name="fault" element="tns:Exception"/>
</message>
<message name="holeRechnung">
   <part name="arg0" type="xsd:long"/>
</message>
```

Teil C

Tools und Frameworks

In diesem Teil:

Kapitel 8

Axis2

Axis2 ist eines der meistgenutzten Java-Frameworks für Webservices. In diesem Kapitel stelle ich Axis2 im Allgemeinen und in Abgrenzung von Axis 1.x vor und gebe Ihnen einen Einblick in die Architektur von Axis2. Darauf folgt eine Vorstellung der Client-API sowie der Nutzung von MTOM und Rampart, dem Sicherheitsmodul von Axis2. Die Möglichkeiten der Spring Integration (die heute bei fast keinem Framework fehlen dürfen) und die Tools runden den Hauptteil ab. Im Anschluss finden Sie einige Anwendungsfälle zu üblichen Situationen, in denen Sie sich bei der Nutzung von Axis2 schnell wiederfinden können.

8.1 Vorstellung Axis2

8.1.1 Was ist Axis2?

Nach dem Erfolg von Axis 1.x hat die Apache Software Foundation das Projekt Axis2 realisiert und verbreitet. Dabei wurden die Kritikpunkte von Axis 1.x konsequent aufgenommen und verbessert. Diese Kritikpunkte waren:

- Axis 1.x war zu langsam.
- Axis 1.x verbrauchte zu viele Systemressourcen.
- Axis 1.x war zu kompliziert in der Realisierung und dem Deployment.
- Axis 1.x unterstützte primär das Kommunikationsmuster Request-Response. Andere Muster konnten nur mit erheblichem Aufwand realisiert werden.

Um die Mängel besser angehen zu können, entschied man sich, Axis2 von Grund auf neu zu entwickeln. Die Entwicklung begann im September 2003 bei der Lanka Software Foundation in Sri Lanka. Die Version 1.0 von Axis2 wurde im Mai 2006 verabschiedet.

Seit Mai 2009 ist die Version 1.5 von Axis2 in Produktion. Diese Version bildet auch die Grundlage für die folgenden Beispiele und Betrachtungen.

Axis2 bietet eine Standard Binary Distribution mit der kompletten Axis2-Version inklusive vieler Beispiele und den Modulen WS-Addressing und SOAP-Monitor zum Download. Weitere Module wie Sandesha2 (für WS-Reliable Messaging) und Rampart (für WS-Security) können von einer separaten Downloadseite (`http://`

ws.apache.org/axis2/modules/index.html) heruntergeladen werden. Zusätzlich bietet die Downloadseite eine Source-Distribution, eine Dokumentations- und eine WAR-Distribution an. Die WAR-Distribution enthält alles, was für das eigentliche Deployment benötigt wird. Siehe dazu [Axis2].

Das Framework Axis2 besteht aus folgenden Komponenten, die gemeinsam oder auch einzeln genutzt werden können:

- Eine Laufzeitumgebung für Webservices, entweder als Webanwendung oder als Standalone-Server.
- Unter der Teiladresse `/axis2-admin/` erhält man Zugriff auf das webbasierte Admin-Tool. Hier bekommt man Informationen über den Zustand der Axis2-Applikation, kann Parameter der Applikation und der Services ändern und neue Services über einen Hot-Deploy einstellen. Beachten Sie, dass geänderte Parameter nach einem Neustart des Servers verloren gehen. Nutzen Sie für permanente Änderungen die entsprechenden Konfigurationsdateien.
- Für die Unabhängigkeit von externen Tools wurde eine SOAP-Monitor-Phase entwickelt, in der man den Datenverkehr zwischen Consumer und Producer mitschneiden kann.
- Axis2 bietet Tools zur Generierung von WSDL-Dateien sowie serverseitigen und clientseitigen Java-Klassen durch die Batchdateien bzw. Shell-Skripte `java2wsdl` und `wsdl2java`.
- Auf der Apache-Axis2-Tools-Seite werden verschiedene Eclipse-, IntelliJ- und Maven2-Plugins angeboten. Hauptsächlich unterstützen diese Plugins die Erstellung von Service- und Modularchiven oder die Generierung von Java-Klassen.
- In der Standard Binary Distribution ist ein Satz von Beispielen für unterschiedliche Anforderungen enthalten. Die Beispiele können recht einfach durch Ant-Skripte erstellt und ausgeführt werden.
- In der Dokumentations-Distribution sind hauptsächlich die Informationen der Projektseiten enthalten.

8.1.2 Neu in Axis2

Axis2 ist keine Weiterentwicklung von Axis, sondern eine komplett neue Architektur, die die oben erwähnten Mängel von Axis 1.x beseitigt.

- Axis2 ist schneller, indem das Parsen der XML-Messages nicht mehr durch SAX, sondern durch die verbesserte StAX-API vorgenommen wird.
- Die Stabilität wurde in Axis2 durch die Einführung von klar getrennten Phasen verbessert. Diese Phasen werden durch Handler realisiert.

- Axis2 unterstützt asynchrone Aufrufe, die den Programmablauf des Clients nicht bis zur Rückgabe des Servers blocken.
- Seit der Version 1.4 unterstützt Axis2 den Standard JAX-WS.

8.1.3 Die Axis2-Webapplikation

Axis2 bietet als Rahmen für unsere Services eine Webapplikation als Container an. In dieser Webapplikation können wir unsere Services und Module installieren und das Verhalten von Axis2 konfigurieren.

Die Struktur der Axis2-Webapplikation ist:

```
axis2-web
META-INF
WEB-INF
   classes
   conf
      axis2.xml
   lib
      activation.jar
      ...
      xmlSchema.jar
   modules
      modules.list
      addressing.mar
      ...
      soapmonitor.mar
   services
      services.list
      aservice.aar
      ...
      version.aar
   web.xml
```

Listing 8.1: Verzeichnisstruktur einer Axis2-Anwendung

Die `WEB-INF/conf/axis2.xml` ist die zentrale Konfigurationsdatei für die Webapplikation. Sofern in der Konfigurationsdatei nicht anders angegeben, werden die Module im Verzeichnis `WEB-INF/modules` und die Services im Verzeichnis `WEB-INF/services` bereitgestellt.

In der `axis2.xml`, der Konfigurationsdatei sollte man beim Start der Entwicklung nicht vergessen, den Parameter `hotupdate` auf `true` zu setzen. Der Parameter `hotdeployment` ist per Default auf `true` gesetzt und verleitet ein wenig zu der Annahme, dass die Änderungen auch sofort übernommen werden. Dies passiert aber nur bei einem Hotupdate. Bei einer Produktionsumgebung sollte natürlich aus Gründen der Performance dieser Parameter wieder auf `false` gesetzt werden.

Die meisten Parameter sind selbsterklärend. Im Folgenden stelle ich ein paar Bereiche vor, die in der Konfigurationsdatei häufig geändert werden. Die Benutzerdaten für die Administrationskonsole finden Sie bei den Parametern `userName` und `password`. Die Einstellung für die Abwahl von REST und SOAP12 (beides per Default in Axis2 eingebunden) finden Sie in den Parametern `disableREST` und `disableSOAP12`. Weiterhin werden in der Konfigurationsdatei neue Handler definiert.

Die Hauptbereiche der `axis2.xml` sind:

- Parameter: Key-Value-Mapping für die AxisConfiguration.
- Transport Receiver: Per Default ist der Http-Transport-Receiver von Axis2 eingestellt. Weitere Receiver für TCP, SMTP etc. können hier konfiguriert werden.
- Transport Sender: Analog zu den Receivers können hier die Sender eingestellt werden. Sender für HTTP, HTTPS und local sind schon konfiguriert.
- Phase Order: In der Phase Order werden die einzelnen Phasen (dazu später mehr) und die darin eingehängten Handler definiert.
- Module References: Definition von systemweiten Modulen.
- Listeners oder auch Observers überwachen das Deployment/Undeployment von Services, die Aktivierung/Deaktivierung von Services und das Deployment und Undeployment von Modulen.

8.1.4 WSDL2Java und Java2WSDL

Axis2 bietet uns die beiden Klassen `org.apache.ws.java2wsdl.Java2WSDL` und `org.apache.axis2.wsdl.WSDL2Java`, mit deren Unterstützung wir WSDL-Dateien aus Java-Klassen und Java-Klassen aus WSDL-Dateien generieren können. Der Zugriff auf diese Klassen wird uns durch die Batchdateien und Shell-Skripte aus dem Verzeichnis `AXIS2_HOME/bin/` vereinfacht.

Für die korrekte Nutzung der Klasse Java2WSDL benötigen wir die Bibliotheken aus dem `AXIS2_HOME/lib/`-Verzeichnis und die Klassen, aus denen die WSDL generiert werden sollen, im Klassenpfad. Hierzu können wir die `Java2WSDL.bat` (oder `Java2WSDL.sh`) aus dem `AXIS2_HOME/bin/`-Verzeichnis folgendermaßen nutzen:

```
set Paket=de.traudel.projekt
set Service=MeinService
call %AXIS2_HOME%/bin/java2wsdl -cp bin -cn %Paket%.%Service% -of %Service%.wsdl
pause
```

Listing 8.2: Batchdatei für die Nutzung von Java2WSDL

Die wichtigen Parameter dafür sind:

`-cp <Klassenpfad>`	Zur Erweiterung des Klassenpfades
`-cn <Klasse>`	Das Service-Interface
`-of <Name der WSDL>`	Der Name der zu generierenden WSDL-Datei

Die komplette Liste der Parameter (insbesondere zur Manipulation von Namensräumen) finden Sie unter `http://ws.apache.org/axis2/1_5/reference.html`.

Bitte beachten Sie, dass Axis2 auch in der Version 1.5 nicht in der Lage ist, eine Generics-Liste aufzulösen. Eine Eigenschaft mit `List<DomainKlasse>` wird in den XSL-Type `anyType` umgewandelt und nicht weiter verfolgt. Axis2 liest zur Generierung der XSL-Typen die Getter der Domain-Objekte. Es reicht also, einen Getter mit einzufügen, der ein Array des Domain-Objekts zurückgibt.

Die Nutzung von WSDL2Java ist ein wenig vielfältiger. Dies kommt allein schon daher, dass wir hier unterschiedliche Data Bindings (s. nächster Absatz) nutzen und Artefakte für die Client- und die Serverseite generieren können. Zur Generierung der Clientseite können wir folgenden Aufruf verwenden:

```
set Paket=de.traudel
set Service=RechnungsService
call %AXIS2_HOME%/bin/WSDL2Java -uri %Service%.wsdl
            -p %Paket%.client -d adb -s -o ..\client
pause
```

Listing 8.3: Generierung clientseitiger Artefakte aus einer WSDL

Für die Verwendung von WSDL2Java im obigen Beispiel werden folgende Parameter eingesetzt:

`-uri <Pfad zur WSDL>`	Der URI zu dem WSDL-Dokument
`-p`	Paket für die generierten Klassen
`-d`	Data Binding
`-s`	Erzeuge Klassen für synchrone Aufrufe
`-o`	Ausgabeverzeichnis

Die komplette Liste der Parameter finden Sie unter `http://ws.apache.org/axis2/1_5/reference.html`.

Nach der Generierung können wir in einem Test den generierten Stub benutzen:

```
RechnungsServiceStub stub = new RechnungsServiceStub();
PingResponse resp = stub.ping();
System.out.println(resp.get_return());
```

Listing 8.4: Nutzung des Axis2-Stubs

In der Klasse RechnungsServiceStub sind alle weiterhin benötigten Klassen enthalten.

Die Generierung der serverseitigen Artefakte können mit folgendem Aufruf erzeugt werden:

```
set Paket=de.traudel
set Service=RechnungsService
call %AXIS2_HOME%/bin/WSDL2Java -uri %Service%.wsdl
         -p %Paket%.server -d adb -s -sd -ss -o ..\server
pause
```

Listing 8.5: Generierung der serverseitigen Artefakte aus einer WSDL

Hierbei sind nur die Parameter -sd für die Erstellung der services.xml (die Konfigurationsdatei des Services) und -ss für die Erstellung der serverseitigen Klassen hinzugekommen. Der Zugriff für unseren Service ist die Klasse ServiceName + Skeleton (also hier RechnungsServiceSkeleton) aus dem angegebenen Paket (hier: de.traudel.server).

Diese Klasse stellt die Service-Methoden ohne Implementation zur Verfügung. Am besten erzeugen Sie von diesem Skeleton eine Subklasse, in der Sie die eigentliche Weitergabe an Ihren Service vornehmen. Hierfür überschreiben Sie einfach die Service-Methoden. Diese Subklasse sollte außerhalb des src-Verzeichnisses Ihrer generierten Dateien liegen, da sie sonst bei der nächsten Generierung überschrieben wird. Das Skeleton wird in die generierte services.xml eingesetzt. Hier sollten Sie das Skeleton gegen Ihre Subklasse austauschen.

Die durch WSDL2Java generierte Verzeichnisstruktur könnte folgendermaßen aussehen (siehe Abbildung 8.1):

Im src-Verzeichnis sind die selbst erstellten Klassen enthalten, hier nur die Klasse RechnungsWebservice, die eine Ableitung der Klasse RechungsServiceSkeleton ist und diese als Service in der service.xml ersetzt.

Das Paket de.traudel.axis2.server enthält das generierte Skeleton und (fachliche) Exceptions sowie eine Hilfsklasse für AXIOM. Im Paket de.traudel.domain.xsd sind die Datenobjekte, die ADBBeans und im Paket de.traudel.service sind die Wrapper-Klassen für die Parameter enthalten.

Abb. 8.1: Verzeichnisstruktur für die generierten Dateien

8.1.5 Data Binding

Die Übertragung von XML-Daten in Java-Strukturen birgt einige Problemzonen, die durch ein Data-Binding-Framework gelöst werden müssen. Diese Problemzonen sind beispielweise:

- XML und Java haben unterschiedliche Datentypen.
- Während eine Aggregation in Java immer ein Attribut ist, kann dies in XML als Attribut oder als Nested Element realisiert werden.
- Die Reihenfolge der Attribute in einer Java-Klasse ist irrelevant – in einer XML-Sequenz ist die Reihenfolge konkret vorgegeben.

Axis2 integriert verschiedene Binding-Frameworks, wie z.B. JAXB, XMLBeans, JAXME, Castor und JiBX. Außerdem bietet Axis2 ein eigenes Binding-Framework mit dem Namen ADB (Axis2 Data Binding Framework) an.

Axis2 bietet verschiedene Generierungsmöglichkeiten für den Java-Client:

- Das Axis2 Data Binding Framework (ADB) ist die einfachste Art, den Client generieren zu lassen. Die benötigten Klassen werden im Stub als innere Klassen realisiert. ADB eignet sich für einfache Datenstrukturen und hat Schwierigkeiten mit XML-Schema-Strukturen wie `extensions` und `restrictions`.
- XMLBeans ist ein vollwertiger Schema-Compiler, der auch mit `extensions` und `restrictions` umgehen kann. Der Schema-Compiler erzeugt sehr viele Klassen, die nicht ganz so einfach zu nutzen sind wie ADB.
- JiBX ist ebenfalls ein vollwertiger Schema-Compiler, der nicht nur WSDL2Java, sondern auch Java2XML-Konversationen beherrscht. JiBX ist sehr flexibel, da man die zugrunde liegenden Entities auswählen kann. Die Einrichtung ist etwas umständlich, aber wenn diese Einstellungen vorgenommen wurden, ist die Nutzung so einfach wie bei ADB.
- JAXB-RI ist die JAXB-Variante. Diese ist in Version 1.4 als »experimentell« gekennzeichnet. Ab der Version 1.5 unterstützt Axis2 den JAXB-2.0-Standard.

8.1.6 StAX – Streaming API for XML

SOAP setzte auf DOM auf, was sehr langsam und ressourcenintensiv war. Axis 1.x verbesserte diesen Engpass, indem SAX als XML-Parser genutzt wurde. In Axis2 wurde ein neues Objektmodell für die Verbesserung der Performance eingeführt, das auf dem Pull-Parser StAX basiert. Der Vorteil eines Pull-Parsers ist, dass das Programm die Kontrolle behält und nur das lesen muss, was benötigt wird. Dies ist insbesondere dann hilfreich, wenn zu einem Zeitpunkt der Verarbeitung nur ein Teil der Informationen benötigt wird. Dies ist z.B. der Fall, wenn in der Vorverarbeitung lediglich Informationen aus dem Header gebraucht werden. StAX wurde schon ausführlich in Kapitel 3.2.3 beschrieben.

8.1.7 AXIOM – AXIs Object Model

StAX ist nur eine Streaming-API, die von einem Objektmodell benutzt werden kann. Die Entwickler von Axis2 haben ein eigenes Objektmodell entwickelt, das insbesondere folgende Merkmale aufweist:

- gute Performance
- niedriger Ressourcenverbrauch
- komfortable Zugriffsmöglichkeiten auf die Baumstruktur der Daten

Dieses Objektmodell heißt AXIOM und ist als eigenständiges Projekt unter den Commons-Projekten von Apache-WS ausgelagert worden. Vgl. hierzu [AXIOM]. AXIOM wird inzwischen auch in anderen Projekten (z.B. [Spring-WS]) mitgenutzt. Es ist konzeptionell vergleichbar mit DOM. Dabei geht es darum, eine

XML-Datenstruktur in eine Objektstruktur umzuwandeln. Die wichtigsten Features von AXIOM sind:

- Leichtgewichtig: AXIOM ist bewusst so aufgebaut, dass wir eine flache Klassenhierarchie mit wenigen Methoden und Attributen nutzen können.
- Zeitverzögert: Das wichtigste Feature ist, dass AXIOM nur die Objekte erstellt, die an der aktuellen Stelle auch gebraucht werden. Die Kontrolle bleibt bei dem Object Model (OM) und wird nicht an externe Builder abgegeben.
- Pull-Parser: AXIOM arbeitet mit dem Pull-Parser StAX, mit dem die Zeitverzögerung erst möglich ist.

Die wichtigsten Elemente von AXIOM sind `OMElement` und `OMText`. Diese beiden Elemente können mithilfe der `OMAbstractFactory` erzeugt werden, wie folgendes kleines MTOM-Beispiel zeigt:

```
OMFactory fac = OMAbstractFactory.getOMFactory();
// Namensraum
OMNamespace ns = fac.createOMNamespace(
      "http://www.traudel.de/DateiManager", "mtom");
// Request zusammenbauen
OMElement request = fac.createOMElement( "upload", ns);
// 1. Teil: Dateinamen
OMElement nameElem = fac.createOMElement("dateiname", null, request);
nameElem.setText(name);
// 2. Teil: Daten des Bildes
OMElement dataElem = fac.createOMElement("daten", null, request);
FileDataSource ds = new FileDataSource(FILE);
// Erzeugen des DataHandlers mithilfe der DataSource
DataHandler dataHandler = new DataHandler(ds);
// Erzeugen eines OMText-Objekts mit dem DataHandler
OMText attachmentNode = fac.createOMText(dataHandler, optimize);
// Hinzufügen des OMText-Objekts zu dem OMElement
dataElem.addChild(attachmentNode);
```

Listing 8.6: Erzeugung von `OMElement` und `OMText`

Weiterhin können mithilfe des `StAXOMBuilder` OMElemente erzeugt werden:

```
InputStream in = new FileInputStream(DATEI);
XMLInputFactory fac = XMLInputFactory.newInstance();
XMLStreamReader reader = fac.createXMLStreamReader(in);
StAXOMBuilder builder = new StAXOMBuilder(reader);
OMDocument doc = builder.getDocument();
OMElement ele = doc.getOMDocumentElement();
QName qname1 = new QName("http://schemas.xmlsoap.org/soap/envelope/",
      "Body");
```

```
OMElement body = ele.getFirstChildWithName(qname1);
System.out.println(body);
```

Listing 8.7: Erzeugung von OMElementen mit `StAXOMBuilder`

Die AXIOM-API definiert die wichtigsten Interfaces für die Erstellung und Verarbeitung der SOAP-Nachricht.

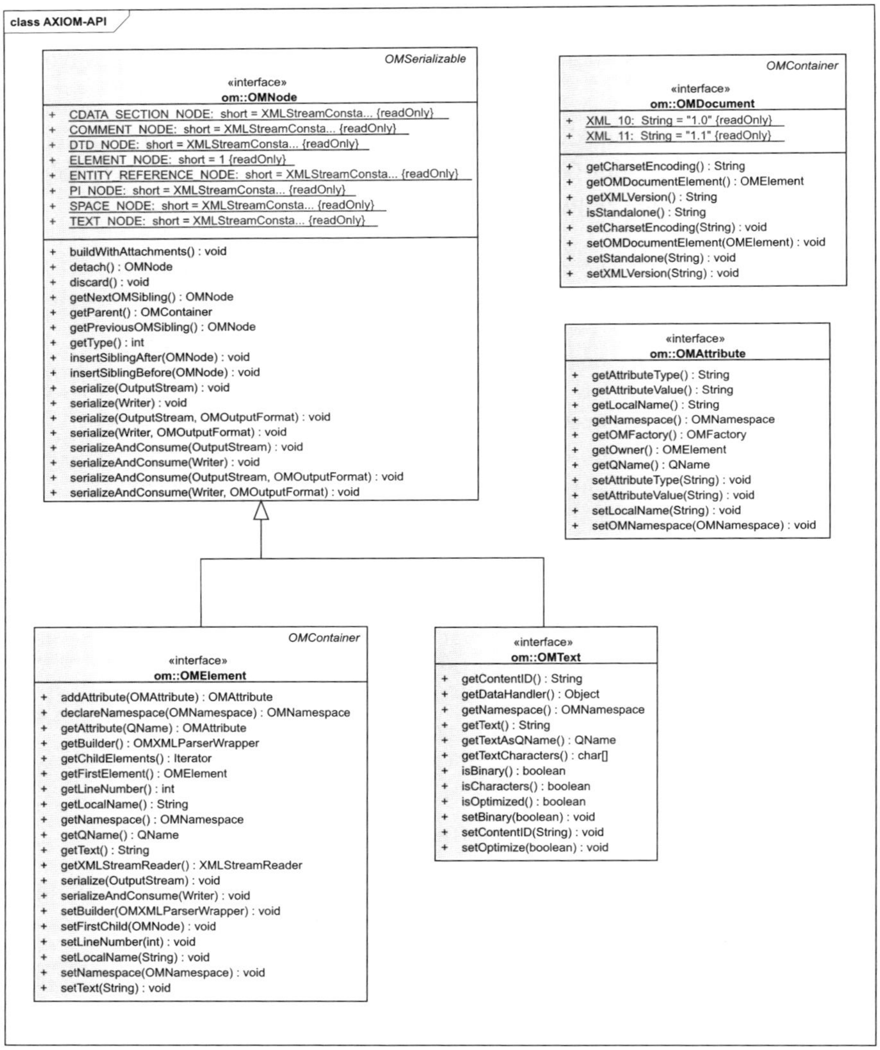

Abb. 8.2: Einige Interfaces der AXIOM-API

In obigem Diagramm wurden der Übersicht halber einige Methoden herausgenommen.

8.2 Architektur von Axis2

8.2.1 Flow – Phase – Handler

Axis2 hat wie auch Axis 1.x zur zentralen Bearbeitung der Kernfunktionalitäten eine AxisEngine, die die Aufgabe hat, eine SOAP-Nachricht zu verarbeiten. Dabei fungiert sie als Pipeline, die eine SOAP-Nachricht durch verschiedene Softwarekomponenten durchfließen lässt.

Die Unterteilung der Pipeline wird folgendermaßen vorgenommen:

- Einem Request und einer Response ist jeweils ein Flow zugeordnet:
  - InFlow und OutFlow, wenn alles klappt,
  - InFaultFlow und OutFaultFlow, wenn etwas schief gegangen ist.
- Jeder Flow ist in mehreren Phasen unterteilt, die es in Axis 1.x nicht gab. Hierbei unterscheidet man »System-Phasen« und »benutzerdefinierte Phasen«. Die Phasen werden in der Axis-Konfigurationsdatei (`WEB-INF/conf/axis2.xml`) definiert.
- Jeder Phase können Handler zugeordnet werden. Diese Handler werden in den einzelnen Phasen nach ihrer konfigurierten Reihenfolge durchlaufen.

In der Administrationskonsole unter AVAILABLE PHASES bekommt man eine Übersicht über die Flows und ihre dazugehörigen Phasen.

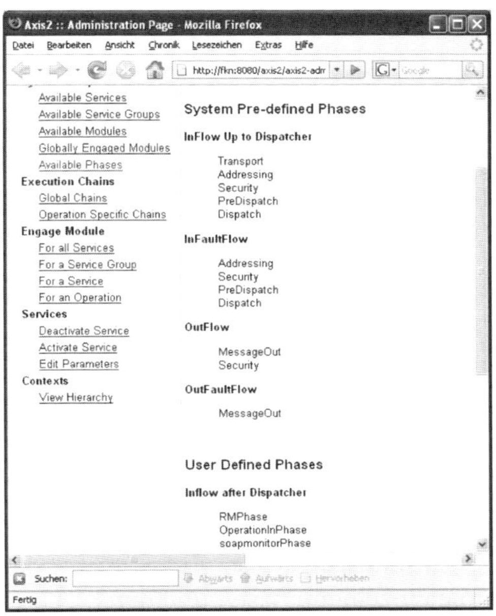

Abb. 8.3: Axis2-Phasen

Unter dem Menüpunkt GLOBAL CHAINS erhält man eine Übersicht der Handler, die in den einzelnen Phasen definiert sind. Per Default ist der InFlow folgendermaßen definiert:

```
<phaseOrder type="InFlow">
    <!-- System predefined phases      -->
    <phase name="Transport">
      ...
    </phase>
    <phase name="Addressing">
      ...
    </phase>
    <phase name="Security"/>
    <phase name="PreDispatch"/>
    <phase name="Dispatch" class="org.apache.axis2.engine.DispatchPhase">
      ...
    </phase>
    <phase name="RMPhase"/>
    <!-- System predefined phases      -->
</phaseOrder>
...
```

Listing 8.8: Standard-InFlow aus der axis2.xml

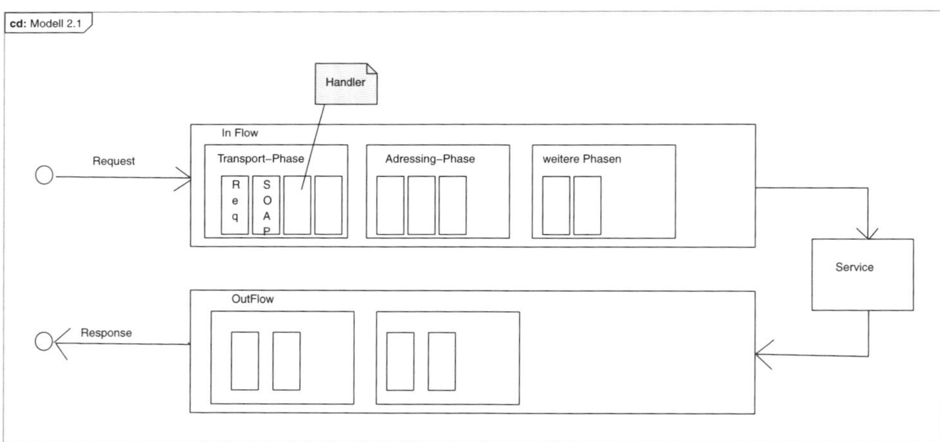

Abb. 8.4: Schematischer Aufbau von InFlow und OutFlow

Ein Flow (hier der InFlow) wird von einer AxisEngine gesteuert. In diesem Flow werden Handler in logische Phasen ① zusammengefasst. Ein eingehender Request wird von der AxisEngine durch die einzelnen Phasen und deren Handler ② durchgereicht. Dabei können die Handler Informationen des Requests (der SOAP-Nachricht) auslesen und verändern. Dies könnten Routing-Angaben, Angaben zur Ver- oder Entschlüsselung oder zur Überprüfung von Security-Informationen sein. Dabei ist für den InFlow die Dispatch-Phase ③ die wichtigste, da hier der richtige Service für den Request gefunden werden muss.

Die Zusammenarbeit der Phasen und Handler in den Flows kann man sich als Pipeline vorstellen, durch die ein Request und auch wieder die Antwort durchgeschleust wird.

8.2.2 Handler und Module

Das System der Handler ist schon aus Axis 1.x bekannt. Handler sind Softwarekomponenten, die vor oder nach dem eigentlichen Service-Aufruf client- oder serverseitig genutzt werden. Module fassen Handler zusammen und bilden eine Erweiterung (PlugIn) für Axis2. Bei Axis 1.x wurden die Handler direkt zu einem Service zugehörend deployed. In Axis2 werden Handler separat deployed und können für mehrere Services genutzt werden.

Typische Aufgabengebiete von Handlern sind Logging, Security sowie Abrechnung von Service-Nutzung. Nur Besonderheiten des Webservices sollten in Handler verpackt werden, die »normalen Dienste« sind den Services vorbehalten. Handler verarbeiten im Wesentlichen Header-Informationen der SOAP-Nachricht.

Wie oben beschrieben, werden Handler bestimmten Phasen zugeordnet. Die Phasen werden in der `WEB-INF/conf/axis2.xml` definiert:

```
<phaseOrder type="InFlow">
   <!--  System predefined phases      -->
   <phase name="Transport"> ①
      <handler name="RequestURIBasedDispatcher" ②
          class="org.apache.axis2.dispatchers.RequestURIBasedDispatcher">
         <order phase="Transport"/>
      </handler>
      <handler name="SOAPActionBasedDispatcher"
           class="org.apache.axis2.dispatchers.SOAPActionBasedDispatcher">
         <order phase="Transport"/>
      </handler>
   </phase>
   <phase name="Addressing"> ①
      <handler name="AddressingBasedDispatcher"
           class="org.apache.axis2.dispatchers.AddressingBasedDispatcher">
         <order phase="Addressing"/>
      </handler>
   </phase>
```

```
    <phase name="Security"/> ①
    <phase name="PreDispatch"/> ①
    <phase name="Dispatch" class="org.apache.axis2.engine.DispatchPhase"> ③
        <handler name="RequestURIBasedDispatcher"
              class="org.apache.axis2.dispatchers.RequestURIBasedDispatcher"/>
        <handler name="SOAPActionBasedDispatcher"
              class="org.apache.axis2.dispatchers.SOAPActionBasedDispatcher"/>
        <handler name="RequestURIOperationDispatcher"
                class="org.apache.axis2.dispatchers.RequestURIOperationDispat-
cher"/>
        <handler name="SOAPMessageBodyBasedDispatcher"
                class="org.apache.axis2.dispatchers.SOAPMessageBodyBasedDispat-
cher"/>
        <handler name="HTTPLocationBasedDispatcher"
             class="org.apache.axis2.dispatchers.HTTPLocationBasedDispatcher"/>
        <handler name="GenericProviderDispatcher"
               class="org.apache.axis2.jaxws.dispatchers.GenericProviderDispat-
cher"/>
        <handler name="MustUnderstandValidationDispatcher"
                class="org.apache.axis2.jaxws.dispatchers.MustUnderstandValida-
tionDispatcher"/>
    </phase>
    <phase name="RMPhase"/> ①
    <!--  System predefined phases      -->
    <phase name="OperationInPhase"> ①
        <handler name="MustUnderstandChecker"
              class="org.apache.axis2.jaxws.dispatchers.MustUnderstandChecker">
            <order phase="OperationInPhase"/>
        </handler>
    </phase>
    <phase name="soapmonitorPhase"/> ①
</phaseOrder>
```

Listing 8.9: Schematischer Aufbau eines Flows

Handler

Alle Handler müssen das Interface `org.apache.axis2.engine.Handler` implementieren. Folgende Methoden werden von dem Interface definiert:

```
public interface Handler {
    // Diese Methode wurde nie genutzt und wird nach der
    // Version 1.3 wieder herausgenommen
    public void cleanup();

    /*
```

```
     * Diese Methode wird von der AxisEngine aufgerufen, wenn der
     * Flow beendet wurde.
     * Mit der Methode msgContext.getFailureReason()
     * kann man feststellen, ob der Flow normal beendet wurde oder
     * ein Fehler aufgetreten ist.
     */
    public void flowComplete(MessageContext arg0);

    // Getter für HandlerDescription
    public HandlerDescription getHandlerDesc();

    // Auslesen des Handler-Names aus der HandlerDescription
    public String getName();

    // Holt Parameter aus der HandlerDescription
    public Parameter getParameter(String arg0);

    /**
     * Diese Methode kann man als Konstruktor betrachten.
     * Die HandlerDescription enthält Parameter und
     * die Beschreibung des Deployments.
     */
    public void init(HandlerDescription arg0);

    /**
     * Die wichtigste Methode, die bei jedem Service-Call aufgerufen wird.
     * Der MessageContext enthält u.a. die Nachricht selbst.
     *
     * Die Rückgabe kann die Werte
     *  * InvocationResponse.CONTINUE // Normal weiter geht's!
     *  * InvocationResponse.ABORT  // Abbruch
     *  * InvocationResponse.SUSPEND // Anhalten (um z.B. eine Reihenfolge
     *
     * enthalten
     */
    public InvocationResponse invoke(MessageContext arg0) throws AxisFault;
}
```

Listing 8.10: Der Interface Handler mit Kommentaren

Da ein Großteil der Methoden ein festgelegtes Verhalten hat (z.B. bezüglich `HandlerDescription`), bietet Axis2 uns eine abstrakte Klasse, die die Standardfunktionalitäten für uns implementiert, so dass wir lediglich die Methode `invoke()` überschreiben müssen.

```
public class LogHandler extends AbstractHandler {
    public InvocationResponse invoke(MessageContext msgContext)
    throws AxisFault {
        SOAPEnvelope env = msgContext.getEnvelope();
        // Auswerten der SOAP-Nachricht
        return InvocationResponse.CONTINUE;
    }
}
```

Listing 8.11: Ein LogHandler als Subklasse von AbstractHandler

Handler müssen in einem Modul zusammengefasst werden.

Module

Ein Modul ist die Zusammenfassung eines oder mehrerer Handler. Es bietet die Schnittstelle zwischen dem Handler und Axis2. Es gibt eine Reihe offizieller Module, die in unsere Axis2-Applikation eingehängt werden können.

Eine Übersicht über die offiziellen Module erhält man unter `http://ws.apache.org/axis2/modules/`. Das Modul für WS-Security ist ein eigenes Unterprojekt mit dem Namen Rampart (englisch für Schutzwall), das in Kapitel 8.5 besprochen wird.

Module können eine Klasse enthalten, die das Modul selbst repräsentiert. In dieser Klasse, die die Schnittstelle `Module` implementieren muss, kann man auf den Lifecyle des Moduls eingehen. Neben den üblichen `init`- und `shutdown`-Methoden haben Module eine Methode, in der auf Engagements (= Zuordnung zu Services) reagiert werden kann:

```
public void engageNotify(AxisDescription axisDescription) throws AxisFault {
    StringBuilder msg = new StringBuilder();
    msg.append("LogModule was engaged with");

    if (axisDescription instanceof AxisServiceGroup) {
        msg.append(" service group: ");
      msg.append(((AxisServiceGroup)axisDescription).getServiceGroupName());
    } else if (axisDescription instanceof AxisService) {
        msg.append(" service: ");
        msg.append(((AxisService)axisDescription).getName());
    } else if (axisDescription instanceof AxisOperation) {
        msg.append(" operation: ");
        msg.append(((AxisOperation)axisDescription).getName());
    }

    System.out.println(msg);
}
```

Listing 8.12: Modul-Methode engageNotify

Für das Deployment müssen die Klassen und eine Konfigurationsdatei analog zum Deployment eines Services gepackt und in das Modulverzeichnis (Default: `WEB-INF/modules/`) kopiert werden. Im Unterschied zu den Services ist kein Hot-deploy möglich, die Applikation muss neu gestartet werden. Ein Aktualisieren der Applikation kann mit

```
http://localhost:8080/manager/reload?path=/axis2
```

vorgenommen werden.

Anstandshalber kann man das Modul in der `modules.list` im Modulverzeichnis eintragen.

Das JAR-File endet mit `.mar`.

Die Konfigurationsdatei heißt `module.xml` und definiert, in welchen Flows die Handler unter welchem Namen deployed werden sollen. Weiterhin können in der Datei noch einige Parameter für den Handler gesetzt werden.

Eine Minimalversion der `module.xml` sieht folgendermaßen aus:

```
<module class="handler.LogModule">
   <!-- evtl. Konfigurationsparameter für alle Handler des Moduls-->
   <InFlow>
      <handler name="InFlowLogHandler"
         class="handler.LogHandler">
         <order phase="PreDispatch"/>
      </handler>
      <!-- evtl. Konfigurationsparameter -->
   </InFlow>
   <!-- evtl. weitere Flows mit weiteren Handlern -->

</module>
```

Listing 8.13: Die Moduldefinition `module.xml`

Das korrekte Deployment kann in der Admin-Konsole unter AVAILABLE MODULES überprüft werden.

Mit dem Deployment ist das Modul zwar verfügbar, aber noch nicht aktiv. Erst mit dem Engagement wird das Modul im Service eingebunden (= engaged). Dabei können Module für folgende Gruppen engaged werden:

- für alle Services
- für eine Service-Gruppe
- für einen Service
- für eine Operation

Dies gilt aber nur, wenn der Handler für eine benutzerdefinierte Phase vorgesehen ist. Sofern ein Handler zu einer System-Phase gehört, ist er für alle Nachrichten aktiv.

Von einem Engagement durch das Admin-Tool ist abzuraten, da die Einstellungen nicht permanent gespeichert werden. Somit müssen wir das Engagement in den Konfigurationsdateien vornehmen.

Die Eintragung erfolgt mit folgendem Tag:

```
<module ref="logHandler-1.0"/>
```

wobei `logHandler-1.0` der Name des Moduls ist. Für ein globales Engagement muss dieser Tag in die `axis2.xml`, ansonsten in die `service.xml` eingefügt werden. Die einzelnen Arbeitsschritte zum Engagement werden in Kapitel 8.8.6 dargestellt.

8.2.3 Konfiguration und Deployment eines einfachen Services

Die zentralen Elemente eines einfachen Webservices in Axis2 sind die Konfigurationsdatei `services.xml` und die Service-Implementation, die in die Konfiguration eingebunden wird.

Die Service-Implementation ist ein POJO:

```
package de.traudel.axis2.basic;

public class PingService {

    public String ping(String txt) {
        return txt.toUpperCase();
    }

}
```

Listing 8.14: Die Service-Implementation

Diese wird in der `services.xml` konfiguriert:

```
<service name="Ping">
    <Description>
        Ein einfaches Einstiegsbeispiel
    </Description>
    <parameter name="ServiceClass"
        locked="false">de.traudel.axis2.basic.PingService</parameter>
    <module ref="logHandler-1.0"/>
    <operation name="ping">
        <messageReceiver
```

```
        class="org.apache.axis2.rpc.receivers.RPCMessageReceiver"/>
  </operation>
  <operation name="langsamesPing">
      <messageReceiver
        class="org.apache.axis2.rpc.receivers.RPCMessageReceiver"/>
  </operation>
</service>
```

Listing 8.15: Die `services.xml` für den Ping-Service

Der Service und die Beschreibung werden in einem Java-Archiv mit der Endung `.aar` verpackt und dem Service Repository (per Default: `WEB-INF/services`) zur Verfügung gestellt. Die genauen einzelnen Arbeitsschritte hierfür sind in Kapitel 8.8. »Anwendungsfälle« ausgeführt.

8.2.4 Lebenszyklus eines Services

In einigen Fällen müssen bei Webservices Abhängigkeiten aufgelöst oder vorbereitende Maßnahmen ergriffen werden, bevor die erste Service-Methode ausgeführt werden kann. Ein gutes Beispiel hierfür die die Erzeugung des Spring-Kontextes bei der Nutzung von Spring mithilfe des `SpringAppContextAwareObjectSupplier`, wie es in Kapitel 8.6 »Spring-Integration« erklärt wird. Hierfür wäre es sinnvoll, wenn man auf den Lebenszyklus des Webservices reagieren könnte. Diese Unterstützung erhalten wir in Axis2 durch das Interface `org.apache.axis2.engine.ServiceLifeCycle`:

```
package org.apache.axis2.engine;

import org.apache.axis2.context.ConfigurationContext;
import org.apache.axis2.description.AxisService;

public interface ServiceLifeCycle {
   public void startUp(ConfigurationContext configctx, AxisService service);
   public void shutDown(ConfigurationContext configctx, AxisService service);
}
```

Listing 8.16: Das Interface `ServiceLifeCycle`

Somit haben wir Eingriffspunkte für die beiden wichtigen Events »Erzeugung des Webservices« und »Zerstörung des Webservices«, auf die wir reagieren können.

Über den `ConfigurationContext` können wir auf alle wichtigen Einstellungen des Axis2-Frameworks zugreifen. Der Parameter `AxisService` beinhaltet alle Informationen zu dem Service inklusive den Parametern, die in der `services.xml` spezifiziert wurden. Somit könnte in der `services.xml` auch der Pfad zur Spring-Konfiguration hinterlegt werden und dieser in der `startUp`-Methode für die Erstellung des Spring-Kontextes ausgelesen werden.

Mit dem Parameter `load-on-startup` kann der Service gleich beim Deployment des Services instanziiert werden:

```
<parameter name="load-on-startup">true</parameter>
```

8.2.5 Sessions mit Axis2

Im Normalfall sollte ein Webservice zustandslos sein, da hierdurch eine bessere Skalierbarkeit gewährleistet ist und die Sessionverwaltung viele Ressourcen bindet. Dennoch kann es in der Praxis vorkommen, dass man um Sessions nicht herumkommt.

Axis2 unterstützt verschiedene Scopes für Sessions:

- **Request**: nur für die Dauer eines Requests (Default)
- **SOAPSession**: vergleichbar mit der Webapplikationssession
- **TransportSession**: Sessions über HTTP-Cockies
- **Application**: für die komplette Laufzeit der Applikation

Diese Scopes können mit dem Scope-Attribut in der `services.xml` spezifiziert werden:

```
<service name="Ping" scope="Application">
<!-- weitere Inhalte -->
</service>
```

Listing 8.17: Ping-Service im Session Scope

8.3 Die Client-API

Der Aufruf eines Services wird bei Axis2 meist durch einen generierten Stub erfolgen. Um die Inhalte des Stubs besser zu verstehen, möchte ich mit einer Zu-Fuß-Variante des Clients anfangen.

8.3.1 Ein Client per Hand

Die zentrale Klasse für den Axis2-Client ist die Klasse `org.apache.axis2.client.ServiceClient`. Ein einfacher Ablauf für einen einfachen Client stellt sich folgendermaßen dar:

```
ServiceClient client = new ServiceClient();
// Options erzeugen
Options o = new Options();
// Adresse zum Service setzen
o.setTo(new EndpointReference("http://localhost:8888/axis2/services/Ping"); ①
```

```
client.setOptions(o);

// Die Methode aus der WSDL
QName methode = new QName("http://basic.axis2.traudel.de", "ping"); ②
// Parameter für die Methode
Object[] params = new Object[] { "ein Test Text" };
// Die Request-Nachricht
OMElement request = BeanUtil.getOMElement(methode, params, null, false,
      null); ③

// Absenden des Requests
OMElement response = client.sendReceive( request ); ④

// Auswerten des Ergebnisses
Class[] returnTypes = new Class[] { String.class };
Object[] result = BeanUtil.deserialize(response,
      returnTypes, new DefaultObjectSupplier()); ⑤
System.out.println(result[0]);
```

Listing 8.18: Ein Axis2-Client

Die Klasse `ServiceClient` enthält ein Objekt der Klasse `org.apache.axis2.client.Options`, in der die Adresse zu dem Service ① gesetzt werden kann. Der Payload für das Senden ist vom Typ `org.apache.axiom.om.OMElement`, dem wir mindestens die aufzurufende Methode und ein Array für die Parameter übergeben müssen ③. Der Name der Methode ist ein qualifizierter Name vom Typ `javax.xml.namespace.QName`. Den Namensraum für den Namen der Methode ② erhalten wir aus der WSDL. Der eigentliche Request wird hier über das MEP IN-OUT (Request/Response) mit der Methode `sendReceive` ④ gestartet. Als Rückgabewert erhalten wir wieder ein `OMElement`, das wir mit `BeanUtil` deserialisieren können ⑤.

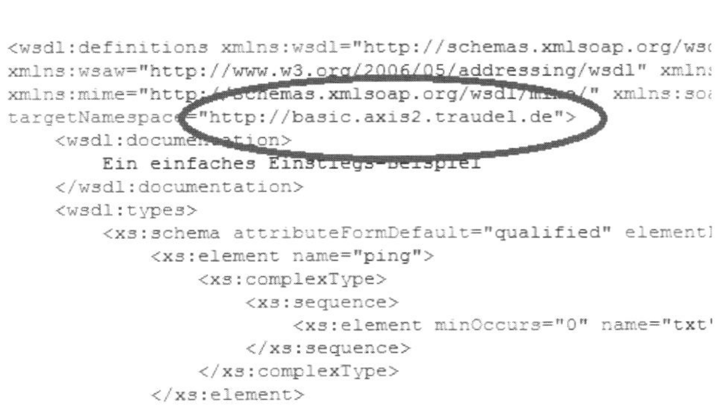

Abb. 8.5: Der Namensraum für den QName

Die Klasse `ServiceClient` bietet für unterschiedliche MEP entsprechende Methoden.

Methode	MEP
`fireAndForget`	In-Only
`sendReceive`	In-Out
`sendReceiveNonBlocking`	In-Out mit Callback-Methode
`sendRobust`	Robust-In-Only

Tabelle 8.1: Methoden für die MEP

Die eigentliche Arbeit im `ServiceClient` macht eine Instanz der Klasse `org.apache.axis2.client.OperationClient`, die vom Entwickler auch direkt benutzt werden kann. Im Normalfall reichen bei einem »Zu-Fuß-Client« die Möglichkeiten der Klasse `ServiceClient`.

8.3.2 Der generierte Stub

Im Normalfall sollte man sich einen Stub von Axis2 generieren lassen. Dies kann man sehr einfach mit der Klasse `org.apache.axis2.wsdl.WSDL2Java` erledigen. Hierfür kann man einen Ant-Task definieren oder mit den Batchdateien aus dem Verzeichnis `%AXIS2_HOME%/bin` arbeiten.

Ein Ant-Task zur Generierung eines Clients mit dem Data Binding ADB schaut folgendermaßen aus:

```
<java classname="org.apache.axis2.wsdl.WSDL2Java" fork="true">
   <classpath refid="axis.classpath" />
   <arg value="-d" /> <arg value="adb" />
   <arg value="-uri" /> <arg file="Ping.wsdl" />
   <arg value="-s" />
   <arg value="-o" /> <arg file="client" />
   <arg value="-p" /> <arg value="de.traudel.axis2.basic.client" />
</java>
```

Listing 8.19: Ant-Target zur Generierung des Clients

Die benötigten Parameter für die Klasse stellen sich folgendermaßen dar:

Parameter	Bedeutung
`-d adb`	Das Data Binding Framework
`-uri Ping.wsdl`	Die WSDL-Datei

Tabelle 8.2: Parameter für die Generierung des Clients

Parameter	Bedeutung
`-s`	Code nur für synchrone Kommunikation generieren
`-o client`	Das Ausgabeverzeichnis
`-p de...client`	Der Paketname

Tabelle 8.2: Parameter für die Generierung des Clients (Forts.)

Der generierte Stub enthält die Datentypen als innere Klassen und bietet die Service-Methoden mit einer einfachen Signatur an:

```
PingStub stub = new PingStub();
Ping request = new Ping(); ①
request.setTxt("Ein Text");
PingResponse response = stub.ping(request); ②
System.out.println(response.get_return());
```

Listing 8.20: Die Nutzung eines generierten Stubs

Die Methode `PingResponse ping(Ping p)` repräsentiert den Service ②. Die Parameter und der Rückgabewert sind in Klassen gewrapped ①, die bei dem ADB Data Binding das Interface `ADBBean` implementieren. `ADBBean` ist abgeleitet von `Serializable` und definiert Methoden zum Serialisieren des Objekts und für den Zugriff auf den Pull-Parser. In der Methode `serialize()` der `ADBBean` wird das XML-Dokument mit StAX erzeugt. In der Service-Methode des Stubs wird mit der Klasse OperationClient der Request vorbereitet, ausgeführt und das Ergebnis in die ADBBean für die Response übertragen.

8.3.3 Nicht blockierende Aufrufe

Bei langen Verarbeitungszeiten ist es sinnvoll, nicht auf die Rückgabe des Services zu warten, sondern ein Callback-Objekt zur Verfügung zu stellen, das von der Axis2-Client-API bei erfolgter Antwort aufgerufen wird. Hierfür stellt der Service-Client die Methode `sendReceiveNonBlocking(OMElement elem, AxisCallback callback)` zur Verfügung. Das Interface `org.apache.axis2.client.async.AxisCallback` stellt die Schnittstelle für das Axis2-Framework zur Verfügung, um zu einem späteren Zeitpunkt den Request abzuschließen.

```
package org.apache.axis2.client.async;
import org.apache.axis2.context.MessageContext;

public interface AxisCallback {
   /**
    * This is called when we receive a message.
    *
```

```
     * @param msgContext the (response) MessageContext
     */
    void onMessage(MessageContext msgContext);

    /**
     * This gets called when a fault message is received.
     *
     * @param msgContext the MessageContext containing the fault.
     */
    void onFault(MessageContext msgContext);

    /**
     * This gets called ONLY when an internal processing exception occurs.
     *
     * @param e the Exception which caused the problem
     */
    void onError(Exception e);

    /**
     * This is called at the end of the MEP no matter what happens, quite
     * like a finally block.
     */
    void onComplete();
}
```

Listing 8.21: Das Interface `AxisCallback`

Aus dem `MessageContext` kann nun bei `onComplete()` auf den Inhalt der Nachricht zugegriffen und das Ergebnis ausgewertet werden. Im Falle eines Fehlers kann auf diesen in den entsprechenden Methoden adäquat reagiert werden.

Eine einfache Nutzung des Interfaces könnte in Anlehnung auf den »Zu-Fuß-Client« aus dem vorherigen Abschnitt folgendermaßen gestaltet werden:

```
AxisCallback callback = new AxisCallback(){
    private MessageContext msgContext;
    public void onComplete() { ①
        String erg = msgContext.getEnvelope().getBody().
                            getFirstElement().toString();
        System.out.println("Fertig: "+erg);
    }

    public void onError(Exception e) {
        e.printStackTrace();
    }
```

```
    public void onFault(MessageContext msgContext) {
        System.out.println("Fault: "+msgContext.toString());
    }

    public void onMessage(MessageContext msgContext) ②{
        this.msgContext = msgContext;
    }
};
client.sendReceiveNonBlocking(request, callback ); ③
```

Listing 8.22: Das Absenden eines nicht blockierenden Request-Response-Aufrufs

Bei `onComplete()` kann über den `MessageContext`, den wir uns bei `onMessage()` gemerkt haben ②, auf die Nachricht zugegriffen werden. Das Absenden des nicht blockierenden Requests erfordert das `OMElement` für den Request und das Objekt für den Callback.

Die abstrakte Klasse `org.apache.axis2.client.async.Callback` ist deprecated und soll nicht mehr verwendet werden.

Wenn man bei der Generierung des Stubs die Option `-s` weglässt, erzeugt WSDL2Java automatisch die Callback-Klassen und im Stub entsprechende Methoden für die Nutzung nicht blockierender Aufrufe. Diese Methoden beginnen mit `start` und haben natürlich keinen Rückgabewert, dafür einen weiteren Parameter für das Callback-Objekt. Aus der Methode

```
public  PingResponse ping(Ping ping)
```

wird die Methode

```
public void startping(Ping ping, PingCallbackHandler callback)
```

8.4 Axis2 und MTOM

AXIOM ist mithilfe der Implementation des Interfaces `org.apache.axiom.om.OMText` in der Lage, Binärdaten zu verarbeiten. `OMText` kann sowohl Text als auch Binärdaten aufnehmen. Somit kann ein Attachment sowohl inline als Base64-kodierter Text oder auch als binäres Attachment dargestellt werden, ohne dass die Objektstruktur für AXIS geändert werden muss. Die Binärdaten werden von `OMText` mithilfe eines `javax.activation.DataHandler` gehalten. Bei der Erzeugung eines `OMText`-Elements kann man entscheiden, ob es optimiert werden soll oder inline versendet werden kann.

```
boolean optimize = false;
OMFactory fac = OMAbstractFactory.getOMFactory();
```

```
OMNamespace ns = fac.createOMNamespace(
      "http://www.traudel.de/DateiManager", "mtom");
OMElement request = fac.createOMElement( "upload", ns);
OMElement dataElem = fac.createOMElement("daten", null, request);
FileDataSource ds = new FileDataSource(FILE);
DataHandler dataHandler = new DataHandler(ds); ①
OMText attachmentNode = fac.createOMText(dataHandler, optimize); ②
dataElem.addChild(attachmentNode);
```

Listing 8.23: Erzeugung des OMElements für einen Dateiupload

Der `DataHandler` kann einfach mit einer `FileDataSource` erzeugt werden ①. Diesen `DataHandler` kann man bei der Erzeugung des `OMText`-Elements durch die `OMFactory` mit übergeben ②. Der zweite Parameter `optimize` legt fest, ob das Attachment optimiert übertragen werden soll.

Wenn die Optimierung ausgeschaltet wird, werden die Daten per Value übertragen:

```
POST /axis2/services/DateiManager HTTP/1.1
Content-Type: multipart/related; boundary=MIMEBoundary321;
type="application/xop+xml"; start="<0.urn:uuid:xyz@apache.org>"; start-
info="text/xml"
SOAPAction: "http://www.traudel.de/DateiManager/Upload"
User-Agent: Axis2
Host: 127.0.0.1:8888
Content-Length: 6930

--MIMEBoundary321
Content-Type: application/xop+xml; charset=UTF-8; type="text/xml"
Content-Transfer-Encoding: binary
Content-ID: <0.urn:uuid:xyz@apache.org>
<?xml version='1.0' encoding='UTF-8'?>
<soapenv:Envelope xmlns:soapenv="http://schemas.xmlsoap.org/soap/envelope/
">
   <soapenv:Body>
      <mtom:upload xmlns:mtom="http://www.traudel.de/DateiManager">
         <dateiname>halloumi.jpg</dateiname>
         <daten>/9j/4AA...</daten> ①
      </mtom:upload>
   </soapenv:Body>
</soapenv:Envelope>--MIMEBoundary321–
```

Listing 8.24: MTOM ohne Optimierung

Die Daten des Bildes werden hier direkt im Body der SOAP-Nachricht im Base64-Format eingebunden ①.

Ist die Optimierung eingeschaltet, wird das Attachment als extra Päckchen übertragen:

```
POST /axis2/services/DateiManager HTTP/1.1
Content-Type: multipart/related; boundary=MIMEBoundary321;
type="application/xop+xml"; start="<0.urn:uuid:zyx@apache.org>"; start-
info="text/xml"
SOAPAction: "http://www.traudel.de/DateiManager/Upload"
User-Agent: Axis2
Host: 127.0.0.1:8888
Content-Length: 68984

--MIMEBoundary321
Content-Type: application/xop+xml; charset=UTF-8; type="text/xml"
Content-Transfer-Encoding: binary
Content-ID: <0.urn:uuid:zyx@apache.org>

<?xml version='1.0' encoding='UTF-8'?>
<soapenv:Envelope xmlns:soapenv="http://schemas.xmlsoap.org/soap/envelope/
">
   <soapenv:Body>
      <mtom:uploadDocumentRequest
         xmlns:mtom="http://www.traudel.de/DateiManager">
         <dateiname>halloumi.jpg</dateiname>
         <daten>
            <xop:Include href=cid:1.urn:uuid:xyz@apache.org ①
               xmlns:xop="http://www.w3.org/2004/08/xop/include"/>
         </daten>
      </mtom:uploadDocumentRequest>
   </soapenv:Body>
</soapenv:Envelope>
--MIMEBoundary321
Content-Type: image/jpeg
Content-Transfer-Encoding: binary
Content-ID: <1.urn:uuid:xyz@apache.org> ②

***Die Binärdaten***
```

Listing 8.25: MTOM mit Optimierung

In dem Datenelement der SOAP-Nachricht wird mit `xop:Include` eine Referenz auf das Attachment eingefügt ①. Diese Referenz stellt den Bezug durch den URI in dem `href`-Attribut her, der im Attachment-Teil per `Content-ID:` definiert wird ②.

8.5 Rampart

Rampart ist ein Modul für Axis2. Es implementiert die Standards WS-Security und WS-SecureConversation. Die Konfiguration basiert auf WS-SecurityPolicy.

In der Distribution, die man bei den Modulen auf der Axis2-Projektseite herunterladen kann, befinden sich sowohl die beiden Module `rampart-1.5.mar` und `rahas-1.5.mar` als auch einige Bibliotheken, die bei der Axis2-Webapplikation und dem Client gebraucht werden.

In der `services.xml` muss nur das Rampart-Modul bei dem Service oder der zu schützenden Methode eingebunden werden. Zusätzlich zu dem Modul wird auch in der `services.xml` die WS-Security-Policy eingebunden.

```
<service name="DasGeheimnis">
   <Description>
      Ein einfaches Rampart-Beispiel
   </Description>
   <parameter name="ServiceClass"
      locked="false">de.traudel.axis2.rampart.GeheimerService</parameter>
   <operation name="gibKeinGeheimnis">
      <messageReceiver
        class="org.apache.axis2.rpc.receivers.RPCMessageReceiver"/>
   </operation>
   <operation name="gibGeheimnis"> ①
      <module ref="rampart-1.5"/> ②
      <messageReceiver
        class="org.apache.axis2.rpc.receivers.RPCMessageReceiver"/>
        <wsp:Policy wsu:Id="UsernameTokenOverHTTPS" ③
        ...
      </wsp:Policy>
   </operation>
</service>
```

Listing 8.26: Ausschnitt aus der `services.xml`

Bei der zu schützenden Methode ① (oder Service) wird das Modul eingebunden ② und die WS-SecurityPolicy ③ definiert.

8.6 Spring-Integration in Axis2

Heutzutage scheint kein gutes Framework ohne die Integration des Spring-Frameworks auszukommen. Auch in Axis2 kann Spring integriert werden und dies sogar auf zwei verschiedene Arten:

- Einbinden von Spring in die komplette Axis2-Webapplikation mit dem `Spring`**`ServletContext`**`ObjectSupplier`
  Direkte Einbindung von Spring in die Axis2-Webapplikation, mit Nutzung des `ContextLoaderListener` in der `web.xml`.
- Einbinden von Spring in einen Service mit dem `Spring`**`AppContextAware`**`-ObjectSupplier`
  Kapselung des Services und Spring in einem AAR-Archiv, Deployment ohne Veränderung der `web.xml`.

Die zweite Alternative bietet sich an, wenn nur ein Service in der Axis2-Webapplikation »springifiziert« werden soll oder wenn die eigentliche Konfiguration der Axis2-Webapplikation nicht verändert werden darf. Ansonsten ist die erste Alternative vorzuziehen.

8.6.1 SpringServletContextObjectSupplier

Bei der Nutzung des `SpringServletContextObjectSupplier` wird in die Axis2-Applikation wie bei einer normalen Spring-Webapplikation der `ContextLoader-Listener` in die `web.xml` eingebunden:

```
<context-param>
    <param-name>contextConfigLocation</param-name>
    <param-value>/WEB-INF/spring-beans.xml</param-value>
</context-param>
<listener>
    <listener-class>
        org.springframework.web.context.ContextLoaderListener
    </listener-class>
</listener>
```

Listing 8.27: Einbinden des ContextLoaderListener in die `web.xml`

Dadurch können wir beim Start der Axis2-Webapplikation den `ApplicationCon-text` gleich mitstarten. Axis2 bietet uns mit dem Parameter `ServiceObjectSup-plier` in der `services.xml` die Möglichkeit, eine Factory zur Erzeugung von Services anzugeben. Mit der Klasse `SpringServletContextObjectSupplier` haben wir eine Factory zur Verfügung, die eine SpringBean erzeugen kann. Dafür benötigt sie den Parameter `SpringBeanName`, der den Namen der SpringBean laut Spring-Konfiguration enthält.

Der entsprechende Ausschnitt aus der `services.xml` stellt sich folgendermaßen dar:

```
<parameter name="ServiceObjectSupplier">
    org.apache.axis2.extensions.
```

```
      spring.receivers.SpringServletContextObjectSupplier
</parameter>
<parameter name="SpringBeanName">rechnungsService</parameter>
```

Listing 8.28: Ausschnitt aus der `services.xml`

Beim Deployment des Services ist darauf zu achten, dass

- die `web.xml` angepasst wird,
- die Spring-Konfiguration in das Verzeichnis `WEB-INF` kopiert wird,
- die Service-Klassen als JAR-File in das Verzeichnis `WEB-INF/lib` kopiert werden,
- das Axis2-Service-Archiv (`.aar`-File) nur die `services.xml` enthält und
- die Libs `common-loggins.jar` und `spring.jar` in das Verzeichnis `WEB-INF/lib` kopiert werden.

Ein Neustart des Tomcat bzw. die Aktualisierung des Kontextes ist notwendig.

Im Anwendungsfall in Kapitel 8.8.7 werden die benötigten Arbeitsschritte für diese Spring-Integration beschrieben.

8.6.2 SpringAppContextAwareObjectSupplier

Sofern die Konfiguration der Axis2-Webapplikation nicht verändert werden soll, kann man den Service auch mithilfe des `SpringAppContextAwareObjectSupplier` komplett als Axis2-Service-Archiv deployen. Die Problematik dabei ist das Starten des `ApplicationContext` und das Aufrechterhalten des Kontextes.

Dies erreicht man, indem man für den `ApplicationContext` einen eigenen Service erstellt, der zwar nicht aufgerufen, aber gleich beim Start der Axis2-Webapplikation gestartet wird:

```
<service name="SpringInit"
  class="de.traudel.axis2.spring.SpringInit">
  <parameter name="ServiceClass">
     de.traudel.axis2.spring.SpringInit
  </parameter>
  <parameter name="ServiceTCCL">composite</parameter>
  <parameter name="load-on-startup">true</parameter>
  <operation name="springInit">
    <messageReceiver
       class="org.apache.axis2.receivers.RawXMLINOutMessageReceiver"/>
  </operation>
</service>
```

Listing 8.29: Der Service SpringInit in der `services.xml`

Die Methode `springInit` der Klasse `SpringInit` erzeugt den Kontext und fügt ihn dem Service-Classloader hinzu:

```
public void startUp(ConfigurationContext configctx,
    AxisService service) {
    try {
        ClassLoader classLoader = service.getClassLoader();
        ClassPathXmlApplicationContext applicationContext =
            new ClassPathXmlApplicationContext(
                new String[] { CONTEXT_XML }, false);
        applicationContext.setClassLoader(classLoader);
        applicationContext.refresh();
    } catch (Exception e) {
        e.printStackTrace();
    }
}
```

Listing 8.30: Start-Methode für den Spring-Kontext

Das Deployment erfolgt wie gewohnt, lediglich die `spring.jar` muss in das Verzeichnis `WEB-INF/lib` kopiert werden.

Im Anwendungsfall in Kapitel 8.8.8 werden die benötigten Arbeitsschritte für diese Spring-Integration beschrieben.

8.7 Axis2-Tools

8.7.1 Übersicht

Einige hilfreiche Tools rund um die Entwicklung von Axis finden wir zum Teil direkt im Axis2-Projekt, zum Teil inzwischen als eigenständige Tools zur allgemeinen Entwicklung von Webservices. Für Eclipse gibt es die beiden Plugins:

- Service Archive Wizard
- Code Generator Wizard

Weiterhin stelle ich noch die eigenständigen Tools TCPMon sowie den WSDL-Editor von Eclipse vor.

Die beiden Eclipse-Plugins kann man von der Axis-Website herunterladen und in das Verzeichnis `dropins` von Eclipse kopieren. Nach dem Neustart von Eclipse sehen wir unter FILE|NEW|OTHER die beiden Plugins in der Gruppe Axis2 Wizards.

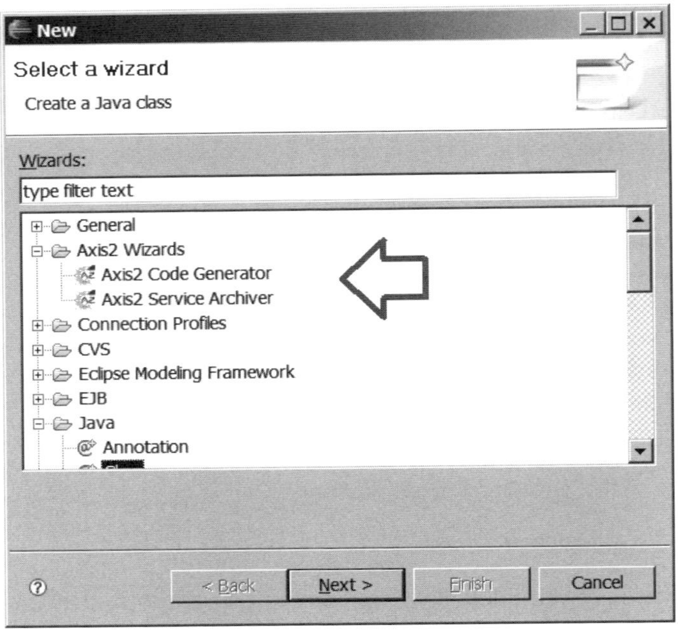

Abb. 8.6: Die Axis2-Wizards

8.7.2 Service Archive Wizard

Alternativ zur Erstellung des Archivs mit Ant kann man das Eclipse-Plugin von Axis2 nutzen. Dieses Plugin sammelt auf mehreren Dialogen die benötigten Informationen für die Erstellung des Archivs, das dann in die Axis2-WebApp deployed werden kann.

Störend ist bei diesem Plugin, dass es die Verzeichnisvorgabe aus dem Projekt nicht übernimmt. So muss man sich bei der Auswahl der Class-Files und der WSDL erst wieder in das Projektverzeichnis hangeln. Eine automatisch generierte `services.xml` sollte sehr gut überprüft werden. Meines Erachtens ist dieses Plugin besser durch einen Ant-Task zu ersetzen.

8.7.3 Code Generator Wizard

Der Code-Generator führt dialoggesteuert die Aufgaben von WSDL2Java und Java2WSDL aus. Der Vorteil hierbei ist, dass man sich nicht die ganzen Parameter für die Batch- oder Ant-Verarbeitung merken muss.

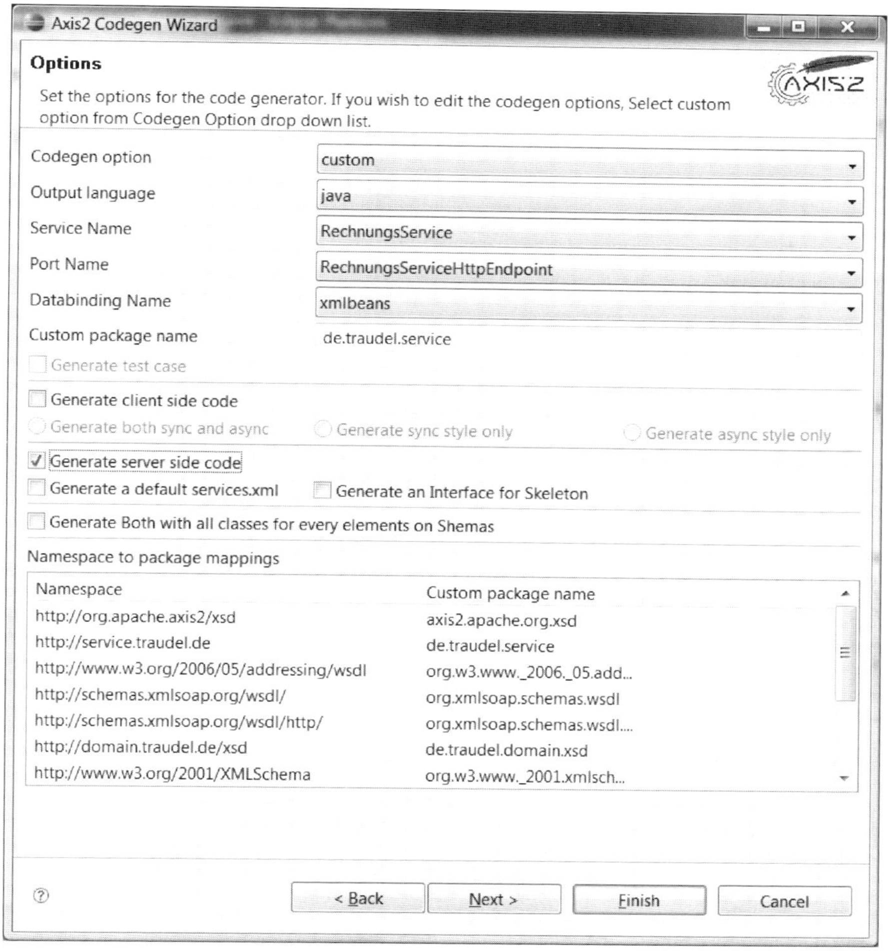

Abb. 8.7: Axis2 Code Generator Wizard

8.7.4 TCPMon

Der TCPMon ist ein Tool, um den HTTP-Verkehr zwischen Client und Server mitzuschneiden. TCPMon wurde bei Axis 1 entwickelt und hat inzwischen so eine Verbreitung erreicht, dass das Programm zu einem eigenen Projekt unter Apache-Lizenz geworden ist.

Unter `http://ws.apache.org/commons/tcpmon/` kann man den TCPMon herunterladen.

Nach dem Start kann man den Monitor für seine Verbindung einrichten:

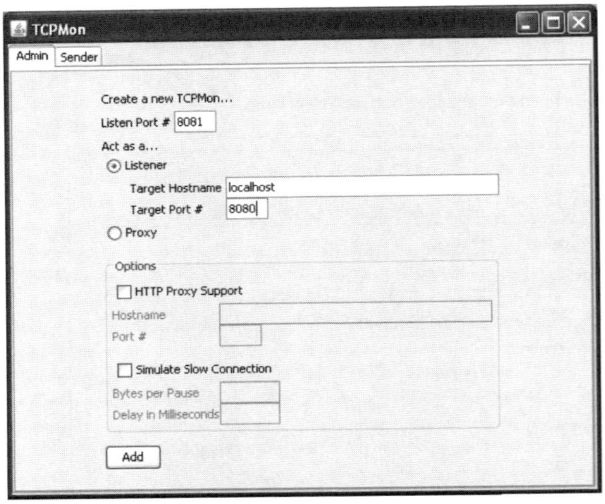

Abb. 8.8: Einrichten eines Monitors

Auf der entsprechenden Karteikarte sollte die Option XML FORMAT ausgewählt werden. Wenn nun die Requests des Clients nicht auf 8080, sondern 8081 gehen, durchläuft jeder Request den Monitor und wir sehen die transferierten Daten im Klartext.

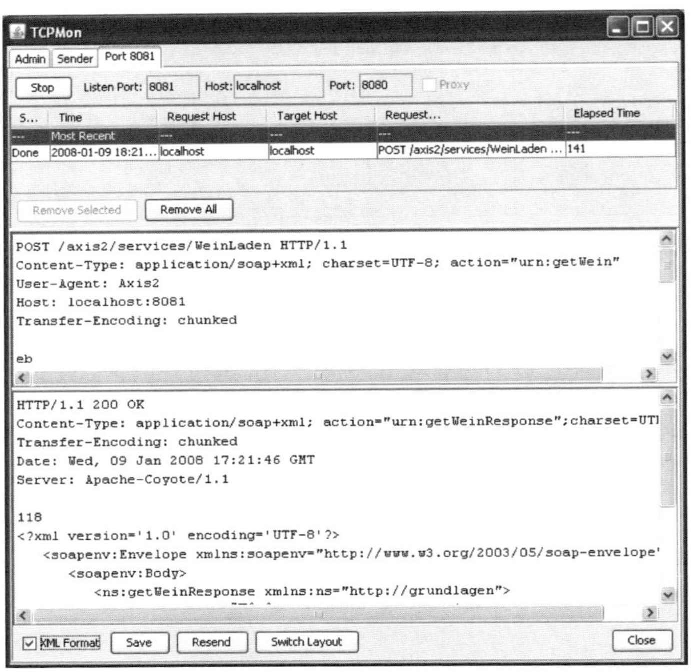

Abb. 8.9: Ansicht von Request und Response

8.7.5 WSDL-Editor

Eclipse hat im WTK einen WSDL-Editor integriert, der sowohl die Source-Ansicht mit Syntax-Highlighting als auch eine Design-Sicht der WSDL bietet.

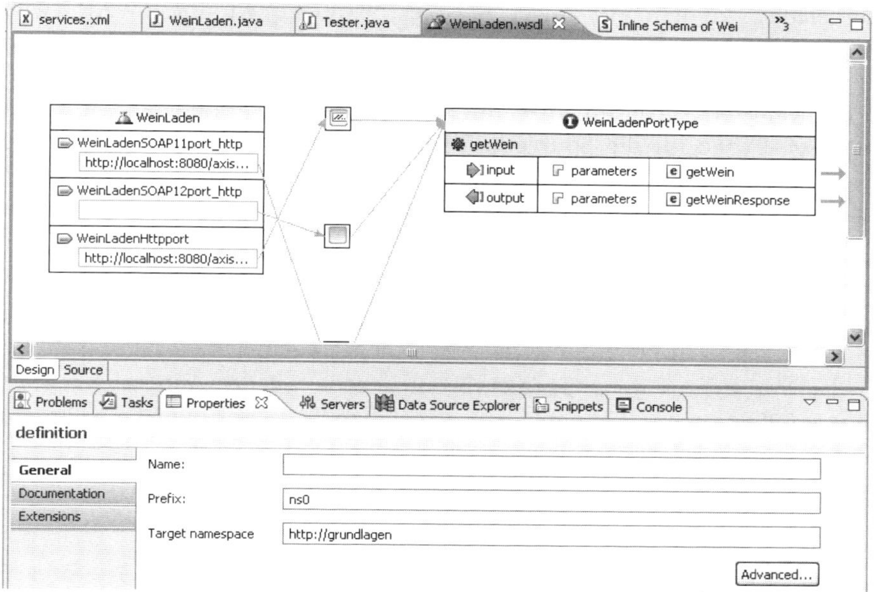

Abb. 8.10: Ansicht einer WSDL im WSDL-Editor

Mit der Funktion VALIDATE kann man eine Überprüfung der WSDL über die Richtlinien des Web Services Interoperability Forum vornehmen lassen.

8.8 Anwendungsfälle

8.8.1 Installation der axis2.war

Kurzbeschreibung

Installation der `axis2.war` im Apache Tomcat Webserver.

Ausgangssituation/Voraussetzung

Apache Tomcat ab Version 4.1 ist installiert.

Ziel

Die Axis2-Webapplikation ist installiert. Das Web-Admin-Tool zeigt keine Fehler.

Ablauf

Schritt 1: Download des WAR-Files

Auf der Seite des Axis2-Projekts können unter der Adresse `http://ws.apache.org/axis2/download/1_5/download.cgi` die unterschiedlichen Distributionen heruntergeladen werden. Für unser Beispiel benötigen wir die »WAR (Web Archive) Distribution« von Axis2. Es empfiehlt sich, die »Source Distribution« und die »Standard Binary Distribution« herunterzuladen und in einem Verzeichnis Ihrer Wahl auszupacken (bei mir ist es meist `c:\java\axis2` mit `c:\java\axis2\src` für die Sourcen). Wenn Sie schon dabei sind, schadet es auch nicht die »Documents Distribution« herunterzuladen und unter `c:\java\axis2\docs` zu entpacken.

Schritt 2: Kopieren des WAR-Files

In dem Zip-File ist die Datei `axis2.war` enthalten. Kopieren Sie diese Datei in das `webapps`-Verzeichnis Ihres Tomcat. Tomcat sollte das neue WAR-File erkennen und in das Verzeichnis `webapps/axis2` entpacken. Mit der Adresse `http://localhost:8080/axis2/` können Sie die Installation überprüfen. Es sollte die Willkommensseite von Axis2 zeigen, mit den Links:

- SERVICES
- VALIDATE
- ADMINISTRATION

Mit einem Klick auf VALIDATE sollten Sie keine Fehlermeldung bekommen.

Schritt 3: Anpassen der Axis2-Konfiguration

Im Verzeichnis `axis2/WEB-INF/conf` liegt die Hauptkonfigurationsdatei `axis2.xml`. In dieser Datei können Einstellungen bezüglich Hotdeploy und Hotupdate, Benutzername und Passwort für die Administrationskonsole sowie Verzeichnisse für Services und Module vorgenommen werden.

Ändern Sie hier die Option `hotupdate` auf `true`. Nach Änderungen in der Konfiguration sollten Sie die Applikation aktualisieren. Dies können Sie mit dem Neustart des Tomcat oder mit der Manager-Applikation des Tomcat mit dem URL `http://localhost:8080/manager/reload?path=/axis2` vornehmen.

Alternativen

- **Zu Schritt 2. a)** Deployment mit einem Context Configuration File: Sie können die Axis2-Applikation auch in einem anderen Verzeichnis installieren. Entpacken Sie hierfür das WAR-File in ein Verzeichnis Ihrer Wahl. Erzeugen Sie im Verzeichnis `$TOMCAT_HOME$/conf/Catalina/localhost` eine Konfigurationsdatei nach dem Muster der `manager.xml`. Passen Sie den Wert für `docBase` an, indem Sie hier den Pfad zu dem Verzeichnis Ihrer Axis2-Installation eingeben. Starten Sie Tomcat nach dem Erstellen des Context Configuration Files neu.

- **Zu Schritt 2. b)** Wenn Sie die Axis2-WAR bei einem Application Server (JBoss, Glassfish, Bea Weblogic etc.) deployen möchten, können Sie das WAR-File wie eine normale Webapplikation deployen. Entpacken Sie vorher das WAR-File und passen Sie die Pfade für die Parameter `ServicesDirectory` und `ModulesDirectory` an. Beachten Sie, dass die Werte für die Parameter absolute Pfade in File-Notation (z.B. `file://d:/projekt/axis2/service`) sein müssen.

Dokumente

```
<Context path="/axis2" docBase="D:/projekt/axis2/web"
    reloadable="true">
    <Logger className="org.apache.catalina.logger.FileLogger"
            prefix="axis2_log." suffix=".txt"
            timestamp="true"/>
</Context>
```

Listing 8.31: Context Configuration File

8.8.2 Ping-Service mit Axis2

Kurzbeschreibung

Ein kleines Beispiel zum Einstieg.

Ausgangssituation

Die Axis2-Webapplikation ist im Tomcat (oder vergleichbar) installiert. Ein Java-Projekt existiert in Eclipse.

Ziel

Ein kleiner Ping-Service ist deployed und getestet.

Ablauf

Schritt 1: Erzeugen des Services

Erzeugen Sie ein Java-Projekt in Eclipse. Gerne können Sie dies mit Maven tun – müssen Sie aber nicht. Das Projekt hat (noch) keine außergewöhnlichen Abhängigkeiten.

Schritt 2: Erzeugen des Services

Erzeugen Sie die Klasse `de.traudel.axis.basic.PingService` als POJO mit einer einfachen Methode zur Überprüfung der Kommunikation. Die Methode hat bei mir die Signatur `public String ping(String txt)`. Die Implementierung der Methode ist nicht wirklich wichtig, stellen Sie nur sicher, dass man erkennt, dass die übergebene Zeichenkette geändert wurde. Dies mache ich immer gern, indem ich den Text in Großbuchstaben mit `toUpperCase()` zurückgebe.

Schritt 3: Erzeugen der Service-Beschreibung

Wir brauchen im Paket unseres Projekts im `META-INF`-Verzeichnis die Datei `services.xml`. Je nach Paketierungsmechanismus kann man dies auf verschiedene Arten regeln. Der Ordnung halber sollte die `services.xml` in einem eigenen Ressource-Verzeichnis liegen, dass dann im Build-Skript mit eingebunden wird. Die Datei `services.xml` beschreibt nun für Axis2 den Service (Name, Klasse und Methoden). Ein Beispiel für die `services.xml` finden Sie unter »Dokumente« in diesem Anwendungsfall.

Schritt 4: Verpacken und Deployen

Packen Sie die Service-Klasse und die `services.xml` in einem JAR-File zusammen. Die Endung des JAR-Files muss .aar sein. Kopieren Sie das JAR-File in das Services-Repository unter Ihrer Axis2-Webanwendung (`axis2/WEB-INF/services`). Dies können Sie z.B. mit dem unter »Dokumente« gezeigten Build-Skript durchführen.

Schritt 5: Kontrolle des Deployments

Unter der Adresse `http://localhost:8080/axis2/services/listServices` erhalten Sie eine Liste der deployten Services. Hier sollte nun Ihr neuer Service ohne Fehlerangabe aufgeführt werden.

Schritt 6: Kontrolle der WSDL

Für unseren kleinen Kommunikationstest kann unter der Adresse `http://localhost:8080/axis2/services/Ping?wsdl` die zugrunde liegende WSDL abgefragt werden. Überprüfen Sie, ob die WSDL Ihren Vorstellungen entspricht.

Schritt 7: Testen des Services

Da unser erster Service einfache Parameter erwartet können wir ihn als REST-Service mit einem einfachen HTTP-Request testen. Der URL hierfür ist `http://localhost:8080/axis2/services/Ping/ping?txt=test`. Nach dem Aufruf sollte die übergebene Test-Zeichenkette (hier `test`) in Großbuchstaben zurückgegeben werden.

```
<ns:pingResponse>
    <ns:return>TEST</ns:return>
</ns:pingResponse>
```

Listing 8.32: Antwort des Tests

Alternativen

- **Zu Schritt 3.** Die `services.xml` kann natürlich auch in einem anderen Verzeichnis erstellt werden. Wichtig ist nur, dass im Archiv die `services.xml` im Verzeichnis `META-INF` liegt.
- **zu Schritt 4.** Das Packen und Kopieren kann man natürlich sehr gut mit einem einfachen Ant-Build-Skript vornehmen. Bei den »Dokumenten« finden Sie ein kleines Beispiel hierfür.

Fehlersituationen

- **zu Schritt 5.** Das Deployment kann aus unterschiedlichen Gründen fehlschlagen (keine Service-Beschreibung, keine Service-Klasse). Meist ist die Fehlermeldung so deutlich, dass sie zur Problemlösung führt. Sorgen Sie nur dafür, dass im Archiv die `services.xml` im `META-INF`-Verzeichnis liegt und in der `services.xml` die richtige (man beachte das Paket!) Klasse eingebunden ist.
- **zu Schritt 7.** Die Änderung der Implementation nach einem erneuten Deployment funktioniert nicht: Wenn in der `axis2.xml` der Parameter für `hotupdate` auf `false` steht, werden die Änderungen von der Axis2-Webapplikation nicht erkannt. Setzen Sie den Parameter auf `true`.

Dokumente

Die Service-Klasse ist ein einfaches POJO mit einer simplen Methode zur Überprüfung der Kommunikation:

```
package de.traudel.axis.basic;
public class PingService {
    public String ping(String txt){
        return txt.toUpperCase();
    }
}
```

Listing 8.33: Die Service-Klasse

In der Datei `services.xml` werden die Service-Klasse und die Service-Methoden definiert:

```
<service name="Ping">
    <Description>
```

```
        Ein einfaches Einstiegsbeispiel
    </Description>
    <parameter name="ServiceClass"
        locked="false">de.traudel.axis.basic.PingService</parameter>
    <operation name="ping">
        <messageReceiver
          class="org.apache.axis2.rpc.receivers.RPCMessageReceiver"/>
    </operation>
</service>
```

Listing 8.34: Die Service-Beschreibung `services.xml`

Mit folgendem Ant-Skript kann das Deployment vereinfacht werden:

```
<?xml version="1.0"?>
<project name="Axis2" default="deploy" basedir=".">
    <property environment="env" />
    <property name="appName" value="axis2Einstieg" />
    <property name="tomcat.home" value="${env.TOMCAT_HOME}"/>
    <property name="build.dir" value="${basedir}/target/classes" />
    <property name="resources.dir" value="${basedir}/src/main/resources" />
    <target name="deploy">
        <jar jarfile="aar/${appName}.aar">
            <fileset dir="${build.dir}">
                <include name="**/*.*" />
            </fileset>
            <fileset dir="${resources.dir}">
                <include name="**/*.*" />
            </fileset>
        </jar>
        <copy file="aar/${appName}.aar"
            todir="${tomcat.home}/webapps/axis2/WEB-INF/services" />
    </target>
</project>
```

Listing 8.35: Ein mögliches Ant-Build-Skript

8.8.3 Komplexerer Service mit Axis2

Kurzbeschreibung

Erzeugung eines Services mit komplexen Datenstrukturen aus einer WSDL heraus. Hierbei wird die WSDL aus einer Service-Schnittstelle erzeugt und angepasst. Als Service wird der Rechnungsservice aus dem Eingangsbeispiel genutzt.

Ausgangssituation

Die Axis2-Webapplikation ist im Tomcat (oder vergleichbar) installiert. Ein Java-Projekt existiert in Eclipse. Die Implementation des Services existiert.

Ziel

Der Service ist deployed und getestet. WSDL entspricht dem Datenmodell.

Ablauf

Schritt 1: Grundversion der WSDL erzeugen

Erzeugen Sie eine Grundversion der WSDL aus dem normalen Service der Applikation. Hierfür kann die Klasse `org.apache.ws.java2wsdl.Java2WSDL` von Axis2 genutzt werden. Die Schnittstelle des Services ist in unserem Beispiel `de.traudel.service.RechnungsService`. Diese kann ich mit einem einfachen Batchaufruf zur Erstellung der WSDL nutzen:

```
set Paket=de.traudel.service
set Service=RechnungsService
set AXIS2_HOME=c:\java\axis2

call %AXIS2_HOME%/bin/java2wsdl -cp ..\lib\reService.jar -cn %Paket%.%Ser-
vice% \
    -of ..\src\main\resources\%Service%.wsdl
pause
```

Listing 8.36: Batchdatei zur Erstellung der WSDL

Der Service hat die Signatur:

```
public String ping();
public Long neueRechnung(Rechnung r) throws Exception;
public Rechnung holeRechnung(Long id) throws Exception;
public List<Rechnung> sucheRechnungenZuKunde(Long kundeId)
   throws Exception;
public List<Rechnung> holeAlleRechnungen() throws Exception;
```

Listing 8.37: Signatur des Services

Das Objektmodell der Rechnung ist bei den Dokumenten dieses Anwendungsfalls beschrieben.

Schritt 2: Prüfen der WSDL

Man erkennt sehr schnell an der WSDL, dass einige Problempunkte bestehen. Die Hauptprobleme sind, dass die Listen (Positionen in der Rechnung und Rückgabe der Methode `holeAlleRechnungen`) nicht umgesetzt werden können. Axis2 wandelt diese Listen in einen XML-Typ `anyType`, weil es nicht weiß, wie es damit umzugehen hat. Der Status, der in dieser Version noch gar nicht zum Vorschein kommt, ist eine Enumeration, eine weitere Schwachstelle bei Axis2.

Schritt 3: Bauen eines eigenen Services

Wir gehen davon aus, dass der zugrunde liegende Service nicht verändert werden darf. Um die Schwächen von Axis2 in der Umsetzung des Original-Services zu kompensieren, bauen wir einen eigenen Service. Die Abweichung dabei ist lediglich, dass die Methoden, die eine Liste von Rechnungen zurückgeben, nun ein Array von Rechnungen zurückgeben. Um die Positionen in WSDL einzubeziehen, bauen wir noch eine Methode ein, die auf die Positionen zugreift:

```
public String ping();
public Long neueRechnung(Rechnung r) throws Exception;
public Rechnung holeRechnung(Long id) throws Exception;
public Rechnung[] sucheRechnungenZuKunde(Long kundeId) throws Exception;
public Rechnung[] holeAlleRechnungen() throws Exception;

// Dump für Zugriff auf die Positionen
public Position getPosition();
```

Listing 8.38: Neue Service-Schnittstelle

Schritt 4: Erzeugen und Anpassen der aktualisierten WSDL

Die neue WSDL kann nun genau wie in Schritt 1 erklärt erzeugt werden. Als einzige Änderung wird jetzt das neue Service-Interface referenziert.

Bei Betrachtung der neuen WSDL fällt auf, dass wir noch die Positionen der Rechnung einbauen müssen. Den Positionen der Rechnung, die per `anyType` definiert sind und auch eine 0..1-Beziehung haben

```
<xs:element minOccurs="0" name="positionen" nillable="true" type="xs:any-
Type"/>
```

müssen wir eine 0..*-Beziehung und als Typ die Position angeben:

```
<xs:element maxOccurs="unbounded" minOccurs="0" name="positionen"
   nillable="true" type="ax21:Position"/>
```

Bei Bedarf kann man noch die Spuren der Methode `getPositionen()` verwischen. Beachten Sie hierbei, dass das Element `getPositionResponse`, die `wsdl:message getPositionRequest` und `getPositionResponse` sowie die zahlreichen `wsdl:operation getPosition` gelöscht werden müssen.

Schritt 5: Erzeugen der serverseitigen Artefakte

Aus der überarbeiteten WSDL können nun mit der Klasse `org.apache.axis2.wsdl.WSDL2Java` die serverseitigen Artefakte erzeugt werden. Hierfür gibt man besser ein eigenes Verzeichnis an. In meinem Beispiel habe ich es `generate` genannt. In diesem Verzeichnis gibt es die Unterverzeichnisse `resources` und `src`.

Nehmen Sie das Verzeichnis `server/src` als src-Folder im Projekt auf. Um Eclipse glücklich zu machen, müssen Sie die Bibliotheken der Axis2-Distribution in das Projekt einbinden. Erzeugen Sie hierfür am besten eine User Library mit dem Namen `Axis2`, in die Sie alle JAR-Dateien aus dem `lib`-Verzeichnis der Axis2-Distribution aufnehmen.

Schritt 6: Erzeugen des Webservices

Um bei einer späteren neuen Generierung Ihre Klasse zu schützen, erzeugen Sie in dem `src`-Verzeichnis Ihres Projekts eine Ableitung der Klasse `de.traudel.axis.rewe.server.RechnungWebServiceSkeleton`, in der Sie die einzelnen Methoden des Skeletons überschreiben. Beachten Sie, dass der generierte Skeleton immer eine `UnsupportedOperationException` wirft. Achten Sie außerdem darauf, dass Sie den Rückgabewert `super`... gegen Ihren ermittelten Rückgabewert austauschen. Der Inhalt der Methoden ist die Vermittlung zwischen den Datentypen und Signaturen von Service zu Webservice.

Schritt 7: Anpassen der services.xml und Deployment

Passen Sie in der `services.xml` (unter `generate/resources`) bei dem Parameter `ServiceClass` die Subklasse des Skeletons, die Service-Klasse an.

Deployen Sie das Service-Archiv. Achten Sie darauf, die `services.xml` und die `RechnungWebService.wsdl` im `META-INF`-Verzeichnis zu verpacken. Außerdem muss im Archiv im `lib`-Verzeichnis das JAR-File des Services enthalten sein.

Schritt 8: Testen und Ausbauen der Applikation

Testen Sie die Applikation über folgenden URL: `http://localhost:8080/axis2/services/RechnungWebService/ping`. Als Ergebnis müsste ein XML-Dokument mit dem `PingResponse` angezeigt werden. Erweitern Sie Schritt für Schritt die Service-Methoden und bauen Sie einen Assembler für die Umwandlung der Domain-Objekte zu den XSD-Objekten (und umgekehrt).

Alternativen

Statt der Batchdateien kann man die Tasks auch mit Ant-Skripts ausführen. Ein Beispiel für ein solches Build-File füge ich unter »Dokumente« bei.

Fehlersituation

- **Zu Schritt 2.** In der ersten Version der WSDL erkennt Axis2 die Eigenschaft `private List<Position> positionen;` nicht. In der WSDL erscheinen die Positionen als `xs:anyType`. Dies kann man korrigieren, indem man vor der Generierung einen Getter in die Klasse `Rechnung` einbindet, die die Positionen als Array zurück gibt (`public Position[] getPositionenAsArray()`).
- **zu Schritt 8. a)** Der Test zeigt einen „Internal server error" und im Logfile finden Sie eine `ClassNotFoundException` für den Service. Dies passiert, wenn das JAR-File des Services nicht im `lib`-Verzeichnis des Service-Archivs ist. Alternativ können Sie auch die externen Libs im `WEB-INF/lib` oder im Classpath des Servers deponieren, je nach Wirkungskreis des JAR-Files.
- **zu Schritt 8. b)** Der Test zeigt keinen `PingResponse`, sondern einen `Reason` mit dem Text »Please implement `de.traudel.axis.server.RechnungsService-Skeleton#ping`«. Die Service-Klasse für Ihren Webservice ist immer noch der generierte Skeleton. Ändern Sie hierfür die `services.xml` im `src/META-INF`-Verzeichnis ab.

Dokumente

Das Datenmodell für das Beispiel stellt eine Rechnung dar:

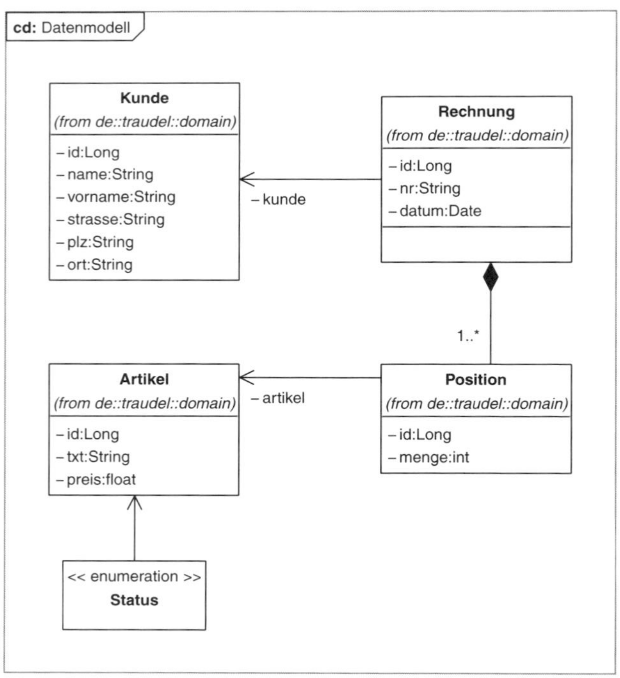

Abb. 8.11: Das Datenmodell für den Service

Der Service überträgt das Rechnungsobjekt in beide Richtungen und bietet eine Suche mit einer Ergebnisliste. Die Methode `ping()` dient zur Überprüfung der Kommunikation.

```
public interface RechnungsService {
   public String ping();
   public Long neueRechnung(Rechnung r) throws Exception;
   public Rechnung holeRechnung(Long id) throws Exception;
   public List<Rechnung> sucheRechnungenZuKunde(Long kundeId)
         throws Exception;
}
```

Listing 8.39: Das Service-Interface

Das Ant-Skript bietet die Tasks für das Deployment, die Generierung der WSDL und die Generierung der serverseitigen Artefakte.

```
<?xml version="1.0"?>

<project name="RechnungsWebservice" default="java2wsdl" basedir=".">

   <property environment="env" />
   <property name="appName" value="ReWs" />
   <property name="tomcat.home" value="${env.TOMCAT_HOME}" />
   <property name="build.dir" value="${basedir}/bin" />

   <path id="axis.classpath"> ①
      <fileset dir="${env.AXIS2_HOME}/lib">
         <include name="*.jar" />
      </fileset>
      <fileset dir="${basedir}/lib">
         <include name="*.jar" />
      </fileset>
   </path>

   <target name="deploy"> ②
      <jar jarfile="aar/${appName}.aar">
         <fileset dir="${build.dir}">
            <include name="**/*.*" />
         </fileset>
      </jar>
      <copy file="aar/${appName}.aar"
            todir="${tomcat.home}/webapps/axis2/WEB-INF/services" />
   </target>

   <target name="generateServer"> ③
```

```
        <delete dir="server" />
        <java classname="org.apache.axis2.wsdl.WSDL2Java" fork="true">
            <classpath refid="axis.classpath" />
            <arg value="-d" />
            <arg value="adb" />
            <arg value="-uri" />
            <arg file="ReWs.wsdl" />
            <arg value="-s" />
            <arg value="-sd" />
            <arg value="-ss" />
            <!-- für die Server-Dateien -->
            <arg value="-o" />
            <arg file="server" />
            <arg value="-p" />
            <arg value="de.traudel.axis2.server" />
        </java>

    </target>
    <target name="java2wsdl"> ④
        <java classname="org.apache.ws.java2wsdl.Java2WSDL" fork="true">
            <classpath refid="axis.classpath" />
            <arg value="-cp" />
            <arg value="bin" />
            <arg value="-cn" />
            <arg value="de.traudel.service.RechnungsService" />
            <arg value="-of" />
            <arg value="ReWs.wsdl" />
        </java>
    </target>
</project>
```

Listing 8.40: Das Ant-Skript

Das Ant-Skript enthält die Targets für das Deployment ②, die Generierung der Serverdateien ③ und die Generierung der WSDL ④. Die Erweiterung des Klassenpfades wurde durch den Path-Tag ① vorgenommen.

Die Verzeichnisstruktur des Service-Archivs sollte folgendermaßen aussehen:

```
+---de
|   \---traudel
|       +---axis2
|       |   \---server
|       |           ExceptionException.class
|       |           RechnungsServiceMessageReceiverInOut.class
|       |           RechnungsServiceSkeleton.class
```

```
|    |         RechnungsWebservice.class
|    |
|    +---domain
|    |  \---xsd
|    |         Rechnung.class
|    |         ...
|    |
|    \---service
|           Exception$1.class
|           HoleRechnung.class
|           HoleRechnungResponse.class
|           ...
|
+---lib
|    reService.jar
|
\---META-INF
     MANIFEST.MF
     RechnungsService.wsdl
     services.xml
```

Listing 8.41: Verzeichnisstruktur des Server-Projekts

Dabei sind der Übersicht halber einige Dateien ausgelassen worden.

8.8.4 Erzeugen eines Clients mit ADB

Kurzbeschreibung

Für einen komplexeren Service wird ein ADB-Client erzeugt.

Ausgangssituation

Der Webservice für die Rechnungserstellung aus dem Anwendungsfall »8.8.3 Komplexerer Service mit Axis2« ist deployed und aktiv.

Ziel

Der Client kann Services nutzen und bekommt gültige Daten zurück.

Ablauf

Schritt 1: Erzeugen der clientseitigen Dateien

Erzeugen Sie ein eigenes Projekt für den Client und binden Sie im Classpath die Axis2-UserLib ein.

Um den Client generieren zu können, benötigen wir die WSDL, entweder als Datei oder einen URI zu der WSDL. Den URI erhält man einfach unter `http://localhost:8080/axis2/services/listServices` mit einem Link auf den entsprechenden Service, hier also `http://localhost:8080/axis2/services/RechnungWebService?wsdl`. Mit dieser WSDL können wir per Batchdatei die von der Clientseite benötigten Dateien (hier: 2) generieren. Nach der Aktualisierung des Projekts sind der Stub und die Exceptions als Klassen in dem angegebenen Paket. Der Stub enthält als innere Klassen die Datentypen für die Parameter und Rückgabewerte der Service-Methoden. Die Namen der Datentypen ergeben sich aus den Vorgaben der WSDL.

Eine mögliche Batchdatei kann folgenden Aufbau haben:

```
set Paket=de.traudel.axis.rewe
set Service=RechnungWebService
set wsdl=http://localhost:8080/axis2/services/RechnungWebService?wsdl

call %AXIS2_HOME%/bin/WSDL2Java -uri %wsdl% -p %Paket%.client -d adb \
    -s -o ..\generate
pause
```

Listing 8.42: Batchdatei zur Generierung des Clients

Schritt 2: Erzeugen der Test-Klasse

Erzeugen Sie im normalen Source-Verzeichnis Ihren Client. Dies kann erst einmal ein ganz normaler Main-Tester sein. In diesem Tester erzeugen wir eine Instanz von dem Stub. Als Nächstes muss der Request-Parameter für die Methode erzeugt werden. Dieser ist als innere Klasse in dem Stub enthalten und hat den gleichen Namen wie die Service-Methode selbst. Über die Setter kann das Request-Objekt konfiguriert und als Parameter der Service-Methode übergeben werden.

Als Rückgabe erhalten wir ein Objekt der Response-Klasse. Diese hat den Namen der Methode mit der Endung `Response`. Aus diesem Objekt kann per `get_return()` auf den eigentlichen Rückgabewert zugegriffen werden.

Werten Sie den Rückgabewert aus und überprüfen Sie das Ergebnis.

Alternativen

Die clientseitigen Artefakte können natürlich auch mit einem Ant-Skript erzeugt werden. Ein Beispiel hierfür ist in Anhang D beigefügt.

Fehlersituation

Sofern sich nach dem Deployment und der Erzeugung der WSDL der URL (insbesondere der Port) geändert hat oder Sie den Request durch einen Monitor laufen lassen möchten, geben Sie einfach beim Erzeugen des Stubs den neuen URI als Parameter mit.

Dokumente

Mithilfe des Ant-Skripts wird der Stub erzeugt:

```
<target name="generate">
      <delete dir="client" />
      <java classname="org.apache.axis2.wsdl.WSDL2Java" fork="true">
         <classpath refid="axis.classpath" />
         <arg value="-d" /> <arg value="adb" />
         <arg value="-uri" /> <arg file="RechnungsService.wsdl" />
         <arg value="-s" />
         <arg value="-o" /> <arg file="client" />
         <arg value="-p" /> <arg value="de.traudel.axis2.client" />
      </java>
   </target>
```

Listing 8.43: Ant-Target zum Generieren des Stubs

Die Testklasse sollte in einem eigenen `src`-Verzeichnis des Projekts liegen:

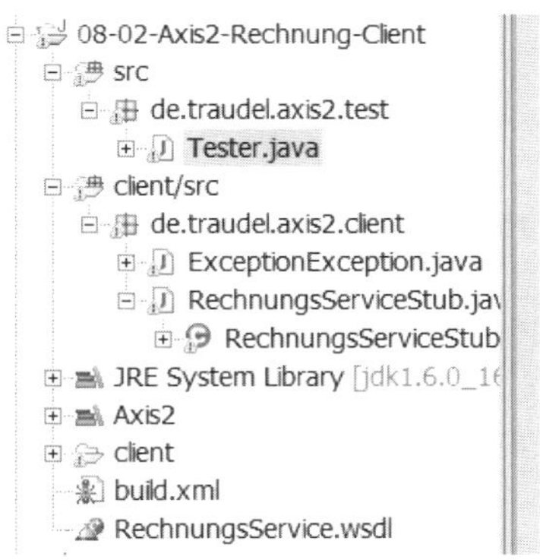

Abb. 8.12: Verzeichnisstruktur des Clients

Der Client erzeugt den Parameter und eine Instanz des Stubs, schickt den Request los und wertet das Ergebnis aus:

```
package de.traudel.axis2.test;

import java.rmi.RemoteException;

import org.apache.axis2.AxisFault;
```

```
import de.traudel.axis2.client.ExceptionException;
import de.traudel.axis2.client.RechnungsServiceStub;
import de.traudel.axis2.client.RechnungsServiceStub.HoleRechnung;
import de.traudel.axis2.client.RechnungsServiceStub.HoleRechnungResponse;
import de.traudel.axis2.client.RechnungsServiceStub.PingResponse;
import de.traudel.axis2.client.RechnungsServiceStub.Rechnung;

public class Tester {

    public static void main(String[] args)
        throws RemoteException, ExceptionException {
        // Erzeugen des Stubs
        RechnungsServiceStub stub = new RechnungsServiceStub();
        // Erzeugen des Parameters
        HoleRechnung req = new HoleRechnung();
        // Füllen des Parameters
        req.setArgs0(1L);
        // Absenden des Request
        HoleRechnungResponse resp = stub.holeRechnung(req);
        Rechnung r = resp.get_return();
        System.out.println(r.getNr());
    }
}
```

Listing 8.44: Die Testklasse für den Stub

8.8.5 Erzeugen eines Dateiuploads mit MTOM

Kurzbeschreibung

Dieser Anwendungsfall erzeugt einen einfachen Service für einen Dateiupload mit einem simplen Client zum Test. Vgl. hierzu auch [FrotscherTeufelWang07] Kapitel 13.

Ausgangssituation

Die Axis2-Webapplikation ist deployed.

Ziel

Der Client kann eine Datei hochladen und bekommt eine Erfolgsmeldung zurück.

Ablauf

Schritt 1: Erzeugen des Projekts

Erzeugen Sie ein neues Axis-Projekt und binden Sie die Axis2-Bibliothek ein.

Schritt 2: Erzeugen der Service-Klasse

Erzeugen Sie die Service-Klasse `de.traudel.axis.mtom.MTOMWebService` mit einer Methode `upload`. Die Signatur von `upload` soll als einzigen Parameter und als Rückgabewert ein `org.apache.axiom.om.OMElement` haben.

Schritt 3: Auswerten des Parameters

Aus dem `OMElement` des Parameters sollen zwei Informationen ausgelesen werden: der Dateiname und die Datei selbst. Auf den Dateinamen kann einfach per `getText()` zugegriffen werden, an die Datei selbst kommt man über den im `OMElement` enthaltenen `DataHandler`, der in dem `OMText` enthalten ist:

```
OMElement datenElement =
        request.getFirstChildWithName(new QName("daten"));
OMText attachment = (OMText)datenElement.getFirstOMChild();
// Optimierung
attachment.setBinary(true);
DataHandler dataHandler = (DataHandler) attachment.getDataHandler();
```

Erzeugen Sie aus dem `DataHandler` einen `BufferedInputStream`, lesen Sie aus diesem die Daten ein und speichern Sie die Daten in einen `BufferedOutputStream` ab:

```
BufferedInputStream in = new BufferedInputStream(dataHandler.getInput-
Stream());
// Outputstream erzeugen
BufferedOutputStream out = new BufferedOutputStream(
   new FileOutputStream(dateiName));
```

Erzeugen Sie ein Response-Objekt vom Typ `OMElement` und verpacken Sie eine Meldung über den Erfolg darin. Geben Sie das Response-Objekt zurück.

Schritt 4: Deployment

Erzeugen Sie die `services.xml`. Als `MessageReceiver` sollten Sie bei der Operation den `org.apache.axis2.receivers.RawXMLINOutMessageReceiver` nutzen und in der Operation den Parameter `enableMTOM` auf `true` setzen.

Deployen Sie den Service und prüfen Sie das erfolgreiche Deployment in der Service-Liste der Axis2-Webconsole.

Schritt 5: Der Client

Erzeugen Sie eine Klasse für den Client. Erzeugen Sie dazu ein `OMElement` für den Request, in dem die Datei eingebunden wird. Hierzu erzeugen Sie mithilfe einer

FileDataSource einen DataHandler und setzen diesen in ein OMText-Objekt, das in ein OMElement verpackt wird.

Testen Sie den Service.

Alternativen

Sie können für das Attachment die Binäroptimierung aktivieren, indem Sie auf dem OMText-Element setBinary auf true setzen:

```
OMText attachment = (OMText) datenElement.getFirstOMChild();
attachment.setBinary(true);
```

Bei Bedarf kann auch ein Action Mapping eingebunden werden. Hierfür bindet man bei der Operation in der services.xml das Element actionMapping ein:

```
<actionMapping>
   http://www.traudel.de/DateiManager/Upload
</actionMapping>
```

und referenziert es im Client, indem man bei den Options des ServiceClients die Option Action setzt:

```
options.setAction("http://www.traudel.de/DateiManager/Upload");
```

Fehlersituation

Sofern Sie den Fehler erhalten, dass die Endpoint-Referenz nicht gefunden wurde, obwohl der URI korrekt ist, wurde in der axis2.xml der Parameter enableMTOM nicht auf true gesetzt oder die Applikation nach der Änderung nicht neu gestartet. Die dazugehörige Fehlermeldung stellt sich folgendermaßen dar:

```
Exception in thread "main" org.apache.axis2.AxisFault:
   The endpoint reference (EPR) for the Operation not found is …
```

Dokumente

Der Service hat nur die Methode upload, in der alle Aufgaben zusammengefasst sind:

```
package de.traudel.axis2.mtom;

import java.io.BufferedInputStream;
import java.io.BufferedOutputStream;
import java.io.FileOutputStream;
```

```
import javax.activation.DataHandler;
import javax.xml.namespace.QName;

import org.apache.axiom.om.OMAbstractFactory;
import org.apache.axiom.om.OMElement;
import org.apache.axiom.om.OMFactory;
import org.apache.axiom.om.OMNamespace;
import org.apache.axiom.om.OMText;


public class MTOMWebService {

    private static final String PFAD = "C:/temp/";

    /**
     * Upload von Dateien
     * @param request
     * @return
     */
    public OMElement upload(OMElement request)
    {
        BufferedInputStream in = null;
        // Auslesen des Dateinamens ①
        OMElement nameElement =
            request.getFirstChildWithName(new QName("dateiname"));
        String dateiName = PFAD+nameElement.getText();
        // Zugriff auf den DataHandler ②
        OMElement datenElement =
            request.getFirstChildWithName(new QName("daten"));
        OMText attachment = (OMText)datenElement.getFirstOMChild();
        // Optimierung
        attachment.setBinary(true);
        DataHandler dataHandler = (DataHandler) attachment.getDataHandler();
        // Rückgabewert erzeugen ③
        OMFactory factory = OMAbstractFactory.getOMFactory();
        OMNamespace ns = factory.createOMNamespace(
                "http://www.traudel.de/DateiManager", "mtom");
        OMElement response = factory.createOMElement("resp", ns);
        try {
            // Inputstream erzeugen ④
            in = new BufferedInputStream(dataHandler.getInputStream());
            // Outputstream erzeugen
            BufferedOutputStream out = new BufferedOutputStream(
                    new FileOutputStream(dateiName));
            // Lesen und speichern ⑤
            byte[] data = new byte[1024*8];
```

```
            int size = 0;
            while (( size= in.read(data)) != -1)
            {
               out.write(data,0,size);
            }
            out.close();
            // Erfolgsmeldung ⑥
            response.setText("Dateiupload war erfolgreich!");
         } catch (Exception e) {
            // Misserfolgsmeldung
            response.setText("Dateiupload war NICHT erfolgreich: "
                  +e.getMessage());
         }
         // Ergebnis zurückgeben
         return response;
      }
}
```

Listing 8.45: Die Klasse DateiManager des Services

In der Methode `upload()` lesen wir im ersten Teil den Dateinamen ① und den DataHandler aus ②. Für die Übertragung des Erfolgs erzeugen wir ein Rückgabeobjekt ③. Dann erzeugen wir den InputStream ④ und übertragen die Daten ⑤. Nachdem wir die Erfolgsmeldung verpackt haben ⑥, können wir das Ergebnis zurückgeben.

In der `services.xml` wird der Service definiert:

```
<service name="DateiManager">
   <Description>
      DateiUpload mit MTOM
   </Description>
   <parameter name="ServiceClass"
      locked="false">de.traudel.axis.mtom.MTOMWebService</parameter>
   <operation name="upload">
      <parameter name="enableMTOM" locked="false">true</parameter> ①
      <messageReceiver  ②
       class="org.apache.axis2.receivers.RawXMLINOutMessageReceiver"/>
       <actionMapping>
         http://www.traudel.de/DateiManager/Upload
       </actionMapping>
   </operation>
</service>
```

Listing 8.46: Die `services.xml`

Die Service-Methode muss noch mit dem Parameter `enableMTOM` MTOM aktivieren ①. Als MessageReceiver kann hier der `RawXMLINOutMessageReceiver` ② genutzt werden.

Mit einem einfachen Ant-Skript kann der Service deployed werden:

```
<?xml version="1.0"?>
<project name="axis2mtom" default="deploy" basedir=".">
    <property environment="env" />
    <property name="appName" value="axis2mtom" />
    <property name="tomcat.home" value="${env.TOMCAT_HOME}" />
    <property name="build.dir" value="${basedir}/bin" />
    <path id="axis.classpath">
        <fileset dir="${env.AXIS2_HOME}/lib">
            <include name="*.jar" />
        </fileset>
    </path>
    <target name="deploy">
        <jar jarfile="aar/${appName}.aar">
            <fileset dir="${build.dir}">
                <include name="**/*.*" />
            </fileset>
        </jar>
        <copy file="aar/${appName}.aar"
        todir="${tomcat.home}/webapps/axis2/WEB-INF/services" />
    </target>
</project>
```

Listing 8.47: `build.xml` für das Deployment

Dieses Ant-Skript geht davon aus, dass die `services.xml` schon im `src`-Verzeichnis unter `META-INF` liegt.

Der Client erzeugt ein `OMElement` mit der Datei, die hochgeladen werden soll und schickt sie per Request/Response zum Service.

```
package de.traudel.axis2.mtom;

import javax.activation.DataHandler;
import javax.activation.FileDataSource;

import org.apache.axiom.om.OMAbstractFactory;
import org.apache.axiom.om.OMElement;
import org.apache.axiom.om.OMFactory;
import org.apache.axiom.om.OMNamespace;
import org.apache.axiom.om.OMText;
```

```
import org.apache.axis2.AxisFault;
import org.apache.axis2.Constants;
import org.apache.axis2.addressing.EndpointReference;
import org.apache.axis2.client.Options;
import org.apache.axis2.client.ServiceClient;
import org.apache.axis2.transport.http.HTTPConstants;

public class Tester {

   private static final String FILE = "halloumi.jpg";
   private static final String URL =
      "http://localhost:8888/axis2/services/DateiManager";

   /**
    * @param args
    * @throws AxisFault
    */
   public static void main(String[] args) throws AxisFault {
      // Erzeugen des Payloads ist ausgelagert ①
      OMElement request = createRequest(FILE);
      // Der ServiceClient mit seinen normalen Options
      ServiceClient serviceClient = new ServiceClient();
      Options options = new Options();
      options.setAction("http://www.traudel.de/DateiManager/Upload");
      options.setTo(new EndpointReference(URL));
      // per MTOM
      options.setProperty(Constants.Configuration.ENABLE_MTOM,
            Constants.VALUE_TRUE);
      // Alles in einem Paket
      options.setProperty(HTTPConstants.CHUNKED, Constants.VALUE_FALSE);
      serviceClient.setOptions(options);
      // und lossenden
      OMElement response = serviceClient.sendReceive(request);
      System.out.println(response.getText());
         }
   private static OMElement createRequest(String name) {
      // by Value (false) oder per Reference (true) ②
      boolean optimize = false;
      // Die OMFactory
      OMFactory fac = OMAbstractFactory.getOMFactory();
      // Namensraum
      OMNamespace ns = fac.createOMNamespace(
            "http://www.traudel.de/DateiManager", "mtom");
      // Request zusammenbauen
      OMElement request = fac.createOMElement( "upload", ns);
```

```
        // 1. Teil: Dateinamen
        OMElement nameElem = fac.createOMElement("dateiname", null, request);
        nameElem.setText(name);
        // 2. Teil: Daten des Bildes ③
        OMElement dataElem = fac.createOMElement("daten", null, request);
        FileDataSource ds = new FileDataSource(FILE);
        // Erzeugen des DataHandlers mithilfe der DataSource
        DataHandler dataHandler = new DataHandler(ds);
        // Erzeugen eines OMText-Objekts mit dem Datahandler ④
        OMText attachmentNode = fac.createOMText(dataHandler, optimize);
        // Hinzufügen des OMText-Objekts zu dem OMElement
        dataElem.addChild(attachmentNode);
        return request;
    }
}
```

Listing 8.48: Der Tester für den Service

Die Erzeugung des Payloads ist in einer eigenen Methode ausgelagert ①. In dieser Methode setzen wir zu Anschauungszwecken mit einem Schalter, ob die Optimierung eingeschaltet werden soll oder nicht ②. Über ein `FileDataSource`-Objekt kann der `DataHandler` erzeugt ③ und dem `OMText` übergeben werden ④.

8.8.6 Erzeugen eines Handlers

Kurzbeschreibung

Erzeugung und Nutzung eines Handlers mit Axis2.

Ausgangssituation

Der Webservice ist deployed und aktiv. Der Client existiert und funktioniert.

Ziel

Der Handler ist in einem Modul verpackt in einen Service eingewoben und erzeugt Logausgaben über die aufgerufenen Services.

Ablauf

Schritt 1: Erzeugung des Handlers

Erzeugen Sie eine Klasse für den LogHandler. Leiten Sie die Klasse von der abstrakten Klasse `org.apache.axis2.handlers.AbstractHandler` ab.

Implementieren Sie die Methode `invoke`. Holen Sie sich aus dem `MessageContext` die SOAP-Nachricht mit `msgContext.getEnvelope()` heraus und lesen Sie die gewünschten Informationen aus.

Schritt 2: Erzeugung des Moduls

Erzeugen Sie die Modul-Klasse und lassen Sie diese das Interface `org.apache.axis2.modules.Module` implementieren. Fügen Sie bei den Methoden eine Ausgabe hinzu. Über die `AxisDescription` können Sie noch auswerten, ob es sich dabei konkret um eine `AxisServiceGroup`, einen `AxisService` oder eine `AxisOperation` handelt.

Schritt 3: Konfiguration und Deployment

Erzeugen Sie die Datei `module.xml` im `META-INF`-Verzeichnis. Die `module.xml` hat als Wurzelelement das Element `module` mit dem Attribut `class`, das die Modul-Klasse aufnimmt. Innerhalb des `module`-Tags können Sie nun analog zur Konfiguration in der `axis2.xml` eine Phase definieren, in der Ihr Handler engaged werden soll.

Packen Sie die Klassen und die `module.xml` in ein JAR-File mit der Endung `.mar` und kopieren Sie dieses in der Axis2-Webapplikation in das Verzeichnis `/WEB-INF/modules`. Fügen Sie den Namen des MAR-Files in die Datei `/WEB-INF/modules/modules.list` ein.

Starten Sie die Axis2-Applikation neu. In der Administrationskonsole muss nun unter SYSTEM COMPONENTS|AVAILABLE MODULES das Modul aufgeführt sein.

Schritt 4: Engagement und Test

Fügen Sie in der `services.xml` für die Klasse das Modul hinzu. Fügen Sie dazu den Tag `<module ref="logHandler-1.0"/>` unter dem `service`-Tag ein und deployen Sie den Service neu.

In der Administrationskonsole sollte nun bei dem Service unter SYSTEM COMPONENTS|AVAILABLE SERVICES das Modul angezeigt werden.

Testen Sie den Service und überprüfen Sie die Logausgaben.

Alternativen

Sie können in der `invoke`-Methode Bedingungen überprüfen und die weitere Ausführung bei Bedarf beenden. Die `invoke`-Methode kann die Werte `CONTINUE`, `SUSPEND` oder `ABORT` zurückgeben.

Fehlersituation

Sofern das Modul nicht unter AVAILABLE MODULES angezeigt wird, kann dies daran liegen, dass die Applikation nicht neu geladen wurde.

Dokumente

Der Handler implementiert nur die Methode `invoke`, in der auf die SOAP-Nachricht zugegriffen werden kann.

```
package handler;

import org.apache.axiom.soap.SOAPEnvelope;
import org.apache.axis2.AxisFault;
import org.apache.axis2.context.MessageContext;
import org.apache.axis2.handlers.AbstractHandler;
import org.apache.commons.logging.Log;
import org.apache.commons.logging.LogFactory;

public class LogHandler extends AbstractHandler {

    private static final Log LOG = LogFactory.getLog(LogHandler.class);

    public InvocationResponse invoke(MessageContext msgContext)
            throws AxisFault {
        SOAPEnvelope env = msgContext.getEnvelope(); ①

        LOG.info("LogHandler: "+getName()+": "+env.toString());

        return InvocationResponse.CONTINUE; ②
    }
}
```

Listing 8.49: Der LogHandler

Aus dem MessageContext kann mit `getEnvelope()` auf die SOAP-Nachricht zugegriffen werden ①. Je Nach Rückgabewert wird die Bearbeitung weitergeführt oder abgebrochen ②.

Das Modul implementiert das Interface `Module` und gibt in der folgenden Version lediglich Informationen über den Lifecycle aus:

```
package handler;

import org.apache.axis2.AxisFault;
import org.apache.axis2.context.ConfigurationContext;
import org.apache.axis2.description.AxisDescription;
import org.apache.axis2.description.AxisModule;
import org.apache.axis2.description.AxisOperation;
import org.apache.axis2.description.AxisService;
import org.apache.axis2.description.AxisServiceGroup;
import org.apache.axis2.modules.Module;
import org.apache.neethi.Assertion;
import org.apache.neethi.Policy;
```

```
public class LogModule implements Module {

    // Der Konstruktor
    public void init(ConfigurationContext configContext, AxisModule module)
            throws AxisFault {
        System.out.println("LogModule init...");
    }

    // Engagement: Zuordnung zu einem Service ①
   public void engageNotify(AxisDescription axisDescription) throws AxisFault
{
        StringBuilder msg = new StringBuilder();
        msg.append("LogModule was engaged with");
        // Bestimmung des Typs ②
        if (axisDescription instanceof AxisServiceGroup) {
            msg.append(" service group: ");
            msg.append(((AxisServiceGroup) axisDescription)
                    .getServiceGroupName());
        } else if (axisDescription instanceof AxisService) {
            msg.append(" service: ");
            msg.append(((AxisService) axisDescription).getName());
        } else if (axisDescription instanceof AxisOperation) {
            msg.append(" operation: ");
            msg.append(((AxisOperation) axisDescription).getName());
        }

        System.out.println(msg);
    }

    // Das finalize()
    public void shutdown(ConfigurationContext configurationContext)
            throws AxisFault {
        System.out.println("LogModule is shut down...");
    }

    public void applyPolicy(Policy policy, AxisDescription axisDescription)
            throws AxisFault {
        // TODO Auto-generated method stub

    }

    public boolean canSupportAssertion(Assertion assertion) {
        // TODO Auto-generated method stub
        return false;
```

```
    }
}
```

Listing 8.50: Die Modul-Klasse LogModule

Die wichtigste Methode dabei ist die Methode `engageNotify` ①, in der wir auf das jeweilige Engagement reagieren können ②.

Die `module.xml` enthält Informationen über die Modul-Klasse, die Handler und deren Einbindung in die Phasen:

```
<module class="handler.LogModule">
    <description>
    Ein einfacher Logger für die Services.
    </description>
    <!-- evtl. Konfigurationsparameter für alle Handler des Moduls-->
    <InFlow>
        <handler name="InFlowLogHandler"
            class="handler.LogHandler">
            <order phase="PreDispatch"/>
        </handler>
        <!-- evtl. Konfigurationsparameter -->
    </InFlow>
    <!-- evtl. weitere Flows mit weiteren Handlern -->

</module>
```

Listing 8.51: Die Konfiguration der Module in der `module.xml`

In der Adminkonsole muss nach erfolgreichem Engagement das Modul beim Service angezeigt werden:

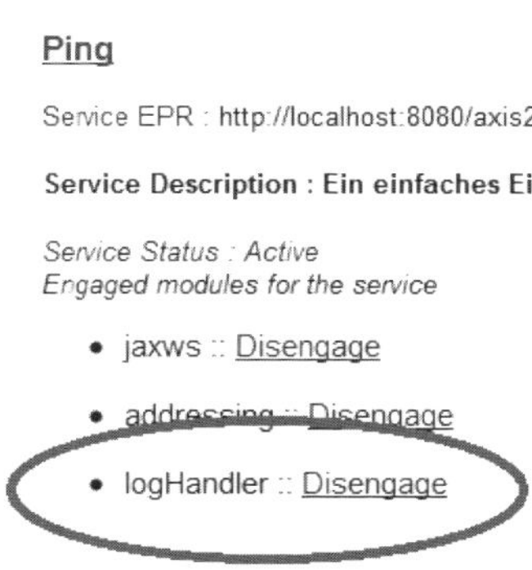

Abb. 8.13: Screenshot aus der Adminkonsole

8.8.7 Nutzung von Spring in Axis2 mit dem SpringServletContext-ObjectSupplier

Kurzbeschreibung

Nutzung von SpringBeans aus einem Axis2-Webservice heraus mithilfe des `SpringServletContextObjectSupplier`.

Ausgangssituation

Die Axis2-Webapplikation ist deployed und die Implementation des Webservices ist vorhanden.

Ziel

Der Webservice erhält eine SpringBean injiziert und delegiert die Aufrufe an diese weiter.

Ablauf

Schritt 1: Konfiguration der Webapplikation

Wie bei jeder Spring-Webapplikation wird in die `web.xml` der `org.springframework.web.context.ContextLoaderListener` als Listener eingebunden. Der Pfad zur Spring-Konfiguration wird über den Tag `context-param` mit dem Namen `contextConfigLocation` und dem Inhalt `/WEB-INF/spring-beans.xml` eingebunden.

Schritt 2: Die Spring-Konfiguration

In der Spring-Konfiguration `/WEB-INF/spring-beans.xml` ist der Webservice mit seinen Abhängigkeiten definiert. Die Spring-Konfiguration muss im Verzeichnis `WEB-INF` der Axis2-Webapplikation liegen.

Schritt 3: Deployment des Services

Der Service wird in einem JAR-File verpackt und in das Verzeichnis `WEB-INF/lib` der Axis2-Webapplikation kopiert. Eben dort sollte auch die `spring.jar` sein.

Starten Sie Tomcat neu oder laden Sie den Kontext neu.

Schritt 4: Der Axis2-Service

Im Services-Repository muss noch die Service-Definition bereitgestellt werden. Die `services.xml` enthält nur den Service, aber ohne den Parameter `ServiceClass`, dafür mit den Parametern `ServiceObjectSupplier` und `SpringBeanName`. Der Parameter `ServiceObjectSupplier` enthält die Klasse `SpringServletContextObjectSupplier`, die im Paket `org.apache.axis2.`

extensions.spring.receivers liegt. Der Parameter SpringBeanName enthält die Referenz zum Webservice, wie er per ID in der Spring-Konfiguration definiert ist.

Schritt 5: Deployment und Test

Packen Sie in das Service-Archiv nur die META_INF/services.xml, die restlichen Klassen sind ja schon unter WEB-INF/lib vorhanden.

Deployen Sie das Service-Archiv und kontrollieren Sie das erfolgreiche Deployment in der Adminkonsole.

Schreiben Sie einen Test für den Service und führen Sie ihn aus.

Dokumente

Die web.xml wird durch den ContextLoaderListener erweitert:

```
<context-param>
   <param-name>contextConfigLocation</param-name>
   <param-value>/WEB-INF/spring-beans.xml</param-value>
</context-param>
<listener>
   <listener-class>
      org.springframework.web.context.ContextLoaderListener
   </listener-class>
</listener>
```

Listing 8.52: Erweiterung in der web.xml

Die Spring-Konfiguration enthält nur den Webservice mit seinen Abhängigkeiten:

```
<?xml version="1.0" encoding="UTF-8"?>
<!DOCTYPE beans PUBLIC "-//SPRING//DTD BEAN//EN"
   "http://www.springframework.org/dtd/spring-beans.dtd">

<beans>
  <bean id="weinDAO" class="de.traudel.axis2.spring.wein.WeinDAOImpl" />

  <bean id="weinService" class="de.traudel.axis2.spring.wein.WeinService-
Impl">
    <property name="weinDAO" ref="weinDAO"/>
  </bean>
</beans>
```

Listing 8.53: Die Spring-Konfiguration

Die `services.xml` enthält den Webservice:

```
<service name="SpringWein">

   <Description>Spring-Axis-Integration</Description>
   <parameter name="ServiceObjectSupplier"> ①
org.apache.axis2.extensions.spring.receivers.SpringServletContextObjectSup-
plier
   </parameter>
   <parameter name="SpringBeanName">weinService</parameter> ②

   <operation name="findWeine">
      <messageReceiver mep="http://www.w3.org/2004/08/wsdl/in-out"
         class="org.apache.axis2.rpc.receivers.RPCMessageReceiver" />
   </operation>
   <operation name="getWein">
      <messageReceiver mep="http://www.w3.org/2004/08/wsdl/in-out"
         class="org.apache.axis2.rpc.receivers.RPCMessageReceiver" />
   </operation>
</service>
```

Listing 8.54: Die `services.xml`

In der `services.xml` wird nicht die `ServiceClass` definiert, sondern der `ServiceObjectSupplier` ① und der `SpringBeanName` ②.

Die Deployment-Schritte kann man mit folgendem Ant-Skript abbilden:

```
<?xml version="1.0"?>

<project name="SpringWein" default="deploy" basedir=".">

   <property environment="env" />
   <property name="appName" value="SpringWein" />
   <!--     <property name="tomcat.home" value="${env.TOMCAT_HOME}"/> -->
   <property name="tomcat.home" value="c:/java/tomcat/" />
   <property name="build.dir" value="${basedir}/bin" />

   <path id="axis.classpath">
      <fileset dir="${env.AXIS2_HOME}/lib">
         <include name="*.jar" />
      </fileset>
   </path>

   <target name="deploy">
      <jar jarfile="aar/${appName}.jar">
```

```
        <fileset dir="${build.dir}">
            <include name="**/*.*" />
        </fileset>
    </jar>
    <copy file="aar/${appName}.jar"
        todir="${tomcat.home}/webapps/axis2/WEB-INF/lib" /> ①

    <jar jarfile="aar/${appName}.aar">
        <fileset dir="${basedir}/service">
            <include name="**/*.*" />
        </fileset>
    </jar>
    <copy file="aar/${appName}.aar"
        todir="${tomcat.home}/webapps/axis2/WEB-INF/services"/> ②

    <copy file="src/spring-beans.xml"
        todir="${tomcat.home}/webapps/axis2/WEB-INF"/> ③
   <copy file="web/web.xml" todir="${tomcat.home}/webapps/axis2/WEB-INF">
④
        <fileset dir="${basedir}/web">
            <include name="**/*.*" />
        </fileset>
      </copy>
    <echo>Bitte Tomcat (oder axis2-Context) neu starten!</echo> ⑤
  </target>
</project>
```

Listing 8.55: `build.xml` für das Deployment

Die Java-Klassen werden in einem JAR-File im `WEB-INF/lib`-Verzeichnis kopiert ①. Im Service-Archiv ist nur die `services.xml` enthalten und diese wird wie alle Services im `WEB-INF/services`-Verzeichnis erwartet ②. Die Spring-Konfiguration muss im `WEB-INF`-Verzeichnis sein ③ und die `web.xml` muss erweitert werden ④. Bitte das Aktualisieren des Kontextes ⑤ nicht vergessen!

8.8.8 Nutzung von Spring in Axis2 mit dem SpringAppContextAwareObjectSupplier

Kurzbeschreibung

Nutzung von SpringBeans aus einem Axis2-Webservice heraus mithilfe des `SpringAppContextAwareObjectSupplier`.

Ausgangssituation

Die Axis2-Webappliaktion ist deployed und die Implementation des Webservices ist vorhanden.

Ziel

Der Webservice erhält eine SpringBean injiziert und delegiert die Aufrufe an diese weiter.

Ablauf

Schritt 1: Hilfsklasse erzeugen

Zur Erzeugung und zum Halten des Application Context benötigen wir eine Hilfsklasse. Diese Klasse mit dem Namen `SpringInit` erzeugen wir in einem `utils`-Paket und lassen sie das Interface `org.apache.axis2.engine.ServiceLifeCycle` implementieren.

Der Kontext wird in der Methode `startUp` der Klasse `SpringInit` erzeugt. Aus dem `AxisService`, den wir als Parameter an die Methode `startUp` übergeben bekommen haben, können wir uns den Classloader von Axis2 holen. Über die Methode `setClassLoader` des Application Context können wir dem `ApplicationContext` den Axis2-Classloader zuweisen.

Schritt 2: Konfiguration der Hilfsklasse

Erzeugen Sie eine `ServiceGroup` in der `services.xml` und fügen Sie den Service für die Klasse `SpringInit` in diese Gruppe. Über den Parameter `load-on-startup` können wir den Service ohne Zugriff von außen starten.

Schritt 3: Konfiguration des Services

Der Webservice wird zusätzlich in die Servicegroup eingebunden. Dabei wird in der `services.xml` nicht die Klasse des Webservices eingebunden. Stattdessen wird über den Parameter `ServiceObjectSupplier` der `SpringAppContextAwareObjectSupplier` eingebunden. Dieser befindet sich im Paket `org.apache.axis2.extensions.spring.receivers`. Als weiteren Parameter benötigen wir den Namen der SpringBean, die den Webservice implementiert. Der Name des Parameters ist `SpringBeanName`, sein Inhalt ist die `id` aus der Spring-Konfiguration.

Schritt 4: Spring-Konfiguration

In der Spring-Konfiguration wird zusätzlich zur Definition des Webservices und seiner Abhängigkeiten ein `ApplicationContextHolder` definiert, damit der in der `SpringInit` erzeugte Kontext gehalten wird. Der `ApplicationContextHolder` wird von Axis2 zur Verfügung gestellt und befindet sich im Paket `org.apache.axis2.extensions.spring.receivers`.

Schritt 5: Deployment und Test

Kopieren Sie die `spring.jar` in das Verzeichnis `WEB-INF/lib` der Axis2-Webapplikation. Starten Sie die Webapplikation neu.

Bilden Sie aus den Java-Klassen und der `services.xml` ein Service-Archiv und deployen Sie dieses in der Axis2-Webapplikation.

Kontrollieren Sie das erfolgreiche Deployment in der Axis2-Administrationskonsole und testen Sie den Service wie üblich.

Dokumente

Die Klasse `SpringInit` erzeugt den `ApplicationContext` und fügt ihn zum Axis2-Classloader hinzu:

```
package de.traudel.axis2.spring;

import org.apache.axiom.om.OMElement;
import org.apache.axis2.context.ConfigurationContext;
import org.apache.axis2.description.AxisService;
import org.apache.axis2.engine.ServiceLifeCycle;
import org.springframework.context.support.ClassPathXmlApplicationContext;

public class SpringInit implements ServiceLifeCycle { // ①

   private static final String CONTEXT_XML = "spring-beans.xml";

   public OMElement springInit(OMElement ignore) {
      return null;
   }

   public void shutDown(ConfigurationContext configctx, AxisService service) {
   }

   public void startUp(ConfigurationContext configctx, AxisService service) {
      try {
         ClassLoader classLoader = service.getClassLoader();
         // Erzeugen des ApplicationContext ②
         ClassPathXmlApplicationContext applicationContext =
            new ClassPathXmlApplicationContext(
                    new String[] { CONTEXT_XML }, false);
         applicationContext.setClassLoader(classLoader); // ③
         applicationContext.refresh();
      } catch (Exception e) {
         e.printStackTrace();
      }
   }
}
```

Listing 8.56: Die Klasse SpringInit für den ApplicationContext

Die Klasse `SpringInit` implementiert das Interface `ServiceLifeCycle` ①, damit die Methode `startUp` automatisch beim Erzeugen einer Instanz aufgerufen wird. In der Methode `startUp` wird der `ApplicationContext` erzeugt ② und dem Classloader hinzugefügt ③.

In der `services.xml` werden die `SpringInit` und der eigentliche Webservice definiert:

```
<serviceGroup>
  <service name="SpringInit" class="de.traudel.axis2.spring.SpringInit"> ①
    <description>
      Dieser Webservice initialisiert das Spring-Framework
    </description>
    <parameter name="ServiceClass">de.traudel.axis2.spring.SpringInit</para-
meter>
    <parameter name="ServiceTCCL">composite</parameter>
    <parameter name="load-on-startup">true</parameter> ②
    <operation name="springInit">
      <messageReceiver
        class="org.apache.axis2.receivers.RawXMLINOutMessageReceiver"/>
    </operation>
  </service>
  <service name="SpringWein2">
    <description>
      Service, der die Spring-Implementierung komplett aus dem AAR
      zur Verfügung stellt
    </description>
    <parameter name="ServiceObjectSupplier"> ③
org.apache.axis2.extensions.spring.receivers.SpringAppContextAwareObject-
Supplier
    </parameter>
    <parameter name="SpringBeanName" locked="false">weinService</parameter> ④
    <operation name="findWeine">
      <messageReceiver mep="http://www.w3.org/2004/08/wsdl/in-out"
        class="org.apache.axis2.rpc.receivers.RPCMessageReceiver" />
    </operation>
    <operation name="getWein">
      <messageReceiver mep="http://www.w3.org/2004/08/wsdl/in-out"
        class="org.apache.axis2.rpc.receivers.RPCMessageReceiver" />
    </operation>
  </service>
</serviceGroup>
```

Listing 8.57: Die `services.xml` mit dem Webservice und dem ContextLoader

In der `service.xml` wird die Klasse `SpringInit` als Service definiert ① und sofort bei der Initialisierung gestartet ②. Der `ServiceObjectSupplier` ③ wird bei der Definition des eigentlichen Webservices als Parameter spezifiziert und mit der ID des Spring-Services ④ referenziert.

In der Spring-Konfiguration werden der Webservice und der `ApplicationContextHolder` definiert.

```
<?xml version="1.0" encoding="UTF-8"?>
<!DOCTYPE beans PUBLIC "-//SPRING//DTD BEAN//EN"
   "http://www.springframework.org/dtd/spring-beans.dtd">

<beans>
  <bean id="applicationContext" ①
class="org.apache.axis2.extensions.spring.receivers.ApplicationContextHol-
der"/>

  <bean id="weinDAO" class="de.traudel.axis2.spring.wein.WeinDAOImpl" />

  <bean id="weinService" class="de.traudel.axis2.spring.wein.WeinService-
Impl"> ②
    <property name="weinDAO" ref="weinDAO"/>
  </bean>

</beans>
```

Listing 8.58: Die Spring-Konfiguration

Der `ApplicationContextHolder` ① wird von Axis2 zur Verfügung gestellt. Im unteren Bereich ② wird der eigentliche Webservice mit seinen Abhängigkeiten definiert.

8.8.9 Installation und Nutzung von Rampart

Kurzbeschreibung

Für einen einfachen Webservice nutzen wir WS-Security mithilfe von Rampart.

Ausgangssituation

Die Axis2-Webappliaktion ist deployed und die Implementation des Webservices ist vorhanden.

Ziel

Der Webservice kann mit und ohne WS-Security aufgerufen werden.

Ablauf

Schritt 1: Bezug von Rampart

Auf der Axis2-Modulseite (`http://ws.apache.org/axis2/modules/index.html`) wird Rampart aufgeführt. Zum Zeitpunkt der Drucklegung dieses Buches (2010) wird die Version 1.3 auf der Seite angeboten, die Links der Mirrors gehen aber in das Leere. Aktuell ist die Version 1.5, die z.B. unter `http://apache.lauf-forum.at/ws/rampart/1_5/` erreichbar ist.

Schritt 2: Rampart-Modul deployen

Entpacken Sie das Zip-File und kopieren Sie die beiden Module `rahas-1.5.mar` und `rampart-1.5.mar` in das `WEB-INF/modules`-Verzeichnis der Axis2-Webapplikation.

Kopieren Sie die zusätzlich benötigten Bibliotheken aus dem `<Rampart-Dist>/lib`-Verzeichnis in das `WEB-INF/lib`-Verzeichnis der Axis2-Webapplikation.

Starten Sie die Applikation neu und überprüfen Sie, ob die Module `rahas` und `rampart` unter den AVAILABLE MODULES ohne Fehler aufgeführt sind.

Schritt 3: Tomcat für SSL konfigurieren

Konfigurieren Sie Ihren Tomcat für SSL. Dies kann recht einfach nach der Dokumentation unter `http://tomcat.apache.org/tomcat-6.0-doc/ssl-howto.html` durchgeführt werden.

Schritt 4: Erzeugung des schutzbedürftigen Services

Erzeugen Sie einen einfachen Service mit einer zu schützende Methode. Hier reicht wieder ein kleiner Kommunikationstester vom Typ Ping. Eine zweite Methode soll weiterhin ungeschützt bleiben.

Schritt 5: Konfiguration des Services

Erzeugen Sie eine `service.xml` für den Service und fügen Sie bei der zu schützenden Methode das Rampart-Modul mit `<module ref="rampart-1.5"/>` ein.

Fügen Sie bei der zu schützenden Methode die `wsp:Policy` ein, wie sie normalerweise bei WS-Security in die WSDL eingebunden wird.

Schritt 6: Erzeugen des CallbackHandlers

Erzeugen Sie den CallbackHandler für die Autorisierung. Lassen Sie den Handler die Schnittstelle `javax.security.auth.callback.CallbackHandler` implementieren und überprüfen Sie in der Methode `handle` den Benutzernamen mit `getIdentifier()` und das Passwort mit `getPassword()` aus den übergebenen Callbacks. Sofern die Daten stimmen, gibt `handle true` zurück, andernfalls `false`.

Schritt 7: Deployment und Test

Deployen Sie den Service und überprüfen Sie die WSDL. In der WSDL sollte die WS-SecurityPolicy ohne Fehler eingebunden sein.

Generieren Sie den Stub für den Client.

Erzeugen Sie den Client. Erzeugen Sie hierfür einen `ConfigurationContext`, dem Sie den Pfad zum Repository (z.B. `%TOMCAT_HOME%/webapps/axis2/WEB-INF/`) mitgeben. Übergeben Sie bei der Erzeugung des Stubs diesen Kontext mit. Setzen Sie über die Options den Benutzernamen und das Passwort.

Alternativen

Statt die Sicherheit bei nur einer Methode einzubinden, kann auch das Modul und die `wsp:Policy` bei dem kompletten Service eingebunden werden.

Fehlersituationen

Sofern die Module in der Liste der verfügbaren Module als faulty erscheinen und im Log-File eine `ClassNotFoundException` angegeben wird, fehlen wahrscheinlich die Bibliotheken aus der Rampart-Distribution im `WEB-INF/lib`-Verzeichnis der Axis2-Webapplikation.

Wenn bei der Ausführung des Clients ein AxisFault mit der Meldung `Unable to engage module : rampart-1.5` erscheint, kann es sein, dass bei der Erzeugung des Stubs die Übergabe des `ConfigurationContext` vergessen wurde.

```
ConfigurationContext ctx = ConfigurationContextFactory.
  createConfigurationContextFromFileSystem(pfadZuRepository);
stub = new DasGeheimnisStub(ctx, URLS);
```

Dokumente

Der Service selbst ist trivial und wird nur der Vollständigkeit halber aufgeführt:

```
package de.traudel.axis2.rampart;

public class GeheimerService {

   public String gibKeinGeheimnis(String welches) {
      return  welches.toLowerCase();
   }

   public String gibGeheimnis(String welches) {
      return  welches.toUpperCase();
   }
```

```
}
```

Listing 8.59: Der Webservice

Der `CallbackHandler` überprüft in der Methode `handle` den Benutzernamen und das Passwort:

```
package de.traudel.axis2.rampart.utils;

import java.io.IOException;

import javax.security.auth.callback.Callback;
import javax.security.auth.callback.CallbackHandler;
import javax.security.auth.callback.UnsupportedCallbackException;

import org.apache.ws.security.WSPasswordCallback;

public class PasswortCallbackHandler implements CallbackHandler {


    public void handle(Callback[] callbacks) throws IOException,
            UnsupportedCallbackException {

        for (int i = 0; i < callbacks.length; i++) {

            //Caste die Callbacks
            WSPasswordCallback pwcb = (WSPasswordCallback)callbacks[i];

            // Die Daten sollten natürlich woanders herkommen...
            if(pwcb.getIdentifier().equals("traudel") &&
                    pwcb.getPassword().equals("ganzGeheim")) {
                //Alles ok, gebe true zurück
                return;
            } else {
                throw new UnsupportedCallbackException(callbacks[i],
                      "check failed");
            }

        }
    }

}
```

Listing 8.60: Der CallbackHandler

In der `services.xml` wird nur die Methode `gibGeheimnis` geschützt:

```
<service name="DasGeheimnis">
   <Description>
      Ein einfaches Rampart-Beispiel
   </Description>
   <parameter name="ServiceClass"
      locked="false">de.traudel.axis2.rampart.GeheimerService</parameter>
   <operation name="gibKeinGeheimnis">
      <messageReceiver
        class="org.apache.axis2.rpc.receivers.RPCMessageReceiver"/>
   </operation>
   <operation name="gibGeheimnis">
      <module ref="rampart-1.5"/> ①
      <messageReceiver
        class="org.apache.axis2.rpc.receivers.RPCMessageReceiver"/>
        <wsp:Policy wsu:Id="UsernameTokenOverHTTPS"
          xmlns:wsu="http://docs.oasis-open.org/wss/2004/01/
                    oasis-200401-wss-wssecurity-utility-1.0.xsd"
          xmlns:wsp="http://schemas.xmlsoap.org/ws/2004/09/policy">
              <wsp:ExactlyOne>
                <wsp:All>
                      <sp:TransportBinding ②
                         xmlns:sp="http://schemas.xmlsoap.org/ws/2005/07/
                          securitypolicy">
                        <wsp:Policy>
                              <sp:TransportToken>
                                <wsp:Policy>
                                      <sp:HttpsToken
                                      RequireClientCertificate="false"/>
                                </wsp:Policy>
                              </sp:TransportToken>
                              <sp:AlgorithmSuite>
                                <wsp:Policy>
                                      <sp:Basic256/>
                                </wsp:Policy>
                              </sp:AlgorithmSuite>
                              <sp:Layout>
                                <wsp:Policy>
                                      <sp:Lax/>
                                </wsp:Policy>
                              </sp:Layout>
                              <sp:IncludeTimestamp/>
                        </wsp:Policy>
                      </sp:TransportBinding>
```

```
            <sp:SignedSupportingTokens ③
      xmlns:sp="http://schemas.xmlsoap.org/ws/2005/07/securitypolicy">
                <wsp:Policy>
                    <sp:UsernameToken
      sp:IncludeToken="http://schemas.xmlsoap.org/ws/2005/07/
              securitypolicy/IncludeToken/AlwaysToRecipient" />
             </wsp:Policy>
            </sp:SignedSupportingTokens>
            <ramp:RampartConfig
            xmlns:ramp="http://ws.apache.org/rampart/policy">
                <ramp:passwordCallbackClass> ④
           de.traudel.axis2.rampart.utils.PasswortCallbackHandler
                </ramp:passwordCallbackClass>
            </ramp:RampartConfig>
         </wsp:All>
        </wsp:ExactlyOne>
    </wsp:Policy>
  </operation>
</service>
```

Listing 8.61: Die `services.xml` mit der WS-SecurityPolicy

Bei der Methode `gibGeheimnis` wird das Modul `Rampart` engaged ①. Für die Methode wird die Policy eingebunden. Die Policy definiert ein `TransportBinding` für https ② und ein `SignedSupportingTokens` für die Autorisierung ③. Hier wird auch der `CallbackHandler` ④ eingebunden.

Das Ant-Skript definiert das `deploy`-Target und ein Target zur Erzeugung des Stubs:

```
<?xml version="1.0"?>
<project name="axis2Rampart" default="deploy" basedir=".">
  <property environment="env" />
  <property name="appName" value="axis2Rampart" />
  <property name="tomcat.home" value="${env.TOMCAT_HOME}" />
  <property name="build.dir" value="${basedir}/bin" />

  <path id="axis.classpath">
    <fileset dir="${env.AXIS2_HOME}/lib">
      <include name="*.jar" />
    </fileset>
  </path>

  <target name="deploy">
    <jar jarfile="aar/${appName}.aar">
```

```
        <fileset dir="${build.dir}">
            <include name="**/*.*" />
        </fileset>
      </jar>
      <copy file="aar/${appName}.aar"
todir="${tomcat.home}/webapps/axis2/WEB-INF/services" />
    </target>
    <target name="generateClient">
      <delete dir="client" />
      <java classname="org.apache.axis2.wsdl.WSDL2Java" fork="true">
        <classpath refid="axis.classpath" />
        <arg value="-d" />
        <arg value="adb" />
        <arg value="-uri" />
        <arg
value="http://localhost:8080/axis2/services/DasGeheimnis?wsdl" />
        <arg value="-o" />
        <arg file="client" />
        <arg value="-p" />
        <arg value="de.traudel.axis2.basic.client" />
     </java>
    </target>

</project>
```

Listing 8.62: Das Ant-Skript für Deployment- und Clientgenerierung

Ein Client sollte folgende Inhalte haben:

```
    String pfadZuRepository = "c:/java/tomcat/webapps/axis2/WEB-INF/";

    ConfigurationContext ctx = ConfigurationContextFactory.
       createConfigurationContextFromFileSystem(pfadZuRepository);

    DasGeheimnisStub stub = new DasGeheimnisStub(ctx, URLS); ①

    ServiceClient sc = stub._getServiceClient();
    sc.engageModule("rampart-1.5"); ②

    Options options = sc.getOptions();
    options.setUserName("traudel"); ③
    options.setPassword("ganzGeheim");

    GibGeheimnis req2 = new GibGeheimnis();
    req2.setWelches("Ich darf es!");
```

```
        GibGeheimnisResponse resp2 = stub.gibGeheimnis(req2);
        System.out.println(resp2.get_return());
```

Listing 8.63: Der Client

Der Stub wird mit einem `ConfigurationContext` erzeugt ①. Dem `ServiceClient` fügen wir das `Rampart`-Modul hinzu ② und hinterlegen bei den `Options` Benutzernamen und Passwort ③.

Kapitel 9

Metro-Framework

Dieses Kapitel erweitert das Kapitel 7.3 (»JAX-WS«), in dem die Referenzimplementierung von JAX-WS vorgestellt wurde. Nach der Vorstellung beleuchte ich den Umfang der angebotenen Distribution und der Tools. Dann schauen wir uns die Realisierung von Handlern in Metro an und wie wir bei der Erstellung von Clients unterstützt werden. Im Abschnitt 6 werden ein paar elementare Aufgaben wie die Nutzung von MTOM, die Konfiguration per `sun-jaxws.xml` und die Beeinflussung mittels Bindings vorgestellt. Am Ende des Kapitels befindet sich eine kleine Sammlung von Anwendungsfällen, die Ihnen das Leben erleichtern sollen.

9.1 Vorstellung

Das Metro-Framework ist die Referenzimplementierung von JAX-WS von Sun [Metro]. Nach Aussage von Sun ist Metro ein hoch performanter, erweiterbarer, leicht zu nutzender Webservice Stack. Metro ist dabei sowohl für einfache Hello-World-Webservices als auch für komplexe Webservice-Applikationen nutzbar. Ursprünglich gehörte Metro zum GlassFish-Projekt, ist aber inzwischen allein nutzbar. Mit der Version 1.6 Update 4 ist JAX-WS in der Version 2.1 im JDK enthalten.

Der Funktionsumfang des Metro-Webservice-Stacks besteht aus Komponenten für Transport, Ausfallsicherheit, Transaktionen, Sicherheit und mehr. Diese Komponenten setzen auf den Core-Funktionalitäten für Webservices auf, die weitere Standards wie JAXB nutzen.

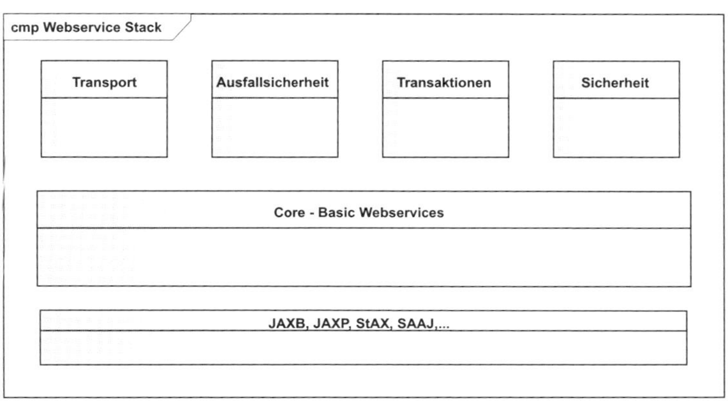

Abb. 9.1: Hauptfunktionen von Metro

Das Metro-Framework kann man sich unter `https://metro.dev.java.net/1.4/` herunterladen. Meinen Betrachtungen liegt die Version 1.4 zugrunde. Die Installation beinhaltet:

- JAX-WS RI 2.1.5
- JAXB RI 2.1.9
- WSIT 1.4

WSIT ist die Abkürzung für »Web Services Interoperability Technologies«. Zu dem Projekt WSIT (`https://wsit.dev.java.net/`) gehören folgende Implementationen:

- WS-Trust
- WS-SecureConversation
- WS-SecurityPolicy
- WS-ReliableMessaging
- WS-AtomicTransactions/Coordination
- WS-MetadataExchange
- SOAP over TCP

9.2 Die Distribution

9.2.1 Umfang der Distribution

Metro installiert man, indem man die Binary-Version herunterlädt und mit `java -jar metro-1_4.jar` das Archiv entpackt. Das entpackte Archiv enthält ein `bin`-Verzeichnis mit den Tools `wsgen` und `wsimport`. Mit `wsgen` kann man aus einer Service-Schnittstelle (SEI) eine WSDL und Wrapper-Klassen mit der `@WebService`-Annotation generieren lassen. Mit `wsimport` können aus einer WSDL die benötigten Klassen und Dateien erzeugt werden. In dem Verzeichnis `docs` befindet sich eine kleine Dokumentation mit einem User Guide im HTML-Format, einer Beschreibung der Tools und einer Kurzübersicht der Beispiele. Im Verzeichnis `lib` befinden sich die Bibliotheken für die API und deren Implementation. Zusätzlich gibt es noch eine Bibliothek für die Tools und ein WAR-File für WS-Transaction. Im Verzeichnis `samples` gibt es eine Vielzahl von Beispielen rund um Metro.

9.2.2 Metro ohne Container

Metro kann zu Testzwecken komplett ohne Container genutzt werden. Hierfür kann man direkt mit der Klasse `Endpoint` einen Webservice anbieten:

```
PingWS ws = new PingWS();
String address = "http://localhost:9090/ping";
Endpoint.publish(address, ws);
```

Der Endpoint kann immer nur einen Request nach dem anderen bearbeiten. Für mehr Vielfalt in der Konfiguration kann man die Klasse `Endpoint` auch in Verbindung mit dem `HttpServer` und dem `HttpContext` nutzen:

```
PingWS ws = new PingWS();
HttpServer server = HttpServer.create(new InetSocketAddress(8085),10);
server.start();
HttpContext context = server.createContext("/test");
Endpoint endpoint = Endpoint.create(SOAPBinding.SOAP11HTTP_BINDING, ws);
endpoint.publish(context);
```

Die Klasse `HttpServer`, die zum Paket `http.jar` gehört, bietet einen einfachen HTTP-Server. Dieser HTTP-Server kann auch nur einen Request nach dem anderen verarbeiten, fängt aber die folgenden Requests in einer Warteschlange auf, die hier bei der Methode `create` auf die Größe 10 gesetzt wurde. Aus dem HTTP-Server kann ein Kontext erzeugt werden, der dann bei dem Endpoint publiziert wird.

9.2.3 Metro mit dem Container

Wenn man Metro in einem Container laufen lassen möchte empfiehlt sich hier der GlassFish oder der Tomcat ab der Version 5.5. Die Installation von Metro im Tomcat ist einfach: Entweder nutzt man bei gestopptem Tomcat den Ant-Task

```
ant -Dtomcat.home=<TOMCAT_INSTALL_DIR> -f
   <METRO_INSTALL_DIR>/metro-on-tomcat.xml install
```

oder man kopiert die Bibliotheken `webservices-rt.jar`, `webservices-tools.jar`,

`webservices-extra.jar` und `webservices-extra-api.jar` nach `TOMCAT_HOME/shared/lib` und die Bibliothek `webservices-api.jar` in das Verzeichnis `TOMCAT_HOME/common/endorsed`. Nach dem Kopieren muss der Tomcat neu gestartet werden.

Im Deployment Descriptor des Tomcat müssen das `WSServlet` und der `WSServletContextListener` eingetragen werden:

```
<?xml version="1.0" encoding="UTF-8"?>

<web-app version="2.4" xmlns="http://java.sun.com/xml/ns/j2ee"
      xmlns:xsi="http://www.w3.org/2001/XMLSchema-instance"
```

```
      xsi:schemaLocation="http://java.sun.com/xml/ns/j2ee http://
java.sun.com/xml/ns/j2ee/web-app_2_4.xsd">
   <listener>
      <listener-class> com.sun.xml.ws.transport.http.servlet.WSServletCon-
textListener
      </listener-class>
   </listener>
   <servlet>
      <servlet-name>ping</servlet-name>
      <servlet-class>
          com.sun.xml.ws.transport.http.servlet.WSServlet
      </servlet-class>
      <load-on-startup>1</load-on-startup>
   </servlet>
   <servlet-mapping>
      <servlet-name>ping</servlet-name>
      <url-pattern>/ping</url-pattern>
   </servlet-mapping>
   <session-config>
      <session-timeout>60</session-timeout>
   </session-config>
</web-app>
```

Der Name des Servlets ist bei der Definition des Endpunkts von Bedeutung. In der Datei `sun-jaxws.xml`, die sich auch im `WEB-INF`-Verzeichnis befindet, wird der Endpunkt definiert. Diese Datei wird »JAX-WS RI Deployment Descriptor« genannt und konfiguriert für Metro die Endpoints.

```
<?xml version="1.0" encoding="UTF-8"?>

<endpoints xmlns='http://java.sun.com/xml/ns/jax-ws/ri/runtime'
   version='2.0'>
   <endpoint
      name='ping'
      implementation='de.traudel.jaxws.service.basic.PingWS'
      url-pattern='/ping'/>
</endpoints>
```

Listing 9.1: Die `sun-jaxws.xml`

9.3 Metro-Tools

Metro bietet die beiden Tools `wsimport` und `wsgen` zum Erzeugen von WSDL-Dokumenten und Java -Klassen.

9.3.1 wsimport

Das Tool `wsimport` generiert Webservice-Artefakte aus den Informationen einer WSDL-Datei. Diese Artefakte sind:

- Service Endpoint Interface (SEI)
- Service
- Exception-Klassen aus evtl. vorhandenen `wsdl:fault`-Informationen
- Asynchrone Response Beans, sofern sie sich aus den `wsdl:message`-Informationen ergeben
- JAXB-generierte Value-Typen

Das Tool `wsimport` kann sowohl per Batchdatei/Shell-Skript als auch per Ant-Task genutzt werden.

Der Batch-/Shell-Skript-Aufruf von `wsimport` bietet eine Reihe von Optionen, von denen die wichtigsten hier aufgeführt sind:

Option	Beschreibung
`-d <directory>`	Festlegen des Ausgabeverzeichnisses
`-b <path>`	Spezifiziert JAX-WS- oder JAXB-Binding-Dateien (dabei muss jede Datei ihr eigenes `-b` haben)
`-catalog`	Spezifiziert Katalogdateien
`-extension`	Zur Nutzung von speziellen Erweiterungen der aktuellen Implementation, die zu Problemen bei anderen Implementationen führen können
`-help`	Anzeige der Hilfe
`-httpproxy:<host>:<port>`	Angabe des Proxy-Servers, der Default für den Port ist 8080
`-keep`	Bewahrt die generierten Sourcen auf; bei `-s` ist diese gesetzt
`-p <paket>`	Angeben eines Zielpakets; überschreibt die Paketangaben aus der WSDL
`-quiet`	Unterdrückt die Ausgaben
`-s <directory>`	Zielverzeichnis für die Source-Files
`-target <version>`	Erzeugt Code für verschiedene JAX-WS-Versionen
`-verbose`	Sehr »gesprächig«
`-version`	Gibt die Version von JAX-WS aus
`-wsdllocation <location>`	`@WebService.wsdlLocation` und `@WebServiceClient.wsdlLocation`

Tabelle 9.1: Wichtige Optionen von `wsimport`

Der Ant-Task muss im Ant-Build-File erst definiert werden. Die Definition des Ant-Tasks kann man mit dem `taskdef`-Tag von Ant vornehmen:

```
<taskdef name="wsimport" classname="com.sun.tools.ws.ant.WsImport">
    <classpath path="jaxws.classpath"/>
</taskdef>
```

Listing 9.2: `TaskDef` für den `wsimport`-Ant-Task

Bei den Attributen zu dem Ant-Task ergeben sich kleine Unterschiede bei den Ein-Buchstaben-Parametern:

Command Line Tool	Ant-Task-Attribut
`-b`	`binding`
`-d`	`destdir`
`-p`	`package`
`-s`	`sourcedestdir`

Tabelle 9.2: Abweichungen vom Command Line Tool zum Ant-Task

Ein Beispiel für die Erzeugung der benötigten Java-Klassen aus einer WSDL stellt sich folgendermaßen dar:

```
<?xml version="1.0"?>

<project name="metroWS" default="generate" basedir=".">

   <property name="source.dir" value="${basedir}/gen/src" />
   <property name="resource.dir" value="${basedir}/gen/resource" />
   <property name="wsdl" value="http://localhost:8080/metroWS/ping?wsdl" />

   <path id="metro.classpath">
      <fileset dir="c:/java/metro/lib">
         <include name="*.jar" />
      </fileset>
   </path>

   <taskdef name="wsimport" classname="com.sun.tools.ws.ant.WsImport">
      <classpath path="metro.classpath" />
   </taskdef>

   <target name="generate">
      <wsimport keep="true"
```

```
        sourcedestdir="${source.dir}"
        destdir="${dest.dir}"
        wsdl="${wsdl}">
    </wsimport>
  </target>

</project>
```

Listing 9.3: Ant-Skript zur Nutzung von wsimport

9.3.2 wsgen

Das Tool `wsgen` erzeugt aus den Informationen eines Webservice Endpoints (SEI) ein WSDL-Dokument und Wrapper-Klassen mit der `@WebService`-Annotation.

Der Batch-/Shell-Skript-Aufruf von `wsgen` bietet folgende Optionen:

Option	Beschreibung
`-classpath` `-cp`	Erweiterung des Klassenpfades
`-d <directory>`	Festlegen des Ausgabeverzeichnisses
`-extension`	Zur Nutzung von speziellen Erweiterungen der aktuellen Implementation, die zu Problemen bei anderen Implementationen führen können
`-help`	Anzeige der Hilfe
`-keep`	Bewahrt die generierten Sourcen auf
`-r <directory>`	Ausgabeverzeichnis für Resource-Dateien (wie z.B. WSDL)
`-s <directory>`	Zielverzeichnis für die Source-Files
`-verbose`	»Gesprächig«
`-version`	Gibt die Version von JAX-WS aus
`-wsdl[:protocol]`	Per Default wird von `wsgen` keine WSDL-Datei erzeugt; mit diesem Flag wird die WSDL-Datei erzeugt
`-servicename <name>`	In Verbindung mit der `-wsdl`-Option kann mit dieser Option der Servicename, z.B. `{http://mynamespace/}MyService`, festgelegt werden (`name`-Attribut von `wsdl:service`)
`-portname <name>`	In Verbindung mit der `-wsdl` Option kann mit dieser Option der Portname, z.B. `{http://mynamespace/}MyPort`, festgelegt werden (`name`-Attribut von `wsdl:port`)

Tabelle 9.3: Optionen von **wsgen**

Der Ant-Task muss im Ant-Build-File erst definiert werden. Die Definition des Ant-Tasks kann man mit dem `taskdef`-Tag von Ant vornehmen:

```
<taskdef name="wsgen" classname="com.sun.tools.ws.ant.WsGen">
 <classpath path="jaxws.classpath"/>
</taskdef>
```

Listing 9.4: TaskDef für den WsGen-Ant-Task

Bei den Attributen zu dem Ant-Task ergeben sich kleine Unterschiede bei den Ein-Buchstaben-Parametern.

Command Line Tool	Ant-Task Attribut
-r	resourcedestdir
-d	destdir
-s	sourcedestdir

Tabelle 9.4: Abweichungen vom Command Line Tool zum Ant-Task

Beispiel für die Erzeugung einer WSDL mit dem Ant-Task:

```
<?xml version="1.0"?>

<project name="metroWS" default="generate" basedir=".">

   <property name="resource.dir" value="${basedir}/gen/resource" />

   <path id="projekt.classpath">
      <fileset dir="${basedir}/web/WEB-INF/lib">
         <include name="*.jar" />
      </fileset>
      <pathelement location="${basedir}/web/WEB-INF/classes"/>
   </path>
   <path id="metro.classpath">
      <fileset dir="c:/java/metro/lib">
         <include name="*.jar" />
      </fileset>
   </path>

   <taskdef name="wsgen" classname="com.sun.tools.ws.ant.WsGen">
      <classpath path="metro.classpath" />
   </taskdef>

   <target name="generate">
      <wsgen resourcedestdir="${resource.dir}"
         sei="de.traudel.jaxws.service.rechnung.RechnungsEndpoint"
         genwsdl="true">
         <classpath refid="projekt.classpath" />
```

```
        </wsgen>
    </target>
</project>
```

Listing 9.5: Ant-Skript zur Nutzung von wsgen

9.4 Handler

Wie in anderen Frameworks können wir auch mit Metro Handler erstellen und in die Webservice-Verarbeitung einfügen. Metro unterscheidet zwei Typen von Handlern:

- Logische Handler: Für den Payload der Nachricht. Das Interface für logische Handler ist `javax.xml.ws.handler.LogicalHandler`.
- Protokoll-Handler: Für protokollspezifische Teile der Nachricht, wie z.B. Header. Das Interface für das SOAP-Protokoll ist `javax.xml.ws.handler.soap.SOAPHandler`.

Beide Handler sind von dem Interface `javax.xml.ws.handler.Handler` abgeleitet, das die Methoden für die Behandlung von Nachrichten (`handleMessage`) und Fehlern (`handleFault`) bereitstellt. Beide Methoden geben einen booleschen Wert zurück, der entscheidet, ob die Bearbeitung weitergeführt (`true`) oder abgebrochen (`false`) wird. Zum Abschluss des diesem Request zugrunde liegenden Message Exchange Patterns kurz vor dem Absenden der Nachricht wird die Methode `close` des Handlers aufgerufen. Um auf den Lifecycle des Handlers eingehen zu können, wurden früher die Methoden `init()` und `destroy()` angeboten. Diese Methoden werden nicht mehr unterstützt. Stattdessen kann mit den Annotations `@PostConstruct` und `@PreDestroy` auf den Lifecycle reagiert werden.

Die Methoden `handleMessage` und `handleFault` werden sowohl für eingehende als auch für ausgehende Nachrichten aufgerufen. Mit der Methode `get()` von `MessageContext` kann man ermitteln, ob es sich um eine eingehende oder ausgehende Nachricht handelt.

```
Boolean out = (Boolean) context.get(MessageCon-
text.MESSAGE_OUTBOUND_PROPERTY);
```

Folgende Unterschiede für den LogicalHandler und den SOAPHandler (als häufigstem Vertreter der Prokoll-Handler) kann man gegenüberstellen.

	LogicalHandler	SOAPHandler
Interface	`javax.xml.ws.handler.LogicalHandler`	`javax.xml.ws.handler.soap.SOAPHandler`

Tabelle 9.5: Gegenüberstellung von LogicalHandler und SOAPHandler

	LogicalHandler	SOAPHandler
MessageContext	`javax.xml.ws.handler.LogicalMessageContext`	`javax.xml.ws.handler.soap.SOAPMessageContext`
Nachricht	`javax.xml.ws.LogicalMessage`	`javax.xml.soap.SOAPMessage`
Anteil an der Gesamtnachricht	Nur der Payload (die Nutzdaten)	Die komplette Nachricht

Tabelle 9.5: Gegenüberstellung von LogicalHandler und SOAPHandler (Forts.)

Eine Handler-Kette kann man in einer externen XML-Datei definieren, die im Klassenpfad – am besten unter `WEB-INF/classes` – zu finden ist. Dieser XML-Konfiguration liegt das Schema `http://java.sun.com/xml/ns/javaee` zugrunde. Außerdem kann der Handler in der `sun-jaxws.xml` unter dem `endpoint`-Element spezifiziert werden. Eine Definition einer einfachen Handler-Kette schaut folgendermaßen aus:

```
<?xml version="1.0" encoding="UTF-8"?>
<jws:handler-chains xmlns:jws="http://java.sun.com/xml/ns/javaee">
  <jws:handler-chain>
    <jws:handler>
      <jws:handler-class>
         de.traudel.jaxws.service.handler.LoggingHandler
      </jws:handler-class>
    </jws:handler>
  </jws:handler-chain>
</jws:handler-chains>
```

Listing 9.6: Definition einer Handler-Kette

Die externe Handler-Definition kann mit der Annotation `@HandlerChain` bei dem Service eingebunden werden:

```
@WebService
@HandlerChain(file="logHandler.xml")
public class PingWS {
   @WebMethod(operationName="ping")
   public String ping(@WebParam(name="text") String txt){
      return txt.toUpperCase();
   }
}
```

Listing 9.7: Service mit Handler-Kette

Weitere Informationen zu den Handlern bietet die Metro-Dokumentation unter `%METRO_HOME%/docs/handlers.html`.

9.5 Client

Metro bietet zwei Wege für die Erstellung des Clients: Zum einen kann mithilfe der Klasse `Service` ein Port für die Service-Nutzung erzeugt werden, zum anderen kann man mit `wsimport` einen Stub für den Client generieren lassen.

9.5.1 Dynamischer Service

Die Erzeugung des dynamischen Services erfolgt mithilfe der Klasse `javax.xml.ws.Service`, aus der ein Port erzeugt werden kann. Die Service-Instanz kann mit der Übergabe der WSDL die Binding-Informationen enthalten oder auch ohne Binding-Informationen erzeugt werden.

```
Service service = Service.create(QName serviceQName);
Service service = Service.create(URL wsdlLocation, QName serviceQName);
```

Um den Service nutzen zu können, muss dieser an einen bestimmten Port gebunden werden. Dies erreicht man mit der Methode `addPort(QName portName, URI bindingID, String endpointAddress)`. Wurde der Service mit den Binding-Informationen einer WSDL erzeugt ist dies nicht notwendig. Folgendes kleine Programmschnipsel zeigt die Nutzung des Services mithilfe einer WSDL:

```
URL wsdlLocation = new URL("http://localhost:8080/metroWS/ping?wsdl");
QName serviceName = new QName("http://basic.service.jaxws.traudel.de/",
                                               "PingWSService");
Service s = Service.create(wsdlLocation, serviceName);
PingWS service = s.getPort(PingWS.class);
System.out.println(service.ping("kleiner test"));
```

Listing 9.8: Programmschnipsel für einen dynamischen Service

9.5.2 Generierter Stub

Die Generierung des Stubs erfolgt mit der Klasse `com.sun.tools.ws.ant.WsImport`, die schon weiter vorne besprochen wurde. Die Generierung des einfachen Ping-Services führt zur Erzeugung folgender Dateien:

Abb. 9.2: generierte Dateien

Der generierte ServiceClient ist die Klasse `PingWsService`, die von der Klasse `Service` abgeleitet ist. Ihre Aufgabe ist es, den Port zur Verfügung zu stellen. Die Essenz der Klasse schaut folgendermaßen aus:

```
@WebServiceClient(name = "PingWSService",
    targetNamespace = "http://basic.service.jaxws.traudel.de/",
    wsdlLocation = "http://localhost:8080/metroWS/ping?wsdl")
public class PingWSService extends Service
{
    // ...
    @WebEndpoint(name = "PingWSPort")
    public PingWS getPingWSPort() {
        return super.getPort(
            new QName("http://basic.service.jaxws.traudel.de/",
                    "PingWSPort"), PingWS.class);
    }
    // ...

}
```

Listing 9.9: Essenz des WebServiceClients

Mit der Instanz des Ports können nun die Service-Methoden aufgerufen werden. Der Port selbst ist ein Interface, in dem die Service-Methoden spezifiziert werden.

```
@WebService(name = "PingWS", targetNamespace = "http://basic.ser-
vice.jaxws.traudel.de/")
@XmlSeeAlso({
    ObjectFactory.class
})
public interface PingWS {
    @WebMethod
    @WebResult(targetNamespace = "")
    @RequestWrapper(localName = "ping",
        targetNamespace = "http://basic.service.jaxws.traudel.de/",
        className = "de.traudel.jaxws.service.basic.Ping")
    @ResponseWrapper(localName = "pingResponse",
        targetNamespace = "http://basic.service.jaxws.traudel.de/",
        className = "de.traudel.jaxws.service.basic.PingResponse")
    public String ping(
        @WebParam(name = "text", targetNamespace = "")
        String text);

}
```

Listing 9.10: Das Webservice-Interface

Die Klassen `Ping` und `PingResponse` sind die Wrapper-Klassen für die Parameter. Die Klasse `ObjectFactory` ist eine Hilfsklasse für Metro, die die Factory-Methoden für die Port-Methoden enthält.

Die Nutzung des Stubs erfolgt in drei Schritten:

```
PingWSService service2 = new PingWSService(); ①
PingWS port = service2.getPingWSPort(); ②
System.out.println(port.ping("kleiner test")); ③
```

Mit der Service-Instanz ① kann der Port erzeugt ② und genutzt ③ werden.

9.5.3 Asynchroner Client

Metro bietet zwei Möglichkeiten, asynchrone Aufrufe zu realisieren. Eine Möglichkeit ist das Pollen eines Requests. Hierbei wird in einer Warteschleife auf die Antwort gewartet. Dafür gibt die Service-Methode ein Objekt der Klasse `javax.xml.ws.Response` zurück, die eine Methode `isDone()` besitzt, welche den Wert `true` ergibt, wenn der Request beendet wurde. Um eine Endlosschleife zu vermeiden, kann man ein Timeout für den Request setzen:

```
// Timeout für den Request
int timeout = 10000; // 10 Sekunden
((BindingProvider) port).getRequestContext().put(
      JAXWSProperties.REQUEST_TIMEOUT, timeout);

System.out.println("Polle...");
// Aufruf mit Response-Objekt als Rückgabe
Response<MachEsSpaeterResponse> resp = port.machEsSpaeterAsync(5);
// Warteschleife
while (!resp.isDone()) { // Fertig?
   System.out.println("Noch kein Ergebnis - ich warte noch ein wenig");
   Thread.sleep(1000);
}
// Ergebnis ist da
MachEsSpaeterResponse output = resp.get();
System.out.println(output.getReturn());
```

Listing 9.11: Pollen eines asynchronen Aufrufs

Eine schönere Möglichkeit ist die Nutzung eines Callback-Objekts für den Request. Hierfür gibt uns Metro mit dem `wsimport` eine Methode, die eine Instanz des Interfaces `java.util.concurrent.Future` zurückgibt:

```
public interface Future<V> {
   boolean cancel(boolean mayInterruptIfRunning);
```

```
    boolean isCancelled();
    boolean isDone();
    V get() throws InterruptedException, ExecutionException;
    V get(long timeout, TimeUnit unit)
        throws InterruptedException,ExecutionException,TimeoutException;
}
```

Listing 9.12: Das Interface Future

Das Interessanteste an dieser Methode ist aber der zusätzliche Parameter vom Typ eines `javax.xml.ws.AsyncHandler`, der die Methode `handleResponse (Response<V> response)` vorsieht. Diese Methode wird nun als Callback bei Beendigung des Requests aufgerufen.

Damit `wsimport` die asynchronen Methoden erzeugt, muss noch eine Binding-Definition mit übergeben werden, in der `enableAsyncMapping` auf `true` gesetzt wird. Dieser Vorgang wird am Ende des Kapitels in dem Anwendungsfall in Kapitel 9.7.5 Schritt für Schritt beschrieben.

9.6 Sonstige Features

9.6.1 Die Datei sun-jaxws.xml

Die Datei `sun-jaxws.xml` definiert die Endpoints für Metro. Metro erwartet diese Konfigurationsdatei bei einer Webapplikation im Verzeichnis `WEB-INF`. Jeder Endpoint, der in dieser Datei konfiguriert wird, entspricht einem Port und enthält alle Informationen zu dem entsprechenden Webservice. Einen einfachen Endpoint haben wir bei »Metro mit dem Container« (Kapitel 9.2.3) kennengelernt.

```
<?xml version="1.0" encoding="UTF-8"?>

<endpoints xmlns='http://java.sun.com/xml/ns/jax-ws/ri/runtime'
    version='2.0'> <!-- ① -->
    <!-- ② -->
    <endpoint
        name='ping'
        implementation='de.traudel.jaxws.service.basic.PingWS'
        url-pattern='/ping'/>
</endpoints>
```

Listing 9.13: Ein einfacher Endpoint

Das Wurzelelement `endpoints` ① enthält die einzelnen Endpoints ②, die mindestens die Attribute `name`, `implementation` und `url-pattern` haben müssen. Das `endpoint`-Element kennt folgende Attribute:

Attribut	Beschreibung	Default
`name`	Name des Endpunkts	Muss angegeben werden
`wsdl`	Pfad zur WSDL, z.B. `WEB-INF/wsdl/Ping.wsdl`. Bei Code-First sollte die Angabe weggelassen werden. Eigene WSDL-Dateien und XML-Schemata sollten immer im Verzeichnis `WEB-INF/wsdl` sein.	JAX-WS erzeugt eine eigene WSDL
`service`	QName des Services in der WSDL, z.B. `{http://traudel.de/}PingService` Bei Code-First sollte die Angabe weggelassen werden.	Ergibt sich aus dem Namen des Pakets
`port`	QName des Ports in der WSDL, z.B. `{http://traudel.de/}PingPort` Bei Code-First sollte die Angabe weggelassen werden.	Ergibt sich aus dem Namen des Pakets
`implementation`	Name der Implementation des Webservices	Muss angegeben werden
`url-pattern`	Erweiterung des URL zum Service	Muss angegeben werden.
`binding`	Die Binding-API. Mögliche Werte sind: `"http://schemas.xmlsoap.org/wsdl/soap/http"`, `"http://www.w3.org/2003/05/soap/bindings/HTTP/"`	SOAP 1.1
`enable-mtom`	Ermöglicht MTOM Optimierung (`true/false`)	false

Tabelle 9.6: Attribute des Elements endpoint

Weiterhin kann man bei dem Endpoint einen Handler einbinden. Dazu erweitert man den Endpoint-Tag mit dem Handler-Tag:

```
<endpoint
   name='info'
   implementation='de.traudel.jaxws.service.basic.InfoWS'
   url-pattern='/info'>
   <handler-chains xmlns:jws="http://java.sun.com/xml/ns/javaee">
     <handler-chain>
       <handler>
         <handler-class>
            de.traudel.jaxws.service.handler.ProtokollHandler
         </handler-class>
       </handler>
     </handler-chain>
   </handler-chains>
</endpoint>
```

Listing 9.14: Handler-Definition in der Endpoint-Definition

9.6.2 MTOM

Für die Übertragung größerer Datenmengen kann JAX-WS MTOM nutzen. Für allgemeine Informationen zu MTOM siehe Kapitel 4 »SOAP«.

Auf der Serverseite kann man MTOM in Metro auf drei verschiedene Wege einbinden:

- Mit der Annotation `javax.xml.ws.soap.MTOM` bei der WebService-Annotation.
- Mit dem Attribut `enable-mtom="true"` bei der Endpoint-Definition in der `sun-jaxws.xml`.
- Mit dem BindingType für MTOM: `@BindingType(value=SOAPBinding.SOAP11HTTP_MTOM_BINDING)` für SOAP 1.1 oder `@BindingType(value=SOAPBinding. SOAP12HTTP_MTOM_BINDING)` für SOAP 1.2.

Auf der Clientseite können bei der Erzeugung des Ports eine oder mehrere Subklasse(n) von `javax.xml.ws.WebServiceFeature` mit übergeben werden. `javax.xml.ws.soap.MTOMFeature` ist so eine und für unsere Zwecke genau die richtige.

```
PingWS port = service.getPingWSPort(new MTOMFeature());
```

Außerdem kann man aus dem Port auf das SOAPBinding zugreifen und darin MTOM überprüfen und setzen.

```
SOAPBinding binding = (SOAPBinding)((BindingProvider)port).getBinding();
boolean mtomEnabled = binding.isMTOMEnabled();
binding.setMTOMEnabled(true);
```

Um einzustellen, ob die Daten inline oder als Attachment gesendet werden, kann man bei der Annotation MTOM auf der Serverseite mit `@MTOM(threshold=5000)` oder dem MTOMFeature auf der Clientseite mit `MTOMFeature(5000)` eine Zahl übergeben (hier 5 KB), die die Datengröße spezifiziert, ab der die Daten als Attachment gesendet werden sollen. Der Default-Wert ist 0.

9.6.3 Deklaration von Bindings

Mit externen Bindings können bei `wsimport` mit dem Parameter `-b` oder dem Ant-Attribut `binding` eine oder mehrere externe Binding-Dateien angegeben werden, um die WSDL anzupassen.

Im Anwendungsfall für die Erzeugung eines asynchronen Clients (Kapitel 9.7.5) haben wir eine einfache Binding-Datei eingebunden:

```
<?xml version="1.0" encoding="UTF-8" standalone="yes"?>
<bindings
    xmlns:xsd="http://www.w3.org/2001/XMLSchema"
    xmlns:wsdl="http://schemas.xmlsoap.org/wsdl/"
    wsdlLocation="http://localhost:8080/metroWS/info?wsdl"
    xmlns="http://java.sun.com/xml/ns/jaxws">
    <bindings node="wsdl:definitions">
        <enableAsyncMapping>true</enableAsyncMapping>
    </bindings>
</bindings>
```

Listing 9.15: Binding für asynchrone Aufrufe

Mit diesen Bindings können WSDL-Dokumente angepasst und verändert werden. Eine Übersicht der Möglichkeiten finden Sie in der Metro-Dokumentation unter `docs/customizations.html`.

9.7 Anwendungsfälle

9.7.1 Installation und Einstieg

Kurzbeschreibung

Installation von Metro und Überprüfen der Installation mit einer Hallo-Welt-Applikation.

Ausgangssituation

Das JDK ab Version 1.5 ist installiert.

Ziel

Erfolgreicher Test eines einfachen Beispiels.

Ablauf

Schritt 1: Download und Einrichten von Metro

Die Metro-Distribution kann von der Projektseite (`https://metro.dev.java.net/1.4/`) heruntergeladen werden. Das JAR-File kann mit `java -jar metro-1_4.jar` entpackt werden. Die Umgebungsvariable `METRO_HOME` sollte auf das Installationsverzeichnis gesetzt werden. Ab Java 1.6 benötigen wir die Distribution eigentlich nur noch für die Dokumentation und die Beispiele.

Schritt 2: Eclipse-Projekt erzeugen

Erzeugen Sie ein einfaches Java-Projekt in Eclipse. Wir benötigen bei Java 1.6 keine zusätzlichen Bibliotheken, bei Java 1.5 die JAR-Files aus dem `METRO_HOME/lib` Verzeichnis.

Schritt 3: Erzeugen des SEI

Erstellen Sie das Service Endpoint Interface (SEI) `de.traudel.jaxws.service.basic.PingWS` mit der Methode `public String ping(String txt)`. Annotieren Sie das Interface mit `@WebService` und die Methode mit `@WebMethod(operationName="ping")`. Bei Bedarf kann auch der Parameter der Methode `ping` mit der Annotation `@WebParam(name="text")` konfiguriert werden.

Schritt 4: Erzeugen der SIB

Erzeugen Sie die Service Implementation Bean (SIB) `de.traudel.jaxws.service.basic.PingWSImpl`. und lassen Sie diese unsere SEI implementieren. Verbinden Sie die SIB mit der SEI über die `@WebService`-Annotation mit dem Attribut `endpointInterface`.

```
@WebService( endpointInterface = "de.traudel.jaxws.service.basic.PingWS")
```

Die Ping-Methode kann einfach einen kleinen Beweis ihrer Nutzung liefern, indem die übergebene Zeichenkette in Großbuchstaben zurückgegeben wird.

Schritt 5: Erzeugen eines Publishers

Erzeugen Sie die Klasse `de.traudel.jaxws.service.basic.DerPublisher` für einen Publisher unseres Services. In der Main-Methode erzeugen wir eine Instanz der SIB und diese publizieren wir mit der Klasse `javax.xml.ws.Endpoint`:

```
Endpoint.publish("http://localhost:9090/ping", new PingWSImpl());
```

Starten Sie das Programm.

Schritt 6: Testen des Deployments

Testen Sie das Deployment durch den Aufruf der Adresse, unter der Sie den Service publiziert haben, mit der Erweiterung `?wsdl`. (`http://localhost:9090/ping?wsdl`). Die WSDL zu dem Service muss angezeigt werden. Überprüfen Sie die WSDL.

Erzeugen Sie die Testklasse `de.traudel.jaxws.service.basic.Testa` mit einer Main-Methode. Testen Sie den Service mit der Klasse `javax.xml.ws.Service`. Übergeben Sie ihr als Parameter die Adresse, unter der Sie die WSDL erreichen und erzeugen Sie einen qualifizierten Namen für den Service. Entnehmen Sie die Informationen für den Namensraum und den lokalen Teil des Services der WSDL.

```
URL url = new URL("http://localhost:9090/ping?wsdl");
QName name = new QName("http://basic.service.jaxws.traudel.de/",
    "PingWSImplService");
Service s = Service.create(url, name);
PingWS ws = s.getPort(PingWS.class);
System.out.println(ws.ping("kleiner Test"));
```

Listing 9.16: Ein kleiner Test

Fehlersituationen

Wenn beim Test kein Service gefunden wird (`xxx is not a valid service.`), prüfen Sie den lokalen Teil Ihres qualifizierten Namens mit dem `name`-Attribut des `service`-Tags.

Alternativen

Sie können auch nur mit der `WebService`-Annotation arbeiten. Dafür müssen Sie die Default-Angaben bezüglich der Methoden- und Parameter-Namen in der WSDL hinnehmen.

Dokumente

Das SEI definiert die `WebService`-Annotation und erlaubt die Konfiguration der Methode und der Parameter:

```
package de.traudel.jaxws.service.basic;

import javax.jws.WebMethod;
import javax.jws.WebParam;
import javax.jws.WebService;

@WebService
public interface PingWS {
   @WebMethod(operationName="ping")
   public String ping(@WebParam(name="text") String txt);
}
```

Listing 9.17: SEI

Die Implementation enthält lediglich den Bezug zum SEI:

```
package de.traudel.jaxws.service.basic;
```

```
import javax.jws.WebService;

@WebService(endpointInterface="de.traudel.jaxws.service.basic.PingWS")
public class PingWSImpl implements PingWS {

   public String ping(String txt)
   {
      return txt.toUpperCase();
   }
}
```

Listing 9.18: Das SIB

Der Publisher stellt den Webservice ohne weitere Hilfe (Container) zur Verfügung:

```
package de.traudel.jaxws.service.basic;

import javax.xml.ws.Endpoint;

public class DerPublisher {
   public static void main(String[] args){

      PingWS ws = new PingWSImpl();
      String address = "http://localhost:9090/ping";
      System.out.println("Warte an: "+address);
      Endpoint.publish(address, ws);
   }
}
```

Listing 9.19: Der Publisher für den Service

Unter der Adresse `http://localhost:9090/ping?wsdl` kann man die WSDL überprüfen:

```
<?xml version="1.0" encoding="UTF-8"?>
   <!--
      Published by JAX-WS RI at http://jax-ws.dev.java.net. RI's
      version is JAX-WS RI 2.1.6 in JDK 6.
   -->
   <!--
      Generated by JAX-WS RI at http://jax-ws.dev.java.net. RI's
      version is JAX-WS RI 2.1.6 in JDK 6.
   -->
<definitions xmlns:soap="http://schemas.xmlsoap.org/wsdl/soap/"
   xmlns:tns=http://basic.service.jaxws.traudel.de/ <!-- ① -->
```

```
    xmlns:xsd="http://www.w3.org/2001/XMLSchema"
    xmlns="http://schemas.xmlsoap.org/wsdl/"
    targetNamespace="http://basic.service.jaxws.traudel.de/"
    name="PingWSImplService">
    <types>
        <xsd:schema>
            <xsd:import namespace="http://basic.service.jaxws.traudel.de/"
                schemaLocation="http://localhost:9090/ping?xsd=1" />
        </xsd:schema>
    </types>
    <message name="ping">
        <part name="parameters" element="tns:ping" />
    </message>
    <message name="pingResponse">
        <part name="parameters" element="tns:pingResponse" />
    </message>
    <portType name="PingWS">
        <operation name="ping">
            <input message="tns:ping" />
            <output message="tns:pingResponse" />
        </operation>
    </portType>
    <binding name="PingWSImplPortBinding" type="tns:PingWS">
        <soap:binding transport="http://schemas.xmlsoap.org/soap/http"
            style="document" />
        <operation name="ping">
            <soap:operation soapAction="" />
            <input>
                <soap:body use="literal" />
            </input>
            <output>
                <soap:body use="literal" />
            </output>
        </operation>
    </binding>
    <service name="PingWSImplService"> <!-- ② -->
        <port name="PingWSImplPort" binding="tns:PingWSImplPortBinding">
            <soap:address location="http://localhost:9090/ping" />
        </port>
    </service>
</definitions>
```

Listing 9.20: Die WSDL für den Ping-Service

Den Namensraum für den qualifizierten Namen des Testers erhalten wir aus dem `definitions`-Tag ① der WSDL. Der Name des Services ist der Inhalt des `name`-Attributs des `service`-Tags ②.

9.7.2 Deployment eines einfachen Webservices im Tomcat

Kurzbeschreibung

Ein einfacher Webservice wird in einer Webapplikation im Tomcat deployed und mit einem einfachen Tester überprüft.

Ausgangssituation

Tomcat ab Version 5.5 ist installiert. Metro ist verfügbar.

Ziel

Test zu einem Tomcat-Hallo-Welt-Webservice funktioniert.

Ablauf

Schritt 1: Tomcat erweitern – sofern notwendig

Wenn Sie nicht mit Java 1.6 arbeiten, müssen Sie dem Tomcat die Webservices-Bibliotheken zur Verfügung stellen. Stellen Sie dafür sicher, dass sich die Bibliotheken `webservices-rt.jar`, `webservices-tools.jar`, `webservices-extra.jar` und `webservices-extra-api.jar` im Verzeichnis `%TOMCAT_HOME%/shared/lib` und die Bibliothek `webservices-api.jar` im Verzeichnis `%TOMCAT_HOME%/common/endorsed` befinden und dass der Tomcat neu gestartet wurde.

Schritt 2: Erzeugen des Projekts in Eclipse

Erzeugen Sie ein Projekt für eine Webapplikation in Eclipse. Binden Sie im Deployment Descriptor der Webapplikation (`web.xml`) den Listener `WSServletContextListener` aus dem Paket `com.sun.xml.ws.transport.http.servlet` ein. Konfigurieren Sie das Servlet `WSServlet` aus dem Paket `com.sun.xml.ws.transport.http.servlet` und sorgen Sie mit `load-on-startup` dafür, dass dieses Servlet beim Start der Applikation mitgestartet wird. Verbinden Sie nun ein URL-Mapping mit dem Servlet. Für dieses Beispiel können Sie als URL-Pattern /* nutzen.

Schritt 3: Erzeugen des SEI

Erstellen Sie das Service Endpoint Interface (SEI) `de.traudel.jaxws.service.basic.PingWS` mit der Methode `public String ping(String txt)`. Annotieren Sie das Interface mit `@WebService` und die Methode mit

`@WebMethod(operationName="ping")`. Bei Bedarf kann auch der Parameter der Methode `ping` mit der Annotation `@WebParam(name="text")` konfiguriert werden.

Schritt 4: Erzeugen der SIB

Erzeugen Sie die Service Implementation Bean (SIB) `de.traudel.jaxws.service.basic.PingWSImpl`. und lassen Sie diese unsere SEI implementieren. Verbinden Sie die SIB mit der SEI über die `@WebService`-Annotation mit dem Attribut `endpointInterface`:

```
@WebService( endpointInterface = "de.traudel.jaxws.service.basic.PingWS")
```

Die Ping-Methode kann einfach einen kleinen Beweis ihrer Nutzung liefern, indem die übergebene Zeichenkette in Großbuchstaben zurückgegeben wird.

Schritt 5: Erzeugen des Deployment Descriptors für den Webservice

Metro benötigt für den Webservice in Webapplikationen einen Deployment Descriptor mit dem Namen `sun-jaxws.xml` im `WEB-INF`-Verzeichnis. Darin müssen wir unseren Endpoint definieren. Das Wurzelelement hierfür ist das Element `endpoints` aus dem Namensraum `http://java.sun.com/xml/ns/jax-ws/ri/runtime`. Für den Endpoint benötigt man das Element `endpoint` mit den Attributen `name`, `implementation` und `url-pattern`:

```
<endpoint name='ping'
    implementation='de.traudel.jaxws.service.basic.PingWSImpl'
    url-pattern='/ping' />
```

Schritt 6: Deployment und Test

Deployen Sie die Webapplikation auf dem Tomcat und überprüfen Sie das erfolgreiche Deployment durch den Aufruf der WSDL mit dem URL `http://localhost:8080/metroWS/ping?wsdl`. Dabei ist `metroWS` der Name der Webanwendung und `/ping` der URI aus dem Deployment Descriptor.

Erzeugen Sie die Testklasse `de.traudel.jaxws.service.basic.Testa` mit einer Main-Methode. Testen Sie den Service mit der Klasse `javax.xml.ws.Service`. Übergeben Sie ihr als Parameter die Adresse, unter der Sie die WSDL erreichen und erzeugen Sie einen qualifizierten Namen für den Service. Entnehmen Sie die Informationen für den Namensraum und den lokalen Teil des Services der WSDL.

```
URL url = new URL("http://localhost:8080/metroWS/ping?wsdl");
QName name = new QName("http://basic.service.jaxws.traudel.de/",
    "PingWSImplService");
```

```
Service s = Service.create(url, name);
PingWS ws = s.getPort(PingWS.class);
System.out.println(ws.ping("kleiner Test"));
```

Listing 9.21: Ein kleiner Test

Fehlersituationen

Sofern der Listener oder das Servlet nicht gefunden wurden, stehen dem Tomcat die Bibliotheken von Metro noch nicht zur Verfügung. Überprüfen Sie, ob sich die erforderlichen Bibliotheken in den richtigen Verzeichnissen befinden und starten Sie den Tomcat neu.

Alternativen

Sie können Metro auch mit dem Ant-Projekt `metro-on-tomcat.xml` installieren.

Dokumente

Das SEI wurde bei diesem kleinen Beispiel weggelassen. Das SIB ist ein einfacher Webservice mit einer kleinen Methode zur Überprüfung der Kommunikation.

```
package de.traudel.jaxws.service.basic;

import javax.jws.WebMethod;
import javax.jws.WebParam;
import javax.jws.WebService;

@WebService
public class PingWSImp {

    @WebMethod(operationName="ping")
    public String ping(@WebParam(name="text") String txt) {
        return txt.toUpperCase();
    }
}
```

Listing 9.22: Das SIB

```
Der Deployment Descriptor der Webapplikation definiert den Listener ① und das
Servlet ② mit einem URL-Mapping ③.
<?xml version="1.0" encoding="UTF-8"?>

<web-app version="2.4" xmlns="http://java.sun.com/xml/ns/j2ee"
        xmlns:xsi="http://www.w3.org/2001/XMLSchema-instance"
        xsi:schemaLocation="http://java.sun.com/xml/ns/j2ee
        http://java.sun.com/xml/ns/j2ee/web-app_2_4.xsd">
```

```
    <listener><!-- ① -->
      <listener-class>
     com.sun.xml.ws.transport.http.servlet.WSServletContextListener
      </listener-class>
    </listener>
    <servlet> <!-- ② -->
      <servlet-name>ping</servlet-name>
      <servlet-class>
         com.sun.xml.ws.transport.http.servlet.WSServlet
      </servlet-class>
      <load-on-startup>1</load-on-startup>
    </servlet>
    <servlet-mapping> <!-- ③ -->
      <servlet-name>ping</servlet-name>
      <url-pattern>/*</url-pattern>
    </servlet-mapping>
</web-app>
```

Listing 9.23: `web.xml`, der Deployment Descriptor der Webapplikation

Der Deployment Descriptor des Webservices stellt über den Namen des Servlets mit dem Namen des Endpoints eine Verbindung her:

```
<?xml version="1.0" encoding="UTF-8"?>

<endpoints xmlns='http://java.sun.com/xml/ns/jax-ws/ri/runtime'
   version='2.0'>
   <endpoint
      name='ping'
      implementation='de.traudel.jaxws.service.basic.PingWSImpl'
      url-pattern='/ping'/>
</endpoints>
```

Listing 9.24: `sun-jaxws.xml`, der Deployment Descriptor des Webservices

Der Tester funktioniert wie im vorherigen Anwendungsfall, er hat nur eine andere Adresse zum Service.

9.7.3 Erzeugen eines komplexeren Webservices

Kurzbeschreibung

Als Erweiterung unseres Kommunikationstesters erzeugen wir einen Webservice, der komplexe Strukturen in seinen Service-Methoden abbildet. Wir werden unseren Rechnungsservice hier realisieren.

Ausgangssituation

Eine Webapplikation für Webservices – wie im vorherigen Anwendungsfall beschrieben – steht zur Verfügung.

Ziel

Der Rechnungsservice ist deployed und übergibt die richtigen Daten. Ein kleiner Tester überprüft das Verhalten.

Ablauf

Schritt 1: Erstellen der Vorgabe-Implementation (SEI)

Erzeugen Sie eine Vorgabe für die Erzeugung der WSDL. Hierfür können Sie eine »nackte« Implementation der Service-Schnittstelle benutzen. »Nackt« bedeutet hier, dass die Methoden so gelassen werden können, wie sie nach einem »add unimplemented methods« eingefügt wurden. Die Ausführung folgt später. Der Name der Implementation sei hier `RechnungsEndpoint` aus dem Paket `de.traudel.jaxws.service.rechnung`.

Schritt 2: Erzeugen der WSDL

Erzeugen Sie mit `wsgen` die WSDL. Hierfür können Sie z.B. einen Ant-Task nehmen, dem Sie die Vorgabe-Implementation übergeben:

```
<taskdef name="wsgen" classname="com.sun.tools.ws.ant.WsGen">
   <classpath path="jdk.classpath" />
</taskdef>

<target name="genWSDL">
   <wsgen resourcedestdir="${resource.dir}"
      sei="de.traudel.jaxws.service.rechnung.RechnungsEndpoint"
      genwsdl="true">
      <classpath refid="projekt.classpath" />
   </wsgen>
</target>
```

Schritt 3: Erzeugen der Klassen

Aufgrund der erzeugten WSDL generieren wir uns die benötigten Klassen. Dies können wir wieder mit einem Ant-Task erledigen:

```
<taskdef name="wsimport" classname="com.sun.tools.ws.ant.WsImport">
   <classpath path="jdk.classpath" />
</taskdef>
```

```
<target name="genFromWSDL">
    <wsimport keep="true"
        sourcedestdir="${source.dir}"
        destdir="${dest.dir}"
        wsdl="${wsdl}">
    </wsimport>
</target>
```

Die erzeugten Quellen enthalten nun Duplikate. Für unsere Vorgabe-Implementation gibt es als Gegenüber ein Interface mit dem gleichen Namen. Aus unserer Implementation können wir durch Anfügen der Endung `Impl` und die Implementierung des Webservice-Interfaces unsere Vorgabe in eine richtige SEI umwandeln und Eclipse glücklich machen, indem wir in der Implementation die Methoden löschen und neu einfügen lassen.

Schritt 4: Die Domain-Objekte

Die Domain-Objekte (Rechnung, Kunde, Artikel und Position) gibt es nun in unserem Projekt zweimal: einmal im Paket `de.traudel.jaxws.service.rechnung` die neu generierten XML-Datentypen und einmal im Paket `de.traudel.domain`, so, wie wir sie vom Service erhalten. Wenn wir die beiden Klassen inhaltlich vergleichen sehen wir als Hauptunterschied, dass aus der Eigenschaft `datum` vom Typ `Date` nun ein `XMLGregorianCalendar` geworden ist. Ansonsten haben sich die Objekte nicht verändert, außer, dass die Standard-Annotations für XML eingefügt wurden.

Sofern Sie an den Annotations nichts ändern müssen, da weiterhin die Vorgabe gilt, können Sie sich die neuen Klassen sparen und in der Implementation die Domain-Objekte aus dem Paket `de.traudel.domain` zurückgeben. Ansonsten müssen Sie einen Assembler einbauen, der die XML-Typen in die Domain-Objekte umwandelt und umgekehrt. Über kurz oder lang wird es auf die zweite Variante hinauslaufen, da immer ein Optimierungsbedarf bei den Datenobjekten besteht, den wir mit den Annotations lösen können. Für unser weiteres Vorgehen reicht Variante 1: Wir löschen die neuen Domain-Objekte und aktualisieren die Importe.

Schritt 5: Die Exception

Für unsere Exceptions, die im normalen Leben meist eigene fachliche Exceptions wären, hat Metro eigene Klassen erzeugt. Diese WebFaults passen nicht ganz in unsere Umgebung, insbesondere das XML-Objekt für `Exception` nicht. Richtig ist es hier, diese Exception zu löschen und die Subklasse (hier `Exception_Exception`) zu überarbeiten.

Schritt 6: Ausführung der Endpoint-Implementation (SEI)

Wir benötigen für die Delegation der Requests eine Instanz zu dem Service. Da wir in diesem Szenario kein Spring verwenden, können wir direkt auf den Service zugreifen:

```
private RechnungsService rechnungsService = new RechnungsServiceImpl();
```

Über diese Instanz delegieren wir die Aufrufe weiter und geben das Ergebnis zurück. Lediglich die Exceptions sollten umgewandelt werden:

```
try {
   ret = rechnungsService.holeAlleRechnungen();
} catch (java.lang.Exception e) {
   throw new Exception_Exception("Fehler bei holeAlleRechnungen", e);
}
```

Schritt 7: Deployment und Test

Tragen Sie in die `sun-jaxws.xml` den Service ein.

```
<endpoint
   name='re'
   implementation='de.traudel.jaxws.service.rechnung.RechnungsEndpointImpl'
   url-pattern='/re'/>
```

Deployen Sie die Webapplikation und testen Sie das erfolgreiche Deployment über den Abruf der WSDL (`http://localhost:8080/metroWS/re?wsdl`).

Schreiben Sie einen Main-Tester, indem Sie eine Instanz der Klasse `RechnungsEndpointService` erzeugen und aus dieser den Port erzeugen lassen:

```
RechnungsEndpointService service = new RechnungsEndpointService();
RechnungsEndpoint point = service.getRechnungsEndpointPort();
Rechnung r = point.holeRechnung(1L);
```

Mit diesem Port können Sie dann die Services testen.

Fehlersituationen

Sollte ein JABElement-Fehler bezüglich der Exception auftreten, sollten Sie in der ObjectFactory die Erzeugung der Exception herausnehmen.

Alternativen

Statt die SIB umzubenennen, kann man auch beim Generieren der WSDL die Optionen `-servicename` und `-portname` angeben.

Statt der Ant-Skripte können Sie natürlich auch Batchdateien oder Shell-Skripte benutzen.

Anstatt die generierten Domain-Objekte zu löschen, wie es hier zur Vereinfachung geschehen ist, sollten Sie diese besser umbenennen (zur Vermeidung von Namenskonflikten) und Assembler zum Übertragen der Daten zwischen den Domain-Strukturen aufbauen.

Dokumente

Der Endpoint vermittelt zwischen dem Webservice und dem Service:

```
package de.traudel.jaxws.service.rechnung;

import java.util.List;

import javax.jws.WebService;

import de.traudel.domain.Rechnung;
import de.traudel.service.RechnungsService;
import de.traudel.service.RechnungsServiceImpl;

@WebService
public class RechnungsEndpointImpl implements RechnungsEndpoint {

    private RechnungsService rechnungsService = new RechnungsServiceImpl();

    @Override
    public List<Rechnung> holeAlleRechnungen() throws Exception_Exception {
        List<Rechnung> ret = null;
        try {
            ret = rechnungsService.holeAlleRechnungen(); // ①
        } catch (java.lang.Exception e) { // ②
            throw new Exception_Exception("Fehler bei holeAlleRechnungen", e);
        }
        return ret;
    }

    @Override
    public Rechnung holeRechnung(Long arg0) throws Exception_Exception {
        Rechnung ret = null;
        try {
            ret = rechnungsService.holeRechnung(arg0);
        } catch (java.lang.Exception e) {
            throw new Exception_Exception("Fehler bei holeRechnung", e);
```

```
        }
        return ret;
    }

    @Override
    public Long neueRechnung(Rechnung arg0) throws Exception_Exception {
        Long ret = null;
        try {
            ret = rechnungsService.neueRechnung(arg0);
        } catch (java.lang.Exception e) {
            throw new Exception_Exception("Fehler bei neueRechnung", e);
        }
        return ret;
    }

    @Override
    public String ping() {

        return "lebe...";
    }

    @Override
    public List<Rechnung> sucheRechnungenZuKunde(Long arg0)
            throws Exception_Exception {
        List<Rechnung> ret = null;
        try {
            ret = rechnungsService.sucheRechnungenZuKunde(arg0);
        } catch (java.lang.Exception e) {
            throw new Exception_Exception("Fehler bei sucheRechnungenZuKunde",
                    e);
        }
        return ret;
    }

}
```

Listing 9.25: Die Service Endpoint Implementation (SEI)

Die einzelnen Methoden reichen den Aufruf an den Service weiter ① und übersetzen bei Bedarf die Exceptions ②. Beim Einsatz unterschiedlicher Datentypen für Webservice und Service würden hier auch noch die Assembler zum Umwandeln der Objekte genutzt.

Als Ant-Skript hat mir dieses gute Dienste geleistet:

```
<?xml version="1.0"?>

<project name="metroWS" default="deploy" basedir=".">

    <property environment="env" />
    <property name="appName" value="metroWS" />
    <property name="tomcat.home" value="${env.TOMCAT_HOME}"/>

    <property name="source.dir" value="${basedir}/gen/src" />
    <property name="dest.dir" value="${basedir}/gen/dest" />
    <property name="resource.dir" value="${basedir}/gen/resource" />
    <property name="wsdl"
        value="${resource.dir}/RechnungsEndpointService.wsdl" />

    <property name="build.dir" value="${basedir}/web" />

    <path id="projekt.classpath">
        <fileset dir="${basedir}/web/WEB-INF/lib">
            <include name="*.jar" />
        </fileset>
        <pathelement location="${basedir}/web/WEB-INF/classes"/>
    </path>
    <path id="jdk.classpath">
        <fileset dir="c:/java/metro/lib">
            <include name="*.jar" />
        </fileset>
    </path>
    <!-- Definition der Tasks ① -->
    <taskdef name="wsimport" classname="com.sun.tools.ws.ant.WsImport">
        <classpath path="jdk.classpath" />
    </taskdef>
    <taskdef name="wsgen" classname="com.sun.tools.ws.ant.WsGen">
        <classpath path="jdk.classpath" />
    </taskdef>

    <!-Deploy Target ② -->
    <target name="deploy">
        <jar jarfile="${appName}.war">
            <fileset dir="${build.dir}">
                <include name="**/*.*" />
            </fileset>
        </jar>
        <copy file="${appName}.war" todir="${tomcat.home}/webapps" />
```

```
    </target>
    <!-- Generierung der WSDL ③ -->
    <target name="genWSDL">
        <wsgen resourcedestdir="${resource.dir}"
            sei="de.traudel.jaxws.service.rechnung.RechnungsEndpoint"
            genwsdl="true">
            <classpath refid="projekt.classpath" />
        </wsgen>
    </target>
    <!-- Generierung der Klassen ④ -->
    <target name="genFromWSDL">
        <wsimport keep="true"
            sourcedestdir="${source.dir}"
            destdir="${dest.dir}"
            wsdl="${wsdl}">
        </wsimport>
    </target>

</project>
```

Listing 9.26: Ant-Skript für die unterschiedlichen Aufgaben

In diesem Ant-Skript werden die beiden Tasks für `wsgen` und `wsimport` definiert ①. Die weiteren Targets sind für das Deployment der Webapplikation im Tomcat ②, die Erzeugung der WSDL ③ und die Erzeugung der Klassen ④.

9.7.4 Erzeugen und Einbinden eines Handlers

Kurzbeschreibung

In diesem Anwendungsfall wird zu einem einfachen Webservice ein Handler eingebunden, der Logausgaben über Lifecycle-Ereignisse vornimmt.

Ausgangssituation

Der Webservice und der Client bestehen und funktionieren. Es kann der Webservice aus dem vorherigen Anwendungsfall genutzt werden.

Ziel

Der Handler erzeugt Logausgaben, die in den Log-Files kontrolliert werden können.

Ablauf

Schritt 1: Erzeugen des Handlers

Erzeugen Sie die Klasse `de.traudel.jaxws.service.handler.LoggingHandler` für den Handler. Lassen Sie diesen Handler das Interface `LogicalHandler`

<LogicalMessageContext> implementieren und fügen Sie in den geerbten Methoden Logausgaben ein. Ändern Sie in der Methode `handleMessage` den Rückgabewert auf `true`.

Schritt 2: Inhalt der Methode handleMessage

Überprüfen Sie in der Methode `handleMessage` mit der Anweisung `(Boolean) context.get(MessageContext.MESSAGE_OUTBOUND_PROPERTY)`, ob es eine eingehende oder eine ausgehende Nachricht ist. Aus dem Kontext können Sie über die Message auf den Payload zugreifen. Je nachdem, von welchem Typ dieser ist (z.B. DOMSource), können Sie auf die einzelnen Inhalte zugreifen und diese verändern.

Schritt 3: Lifecycle

Fügen Sie zwei Methoden für die Lifecycle-Erzeugung und Zerstörung des Handlers hinzu und annotieren Sie diese mit `@PreDestroy` und `@PostContruct`. Geben Sie in den Methoden Logausgaben zu Ihren Ereignissen aus.

Schritt 4: Handler-Konfiguration

Erzeugen Sie die Handler-Konfiguration in einer Datei mit dem Namen `logHandler.xml` und legen Sie diese in das `src`-Verzeichnis. Das Wurzelelement ist `handler-chains` und gehört zu dem Namensraum `http://java.sun.com/xml/ns/javaee`. In dem Wurzelelement können nun die einzelnen Handler-Ketten (`handler-chain`) mit ihren Handlern (`handler` und `handler-class`) definiert werden. Den genauen Aufbau finden Sie im Abschnitt »Dokumente« zu diesem Anwendungsfall.

Schritt 5: Einbinden des Handlers bei Service und Test

Binden Sie bei der Service Implementation Bean (SIB) über der Klassendefinition die Handler-Kette mit der Annotation `@HandlerChain(file = "logHandler.xml")` ein.

Deployen Sie den Service, rufen Sie den Test auf und kontrollieren Sie die Log-Files.

Alternativen

Die Handler-Kette kann auch in der `sun-jaxws.xml` konfiguriert werden. Hierbei bindet man unter dem `endpoint`-Element die Handler-Kette für einen Endpoint ein. Dafür benötigt der Service die `@HandlerChain-Annotation` nicht.

Dokumente

Der LogHandler gibt Informationen über den Lifecycle und die Nachricht aus:

```
package de.traudel.jaxws.service.handler;

import javax.annotation.PostConstruct;
import javax.annotation.PreDestroy;
import javax.xml.transform.Source;
import javax.xml.transform.dom.DOMSource;
import javax.xml.ws.LogicalMessage;
import javax.xml.ws.handler.LogicalHandler;
import javax.xml.ws.handler.LogicalMessageContext;
import javax.xml.ws.handler.MessageContext;

public class LoggingHandler implements LogicalHandler<LogicalMessageContext>
{

    @PostConstruct ①
    public void lebe() {
        System.out.println("LoggingHandler initialisiert!");
    }

    @PreDestroy ②
    public void sterbe() {
        System.out.println("LoggingHandler wird entsorgt!");
    }

    @Override
    public void close(MessageContext context) {
        System.out.println("Message wird geschlossen! ");
    }

    @Override
    public boolean handleFault(LogicalMessageContext context) {
        System.out.println("Fehler: " + context.getMessage().getPayload());
        return false;
    }

    @Override ③
    public boolean handleMessage(LogicalMessageContext context) {
        Boolean out = (Boolean) context
                .get(MessageContext.MESSAGE_OUTBOUND_PROPERTY); ④
        if (out) {
            System.out.println("Ausgehende Nachricht:");
        } else {
            System.out.println("Eingehende Nachricht:");
        }
```

```
        LogicalMessage m = context.getMessage();
        Source s = m.getPayload(); ⑤
        System.out.println(s);
        if (s instanceof DOMSource) {
            DOMSource ds = (DOMSource) s;
            // Name von request und Response
            System.out.println(ds.getNode().getFirstChild().getNodeName());
        }
        // Verändern des Payloads
        // ..
        // und Merken der Änderungen
        m.setPayload(s);

        return true;
    }
}
```

Listing 9.27: Der LogHandler

Mit den Annotations `@PostConstruct` ① und `@PreDestroy` ② kann man auf das Erzeugen und Zerstören des Handlers reagieren. Die Methode `handleMessage()` ③ wird bei jeder Nachricht aufgerufen. Aus dem Kontext kann man allgemeine Informationen aus der Nachricht beziehen ④ und auch auf den eigentlichen Payload ⑤ zugreifen.

Die Deklaration der Handler-Kette ist eine kleine XML-Datei:

```
<?xml version="1.0" encoding="UTF-8"?>
<jws:handler-chains xmlns:jws="http://java.sun.com/xml/ns/javaee">
    <jws:handler-chain>
        <jws:handler>
            <jws:handler-class>
                de.traudel.jaxws.service.handler.LoggingHandler
            </jws:handler-class>
        </jws:handler>
    </jws:handler-chain>
</jws:handler-chains>
```

Listing 9.28: `logHandler.xml`

Alternativ dazu kann man den Handler auch in der `sun-jaxws.xml` definieren:

```
<?xml version="1.0" encoding="UTF-8"?>

<endpoints xmlns='http://java.sun.com/xml/ns/jax-ws/ri/runtime'
    version='2.0'>
```

```
    <endpoint
        name='info'
        implementation='de.traudel.jaxws.service.basic.InfoWS'
        url-pattern='/info'>
        <jws:handler-chains xmlns:jws="http://java.sun.com/xml/ns/javaee">
          <jws:handler-chain>
            <jws:handler>
            <jws:handler-class>de.traudel.jaxws.service.handler.LoggingHandler
              </jws:handler-class>
            </jws:handler>
          </jws:handler-chain>
        </jws:handler-chains>
    </endpoint>
</endpoints>
```

Listing 9.29: Die Handler-Ketten Definition in der `sun-jaxws.xml`

Sofern die Handler-Kette über eine externe Konfigurationsdatei vorgenommen wurde, muss man diese noch bei dem Service einbinden:

```
package de.traudel.jaxws.service.basic;

import javax.jws.HandlerChain;
import javax.jws.WebMethod;
import javax.jws.WebParam;
import javax.jws.WebService;

@WebService
@HandlerChain(file = "logHandler.xml")
public class PingWSImpl {

    @WebMethod(operationName = "ping")
    public String ping(@WebParam(name = "text") String txt) {
        return txt.toUpperCase();
    }
}
```

Listing 9.30: Der Service mit der Verbindung zur Handler-Kette

9.7.5 Erzeugen eines asynchronen Clients

Kurzbeschreibung

Dieser Anwendungsfall beschreibt die Nutzung des CallbackHandlers für einen asynchronen Service-Aufruf.

Ausgangssituation

Eine Metro-Webapplikation ist wie im Anwendungsfall »Deployment eines einfachen Webservices im Tomcat« vorhanden. Der Ping-Webservice aus den vorherigen Beispielen kann zur Erweiterung genutzt werden.

Ziel

Erfolgreicher Test eines asynchronen Aufrufs.

Ablauf

Schritt 1: Erweiterung des Webservices

Fügen Sie in dem Webservice eine Service-Methode mit einer Zeitverzögerung ein. Die Signatur

```
public String machEsSpaeter(int sekunden);
```

wird ganz gut passen. In dieser Methode werden wir per `Thread.sleep(sekunden * 1000);` eine Zeitverzögerung einbauen. Deployen Sie den Service und überprüfen Sie die korrekte WSDL.

Schritt 2: Erzeugen eines neuen Projekts

Erzeugen Sie für den Client besser ein separates Java-Projekt in Eclipse. So entstehen keine Nebenwirkungen zwischen den generierten clientseitigen Dateien und dem Service.

Schritt 3: Erzeugen der Binding-Definition

Erzeugen Sie die Datei `custom-client.xml` an einer Stelle, die Sie gut wiederfinden. Diese Binding-Datei wird nachher bei einem Ant-Task zur Generierung des Clients referenziert. Erzeugen Sie in der XML-Datei das Wurzelelement `bindings` mit den Attributen für die Namensräume `xsd`, `wsdl` und `jaxws`. Zusätzlich benötigen wir noch das Attribut `wsdlLocation` mit dem URI zur WSDL. In dem Wurzelelement erzeugen wir ein `bindings`-Element für den Knoten `wsdl:definitions` mit dem Inhalt `enableAsyncMapping`, den wir auf `true` setzen. Dies schaut dann so aus:

```
<?xml version="1.0" encoding="UTF-8" standalone="yes"?>

<bindings
   xmlns:xsd="http://www.w3.org/2001/XMLSchema"
   xmlns:wsdl="http://schemas.xmlsoap.org/wsdl/"
   wsdlLocation="http://localhost:8080/metroWS/ping?wsdl"
   xmlns="http://java.sun.com/xml/ns/jaxws">
```

```
    <bindings node="wsdl:definitions">
        <enableAsyncMapping>true</enableAsyncMapping>
    </bindings>
</bindings>
```

Listing 9.31: Das Binding

Schritt 4: Erzeugen des Stubs

Erzeugen Sie einen Ant-Task für `wsimport`. Erweitern Sie `wsimport` durch das `binding`-Attribut mit dem Pfad zur Binding-Definition. Generieren Sie den Stub für Ihren Service.

Kontrollieren Sie den Stub. Die Service-Methoden des Interfaces sollten nun zwei zusätzliche Methoden mit der Endung `Async` anbieten. Eine von ihnen gibt ein Response-Objekt und die andere ein Future-Objekt zurück und erwartet zusätzlich einen `AsyncHandler` als Parameter.

Schritt 5: Erzeugen des asynchronen Handlers

Erzeugen Sie die Klasse `MachEsSpaeterCallbackHandler` für einen asynchronen Handler. Die Klasse muss das Interface `AsyncHandler` implementieren. Sie können diesem Handler ein Objekt zu einer Callback-Klasse mit übergeben, in der sich die Methode befindet, die bei erfolgreicher Response ausgeführt werden soll. In der Methode `handleResponse` können Sie dann die entsprechende Methode mit dem `response`-Objekt aufrufen.

Schritt 6: Erzeugen des Clients

Erzeugen Sie den Client. Übergeben Sie der asynchronen Methode eine Instanz des CallbackHandlers und werten Sie in der Callback-Methode das Ergebnis aus.

Alternativen

Sie können den asynchronen Client auch mit Polling realisieren. Hierfür müssen Sie die Async-Methode aufrufen, die ein Response-Objekt zurückgibt, und in einer Schleife auf die Beendigung des Requests warten. Sie sollten dabei nicht vergessen, ein Timeout zu setzen:

```
InfoWS port = new InfoWSService().getInfoWSPort();
// Timeout für den Request
int timeout = 10000; // 10 Sekunden ①
((BindingProvider) port).getRequestContext().put(
      JAXWSProperties.REQUEST_TIMEOUT, timeout);

System.out.println("Polle...");
// Aufruf mit Response-Objekt als Rückgabe
```

```
Response<MachEsSpaeterResponse> resp = port.machEsSpaeterAsync(5);
// Warteschleife
while (!resp.isDone()) { // Fertig? ②
   System.out.println("Noch kein Ergebnis - ich warte noch ein wenig");
   Thread.sleep(1000); // ③
}
// Ergebnis ist da
MachEsSpaeterResponse output = resp.get();
System.out.println(output.getReturn());
```

Listing 9.32: Asynchroner Client mit Polling

Über den RequestContext können wir den Timeout setzen ①. Die Methode `isDone()` sagt uns, wann das Ergebnis vorhanden ist ②. In einer Schleife können wir auf die Rückgabe warten ③.

Fehlersituationen

Zu Schritt 4: Sofern der `TaskDef` nicht erzeugt werden kann, fehlt vielleicht bei der Ant-Umgebung die `webservices-tools.jar`. Unter WINDOW|PREFERENCES|ANT|RUNTIME kann unter GLOBAL ENTRIES die Bibliothek hinzugefügt werden.

Dokumente

Der Service hat nur eine Methode, die ein wenig schläft:

```
@WebMethod(operationName="machEsSpaeter")
public String machEsSpaeter(int sekunden)
{
   try {
      Thread.sleep(sekunden * 1000);
   } catch (InterruptedException e) {
      e.printStackTrace();
   }
   return "Bin wieder da...";
}
```

Listing 9.33: Service-Methode für den asynchronen Aufruf

Für die Generierung des Stubs benötigen wir eine Binding-Definition:

```
<?xml version="1.0" encoding="UTF-8" standalone="yes"?>

<bindings
   xmlns:xsd="http://www.w3.org/2001/XMLSchema"
   xmlns:wsdl="http://schemas.xmlsoap.org/wsdl/"
```

```
    wsdlLocation="http://localhost:8080/metroWS/info?wsdl"
    xmlns="http://java.sun.com/xml/ns/jaxws">
    <bindings node="wsdl:definitions">
        <enableAsyncMapping>true</enableAsyncMapping>
    </bindings>
</bindings>
```

Listing 9.34: Die Binding-Definition in der `custom-client.xml`

Diese Binding-Definition wird in dem `wsimport` eingebunden:

```
<?xml version="1.0"?>
<!--
Für den Ant-Task wsimport muss bei den Ant-Runtime-Settings die
webservices-tools.jar bei den Global Entries aufgenommen werden.
-->
<project name="jax-ws-Client" default="generateInfo" basedir=".">

    <property name="source.dir" value="${basedir}/gen/src" />
    <property name="dest.dir" value="${basedir}/gen/dest" />
    <property name="wsdl" value="http://localhost:8080/metroWS/info?wsdl" />

    <path id="jdk.classpath">
            <fileset dir="c:/java/metro/lib">
            <include name="*.jar" />
        </fileset>
    </path>
    <!-- ① -->
    <taskdef name="wsimport" classname="com.sun.tools.ws.ant.WsImport">
        <classpath path="jdk.classpath"/>
    </taskdef>

    <target name="generateInfo">
        <wsimport
            keep="true"
            sourcedestdir="${source.dir}"
            binding="${basedir}/custom-client.xml" <!-- ② -->
            destdir="${dest.dir}"
          wsdl="${wsdl2}">
        </wsimport>
    </target>
</project>
```

Listing 9.35: Das Ant-Skript mit `wsimport`

Das Ant-Skript definiert den `wsimport`-Task ① und bindet die Binding-Definition ein ②.

Der CallbackHandler kann auch als private Klasse bei dem Client eingebunden werden.

```
/**
 * Async callback handler
 */
private class MachEsSpaeterCallbackHandler implements
        AsyncHandler<MachEsSpaeterResponse> {
    // Das ist die Methode, die wir dann aufrufen wollen ①
    private AsyncClient asyncClient;

    // Da merken wir uns den Listener ②
    public MachEsSpaeterCallbackHandler(AsyncClient asyncClient) {
        this.asyncClient = asyncClient;
    }

    public void handleResponse(Response<MachEsSpaeterResponse> response) {
        System.out.println("Die Antwort ist gekommen...");
        try {
            // Rufe Callback-Methode auf ③
            asyncClient.verarbeiteErgebnis(response.get());
        } catch (ExecutionException e) {
            e.printStackTrace();
        } catch (InterruptedException e) {
            e.printStackTrace();
        }
    }

}
```

Listing 9.36: Der CallbackHandler

Bei Bedarf können wir uns im Handler eine Referenz zu einer Callback-Klasse merken ①, die wir einfach im Konstruktor mit übergeben ②. In der Methode `handleResponse` können wir dann die gewünschte Methode aufrufen und den Response übergeben ③.

Der folgende Client enthält beide Versionen gemeinsam:

```
package de.traudel.jaxws.client.async;

import java.util.concurrent.ExecutionException;
```

```
import java.util.concurrent.Future;

import javax.xml.ws.AsyncHandler;
import javax.xml.ws.BindingProvider;
import javax.xml.ws.Response;

import com.sun.xml.ws.developer.JAXWSProperties;

import de.traudel.jaxws.service.basic.InfoWS;
import de.traudel.jaxws.service.basic.InfoWSService;
import de.traudel.jaxws.service.basic.MachEsSpaeterResponse;

public class AsyncClient {

    private InfoWS port;

    public AsyncClient() {
        port = new InfoWSService().getInfoWSPort();
    }

    public static void main(String[] args) throws Exception {
        AsyncClient client = new AsyncClient();

        // Asynchron mit Polling ①
        client.invokeAsyncPoll();

        // Asynchron mit Callback-Methode ②
        client.invokeAsyncCallback();

        // Programm nicht beenden
        System.in.read();
    }

    private void invokeAsyncPoll() throws InterruptedException,
            ExecutionException {

        InfoWS port = new InfoWSService().getInfoWSPort();
        // Timeout für den Request
        int timeout = 10000; // 10 Sekunden
        ((BindingProvider) port).getRequestContext().put(
                JAXWSProperties.REQUEST_TIMEOUT, timeout);

        System.out.println("Polle...");
```

```
    // Aufruf mit Response-Objekt als Rückgabe
    Response<MachEsSpaeterResponse> resp = port.machEsSpaeterAsync(5);
    // Warteschleife
    while (!resp.isDone()) { // Fertig?
        System.out.println("Noch kein Ergebnis - ich warte noch ein wenig");
        Thread.sleep(1000);
    }
    // Ergebnis ist da
    MachEsSpaeterResponse output = resp.get();
    System.out.println(output.getReturn());
}

private void invokeAsyncCallback() throws InterruptedException {

    System.out.println("Callback ...");
    // Der soll bei "Fertig" aufgerufen werden
    MachEsSpaeterCallbackHandler callbackHandler =
            new MachEsSpaeterCallbackHandler(this);
    Future<?> response = port.machEsSpaeterAsync(2, callbackHandler);
}

public void verarbeiteErgebnis(MachEsSpaeterResponse response) {
    System.out.println("Ergebnis: " + response.getReturn());

}

/**
 * Async callback handler ③
 */
private class MachEsSpaeterCallbackHandler implements
        AsyncHandler<MachEsSpaeterResponse> {
    // Das ist die Methode, die wir dann aufrufen wollen
    private AsyncClient asyncClient;

    // Da merken wir uns den Listener
    public MachEsSpaeterCallbackHandler(AsyncClient asyncClient) {
        this.asyncClient = asyncClient;
    }

    public void handleResponse(Response<MachEsSpaeterResponse> response) {
        System.out.println("Die Antwort ist gekommen...");
        try {
            // Rufe Callback-Methode auf
```

```
                asyncClient.verarbeiteErgebnis(response.get());
            } catch (ExecutionException e) {
                e.printStackTrace();
            } catch (InterruptedException e) {
                e.printStackTrace();
            }
        }
    }
}
```

Listing 9.37: Der Client

In der Main-Methode wird sowohl die Polling-Variante ① als auch die Callback-Variante ② aufgerufen. Der CallbackHandler ist hier als innere Klasse ③ eingebunden.

9.7.6 Übertragung von Binärdaten: MTOM

Kurzbeschreibung

Dieser Anwendungsfall empfängt und sendet Binärdaten in Form von PDF-Rechnungen. Dabei hat sowohl der Kunde die Möglichkeit, uns eine Rechnung per PDF zukommen zu lassen, als auch wir die Möglichkeit, eine Rechnung per PDF zu versenden. Die Erzeugung und Weiterverarbeitung der Rechnungen lassen wir außen vor. Hierfür wäre evtl. Apache FOP interessant.

Ausgangssituation

Eine Webapplikation mit WSServlet existiert.

Ziel

Erfolgreicher Test einer Übertragung einer Rechnung per PDF in beide Richtungen.

Ablauf

Schritt 1: Erstellen der Service Implementation Bean (SIB)

Erzeugen Sie die Klasse `RechnungPDFEndpointImpl` im Paket `de.traudel.jaxws.service.rechnung`. Diese Klasse annotieren wir mit den Annotations `@MTOM` und `@WebService`. Wir geben dieser Klasse die beiden Methoden `public byte[] sendeRechnungPerPDF(String nr)` und `public void empfangeRechnungPerPDF(String name, DataHandler dataHandler)` bei. Den Parameter für den `DataHandler` annotieren wir noch mit `@XmlMimeType("application/octet-stream")`. Um den Inhalt der Methoden kümmern wir uns später.

Schritt 2: Deployment und Prüfung der WSDL

Tragen Sie die noch recht leere Implementation in die `sun-jaxws.xml` ein und rufen Sie die WSDL auf. Wichtig ist, dass der Rückgabewert der Methode `sendeRechnungPerPDF` und der zweite Parameter der Methode `empfangeRechnungPerPDF` jeweils vom Typ `xs:base64Binary` sind. Die Annotation `@XmlMimeType("application/octet-stream")` wird durch die Typerweiterung `ns1:expectedContentTypes="application/octet-stream"` umgesetzt.

Schritt 3: Ausführen der Service-Methoden

Wir erzeugen hier eine einfache Dummy-Methode, die eine PDF-Datei sendet und irgendetwas Binäres empfängt. Bei der Methode `sendeRechnungPerPDF` benötigen wir eine `FileDataSource`, aus der wir unsere Rechnung auslesen können, um diese in ein Byte-Array einzulesen. Dieses Array geben wir dann einfach zurück:

```
public byte[] sendeRechnungPerPDF(String nr) {
    byte[] ret = null;
    try {
        FileDataSource ds = new FileDataSource("c:/temp/rechnung" + nr
                + ".pdf");
        long size = ds.getFile().length();
        ret = new byte[(int) size];
        ds.getInputStream().read(ret);
    } catch (IOException e) {
        e.printStackTrace();
    }
    return ret;
}
```

Beim Empfang erhalten wir als Parameter eine `DataSource` zu unserer Datei. Aus dieser können wir einen `BufferedInputStream` erzeugen und die Daten irgendwo hinschreiben:

```
BufferedInputStream in = new BufferedInputStream(dataHandler
        .getInputStream());
// Output-Stream erzeugen
BufferedOutputStream out = new BufferedOutputStream(
        new FileOutputStream("c:/temp/up/" + name));
// Lesen und Speichern
byte[] data = new byte[1024 * 8];
int size = 0;
while ((size = in.read(data)) != -1) {
```

```
    out.write(data, 0, size);
}
out.close();
```

Schritt 4: Deployment und Test

Nachdem wir die überarbeitete Version deployed haben, können wir per `wsimport` die benötigten Dateien erzeugen. Mit diesen unterstützen wir unseren Tester, der eine Datei sendet und eine empfängt.

Dokumente

Die Service-Implementation bietet die Methoden zum Senden und Empfangen der Dokumente:

```
package de.traudel.jaxws.service.rechnung;

import java.io.BufferedInputStream;
import java.io.BufferedOutputStream;
import java.io.FileOutputStream;
import java.io.IOException;

import javax.activation.DataHandler;
import javax.activation.FileDataSource;
import javax.jws.WebService;
import javax.xml.bind.annotation.XmlMimeType;
import javax.xml.ws.soap.MTOM;

@MTOM // ①
@WebService
public class RechnungPDFEndpointImpl implements RechnungPDFEndpoint {

    public byte[] sendeRechnungPerPDF(String nr) { // ②
        byte[] ret = null;
        try {
            FileDataSource ds = new FileDataSource("c:/temp/rechnung" + nr
                    + ".pdf");
            long size = ds.getFile().length();
            ret = new byte[(int) size];
            ds.getInputStream().read(ret);
        } catch (IOException e) {
            e.printStackTrace();
        }
        return ret;
    }
```

```
    public void empfangeRechnungPerPDF(String name, // ③
        @XmlMimeType("application/octet-stream") DataHandler dataHandler) {
      try {
        BufferedInputStream in = new BufferedInputStream(dataHandler
            .getInputStream());
        // Output-Stream erzeugen
        BufferedOutputStream out = new BufferedOutputStream(
            new FileOutputStream("c:/temp/up/" + name));
        // Lesen und Speichern
        byte[] data = new byte[1024 * 8];
        int size = 0;
        while ((size = in.read(data)) != -1) {
          out.write(data, 0, size);
        }
        out.close();
      } catch (Exception e) {
        e.printStackTrace();
      }

    }
}
```

Listing 9.38: Die Service-Implementation

Der Trick dabei ist die MTOM-Annotation ①, die Rückgabe des Byte-Arrays beim Senden ② und die DataSource als Parameter mit der XmlMimeType-Annotation für den Parameter ③.

Der Tester empfängt und sendet eine Datei:

```
package de.traudel.jaxws.service.rechnung;

import javax.activation.DataHandler;
import javax.activation.FileDataSource;

public class Tester {

    /**
     * @param args
     */
    public static void main(String[] args) {
      RechnungPDFEndpointService service = new RechnungPDFEndpointService();
      // ①
      RechnungPDFEndpoint point = service.getRechnungPDFEndpointImplPort();
```

```
        byte[] diePDF = point.sendeRechnungPerPDF("1"); // ②
        // Schreib weg das Ding

        String name = "meineRechnung.pdf";
        FileDataSource ds = new FileDataSource("c:/temp/" + name);
        // Erzeugen des DataHandlers mithilfe der DataSource
        DataHandler dh = new DataHandler(ds); // ③
        point.empfangeRechnungPerPDF(name, dh);

    }

}
```

Listing 9.39: Der Tester

Wenn der Endpoint erzeugt ist ①, kann man sich die Datei nun schicken lassen ② und einen `DataHandler` zur Datei (hier erzeugt aus einer `FileDataSource`) ③ mit übergeben.

Kapitel 10

Jersey

Jersey ist Suns Referenzimplementierung von JAX-RS. Dieses Kapitel zeigt aufbauend auf Kapitel 6 die Umsetzung von JAX-RS mit Jersey. Hierfür stelle ich das Framework vor, zeige die enthaltenen Server und die Möglichkeit, Jersey in eine Webapplikation zu integrieren. Zusätzlich zu JAX-RS bietet Jersey eine Unterstützung für den Client, die ich im dritten Abschnitt vorstelle. In den beiden folgenden Abschnitten zeige ich die Integration mit Spring und die Nutzung von AJAX, JSON, Jersey und Spring. Im Anschluss finden Sie wieder eine Reihe von Anwendungsfällen, die Ihnen das Leben erleichtern sollen.

10.1 Die Referenzimplementierung

Um REST in Java umzusetzen, gibt es viele, teilweise auch halbherzige Möglichkeiten. Einen kompletten Funktionsumfang für die Erstellung von REST-Applikationen bietet Jersey. Jersey ist die Referenzimplementierung von JAX-RS von Sun. Es kann recht einfach in Webapplikationen integriert werden und somit auf Webservern und Application Servern wie Tomcat, JBoss oder GlassFish deployed werden. Außerdem bringt Jersey einen eigenen, leichtgewichtigen REST-Container mit dem Namen »Grizzly« mit. Dieser Container ist für den einfachen Einstieg und für Testzwecke gedacht. Das Projekt Jersey ist auf der Website `https://jersey.dev.java.net/` gehostet.

Im Projektumfang sind folgende Kernkomponenten vorhanden:

- die Server-API
- die Client-API
- die Unterstützung der Entities
- Zusätzlich bietet Jersey noch Tools (z.B. zur Erstellung der WADL) und die Unterstützung anderer Frameworks wie des Spring-Frameworks.

10.1.1 Download

Auf der Downloadseite von Jersey werden die einzelnen Installationsmöglichkeiten beschrieben. Die von Sun bevorzugte Methode ist dabei die Maven-Variante.

Weiterhin wird ein ZIP-Archiv mit den wesentlichen JAR-Files zur Verfügung gestellt. In diesem Buch benutze ich das ZIP-File `jersey-archive-1.1.4.1.zip`. In diesem Paket sind die API-Docs, die grundlegenden und einige optionale Bibliotheken enthalten.

Die Minimalkonfiguration für ein Jersey-Projekt enthält folgende Bibliotheken:

`jersey-server.jar`	Serverseitig benötigte Klassen
`jersey-core.jar`	Gemeinsam (client- und serverseitig) benötigte Klassen
`jsr311-api.jar`	Die JAX-RS-Annotations
`asm.jar`	Bytecode-Manipulation von `objectweb.org`

Tabelle 10.1: Bibliotheken für die Minimalkonfiguration für REST-Projekte

Sofern man mit Java 1.5 arbeitet, benötigt man noch die Implementierung von JAXB, also die Bibliotheken `jaxb-impl.jar`, `jaxb-api.jar`, `activation.jar` und `stax-api.jar`, die auch auf der Jersey-Downloadseite angeboten werden.

10.1.2 Dokumentation

Abgesehen von der API-Dokumentation aus der Jersey-Distribution stellt die Jersey-Gemeinde noch ein umfangreiches Wiki unter `http://wikis.sun.com/display/Jersey/` zur Verfügung. Hierin werden einige Tutorials und Beispielanwendungen angeboten. Auch Links zu den Blogs der Jersey-Teammitglieder Paul Sandoz, Marc Hadley und Jakub Podlesak werden im Wiki angeboten.

In dem Abschnitt »Children« werden Links zu weiteren interessanten Themen angeboten, wie z.B. WADL, JAX-RS-Features, und zusätzliche Jersey-Features (leider noch voller TODOs) sowie ein FAQ.

10.2 Jersey-Server

Die Server-API von Jersey beinhaltet sowohl die Realisierung von JAX-RS 1.1 als auch einige Erweiterungen für die Einbettung von REST-Services in Container. Die vier JAR-Files aus der Minimalkonfiguration aus dem vorherigen Abschnitt (`jersey-server.jar`, `jersey-core.jar`, `jsr311-api.jar`, `asm.jar`) beinhalten die dafür notwendigen Klassen.

Beim Management der Projekte mit Maven muss man die `pom.xml` mit folgenden Abhängigkeiten und Repository-Erweiterungen anpassen:

```
<dependency>
   <groupId>com.sun.jersey</groupId>
   <artifactId>jersey-server</artifactId>
```

```
    <version>1.1.5</version>
</dependency>

<repository>
    <id>maven2-repository.dev.java.net</id>
    <name>Java.net Repository for Maven</name>
    <url>http://download.java.net/maven/2/</url>
    <layout>default</layout>
</repository>
<repository>
    <id>maven-repository.dev.java.net</id>
    <name>Java.net Maven 1 Repository (legacy)</name>
    <url>http://download.java.net/maven/1</url>
    <layout>legacy</layout>
</repository>
```

Listing 10.1: Erweiterungen der `pom.xml` für den Jersey-Server

Jersey bietet drei eigene HTTP-Server an: Grizzly-, Simple- und Lightweight-HTTP-Webserver. Um den integrierten Grizzly-Server zu nutzen, muss man im Projekt die `grizzly-servlet-webserver.jar` einbinden. Maven-Benutzer müssen Ihre POM um die Abhängigkeit zum Grizzly erweitern.

```
<dependency>
    <groupId>com.sun.grizzly</groupId>
    <artifactId>grizzly-servlet-webserver</artifactId>
    <version>1.9.8</version>
</dependency>
```

Listing 10.2: Dependency für den Grizzly-Server

Ein einfaches Beispiel zur Nutzung des Grizzly-Servers finden wir im Jersey-User-Guide. In angepasster Form schaut es folgendermaßen aus:

```
package de.traudel.jersey;

import java.io.IOException;
import java.util.HashMap;
import java.util.Map;

import com.sun.grizzly.http.SelectorThread;
import com.sun.jersey.api.container.grizzly.GrizzlyWebContainerFactory;

public class GrizzlyServer {
```

```
    /**
     * @param args
     * @throws IOException
     */
    public static void main(String[] args) throws IOException {
        final String baseUri = "http://localhost:9998/";
        final Map<String, String> initParams = new HashMap<String, String>();

        initParams.put("com.sun.jersey.config.property.packages",
                "de.traudel.jersey"); ①

        System.out.println("Starting grizzly...");
        SelectorThread threadSelector = GrizzlyWebContainerFactory.create(
                baseUri, initParams); ②
       System.out.println("Grizzly läuft auf "+baseUri+" Beenden mit Return");
        System.in.read();
        threadSelector.stopEndpoint();
        System.exit(0);

    }
}
```

Listing 10.3: Grizzly-HTTP-Webserver

Bei der Konfiguration des Grizzly wird der Paketname mit angegeben ①, in dem die Ressourcenklassen zu finden sind. Beim Start des Grizzly scannt der Server diese Klassen durch und erzeugt die Endpunkte. Über eine Factory wird der Server erzeugt ②.

In der Praxis wird Jersey in den meisten Fällen in einen bestehenden Webserver eingebunden. Hierfür stellt Jersey die Klasse `com.sun.jersey.spi.container.servlet.ServletContainer` zur Verfügung, die mit einem geeigneten Servlet-Mapping eingebunden werden kann. Der genaue Ablauf ist in den Anwendungsfällen am Ende des Kapitels detailliert beschrieben.

10.3 Jersey-Client

Jersey bietet uns eine umfangreiche API zur Nutzung von RESTful Webservices.

Basis der Client-API ist eine Ressource, die in Jersey über die Klasse `com.sun.jersey.api.client.WebResource` abgebildet wird. Eine Instanz der Klasse `WebResource` erhält man mithilfe der Klasse `com.sun.jersey.api.client.Client`, die nicht nur Ressourcen erzeugt, sondern auch die Konfiguration für die Verbindungen und die Requests enthält. Die Erzeugung der Klasse `Client` ist sehr ressourcenintensiv und sollte an einer zentralen Stelle vorgenommen werden. Die Instanz sollte für alle Aufgaben genutzt werden, die eine gleiche Konfiguration erwarten. Zur Konfiguration des Clients kann er mithilfe einer Instanz einer Implementation des `ClientConfig`-Interfaces vorgenommen werden. In den meisten Fällen nutzt man die `ClientConfig`, um Provider bei dem Client zu registrieren. Eine Default-Implementierung von `ClientConfig` finden wir in der Klasse `com.sun.jersey.api.client.config.DefaultClientConfig`:

```
ClientConfig config = new DefaultClientConfig();
config.getClasses().add(JSONRootElementProvider.class);
Client client = Client.create(config);
```

Listing 10.4: Erzeugung eines Clients mit einer `ClientConfig`

Die einfache Vorgehensweise zur Ausführung eines einfachen REST-Services schaut folgendermaßen aus:

```
Client c = Client.create(); ①
WebResource wr = c.resource("http://127.0.0.1:8080/rs/services/Basic/ping"); ②
wr = wr.queryParam("s", "Ein Test"); ③
String ret =  wr.accept("text/plain").get(String.class); ④
```

Listing 10.5: Ausführen eines einfachen REST-Clients

Den Client erzeugen wir in den meisten Fällen mit der statischen Methode `create` ①. Aus dem Client können wir dann die `WebResource` ② erzeugen. Zur Erzeugung geben wir hier den URI zu dem Service mit. Man kann auch nur den Basis-URI angeben und bei dem Request den Pfad erweitern. Der `WebResource` kann man nun noch Parameter mit übergeben ③ und dann den Request mit `get` ④ ausführen. Zusätzlich wird hier noch der Header für `accept` gesetzt. Der Parameter für `get` definiert den Rückgabetyp.

Die Methoden `post`, `put` und `delete` haben teilweise einen Parameter mit dem Namen `requestEntity` vom Typ `java.lang.Object`. Dieser Parameter nimmt Übergabewerte analog zum `queryParam` aus dem Get-Beispiel auf. In vielen Fällen ist diese Request Entity eine Instanz der Klasse `com.sun.jersey.api.representation.Form`, die in einer Map die Parameter übertragen kann. Die Methode `method` erwartet immer als ersten Parameter einen String mit der gewünschten Request-Methode (GET, POST etc.). All diese Methoden sind in dem Interface `com.sun.jersey.api.client.UniformInterface` definiert, das die Klasse `com.sun.jersey.api.client.WebResource` implementiert.

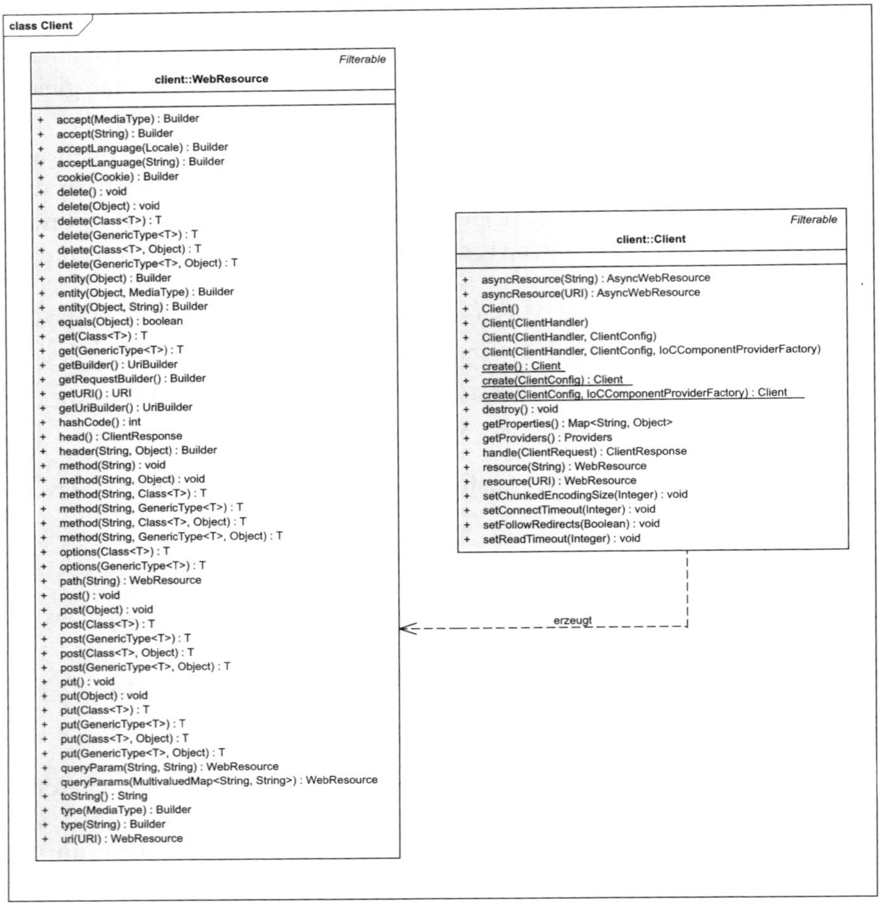

Abb. 10.1: Die Klassen `Client` und `WebResource`

10.4 Spring und Jersey

In den meisten Fällen integriert Spring andere Frameworks. Hier integriert Jersey Spring in REST. Die Auflösung der benötigten Abhängigkeiten kann mit Maven über eine zusätzliche Abhängigkeit eingefügt werden.

```
<dependency>
   <groupId>com.sun.jersey.contribs</groupId>
   <artifactId>jersey-spring</artifactId>
   <version>1.1.5</version>
</dependency>
```

Listing 10.6: Abhängigkeit zu Spring für Maven

Die Integration von Spring in Jersey wird in der JavaDoc unter `<jersey-install>\apidocs\contribs\jersey-spring` erklärt. Man benötigt in der `web.xml` der Webapplikation den `ContextLoaderListener` von Spring für die Spring-Konfiguration. Jersey bietet ein `SpringServlet` als Frontcontroller an.

```
<web-app>
    <context-param>
      <param-name>contextConfigLocation</param-name>
      <param-value>classpath:applicationContext.xml</param-value>
    </context-param>
    <listener>
      <listener-class>
         org.springframework.web.context.ContextLoaderListener
      </listener-class>
    </listener>
    <servlet>
      <servlet-name>Jersey Spring Web Application</servlet-name>
      <servlet-class>
         com.sun.jersey.spi.spring.container.servlet.SpringServlet
      </servlet-class>
    </servlet>
    <servlet-mapping>
      <servlet-name>Jersey Spring Web Application</servlet-name>
      <url-pattern>/*</url-pattern>
    </servlet-mapping>
</web-app>
```

Listing 10.7: `web.xml` für Spring und Jersey

10.5 AJAX, JSON, Jersey und Spring

In der Praxis ist oft die Kombination AJAX, JSON und Jersey bei dynamischen Webprojekten anzutreffen. Die Grundlagen von AJAX und JSON wurden in Kapitel 6 besprochen. Mit AJAX können asynchrone Requests abgesetzt werden, die eine normalerweise doch recht statische Website mit Leben erfüllen kann. Diese Daten können über einen REST-Request angefordert oder übertragen werden. Als Datenformat für die Übertragung nutzen wir JSON, das als Vorteil gegenüber XML eine starke Verringerung der Datenlast mit sich bringt. JSON wird sehr gut von JavaScript und Jersey verstanden und fungiert als Bindeglied zwischen Provider und Consumer. Die REST-Ressource kann nun noch mit Spring an den Rest der Applikation angebunden werden.

Technologie	Aufgabe
AJAX	AJAX erzeugt den Request und wertet die Response aus. Im Zusammenspiel mit JavaScript werden die Daten auf der HTML-Seite ausgelesen und/oder angezeigt.
JSON	Aufbau der Datenstruktur und Format für die Übertragung. Vermittlung zwischen Java und JavaScript.
Jersey	Bereitstellen der Ressourcenklasse und -Methoden und Einbinden von REST in den Container bzw. Aufbau eines eigenen Servers.
Spring	Überwachung des Lebenszyklus der Ressourcenklasse und Auflösung von Abhängigkeiten.

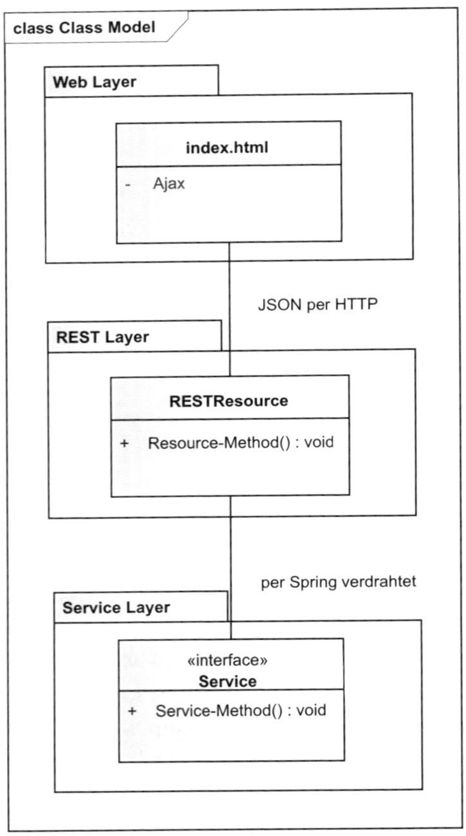

Abb. 10.2: Zusammenspiel von AJAX, JSON, Jersey und Spring

10.6 Anwendungsfälle

10.6.1 Installation in einer Webapplikation

Kurzbeschreibung

Dieser Anwendungsfall erstellt eine Webapplikation mit einer einfachen Ressource zur Überprüfung der Kommunikation. Die Webapplikation wird im Tomcat deployed.

Ausgangssituation

Tomcat ist installiert.

Ziel

Ein einfacher REST-Service ist deployed und kann per URI getestet werden.

Ablauf

Schritt 1: Installation von Jersey

Unter der Adresse `http://download.java.net/maven/2/com/sun/jersey/jersey-archive/1.1.4.1/jersey-archive-1.1.4.1.zip` kann man das komplette Archiv für Jersey herunterladen. Entpacken Sie das Archiv an einen Ort Ihrer Wahl. Wir benötigen zum weiteren Vorgehen die Bibliotheken aus dem `lib`-Verzeichnis.

Schritt 2: Erzeugen des Projekts

Erzeugen Sie ein neues Projekt für eine Webapplikation in Eclipse. Stellen Sie Ihrer Webapplikation die Bibliotheken

- `asm.jar`
- `jersey-core.jar`,
- `jersey-server.jar`,
- `jsr311-api.jar`

zur Verfügung. Kopieren Sie die Bibliotheken dafür in das `lib`-Verzeichnis unter `WEB-INF`. Nehmen Sie die Bibliotheken in den Build-Path auf.

Schritt 3: Frontcontroller definieren

Binden Sie in der `web.xml` den ServletContainer von Jersey (`com.sun.jersey.spi.container.servlet.ServletContainer`) als Servlet ein, sorgen Sie dafür, dass er beim Start der Applikation gleich geladen wird (`<load-on-startup>1`

`</load-on-startup>`) und mappen Sie ein passendes URL-Pattern zu dem Servlet (in meinem Beispiel nehme ich `/services/*`) .

Schritt 4: Erzeugen der Ressourcenklasse

Erzeugen Sie im Paket `de.traudel.rest.basic` die Ressourcenklasse `KommunikationsTestResource` und annotieren Sie die Klasse mit der `@Path`-Annotation (`@Path("/Basic")`).

Schritt 5: Erzeugen der Resource-Methode

Erzeugen Sie die Resource-Methode `public String ping(String text)` und annotieren Sie diese mit `@GET`, `@Produces("text/plain")` und einer `@Path("ping")`-Annotation. Der Parameter kann noch mit `@QueryParam("text")` annotiert werden. Treten Sie den Beweis des Aufrufs an, indem Sie den übergebenen String in Großbuchstaben umgewandelt zurückgeben.

Schritt 6: Deployment und Test

Deployen Sie die Webapplikation auf Ihrem Webserver.

Testen Sie den Service im Browser durch Eingabe des URL `http://localhost:8080/<Context>/<URL-Mapping>/<Resource-Klasse>/<Resource-Methode>?text=Test`. Dabei ist `<context>` der Kontext der Webapplikation, `<URL-Mapping>` das Mapping aus der `web.xml` zum `ServletContainer`-Servlet, `<Resource-Klasse>` der Inhalt der Path-Annotation der Ressourcenklasse und `<Resource-Methode>` der Inhalt der Path-Annotation der Resource-Methode. Mit `?text=Test` kann noch ein Parameter übergeben werden. Der Browser sollte nun das erwartete Ergebnis zeigen: TEST.

Fehlersituationen

Bei Auftreten eines HTTP-Status von 404 (not found) sollten Sie Ihren URL überprüfen. In meinem Beispiel ist er:

```
http://localhost:8080/rs/services/Basic/ping?text=Test
```

Die einzelnen Bestandteile daraus sind:

- `http://localhost:8080` Der Weg bis zum Webserver
- `/rs` Der Kontext, unter dem die Applikation im Webserver deployed ist.
- `/services` Das URL-Pattern aus dem Servlet Mapping aus der `web.xml`.
- `/Basic` Der Inhalt der Path-Annotation zur Ressourcenklasse.
- `/ping` Der Inhalt der Path-Annotation zur Resource-Methode.
- `?text=Test` Der Query-String für die Übergabe des Parameters.

Beim Auftreten einer `javax.servlet.ServletException` mit einer `com.sun.jersey.api.container.ContainerException` als Root Cause liegt meist eine fehlerhafte Konfiguration des Services mit den Annotations vor. In den meisten Fällen wurde die `QueryParam`-Annotation beim Parameter vergessen. Die dazugehörige Zusatzinformation aus dem Log-File lautet:

```
A HTTP GET method, public java.lang.String de.traudel.rest.basic.Kommunikati-
onsTestResource.pingPost(java.lang.String), should not consume any entity.
```

Der HTTP-Status 405 (Method not allowed) tritt auf, wenn für die entsprechende HTTP-Methode kein Service definiert ist, also z.B. wenn für den URI .../`ping` nur ein POST definiert ist, aber per GET darauf zugegriffen wird.

Alternativen

Jersey kann auch per Maven installiert werden. Der URL für Jersey und Maven ist `http://download.java.net/maven/2/com/sun/jersey/`.

Natürlich kann die Ping-Methode auch andere Ausgaben (Repräsentationen) erstellen. Schauen Sie sich die Alternativen mit

- `@Produces("text/html")`
- `@Produces("application/json")`
- `@Produces("application/xml")`

an.

Der Service kann auch per `curl` getestet werden, was den Vorteil hat, dass man den Medientyp besser angeben kann:

```
curl -i http://localhost:8080/rs/services/Basic/ping?text=Test
     -H "ACCEPT:text/plain"
```

Tipp: Erzeugen Sie für die Rückgabe ein Objekt der Klasse `javax.ws.rs.core.Response` und nutzen Sie für die Medientypen die Klasse `javax.ws.rs.core.MediaType`.

```
@GET
@Path("ping")
@Produces( MediaType.TEXT_PLAIN)
public Response pingPost(@QueryParam("text") String text){
   return Response.ok(text.toUpperCase(),
          MediaType.TEXT_PLAIN).build();
}
```

Listing 10.8: Ping mit Response-Objekt und MediaType

Dokumente

Im Deployment Descriptor web.xml wird der ServletContainer eingebunden und mit einem Mapping verbunden:

```
<servlet>
   <display-name>JAX-RS REST Servlet</display-name>
   <servlet-name>REST-Servlet</servlet-name>
   <servlet-class>
      com.sun.jersey.spi.container.servlet.ServletContainer
   </servlet-class>
   <load-on-startup>1</load-on-startup>
</servlet>
<servlet-mapping>
   <servlet-name>REST-Servlet</servlet-name>
   <url-pattern>/services/*</url-pattern>
</servlet-mapping>
```

Listing 10.9: Ausschnitt aus dem Deployment Descriptor web.xml

Die Ressourcenklasse enthält hier nur die eine Resource-Methode mit den entsprechenden Annotations:

```
package de.traudel.rest.basic;

import javax.ws.rs.GET;
import javax.ws.rs.Path;
import javax.ws.rs.Produces;
import javax.ws.rs.QueryParam;

@Path("/Basic") ①
public class KommunikationsTestResource {
   /**
    * Testmethode zur Überprüfung der Kommunikation
    * @param text
    * @return den Parameter in Großbuchstaben
    */
   @GET ②
   @Path("ping") ③
   @Produces("text/plain") ④
   public String ping(@QueryParam("text") ⑤
                      String text) {
      return text.toUpperCase();
```

```
    }
}
```

Listing 10.10: Die Ressourcenklasse

Die Ressourcenklasse ist ein normales POJO. Die Path-Annotation bei der Klasse ① ist das Präfix für jeden weiteren Pfad, der bei den Methoden definiert ist. Die GET-Annotation ② legt die HTTP-Methode fest. Mit der Path-Annotation ③ wird der Pfad der Klasse erweitert. Die `Produces`-Annotation ④ bestimmt den Rückgabetyp, der vom Empfänger per Accept erlaubt sein muss. Mit QueryParam kann man die Namen der Query-Parameter mit den Parametern der Methode verknüpfen ⑤.

10.6.2 Einstieg in Jersey mit Spring

Kurzbeschreibung

Dieser Anwendungsfall erstellt eine Webapplikation mit einer einfachen Ressource, die als SpringBean zur Verfügung gestellt wird. Die Webapplikation wird im Tomcat deployed und getestet. Die Projektverwaltung wird mit Maven2 vorgenommen.

Ausgangssituation

Tomcat und Maven2 sind installiert.

Ziel

Ein einfacher Spring-REST-Service ist deployed und kann per URI getestet werden.

Ablauf

Schritt 1: Erzeugen des Projekts

Erzeugen Sie ein einfaches Webprojekt mit Maven2. Dazu könnte folgender Befehl genutzt werden:

```
mvn archetype:create -DgroupId=de.traudel.jersey -DartifactId=10-
02-Jersey-Spring  -DpackageName=de.traudel.jersey  -DarchetypeAr-
tifactId=maven-archetype-webapp
```

Natürlich alles in einer Zeile ...

Erweitern Sie die `pom.xml` mit den Abhängigkeiten zu `jersey-server` und `jersey-spring` und binden Sie die Maven-Repositories ein. Eine komplette `pom.xml` finden Sie unter »Dokumente« zu diesem Anwendungsfall.

Erzeugen Sie mit `mvn eclipse:eclipse` ein Eclipse-Projekt.

Schritt 2: Erzeugen der Ressourcenklasse

Erzeugen Sie eine Test-Ressource mit einer einfachen Kommunikations-Resource-Methode. Hierfür können Sie gerne die Ressourcenklasse aus dem vorherigen Anwendungsfall nutzen.

Schritt 3: Erzeugen der Spring-Konfiguration

Erzeugen Sie die Spring-Konfiguration für die Webapplikation. Erzeugen Sie dafür im `src`-Verzeichnis (Klassenpfad) die Datei `applicationContext.xml` und definieren Sie dort unsere Ressourcenklasse als SpringBean.

Schritt 4: Konfigurieren der Webapplikation

Fügen Sie in der `web.xml` den `ContextLoaderListener` von Spring (`org.springframework.web.context.ContextLoaderListener`) als Servlet ein. Definieren Sie als `context-param` für den Listener den Pfad zur Spring-Konfiguration.

```
<context-param>
    <param-name>contextConfigLocation</param-name>
    <param-value>classpath:applicationContext.xml</param-value>
</context-param>
```

Definieren Sie das SpringServlet von Jersey als Frontcontroller (`com.sun.jersey.spi.spring.container.servlet.SpringServlet`) in der `web.xml` und erzeugen Sie ein Servlet-Mapping (/*) zu dem SpringServlet.

Schritt 5: Deployment und Test

Erzeugen Sie das WAR-File mit `mvn package` und deployen Sie es im Tomcat. Testen Sie den Service wie im vorherigen Anwendungsfall per Browser.

Fehlersituationen

Sofern beim Test der HTTP-Status 500 mit der Fehlermeldung `com.sun.jersey.api.container.ContainerException: The ResourceConfig instance does not contain any root resource classes` auftritt, wurde in der Spring-Konfiguration die Ressourcenklasse nicht eingebunden.

Alternativen

Sie können das Deployment im Tomcat mit Maven und dem Tomcat-Maven-Plugin vornehmen. Dann können Sie mit `mvn tomcat:deploy` bzw. `mvn tomcat:redeploy` Ihre Applikation deployen. Hinweise zur Konfiguration finden Sie im Anhang D im Abschnitt D.2.3.

Sofern Sie das Projekt nicht mit Maven erzeugen möchten, benötigen Sie folgende Bibliotheken für die Webapplikation:

- aopalliance-1.0.jar
- asm-3.1.jar
- commons-logging-1.1.1.jar
- jersey-core-1.1.5.jar
- jersey-server-1.1.5.jar
- jersey-spring-1.1.5.jar
- jsr311-api-1.1.1.jar
- spring-2.5.6.jar
- spring-beans-2.5.6.jar
- spring-context-2.5.6.jar
- spring-core-2.5.6.jar
- spring-web-2.5.6.jar
- json.jar (optional aber gut!)

Erweitern Sie das Beispiel durch eine Abhängigkeit der Ressourcenklasse zu einer anderen (die den eigentlichen Service repräsentiert) und lösen Sie die Abhängigkeiten dazu in der Spring-Konfiguration oder per Annotation auf.

Dokumente

Die pom.xml enthält die Abhängigkeiten und die Repositories für Jersey und Tomcat:

```
<project xmlns="http://maven.apache.org/POM/4.0.0" xmlns:xsi="http://
www.w3.org/2001/XMLSchema-instance"
    xsi:schemaLocation="http://maven.apache.org/POM/4.0.0
    http://maven.apache.org/maven-v4_0_0.xsd">
    <modelVersion>4.0.0</modelVersion>
    <groupId>de.traudel.jersey</groupId>
    <artifactId>10-02-Jersey-Spring</artifactId>
    <packaging>war</packaging>
    <version>1.0-SNAPSHOT</version>
    <name>10-02-Jersey-Spring Maven Webapp</name>
    <url>http://maven.apache.org</url>
    <dependencies>
        <dependency> ①
            <groupId>junit</groupId>
            <artifactId>junit</artifactId>
            <version>3.8.1</version>
```

```
            <scope>test</scope>
        </dependency>
        <dependency> ②
            <groupId>com.sun.jersey</groupId>
            <artifactId>jersey-server</artifactId>
            <version>1.1.5</version>
        </dependency>
        <dependency> ③
            <groupId>com.sun.jersey.contribs</groupId>
            <artifactId>jersey-spring</artifactId>
            <version>1.1.5</version>
        </dependency>
    </dependencies>
    <repositories>
        <repository> ④
            <id>maven2-repository.dev.java.net</id>
            <name>Java.net Repository for Maven</name>
            <url>http://download.java.net/maven/2/</url>
            <layout>default</layout>
        </repository>
        <repository>
            <id>maven-repository.dev.java.net</id>
            <name>Java.net Maven 1 Repository (legacy)</name>
            <url>http://download.java.net/maven/1</url>
            <layout>legacy</layout>
        </repository>
        <repository> ⑤
            <id>codehaus</id>
            <name>Codehaus maven repository</name>
            <url>http://dist.codehaus.org/</url>
            <layout>legacy</layout>
        </repository>
    </repositories>
    <build>
        <finalName>js</finalName>
        <plugins>
            <plugin> ⑥
                <groupId>org.codehaus.mojo</groupId>
                <artifactId>tomcat-maven-plugin</artifactId>
                <configuration>
                    <url>http://localhost:8080/manager/html</url>
                    <server>vosi</server> ⑦
                </configuration>
            </plugin>
```

```
        <plugin>
            <groupId>org.codehaus.cargo</groupId>
            <artifactId>cargo-maven2-plugin</artifactId>
        </plugin>
      </plugins>
    </build>
</project>
```

Listing 10.11: Die pom.xml für ein Jersey-Spring-Projekt

Bei den Dependencies haben wir die üblichen Einträge für JUnit ① und die Einträge für Jersey ②. Zusätzlich ist der Eintrag für Jersey mit Spring hinzugekommen ③. Das Repository enthält die bekannten Einträge von Maven ④ und zusätzlich einen Eintrag für Codehaus ⑤ für das Tomcat-Plugin. Im Build-Bereich wird das Codehaus-Plugin eingebunden ⑥. Mit dem Servereintrag ⑦ wird eine Verbindung zu einer Serverkonfiguration in `<maven-home>/conf/settings.xml` hergestellt:

```
<servers>
    <server>
      <id>vosi</id>
      <username>ich</username>
      <password>ganzGeheim</password>
    </server>
</servers>
```

Listing 10.12: Ausschnitt aus der settings.xml

Die Test-Ressource ist recht unspektakulär:

```
package de.traudel.jersey.spring;

import javax.ws.rs.GET;
import javax.ws.rs.Path;
import javax.ws.rs.Produces;
import javax.ws.rs.core.MediaType;
import javax.ws.rs.core.Response;

@Path("/test")
public class TestResource {

    @GET
    @Produces( MediaType.TEXT_PLAIN)
    public Response ping(){
        return Response.ok("lebe...",
            MediaType.TEXT_PLAIN).build();
```

```
    }
}
```

Listing 10.13: Die Ressourcenklasse

Die Ressource wird in der Spring-Konfiguration als SpringBean definiert:

```
<?xml version="1.0" encoding="UTF-8"?>
<!DOCTYPE beans PUBLIC "-//SPRING//DTD BEAN//EN"
   "http://www.springframework.org/dtd/spring-beans-2.0.dtd">
<beans>
   <bean id="bestellung"
      class="de.traudel.jersey.spring.TestResource"/>
</beans>
```

Listing 10.14: Die Spring-Konfiguration `applicationContext.xml`

Die Spring-Konfiguration wird in den Deployment Descriptor der Webapplikation eingebunden:

```
<!DOCTYPE web-app PUBLIC
 "-//Sun Microsystems, Inc.//DTD Web Application 2.3//EN"
 "http://java.sun.com/dtd/web-app_2_3.dtd" >
<web-app>
   <context-param> ①
      <param-name>contextConfigLocation</param-name>
      <param-value>classpath:applicationContext.xml</param-value>
   </context-param>
   <listener>
      <listener-class> ②
         org.springframework.web.context.ContextLoaderListener
      </listener-class>
   </listener>
   <servlet>
      <servlet-name>Jersey Spring Web Application</servlet-name>
      <servlet-class> ③
         com.sun.jersey.spi.spring.container.servlet.SpringServlet
      </servlet-class>
   </servlet>
   <servlet-mapping>
      <servlet-name>Jersey Spring Web Application</servlet-name>
      <url-pattern>/*</url-pattern>
   </servlet-mapping>
</web-app>
```

Listing 10.15: Der Deployment Descriptor `web.xml`

Über den Context-Parameter ① wird der Pfad zur Spring-Konfiguration bestimmt. Die »Springifizierung« des Projekts wird durch den bekannten ContextLoaderListener ② vorgenommen. Als Frontcontroller wird das SpringServlet von Jersey eingebunden ③.

10.6.3 AJAX, JSON und Jersey

Kurzbeschreibung

Dieser Anwendungsfall zeigt in einem komplexeren Beispiel von Traudel das Zusammenwirken von JAX, JSON und Jersey.

Ausgangssituation

Eine Spring-Webapplikation mit Jersey (wie im Anwendungsfall 10.6.2 »Einstieg in Jersey mit Spring« beschrieben) ist vorhanden. Der Service ist die Rechnungserstellung aus dem Eingangsbeispiel.

Ziel

Ein komplexerer REST-Service mit den beschriebenen Technologien wird aufgebaut und getestet.

Ablauf

Schritt 1: Erzeugen der Ressourcenklasse

Erzeugen Sie die Klasse `de.traudel.jersey.spring.RechnungsResource`. Diese Klasse soll eine Resource-Methode zum Holen einer Rechnung (identifiziert durch ihre ID) anbieten und die Funktionalität dazu an den eigentlichen Service (per Spring Dependency Injection zur Verfügung gestellt) delegieren.

Dafür erstellen wir eine private Eigenschaft zum Service, die wir per `Autowired` auflösen lassen:

```
@Autowired
private RechnungsService rechnungsService;
```

Die Resource-Methode `holeRechnung` erwartet als Parameter die `id` als `Long` und gibt die Rechnung als JSON-String verpackt in einem Response-Objekt zurück. Dies kann man sich so vorstellen:

```
@GET
@Produces(MediaType.APPLICATION_JSON)
@Path("{nr}")
public Response holeRechnung(@PathParam("nr") Long id) throws Exception {
    Rechnung r = rechnungsService.holeRechnung(id);
```

```
    JSONObject jo = new JSONObject(r);
    return Response.ok(jo.toString(), MediaType.APPLICATION_JSON).build();
}
```

Schritt 2: Konfiguration der SpringBeans

Ausgehend von der Spring-Konfiguration `applicationContext.xml` aus dem vorherigen Anwendungsfall schalten wir nun den AutoProxy an (`<context:annotation-config/>`) und nehmen den Rechnungsservice (der nichts von REST und Jersey weiß) in die Konfiguration auf. Dies könnte auch durch einen Import seiner Konfiguration geschehen.

Schritt 3: Deployment und Test

Nun kann der Service deployed und getestet werden. Für den Test reicht ein einfacher Test per Browser oder etwas angenehmer mit `curl`. Der Test sollte die gewünschte Rechnung als korrekten JSON-String anzeigen.

Schritt 4: Der HTML-Client

Erzeugen Sie in Ihrem Webprojekt die HTML-Seite `rechnung.html`, die den AJAX-Request versenden soll und das Ergebnis anzeigen wird. In dieser HTML-Seite erzeugen wir ein einfaches Formular für die Ermittlung der ID und dem Auslösen der Aktion. Der `Submit`-Button soll die JavaScript-Funktion `sende()` aufrufen:

```
<form name="formi" action="#" method="post" onSubmit="return sende()">
    Nr: <input type="text" name="nr" size="3"/>
    <input type="submit" value="suche"/>
</form>
```

Wir benötigen im HTML-Bereich zusätzlich einen Bereich für die Ausgabe (`<div id="ausgabe"></div>`) und, weil wir neugierig sind, einen für den Status (`<span id="status"></span>`).

Schritt 5: Die JavaScript-Funktion

In der JavaScript-Funktion `sende()` muss nun das XML-HTTP-Objekt erzeugt werden. Da hier die unterschiedlichen Browser zu berücksichtigen sind, kann dies in eine extra Funktion ausgelagert sein. Mit der Methode `open(methode, url)` kann nun der gewünschte URL (hier: `"service/rechnung/"+document.formi.nr.value`) und die Sende-Methode (`GET`) spezifiziert werden. Dann sollte man der Eigenschaft `onreadystatechange` eine Methode zuweisen, bei der man auf die Statusänderungen reagieren kann. Mit `send()` kann man den Request lossenden:

```
xmlhttp = erzeugeAjax();
xmlhttp.open("GET", "service/rechnung/"+document.formi.nr.value);
xmlhttp.onreadystatechange = statusAenderung;
xmlhttp.send();
```

Schritt 6: Reaktion auf Statusänderungen

In der Funktion für die Statusänderungen (`function statusAenderung(eve)`) kann man auf die verschiedenen Situationen reagieren und auch Fehlerfälle abfangen. Das übergebene Event-Objekt (hier: `eve`) brauchen wir nicht, stattdessen das Ajax-Objekt `xmlhttp`. Die gewünschte Eigenschaft dabei ist `readyState`, wobei wir ein wenig gesprächig die einzelnen Zustände kommunizieren können. Wenn dann der Request beendet ist (`readyState==4`), überprüfen wir den `status` und zeigen die Rechnung oder im Fehlerfall eine Fehlermeldung an.

Schritt 7: Anzeigen der Rechnung

Wenn der Request wie erwünscht verlaufen ist, kann man die Daten auslesen. Mit `responseText` aus dem `xmlhttp`-Objekt greifen wir auf den JSON-String zu und können ihn mit einem JSON-Framework in ein JavaScript-Objekt umwandeln. Das erzeugte Objekt stellt uns nun aufgrund der Objektstruktur die Eigenschaften zur Verfügung. Der Zugriff auf den Vornamen des Kunden erfolgt zum Beispiel über den Ausdruck `rechnung.kunde.vorname`.

Fehlersituationen

Die Fehlersituationen in diesem Anwendungsfall sind sehr vielfältig. Testen Sie immer zuerst den Service per Hand (Browser, cURL), um sicher zu sein, dass die richtigen Daten bei der HTML-Seite ankommen. Bis dahin kommen die gleichen Fehler wie im vorherigen Anwendungsfall. Auf der Clientseite (HTML-Seite) hilft Ihnen die Fehlerkonsole und [Selfhtml].

Alternativen

Statt das XMLHttpRequest-Objekt selbst zu erzeugen und zu konfigurieren, kann man natürlich auch eines der vielen AJAX-Frameworks benutzen. Die Alternative mit dem leichtgewichtigen Framework SACK (s. Anhang D, Abschnitt 3.5) würde den JavaScript-Bereich der HTML-Seite auf folgende Zeilen ändern:

```
<script type="text/javascript" src="include/tw-sack.js"></script>
<script type="text/javascript" src="include/json2.js"></script>
<script type="text/javascript">
var ajax = new sack();
/*
 * Anzeige der Rechnung
 */
```

```
function zeige(){
   resp = ajax.xmlhttp.responseText;
   try {
      rechnung  = JSON.parse(resp);
      sage("ausgabe", "<h2>Rechnung Nr.: "+rechnung.nr+"</h2>");
      sage("ausgabe", "<br/>Kunde: "+rechnung.kunde.vorname+
            " "+rechnung.kunde.name, true);
      //...

   } catch (e) {
     sage("status", "<span id=\"rot\">"+e+"<p>'"+resp+"'</p></span>", true);
   }

}
/*
 * Absenden des Formulars führt zum
 * Absenden des AJAX-Requests
 */
function sende(){
   ajax.reset();
   ajax.requestFile = "service/rechnung/"+document.formi.nr.value;
   ajax.method = "GET";
   ajax.onCompletion = zeige;
   ajax.onError = fehlerMeldung;
   ajax.onFail = fehlerMeldung;
   // für die Kommunikation
   ajax.onLoading = info;
   ajax.onLoaded = info;
   ajax.onInteractive = info;

   ajax.runAJAX();

   return false; // Absenden durch Ajax
}

function info(){
   switch (ajax.xmlhttp.readyState) {
   case 1:
      sage("status", " Lade...");
      break;
   case 2:
      sage("status", "Habe Header...", true);
      break;
```

```
    case 3:
        sage("status", "Empfange Daten...", true);
        break;
    }
}
/*
 * Ausgabe von Text in ein Element.
 * Parameter:
 * - wer: Welches Element
 * - was: Der Text
 * - wie: Wenn true, wird der Text angehängt
 */
function sage(wer, was, wie) {
    var e = document.getElementById(wer);
    if (wie) {
        was = e.innerHTML + was;
    }
    e.innerHTML = was;
}
/*
 * Ausgabe einer Fehlermeldung von AJAX.
 * Setzt das Element "status" voraus.
 */
function fehlerMeldung() {
    sage("status", "<span id=\"rot\">Fehler Status: "+ajax.xmlhttp.status+
            "<p>Fehler: "+ajax.xmlhttp.response+"</p>"+
            "<p>Text: "+ajax.xmlhttp.responseText+"</p>"+
            "<p>XML: "+ajax.xmlhttp.responseXML+"</p></span>"
            , true );
}
</script>
```

Dokumente

Die Ressourcenklasse enthält hier repräsentativ nur eine Methode, die eine Kommunikation mit dem Spring-Service zeigt:

```
package de.traudel.jersey.spring;

import javax.ws.rs.*;

import org.json.JSONObject;
import org.springframework.beans.factory.annotation.Autowired;
```

```
import de.traudel.domain.Rechnung;
import de.traudel.service.RechnungsService;

@Path("/rechnung")
public class RechnungsResource {

    @Autowired ①
    private RechnungsService rechnungsService;

    @GET
    @Produces(MediaType.APPLICATION_JSON) ②
    @Path("{nr}")
    public Response holeRechnung(@PathParam("nr") Long id) throws Exception
    {
        Rechnung r = rechnungsService.holeRechnung(id); ③
        JSONObject jo = new JSONObject(r); ④
       return Response.ok(jo.toString(), MediaType.APPLICATION_JSON).build();
    }

}
```

Listing 10.16: Die Ressourcenklasse `RechnungsResource.java`

Die Abhängigkeit zu dem Service wird hier per Annotations ① aufgelöst. Die Rückgabe soll ein JSON-String sein ②, der mithilfe eines JSON-Objekts ④ erzeugt wird. Die eigentliche Logik wird an den Service delegiert ③.

In der Spring-Konfiguration werden die Ressourcenklassen und die Services definiert:

```
<?xml version="1.0" encoding="UTF-8"?>

<beans xmlns="http://www.springframework.org/schema/beans"
    xmlns:xsi="http://www.w3.org/2001/XMLSchema-instance"
    xmlns:context="http://www.springframework.org/schema/context"
    xsi:schemaLocation="
       http://www.springframework.org/schema/beans
       http://www.springframework.org/schema/beans/spring-beans-2.0.xsd
       http://www.springframework.org/schema/context
      http://www.springframework.org/schema/context/spring-context-2.5.xsd">

    <!-- Annotation-Config einschalten -->
    <context:annotation-config /> ①

    <!-- Die Ressourcen -->
```

```
    <bean id="rechnungsResource"
        class="de.traudel.jersey.spring.RechnungsResource"/>

    <!-- Die Services -->
    <bean id="rechnungsService"
        class="de.traudel.service.RechnungsServiceImpl"/>

</beans>
```

Listing 10.17: Die Spring-Konfiguration `applicationContext.xml`

Die Abhängigkeiten können per Annotations ① aufgelöst werden.

Die HTML-Seite enthält hier sowohl spezielle Funktionen für diese Seite als auch Funktionen, die in externe Dateien ausgelagert werden könnten. Der Übersicht halber habe ich die Funktionen zusammen gelassen. So viele sind es ja nicht ...

```
<!DOCTYPE html PUBLIC "-//W3C//DTD HTML 4.01 Transitional//EN" "http://
www.w3.org/TR/html4/loose.dtd">
<html>
<head>
<meta http-equiv="Content-Type" content="text/html; charset=ISO-8859-1">
<title>Rechnungen</title>
<link rel="STYLESHEET" type="text/css" href="include/formate.css">
<script type="text/javascript" src="include/json2.js"></script> ①
<script type="text/javascript">
var xmlhttp;
/*
 * Anzeige der Rechnung
 */
function zeige(){
    resp = xmlhttp.responseText;
    try {
        rechnung  = JSON.parse(resp); ②
        sage("ausgabe", "<h2>Rechnung Nr.: "+rechnung.nr+"</h2>");
        sage("ausgabe", "<br/>Kunde: "+rechnung.kunde.vorname+
                " "+rechnung.kunde.name, true);
        //...

    } catch (e) {
       sage("status", "<span id=\"rot\">"+e+"<p>'"+resp+"'</p></span>", true);
    }
}
/*
 * Absenden des Formulars führt zum
```

```
 * Absenden des AJAX-Requests
 */
function sende(){
   // erzeuge xmlhttp
   xmlhttp = erzeugeAjax();
   if (xmlhttp)
   {
      // Wohin und wie
      xmlhttp.open("GET", "service/rechnung/"+document.formi.nr.value);
      // Welche Methode bei Statusänderung?
      xmlhttp.onreadystatechange = statusAenderung;
      // und los
      xmlhttp.send();
   }
   return false; // Absenden durch Ajax
}
/*
 * Erzeuge das xmlhttp-Objekt
 */
function erzeugeAjax() {
   var ret = null;
   try {
      // Die meisten Browser
      ret = new XMLHttpRequest();
   } catch(e) {
      try {
         // IE ab Version 6
         ret = new ActiveXObject("Microsoft.XMLHTTP");
      } catch(e) {
         try {
            // IE ab Version 5
            ret = new ActiveXObject("Msxml2.XMLHTTP");
         } catch(e) {
            // kein Ajax
            alert("Der Browser unterstützt kein AJAX!");
         }
      }
   }
   return ret;
}
/*
 * Reagiere auf Statusänderungen
 */
```

```
function statusAenderung(eve){
   switch (xmlhttp.readyState) {
   case 1:
      sage("status", " Lade...");
      break;
   case 2:
      sage("status", "Habe Header...", true);
      break;
   case 3:
      sage("status", "Empfange Daten...", true);
      break;
   case 4:

      // Status ok?
      if (xmlhttp.status >= 200 && xmlhttp.status < 300 ) {
         zeige();
      } else {
         fehlerMeldung();
      }

      break;
   }
}
/*
 * Ausgabe von Text in ein Element.
 * Parameter:
 * - wer: Welches Element
 * - was: Der Text
 * - wie: Wenn true, wird der Text angehängt
 */
function sage(wer, was, wie) {
   var e = document.getElementById(wer);
   if (wie) {
      was = e.innerHTML + was;
   }
   e.innerHTML = was;
}
/*
 * Ausgabe einer Fehlermeldung von AJAX.
 * Setzt das Element "status" voraus.
 */
function fehlerMeldung() {
   sage("status", "<span id=\"rot\">Fehler-Status: "+xmlhttp.status+
```

```
        "<p>Fehler: "+xmlhttp.response+"</p>"+
        "<p>Text: "+xmlhttp.responseText+"</p>"+
        "<p>XML: "+xmlhttp.responseXML+"</p></span>"
        , true );
}
</script>
</head>
<body>
<h2>Suche Rechnung</h2>
<form name="formi" action="#" method="post" onSubmit="return sende()">
Nr: <input type="text" name="nr" size="3"/>
<input type="submit" value="suche"/> <span id="status"></span>
</form>
<br/>
<div id="ausgabe"></div>

</body>
</html>
```

Listing 10.18: Die HTML-Seite `rechnung.html`

Für die Umwandlung des JSON-Strings in ein JavaScript-Objekt wird hier die Hilfe des JSON-Frameworks von `json.org` genutzt ①, dessen Methode `parse` ② die Umwandlung vornimmt. Die anderen Bereiche sind so gut kommentiert, dass sie, glaube ich, keiner weiteren Erklärung bedürfen.

Kapitel 11

Spring-WS

In diesem Kapitel stelle ich das Framework Spring-WS vor. Ich zeige seine doch recht eigenwillige Funktions- und Herangehensweise und wie man Handler (hier: Interceptoren) baut und nutzt. Dann mache ich mit Ihnen einen Ausflug in Security und die Möglichkeiten des Marshallings. Am Ende des Kapitels erhalten Sie wieder einige Anwendungsfälle zum Ausprobieren.

11.1 Vorstellung

Nach der Vielfalt der vorhandenen Webservice-Frameworks mag es überraschen, dass ein Framework, das so viele verschiedenen Technologien integriert und stolz darauf ist, diese unter einer einheitlichen API (Portable Service Abstraction) zur Verfügung zu stellen, eine eigene Lösung für Webservices entwickelt. Spring integriert natürlich auch andere Webservice-Frameworks: Apache CXF baut auf Spring auf, Axis2 wird wunderbar in Spring integriert, dennoch bietet das Spring-Framework eine eigene WS-Implementierung. Finden wir heraus, warum sie die Mühe der Entwicklung eines eigenen Frameworks auf sich genommen haben.

Auf der Website von Spring Web Services [Spring-WS] wird betont, dass der Fokus des Projekts auf dokumentengetriebenen Webservices mit dem Contract-First Ansatz liegt. Außerdem ist es wichtig, dass flexible Wege zur Manipulation von XML-Nachrichten zur Verfügung gestellt werden.

Zentral ist der Ansatz Contract-First für Spring-WS. In Kapitel 2 der Dokumentation (»Chapter 2. Why Contract First?«) versuchen die Entwickler von Spring-WS zu erklären, warum Contract-First für sie der einzig gangbare Weg ist. Dabei werden folgende Argumente angeführt:

- Probleme bei der Umwandlung von Java zu XML, insbesondere bezüglich XSD-Extensions (z.B. Zusicherung, Patterns), ebenso wie Probleme mit nicht umwandelbaren Typen bzw. nicht standardisierten Typen, z.B. für eine Java-TreeMap, und die Problematik von zyklischen Beziehungen.
- Stabilität der Schnittstelle: Bei einer Änderung der Java-Schnittstelle kommt es eventuell zu Änderungen in dem Webservice-Kontrakt.

- Performance: Die automatische Umwandlung von Java zu XML kann zu unnötigen Auflösungen von Referenzen kommen, wobei bei Contract-First genau festgelegt wird, welche Daten benötigt werden.
- Wiederverwendbarkeit: Bei der separaten Definition eines XML-Schemas ist dieses wiederzuverwenden.
- Versionierung: Obwohl wir eine stabile Schnittstelle anstreben, müssen dennoch im Laufe der Zeit Anpassungen vorgenommen werden. Bei Contract-First besteht eine losere Kopplung, die es uns leichter ermöglicht, beide Versionen nebeneinander zu betreiben.

Meiner Ansicht nach kann man sich über Contract-First vs. Code-First (oder Contract-Last wie es bei Spring-WS genannt wird) vortrefflich streiten, was ich hier mit mir allein natürlich nicht tun werde. Ein wichtiger Aspekt, der viele Entwickler von Contract-First zurückschrecken lässt, ist die aufwendige Entwicklung eines WSDL-Dokuments. Hier unterstützt Spring-WS uns darin, dass wir lediglich das XML-Schema zur Verfügung stellen müssen und Spring uns die weiteren Bestandteile der WSDL erzeugen kann. Bei dieser Sichtweise des Contract-First kann man sich über die Reinheit von Contract-First streiten. Siehe dazu auch [Frotscher09].

Auf der Spring-WS-Projektseite ([Spring-WS]) kann man sich unter Downloads zwei verschiedene Bundles herunterladen. Während ich dieses schreibe, ist die Version 1.5.8 aktuell. Die Datei `spring-ws-1.5.8-minimal.zip` enthält die Spring-WS-Libs. Einmal als All-in-One und einmal in Module aufgeteilt. Die Distribution `spring-ws-1.5.8-with-dependencies.zip` enthält zusätzlich zu den Bibliotheken die Dokumentation, Beispiele und Bibliotheken von verwandten Projekten wie JAXB, Castor, StAX. Die Version 1.5 von Spring-WS erwartet Java ab der Version 1.4.

11.2 Funktionsweise

Der zentrale Aufbau verbindet die Erstellung der Endpoints, die Definition der hierfür notwendigen Mappings und den Aufbau der WSDL-Definitionen.

11.2.1 Endpoints

Analog zum Dispatcher Servlet des Spring-MVC bietet uns Spring-WS den Message Dispatcher, der über ein EndpointMapping den richtigen Endpoint ansteuert. Dem Endpoint kann dann per Dependency Injection der eigentliche Service für die Verarbeitung injiziert werden. Es gibt zwei Typen von Endpoints: `MessageEndpoints` und `PayloadEndpoints`.

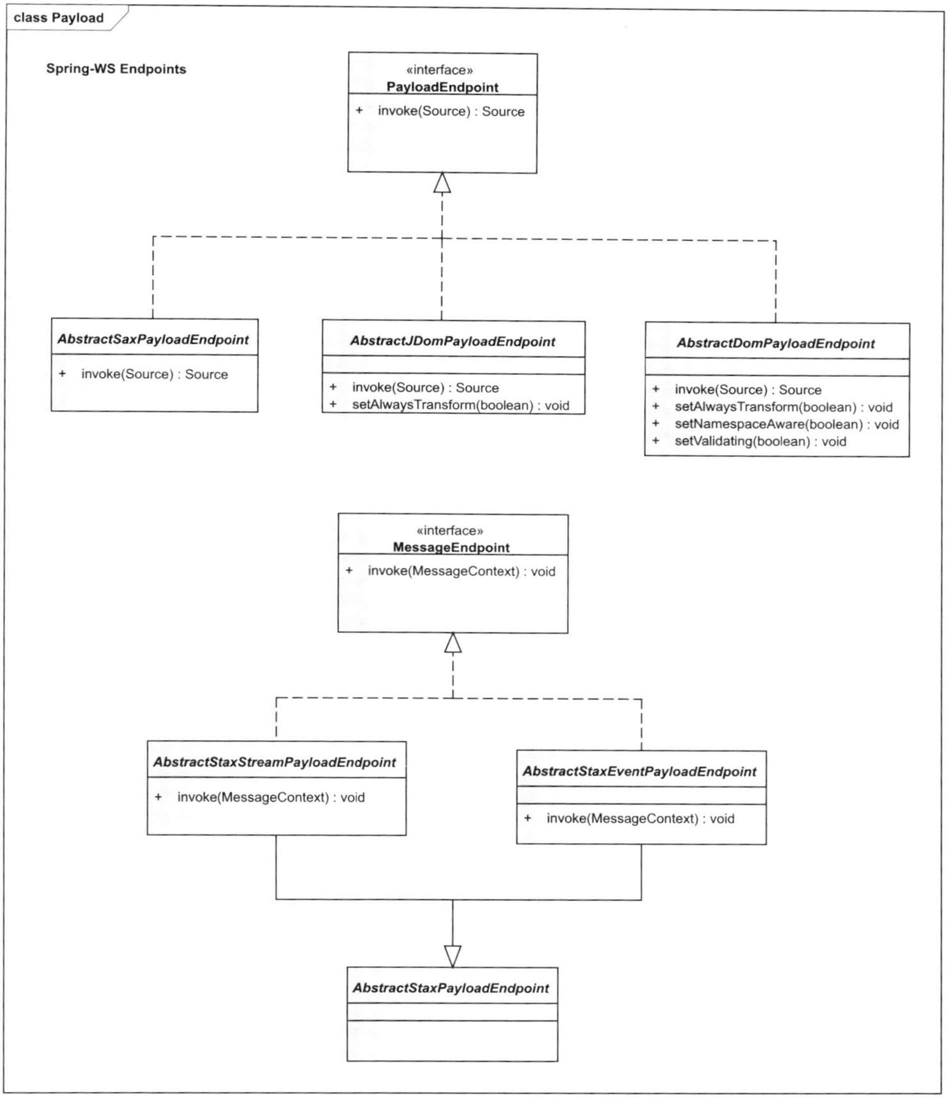

Abb. 11.1: MessageEndpoints und PayloadEndpoints

MessageEndpoints übergeben den kompletten Inhalt der SOAP-Nachricht. Sofern der Body der SOAP-Nachricht ausreicht, kann man auch ein PayloadEndpoint nutzen.

11.2.2 EndpointMapping

Das EndpointMapping wird in der Spring-Konfiguration definiert. Im EndpointMapping werden nach bestimmten Kriterien Endpoints und Interceptoren bestimmten Requests zugeordnet. Der MessageDispatcher reicht aufgrund des Mappings die Nachricht durch die Interceptoren zu dem Endpoint. Die meisten EndpointMappings sind von der abstrakten Klasse `AbstractEndpointMapping` abgeleitet, die ein Array von Interceptoren aufnimmt. EndpointMapper benötigen in der Spring-Konfiguration keine ID, da sie von dem MessageDispatcher automatisch erkannt werden. Die wichtigsten EndpointMapper sind:

- `PayloadRootQNameEndpointMapping`
- `SoapActionEndpointMapping`
- `MethodEndpointMapping`
- `SimpleActionEndpointMapping`
- `AnnotationActionEndpointMapping`

Der Mapper `PayloadRootQNameEndpointMapping` analysiert den qualifizierten Namen des Wurzelelements des Payloads für die Zuordnung. Der Key `{http://traudel.de/test}PingRequest` ist dem Endpoint mit der ID `pingEndpoint` zugeordnet:

```
<bean class="org...mapping.PayloadRootQNameEndpointMapping">
   <property name="mappings">
      <props>
         <prop
      key="{http://traudel.de/test}PingRequest">pingEndpoint</prop>
      </props>
   </property>
</bean>
```

Listing 11.1: Ausschnitt aus der Spring-Konfiguration

Die dazu passende Nachricht hat im Body den PingRequest mit dem angegebenen Namensraum:

```
<S:Envelope xmlns:S="http://schemas.xmlsoap.org/soap/envelope/">
    <S:Body>
      <PingRequest xmlns="http://traudel.de/test">
        <text>kleiner Test</text>
      </PingRequest>
    </S:Body>
</S:Envelope>
```

Listing 11.2: Ausschnitt der SOAP-Nachricht für den Service

Die Klasse `SoapActionEndpointMapping` nutzt für das Routing den HTTP-Header `SOAPAction`. Dies ist nur bei SOAP 1.1 möglich, SOAP 1.2 oder reines XML unterstützt diesen HTTP-Header nicht.

MethodEndpointMapping wird durch die Klassen SoapActionAnnotationMethodEndpointMapping und PayloadRootAnnotationMethodEndpointMapping realisiert. Diese Mappings werden beim Endpoint mit der Annotation @Endpoint in Verbindung mit @PayloadRoot definiert. Siehe dazu auch [Spring-WS]-Referenz, Kapitel 5.4.4.

Die Mapper SimpleActionEndpointMapping und AnnotationActionEndpointMapping realisieren das Mapping über WS-Addressing. Hierbei wird dem SOAP-Header das Element To mit übergeben, das in Form eines URI den entsprechenden Service anfordert. SimpleActionEndpointMapping definiert hierfür wieder in der Spring-Konfiguration die Key-Value-Paare zu den Endpoints. Die Mapper-Annotation ActionEndpointMapping nutzt die Annotation @Endpoint in Verbindung mit @Action für die Zuordnung. Weitere Informationen hierzu finden Sie in der Referenz in Kapitel 5.5.4.

11.2.3 WSDL-Definition

Mit Spring-WS muss der Entwickler keine WSDL von null erstellen. Das Spring-Framework erwartet von uns ein XML-Schema für die zu übertragenden Daten. Dieses wird mit ein paar notwendigen Daten an die Klasse DefaultWsdl11Definition aus dem Paket org.springframework.ws.wsdl.wsdl11 gebunden. Diese Klasse erzeugt nun bei Bedarf die WSDL und stellt sie zur Verfügung:

```
<bean id="ping" <!- ① -->
    class="org.springframework.ws.wsdl.wsdl11.DefaultWsdl11Definition">
    <property name="schema" ref="schema" />
    <property name="portTypeName" value="PingResource" />
    <property name="locationUri"
        value="http://localhost:8888/springWS/pingService/" />
    <property name="targetNamespace" value="http://traudel.de/test" />
</bean>
<bean id="schema" class="org.springframework.xml.xsd.SimpleXsdSchema">
    <property name="xsd" value="/WEB-INF/pingDaten.xsd" />
</bean>
```

Listing 11.3: Ausschnitt aus der Spring-Konfiguration zur Definition der WSDL-Erzeugung

Die ID der Bean ① bestimmt den Namen der WSDL-Datei. Der Zugriff auf die WSDL wird mit dem URL http://localhost:8080/springWS/pingService/**ping**.wsdl vorgenommen. Dabei ist springWS der Name des Context der Webapplikation, pingService der Name des Services und ping die ID der DefaultWsdl11Definition.

Natürlich ist es auch möglich, konkrete WSDL-Dokumente mit zu deployen und in der Spring-Konfiguration zur Verfügung zu stellen.

11.2.4 JAX-WS und JAXB

Um den direkten Kontakt mit SOAP zu vermeiden, kann man auch mit einem JAX-WS-Endpoint arbeiten. Dieser erhält die `@Endpoint`-Annotation und spezifiziert seine Service-Methode mit der `@PayloadRoot`-Annotation:

```
package de.traudel.rewe.springws.endpoint;

import org.springframework.ws.server.endpoint.annotation.Endpoint;
import org.springframework.ws.server.endpoint.annotation.PayloadRoot;

import de.traudel.rewe.springws.typen.HoleRechnungRequest;
import de.traudel.rewe.springws.typen.HoleRechnungResponse;

@Endpoint
public class RechnungsEndpoint implements RechnungWebService {

   @PayloadRoot(localPart = HOLE_RECHNUNG_REQUEST, namespace = NAMESPACE)
   public HoleRechnungResponse holeRechnung(HoleRechnungRequest request) {
      HoleRechnungResponse resp = new HoleRechnungResponse();

      return resp;
   }

}
```

Listing 11.4: Ein JAX-WS-Endpoint

Die Konstanten sind in dem Interface definiert, das ansonsten keine Besonderheiten aufweist:

```
package de.traudel.rewe.springws.endpoint;

import de.traudel.rewe.springws.typen.HoleRechnungRequest;
import de.traudel.rewe.springws.typen.HoleRechnungResponse;

public interface RechnungWebService {

   public final static String NAMESPACE =
         "http://rewe.traudel.de/rechnungService";
   public final static String HOLE_RECHNUNG_REQUEST =
         "hole-rechnung-request";

   /**
    * Hole eine Rechnung
```

```
   */
   public HoleRechnungResponse holeRechnung(HoleRechnungRequest request);

}
```

Listing 11.5: Webservice-Interface für Spring-WS

In der Spring-Konfiguration werden die Endpoints per Component Scan aktiviert ①:

```
<?xml version="1.0" encoding="UTF-8"?>

<beans xmlns="http://www.springframework.org/schema/beans"
   xmlns:xsi="http://www.w3.org/2001/XMLSchema-instance"
      xmlns:p="http://www.springframework.org/schema/p"
   xmlns:context="http://www.springframework.org/schema/context"
   xsi:schemaLocation="http://www.springframework.org/schema/beans
      http://www.springframework.org/schema/beans/spring-beans.xsd
      http://www.springframework.org/schema/context
      http://www.springframework.org/schema/context/spring-context.xsd">
      <!-- Aktivierung des Component Scans ① -->
   <context:component-scan base-
            package="de.traudel.rewe.springws.endpoint"/>

      <!–Definition der WSDL ② -->
   <bean id="rechnung"
   class="org.springframework.ws.wsdl.wsdl11.DefaultWsdl11Definition"
      p:portTypeName="Rechnung" p:locationUri="/rechnungService/"
      p:requestSuffix="-request" p:responseSuffix="-response">

      <property name="schema">
         <bean class="org.springframework.xml.xsd.SimpleXsdSchema"
            p:xsd="classpath:/xsd/rechnung.xsd" />
      </property>
   </bean>

   <!-- Ermittlung der Mappings aus den Informationen der Annotations ③ -->
   <bean
      class="org.springframework.ws.server.endpoint.mapping.
                  PayloadRootAnnotationMethodEndpointMapping">
   </bean>

   <!-- Für OXM: Object/XML-Mapping ④ -->
   <bean
      class="org.springframework.ws.server.endpoint.adapter.
```

```
            MarshallingMethodEndpointAdapter">
        <constructor-arg ref="marshaller" />
    </bean>
    <!-- Pfad zu den JAXB-Typen ⑤ -->
    <bean id="marshaller" class="org.springframe-
work.oxm.jaxb.Jaxb2Marshaller"
        p:contextPath="de.traudel.rewe.springws.typen" />

</beans>
```

Listing 11.6: Die Spring-Konfiguration

Die WSDL wird mit der `DefaultWsdl11Definition` ② konfiguriert. Mit dem p-Namensraum von Spring können die Parameter vereinfacht angegeben werden. Die Mappings werden aus den Informationen der Annotations aus den Endpoints zusammengestellt ③. Zum O/R-Mapping wird JAXB eingesetzt ④ und dafür die benötigten Typen – zumindest der Pfad zu den Typen – angegeben ⑤.

11.3 Interceptor

Spring-WS bietet – wie die anderen Frameworks auch – Möglichkeiten, vor oder nach der eigentlichen Verarbeitung durch den Endpoint Funktionalitäten in die Verarbeitungskette einzubauen. In Axis2 heißen die Komponenten »Handler«, in Spring-WS sind es »Interceptoren«. Diese Interceptoren werden bei dem EndpointMapping mit angegeben und bilden Aufgaben ab, die nicht zur Geschäftslogik, sondern zu Querschnittsbelangen wie Logging oder Sicherheit gehören. Während sich die Endpoints dem Body der SOAP-Nachricht widmen, sollen sich die Interceptoren des Headers der SOAP-Nachricht annehmen. Vgl. hierzu auch [Frotscher09].

Der Spring-WS-Interceptor ist eine Implementation des Interfaces `EndpointInterceptor` aus dem Paket `org.springframework.ws.server`. Das Interface definiert die Behandlung des Requests, der Response und des Fehlers. Der boolesche Rückgabewert bestimmt, ob die Bearbeitung des Message Dispatcher fortgesetzt oder abgebrochen wird. Das Spring-Framework bietet uns einige Implementierungen, z.B. für das Logging oder die Umwandlungen, die teilweise als abstrakte Klasse oder aber direkt eingesetzt werden können.

Das Interface `MessageContext` enthält dabei den Request und die Response sowie die Möglichkeit, für den Endpoint Informationen über Properties weiterzureichen.

Die Interceptoren werden in der Spring-Konfiguration den EndpointMappern, die von der abstrakten Klasse `AbstractEndpointMapping` abgeleitet sind, als Property mit übergeben.

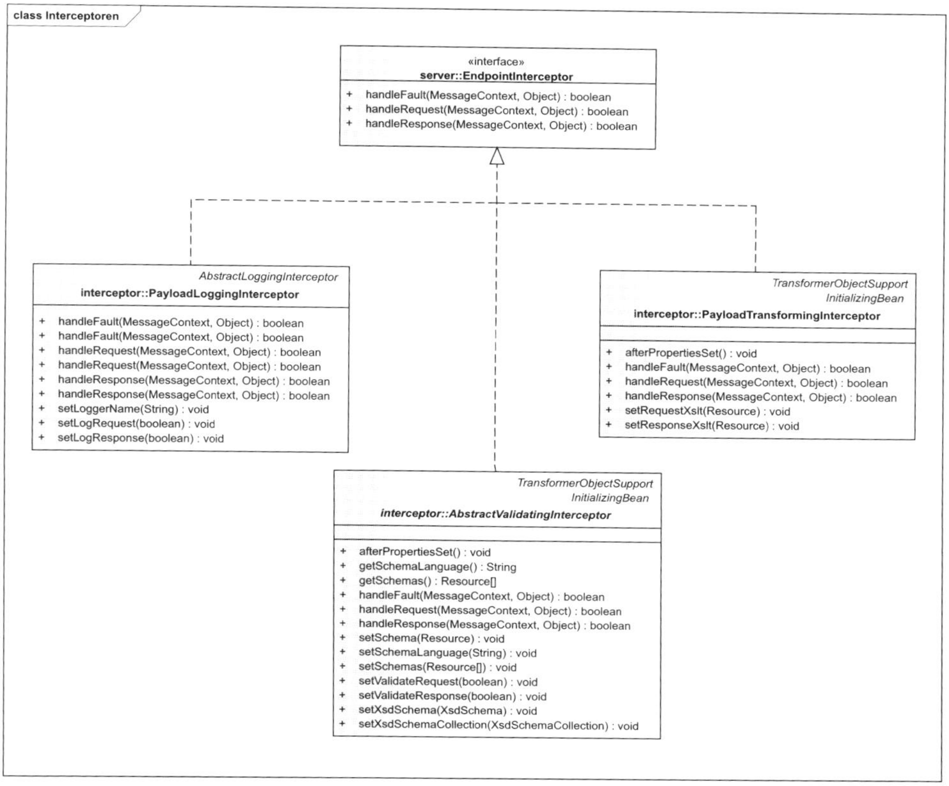

Abb. 11.2: Interceptor-Interface mit einigen Realisierungen

```
<bean class="org...mapping.PayloadRootQNameEndpointMapping">
   <property name="mappings">
      <props>
            <prop
    key="{http://traudel.de/test}PingRequest">pingEndpoint</prop>
      </props>
   </property>
   <property name="interceptors">
      <bean class="org...interceptor.PayloadLoggingInterceptor"/>
   </property>
</bean>
```

11.4 Client mit Spring-WS

Spring-WS stellt für den Webservice-Client ein Template zur Verfügung. Die Klasse `WebServiceTemplate` aus dem Paket `org.springframework.ws.client.core` ist das Herzstück der Spring-WS-Client-Unterstützung. Der Template-Ansatz unterstützt den Entwickler hierbei wie bei den Templates in den unterschiedlichen Persistenz-Ansätzen (JDBC, iBatis, Hibernate, JPA etc). Das Template bringt Unterstützung für das Versenden und Empfangen von XML-Nachrichten, die Umwandlung von XML in Objekte und die Nutzung verschiedener Transportprotokolle. Weiterhin können `WebServiceMessageCallback`-Instanzen Nachrichten nach dem Erzeugen, aber vor dem Versenden manipulieren.

Ein einfacher Client, der per Spring-Konfiguration erstellt werden kann, sollte eine Instanz des WebServiceTemplates haben. Das WebServiceTemplate ist threadsicher und kann auch mehrfach genutzt werden. Eine direkte Erzeugung bei der Deklaration ist auch gut möglich:

```
private final WebServiceTemplate tpl = new WebServiceTemplate();
```

Das WebServiceTemplate bietet mehrere Methoden zum Versenden und Empfangen von XML-Dokumenten:

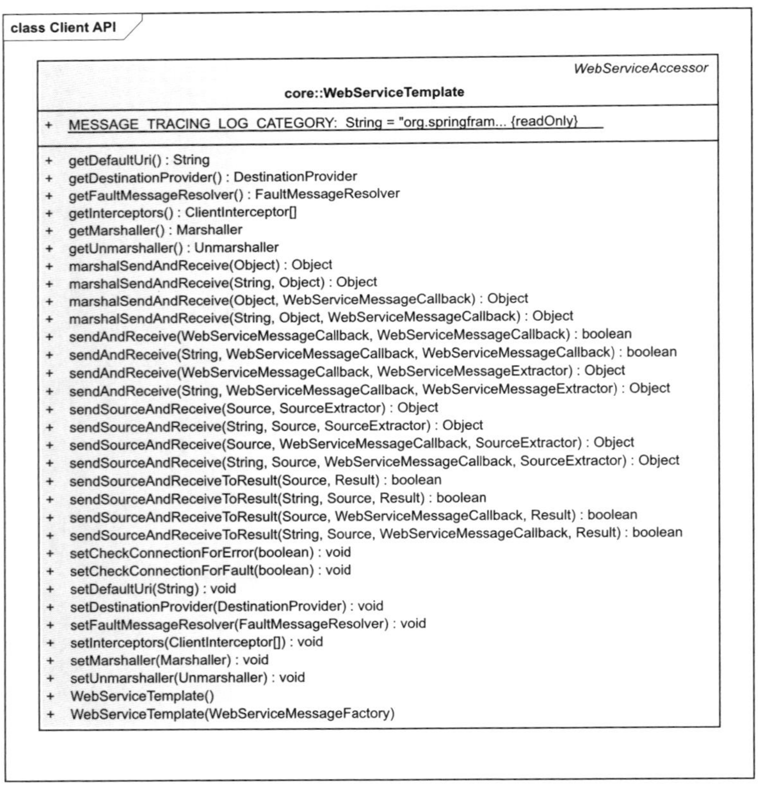

Abb. 11.3: Die Klasse WebServiceTemplate

Mit der Methode sendSourceAndReceiveToResult könnte man folgenden Aufruf mit Auswertung des Ergebnisses realisieren:

```
StreamSource msgSource = new StreamSource(new StringReader(REQUEST_BODY));
JDOMResult result = new JDOMResult();
// Senden und Empfangen der Nachricht
webServiceTemplate.sendSourceAndReceiveToResult(msgSource, result);
// Auswertung des Ergebnisses
Document responseMsg = result.getDocument();
Element wurzel = responseMsg.getRootElement();
Element info = wurzel.getChild("info");
Element freierSpeicher = wurzel.getChild("freierSpeicher");
System.out.println("Rückgabe: '" + info.getText()+
    "' freier Speicher:"+freierSpeicher.getText());
```

In diesem Beispiel ist der REQUEST_BODY als eine fixe Zeichenkette als Konstante definiert worden.

11.5 Security mit Spring-WS

Spring-WS unterstützt Sicherheit sowohl auf Nachrichtenebene als auch auf Transportebene. Bei der Transportebene, bei der z.B. die Sicherheit per HTTP-Authentifizierung vorgenommen wird, kann man in der Spring-Konfiguration die Credentials hinterlegen:

```
<bean id="webServiceTemplate"
    class="org.springframework.ws.client.core.WebServiceTemplate">
    <constructor-arg ref="messageFactory"/>
    <property name="messageSender">
    <bean
        class="org...ws.transport.http.CommonsHttpMessageSender">
        <property name="credentials">
            <bean class="org.apache.commons.httpclient.UsernamePasswordCreden-
tials">
                <constructor-arg value="john"/>
                <constructor-arg value="secret"/>
            </bean>
        </property>
    </bean>
    </property>
    <property name="defaultUri" value="http://example.com/WebService"/>
</bean>
```

Listing 11.7: HTTP-Authentifizierung nach Kapitel 6.2.1. [Spring-WS]-Referenz

WS-Security kann sowohl mit der Implementierung von Sun (mit dem XwsSecurityInterceptor) als auch mit WSS4J (mit dem Wss4jSecurityInterceptor) realisiert werden. In der Referenz in Kapitel 7 sind diese beiden Möglichkeiten sehr anschaulich beschrieben.

11.6 Marshalling XML

Spring bietet uns eine Unterstützung für Object/XML-Mapping oder in Kurzform O/X-Mapping oder noch kürzer OXM. Hierbei werden uns Marshaller für die Umwandlung von Objekten in XML und Unmarshaller für die andere Richtung zur Verfügung gestellt. Spring lobt die folgenden Vorteile für das O/X-Mapping aus:

- Einfache Konfiguration
- Konsistente Interfaces
- Konsistente Exception-Hierarchie

Das Marshaller-Interface bietet die Methode `marshal` mit den Parametern für das Objekt und das XML-Ergebnis (`Result`):

```
package org.springframework.oxm;
import java.io.IOException;
import javax.xml.transform.Result;
public interface Marshaller {
    /**
     * Marshals the object graph with the given root into the provided Result.
     */
    void marshal(Object graph, Result result)
            throws XmlMappingException, IOException;
    /**
     * Indicates whether this marshaller can marshal instances of the
     * supplied type.
     */
    boolean supports(Class clazz);
}
```

Das `javax.xml.transform.Result` wird in folgenden Implementationen genutzt:

Implementation	XML-Typ
javax.xml.transform.dom.DOMResult	org.w3c.dom.Node

Tabelle 11.1: Implementationen von Result

Implementation	XML-Typ
javax.xml.transform.sax.SAXResult	org.xml.sax.ContentHandler
javax.xml.transform.stream.Stream-Result	java.io.File, java.io.OutputStream oder java.io.Writer

Tabelle 11.1: Implementationen von Result (Forts.)

Der Unmarshaller wandelt eine XML-Source in ein Objekt um:

```
package org.springframework.oxm;
import java.io.IOException;
import javax.xml.transform.Source;
public interface Unmarshaller {
    /**
     * Unmarshals the given {@link Source} into an object graph.
     */
    Object unmarshal(Source source) throws XmlMappingException, IOException;
    /**
     * Indicates whether this unmarshaller can unmarshal instances of the
     * supplied type.
     */
    boolean supports(Class clazz);
}
```

Die javax.xml.transform.Source wird in folgenden Implementationen genutzt:

Implementation	XML-Typ
javax.xml.transform.dom.DOMSource	org.w3c.dom.Node
javax.xml.transform.sax.SAXSource	org.xml.sax.InputSource und org.xml.sax.XMLReader
javax.xml.trans-form.stream.StreamSource	java.io.File, java.io.Input-Stream, oder java.io.Reader

Tabelle 11.2: Implementationen von Source

Für die Realisation der Umwandlung kann Spring-WS Castor nutzen, einen XML-Schema-basierenden Marshaller. XML-Schema-basierende Marshaller sind aktuell für JAXB 1.x, JAXB 2.x, XMLBeans und JiBX verfügbar.

Einen Marshaller in JAXB 2.x kann man mit der Klasse Jaxb2Marshaller erzeugen. Als Parameter übergibt man für die Property classesToBeBound die Klassen, die per JAX-Binding übertragen werden sollen. Die Klassen für Response und

Request müssen die Annotation `@XmlRootElement` aufweisen. Das `name`- und `namespace`-Attribut der Annotation müssen mit angegeben werden, da Spring sonst die Zuordnung nicht vornehmen kann. Der Endpoint kann dann die Klasse `AbstractMarshallingPayloadEndpoint` und per Dependency Injection den konfigurierten Marshaller übergeben.

11.7 Charakteristik

Das Spring-WS-Framework besticht durch seinen recht eigenwilligen Ansatz zur Trennung von WSDL und Java. Auf der einen Seite wird die Erzeugung einer WSDL sehr gut unterstützt — auf der anderen Seite wird die Information der WSDL für die weitere Verarbeitung vom Framework nicht weiter genutzt. Frotscher [Frotscher09] bezweifelt m.E. zu Recht, ob es sich hier wirklich um ein Contract-First handelt oder ob hier eine komplette Trennung von WSDL und Java vorliegt. Bei einem XXX-First sollte ein XXX-Second kommen, der auf dem ersten Schritt aufbaut. Das ist hier nicht der Fall.

In der Entwicklung kommt man nicht umhin, sich aus dem XML-Schema mit dem XJC-Binding-Compiler die Klassen generieren zu lassen, um diese dann in einem Mapping für den Marshaller in der Spring-Konfiguration zu referenzieren. Die Konfiguration gibt dem Entwickler viele Freiheiten (bezüglich des Bindings und der Art der Auswertung), dafür muss er sehr genau darauf achten, dass XML-Schema, WSDL, Datenobjekte, Endpoints und Clients nicht auseinanderlaufen.

Das Framework besticht durch seine Flexibilität, erfordert aber viel Aufmerksamkeit, Selbstbeherrschung und tiefgreifende Kenntnisse seitens des Entwicklers.

11.8 Anwendungsfälle

11.8.1 Kommunikationstest

Kurzbeschreibung

Erstellen eines einfachen Webservices mit Spring-WS inklusive eines einfachen Clients zum Testen der Kommunikation.

Ausgangssituation

Tomcat ist installiert.

Ziel

Ein einfacher Webservice mit Spring-WS ist deployed und getestet.

Ablauf

Schritt 1: Download und Installation der Distribution

Die benötigten Bibliotheken der Spring-WS-Distribution kann man von der Seite `http://static.springsource.org/spring-ws/sites/1.5/` herunterladen. Auf der Downloadseite kann man zwischen verschiedenen Versionen wählen. Nach dieser Auswahl wird die Distribution mit und ohne Dependencies angeboten. Sicherheitshalber sollten Sie (wenn erlaubt) die Dependencies mit herunterladen. Im Folgenden gehe ich davon aus, dass die `http://s3.amazonaws.com/dist.springframework.org/release/SWS/spring-ws-1.5.8-with-dependencies.zip` heruntergeladen wurde. Entzippen Sie die Datei in ein Verzeichnis Ihrer Wahl.

Schritt 2: Erzeugen des Eclipse-Projekts

Erzeugen Sie ein Eclipse-Projekt für eine Webapplikation. Kopieren Sie folgende Bibliotheken in das `WEB-INF/lib`-Verzeichnis und fügen Sie sie zum Build-Path hinzu:

- `axiom-api-1.2.8.jar`
- `axiom-impl-1.2.8.jar`
- `jaxen-1.1.1.jar`
- `jdom-1.1.jar`
- `saaj-impl-1.3.2.jar`
- `spring-beans-2.5.6.jar`
- `spring-context-2.5.6.jar`
- `spring-core-2.5.6.jar`
- `spring-web-2.5.6.jar`
- `spring-webmvc-2.5.6.jar`
- `spring-ws-1.5.8-all.jar`
- `wsdl4j-1.6.1.jar`
- `XmlSchema-1.4.3.jar`

Schritt 3: Erzeugen des XML-Schemas

In dem Verzeichnis `WEB-INF/xsd` erzeugen wir unser XML-Schema für die Daten unseres Kommunikationstests. Die Kommunikationsmethode soll nicht nur den übergebenen String in Großbuchstaben zurückgeben, sondern als Zusatzinformation noch auch die Größe des freien Speichers enthalten.

Die zentralen Elemente sind `PingRequest` – als Parameter – und `PingResponse` – als Rückgabe. `PingRequest` enthält ein Element `text` vom Typ `xs:string` und die Response enthält ein Element info vom Typ xs:string und noch ein Element freierSpeicher vom Typ xs:long. Das Ganze schaut dann ungefähr so aus:

```
<xs:element name="PingRequest">
    <xs:complexType>
        <xs:sequence>
            <xs:element name="text" type="xs:string"/>
        </xs:sequence>
    </xs:complexType>
</xs:element>
<xs:element name="PingResponse">
    <xs:complexType>
        <xs:sequence>
            <xs:element name="info" type="xs:string"/>
            <xs:element name="freierSpeicher" type="xs:long"/>
        </xs:sequence>
    </xs:complexType>
</xs:element>
```

Schritt 4: Konfiguration der Webapplikation

Im Deployment Descriptor der Webapplikation web.xml müssen wir das Dispatcher Servlet von Spring eintragen. Dafür definieren wir das Servlet MessageDispatcherServlet aus dem Paket org.springframework.ws.transport.http und mappen alle Requests (/*) zu diesem Servlet. Beachten Sie, dass sich aus dem Namen des Servlets der Default-Name der Spring-Konfiguration ergibt. Wenn Sie Ihr Servlet mit <servlet-name>spring-ws</servlet-name> benennen, bedeutet das, dass der Name der Spring-Konfiguration spring-ws-servlet.xml lautet.

Schritt 5: Erzeugen des Endpoints

Erzeugen wir den Endpoint PingEndpoint in dem Paket de.traudel.springws.basic. Für unser Beispiel reicht ein PayloadEndpoint aus, d.h., wir lassen unseren Endpoint die abstrakte Klasse AbstractJDomPayloadEndpoint aus dem Paket org.springframework.ws.server.endpoint erweitern. Damit können wir per XPath auf unsere Elemente zugreifen. Wir müssen und wollen die abstrakte Methode invokeInternal überschreiben.

In der Methode invokeInternal lesen wir aus dem übergebenen Element (org.jdom.Element) per XPath einen Text aus und wandeln ihn in Großbuchstaben um. Dann erzeugen wir ein XML-Dokument mit dem Rückgabetext und dem freien Speicher und geben diesen zurück. Wenn Sie möchten, können Sie noch weitere Analysen des Parameters vornehmen.

Schritt 6: Die Spring-Konfiguration

Nach den Namenskonventionen des Dispatcher-Servlets wird auch bei Spring-WS der Name der Spring-Konfiguration durch den Namen des Servlets bestimmt (hier `<servlet-name>spring-ws</servlet-name>`). Somit ergibt sich hier `spring-ws-servlet.xml` als Name für die Spring-Konfig. In dieser Spring-Konfiguration wird nun der Endpoint mit seinen Abhängigkeiten definiert. Dazu brauchen wir vier Einträge:

- Die Definition des Endpoints
- Eine Definition des EndpointMappings
- Die WSDL-Definition
- Das XML-Schema

Die Definition des Endpoints ist simpel und wie immer.

Für das EndpointMapping können wir die Klasse `PayloadRootQNameEndpointMapping` aus dem Paket `org.springframework.ws.server.endpoint.mapping` nutzen, dem wir per Property das Mapping zuordnen. Das schaut dann so aus:

```
<bean class="org.springframework.ws.server.endpoint.mapping.
      PayloadRootQNameEndpointMapping">
   <property name="mappings">
      <props>
         <prop key="{http://traudel.de/test}PingRequest">
            pingEndpoint
         </prop>
      </props>
   </property>
</bean>
```

Als Nächstes brauchen wir die Definition der WSDL. Hierfür bietet uns Spring die Klasse `DefaultWsdl11Definition` im Paket `org.springframework.ws.wsdl.wsdl11`. Diese Klasse benötigt als Properties ein XML-Schema, einen `portTypeName` mit dem Wert `PingResource`, einen `locationUri` mit der HTTP-Adresse zum Service und einen Namensraum für den Service. Das ergibt dann diesen Teil:

```
<bean id="ping"
   class="org.springframework.ws.wsdl.wsdl11.DefaultWsdl11Definition">
   <property name="schema" ref="schema" />
   <property name="portTypeName" value="PingResource" />
   <property name="locationUri"
      value="http://localhost:8888/springWS/pingService/" />
```

```
    <property name="targetNamespace" value="http://traudel.de/test" />
</bean>
```

Als Letztes benötigen wir noch das Schema, welches von der WSDL-Definition referenziert wird. Dafür nutzen wir von Spring die Klasse `SimpleXsdSchema` aus dem Paket `org.springframework.xml.xsd`. Diese Klasse benötigt nur die Property mit dem Namen `xsd`, die als Wert den Pfad zum XML-Schema hat.

Die komplette Spring-Konfiguration finden Sie unter den Dokumenten zu diesem Anwendungsfall.

Schritt 7: Deployment und Test

Die WSDL können wir unter der Adresse `http://localhost:8080/springWS/pingService/ping.wsdl` abrufen. Dieser URL ergibt sich aus dem Wert der Property `locationUri` der WSDL-Definition plus dem Namen der WSDL-Definition plus der Endung `.wsdl`. Überprüfen Sie, ob die WSDL Ihrer Vorstellung entspricht und das XML-Schema sauber eingebunden ist.

Mit beispielsweise einem JAX-WS-Client (zum Spring-WS-Client kommen wir später) kann man den Service testen. Die zu erwartenden SOAP-Nachrichten finden Sie im Abschnitt »Dokumente«.

Alternativen

- Im Normalfall wird der Endpoint den Request nicht selbst bearbeiten, sondern die Daten in Form einer SpringBean an einen Service weitergeben. Dieser Service wird dann per Dependency Injection dem Endpoint übergeben, so dass der Endpoint lediglich die Umwandlung des Payloads zu den Java-Objekten vornimmt.
- Die Klasse `AbstractJDomPayloadEndpoint` ist natürlich nicht die einzige Möglichkeit, auf die Nachricht zuzugreifen. Hier können alle Implementationen von PayloadEndpoint und MessageEndpoint wie oben beschrieben genutzt werden.
- Die Klasse `PayloadRootQNameEndpointMapping` ist nur eine Implementierung des Interfaces `EndpointMapping`. Weitere gute Möglichkeiten sind hier das `SoapActionEndpointMapping` und `MethodEndpointMapping` oder eine Version für WS-Addressing, wie sie in Kapitel 5.5 der Spring-WS-Referenz beschrieben sind.

Fehlersituationen

Die WSDL und die Java-Klassen werden in keiner Art und Weise synchronisiert. Bei einer Veränderung in dem XML-Schema müssen auch die XPath-Ausdrücke angepasst werden.

Wenn der Payload im Endpoint null ist, kann es ein, dass der Client nicht nach einer Änderung der WSDL aktualisiert wurde.

Dokumente

Das XML-Schema definiert Request und Response. Die Zuordnung der Elemente wird durch das Suffix `Request` ① und `Response` ② vorgenommen.

```
<?xml version="1.0" encoding="UTF-8"?>
<xs:schema xmlns:xs="http://www.w3.org/2001/XMLSchema"
   elementFormDefault="qualified" targetNamespace="http://traudel.de/test"
   xmlns:tr="http://traudel.de/test">
   <xs:element name="PingRequest"> <!-- ① -->
      <xs:complexType>
         <xs:sequence>
            <xs:element name="text" type="xs:string"/>
         </xs:sequence>
      </xs:complexType>
   </xs:element>
   <xs:element name="PingResponse"><!-- ② -->
      <xs:complexType>
         <xs:sequence>
            <xs:element name="info" type="xs:string"/>
            <xs:element name="freierSpeicher" type="xs:long"/>
         </xs:sequence>
      </xs:complexType>
   </xs:element>
</xs:schema>
```

Listing 11.8: XML-Schema für Request und Response

In der `web.xml` wird der Dispatcher eingebunden und per Mapping werden ihm alle Requests zugeordnet. Der Servlet-Name entscheidet über den Namen der Spring-Konfiguration. An den Namen wird nur die Endung `-servlet.xml` angehängt. Bei der Servlet-Klasse ① habe ich den Paketnamen der Übersichtlichkeit halber gekürzt. Die komplette Klasse heißt: `org.springframework.ws.transport.http.MessageDispatcherServlet`.

```
<web-app xmlns="http://java.sun.com/xml/ns/j2ee"
 mlns:xsi="http://www.w3.org/2001/XMLSchema-instance"
   xsi:schemaLocation="http://java.sun.com/xml/ns/j2ee
   http://java.sun.com/xml/ns/j2ee/web-app_2_4.xsd"
   version="2.4">
   <servlet> <!-- ① -->
      <servlet-name>spring-ws</servlet-name>
```

```
        <servlet-class> <!-- ② -->
            org....http.MessageDispatcherServlet
        </servlet-class>
    </servlet>
    <servlet-mapping>
        <servlet-name>spring-ws</servlet-name>
        <url-pattern>/*</url-pattern>
    </servlet-mapping>
</web-app>
```

Listing 11.9: Deployment Descriptor `web.xml`

Der Endpoint hat hier keine Verbindung zu einem »normalen Service«, der den eigentlichen Request bearbeitet. Diesen würde der Endpoint in diesem Fall per Dependency Injection zugewiesen bekommen. Die Methode `invokeInternal` wird bei jedem Request aufgerufen und übernimmt die Übersetzung der SOAP-Nachricht in die Java-Objekte:

```
package de.traudel.springws.basic;
import org.jdom.Element;
import org.jdom.Namespace;
import org.jdom.xpath.XPath;
import org.springframework.ws.server.endpoint.AbstractJDomPayloadEndpoint;

public class PingEndpoint extends AbstractJDomPayloadEndpoint {
    private XPath textSuche;
    public PingEndpoint() throws Exception {
        Namespace ns =
            Namespace.getNamespace("ping", "http://traudel.de/test");
        textSuche = XPath.newInstance("//ping:text");
        textSuche.addNamespace(ns);
    }

    @Override
    protected Element invokeInternal(Element payload) throws Exception {
        // Übergabe auswerten
        String text = textSuche.valueOf(payload);
        System.out.println(payload);
        // Rückgabe zusammenbauen
        Element info = new Element("info");
        info.setText(text.toUpperCase());
        Element freierSpeicher = new Element("freierSpeicher");
        freierSpeicher.setText(""+Runtime.getRuntime().freeMemory());
        Element ping = new Element("ping");
```

```
        ping.addContent(info);
        ping.addContent(freierSpeicher);
        return ping;
    }
}
```

Listing 11.10: Der Endpoint

Die Spring-Konfiguration definiert den Endpoint, das Mapping und die Erzeugung der WSDL. Bei einigen Klassen wurde hier wieder zwecks Übersichtlichkeit der Paketname verkürzt. Die Bean `pingEndpoint` ist der von uns erzeugte Endpoint. Dieser Endpoint bekommt durch die Mappings des `PayloadRootQNameEndpointMapping` einen Namensraum und den Request zugeordnet. Die Bean mit dem Namen `ping` definiert durch die Klasse `DefaultWsdl11Definition` die Erzeugung und den URL zu der WSDL. Die ID bestimmt den URL, unter dem die WSDL abrufbar ist: `http://localhost:8080/springWS/pingService/`**`ping`**`.wsdl`

```
<?xml version="1.0" encoding="UTF-8"?>
<!DOCTYPE beans PUBLIC "-//SPRING//DTD BEAN//EN"
   "http://www.springframework.org/dtd/spring-beans.dtd">
<beans>
   <bean id="pingEndpoint" class="de.traudel.springws.basic.PingEndpoint" />
   <bean class="org...mapping.PayloadRootQNameEndpointMapping">
      <property name="mappings">
         <props>
            <prop key="{http://traudel.de/test}PingRequest">
               pingEndpoint</prop>
         </props>
      </property>
   </bean>
   <bean id="ping"
      class="org...ws.wsdl.wsdl11.DefaultWsdl11Definition">
      <property name="schema" ref="schema" />
      <property name="portTypeName" value="PingResource" />
      <property name="locationUri"
         value="http://localhost:8888/springWS/pingService/" />
      <property name="targetNamespace" value="http://traudel.de/test" />
   </bean>
   <bean id="schema" class="org.springframework.xml.xsd.SimpleXsdSchema">
      <property name="xsd" value="/WEB-INF/pingDaten.xsd" />
   </bean>
</beans>
```

Listing 11.11: Die Spring-Konfiguration `spring-ws-servlet.xml`

Die WSDL, die von Spring-WS generiert wurde, wurde durch unsere Konfiguration folgendermaßen beeinflusst:

- ① Die Namensräume aus dem XML-Schema und der Spring-Konfig wurden übernommen.
- ② Das XML-Schema ist komplett für `wsdl:types` übernommen worden.
- ③ Die Messages orientieren sich an den Elementen mit dem Suffix `Request` und `Response`.
- ④ Der `Operation Name` ist der Elementname ohne das Suffix.
- ⑤ Die `soap:address` richtet sich nach dem `locationUri` aus der Spring-Konfiguration.

```
<wsdl:definitions xmlns:wsdl="http://schemas.xmlsoap.org/wsdl/"
    xmlns:sch="http://traudel.de/test" <!-- ① -->
    xmlns:soap="http://schemas.xmlsoap.org/wsdl/soap/"
    xmlns:tns="http://traudel.de/test"
    targetNamespace="http://traudel.de/test">
  <wsdl:types><!-- ② -->
    <xs:schema xmlns:tr="http://traudel.de/test"
        xmlns:xs="http://www.w3.org/2001/XMLSchema"
        elementFormDefault="qualified"
        targetNamespace="http://traudel.de/test">
    <xs:element name="PingRequest">
        <xs:complexType>
            <xs:sequence>
                <xs:element name="text" type="xs:string"/>
            </xs:sequence>
        </xs:complexType>
    </xs:element>
    <xs:element name="PingResponse">
        <xs:complexType>
            <xs:sequence>
                <xs:element name="info" type="xs:string"/>
                <xs:element name="freierSpeicher" type="xs:long"/>
            </xs:sequence>
        </xs:complexType>
    </xs:element>

</xs:schema>
  </wsdl:types>
  <wsdl:message name="PingResponse"> <!-- ③ -->
    <wsdl:part element="tns:PingResponse" name="PingResponse">
    </wsdl:part>
```

```
  </wsdl:message>
  <wsdl:message name="PingRequest">
    <wsdl:part element="tns:PingRequest" name="PingRequest">
    </wsdl:part>
  </wsdl:message>
  <wsdl:portType name="PingResource">
    <wsdl:operation name="Ping">
      <wsdl:input message="tns:PingRequest" name="PingRequest">
    </wsdl:input>
      <wsdl:output message="tns:PingResponse" name="PingResponse">
    </wsdl:output>
    </wsdl:operation>
  </wsdl:portType>
  <wsdl:binding name="PingResourceSoap11" type="tns:PingResource">
    <soap:binding style="document"
        transport="http://schemas.xmlsoap.org/soap/http"/>
    <wsdl:operation name="Ping"> <!-- ④ -->
      <soap:operation soapAction=""/>
      <wsdl:input name="PingRequest">
        <soap:body use="literal"/>
      </wsdl:input>
      <wsdl:output name="PingResponse">
        <soap:body use="literal"/>
      </wsdl:output>
    </wsdl:operation>
  </wsdl:binding>
  <wsdl:service name="PingResourceService">
    <wsdl:port binding="tns:PingResourceSoap11"
        name="PingResourceSoap11">
      <soap:address <!-- ⑤ -->
        location="http://localhost:8888/springWS/pingService/"/>
    </wsdl:port>
  </wsdl:service>
</wsdl:definitions>
```

Listing 11.12: Die WSDL zu dem Ping-Service

11.8.2 Einbau eines Interceptors

Kurzbeschreibung

Einbinden eines Interceptors mit Analyse des Message-Kontextes.

Ausgangssituation

Der Webservice ist wie im vorhergehenden Anwendungsfall »Kommunikationstest« beschrieben deployed und funktioniert.

Ziel

Durch den Interceptor erhalten wir Informationen über Request und Response und können Properties vom Interceptor zum Endpoint transportieren und auswerten.

Ablauf

Schritt 1: Die Interceptor-Klasse

Im Paket `de.traudel.springws.basic` erzeugen wir die Klasse `InfoInterceptor` und lassen sie das Interface `EndpointInterceptor` aus dem Paket `org.springframework.ws.server` implementieren. Durch »politisch korrekte Erbschleicherei« erhalten wir drei Methoden für den Eingang (`handleRequest`), den Ausgang (`handleResponse`) und den Fehlerfall (`handleFault`). Dabei erhalten die drei Methoden die Parameter `messageContext`, der die Nachricht enthält, und `endpoint`, welcher den Endpoint referenziert. Alle Methoden geben einen booleschen Wert zurück. Wenn dieser `false` ist, wird die Bearbeitung abgebrochen.

Erzeugen Sie ein paar Ausgaben in den Methoden, damit Sie wissen, dass diese auch aufgerufen werden.

Schritt 2: Die Konfiguration

Der Interceptor muss nun in die Spring-Konfiguration eingetragen werden. Hierfür erweitert man das EndpointMapping mit der Property `interceptors` und fügt als `nested`-Element die Bean für den `LogInterceptor` ein. Dies schaut dann ungefähr so aus:

```
<property name="interceptors">
   <bean class="de.traudel.springws.basic.InfoInterceptor"/>
</property>
```

Schritt 3: Deployment und Test

Deployen Sie die Anwendung, rufen Sie den Service auf, bei dem Sie den Interceptor eingebunden haben und kontrollieren Sie, ob in den Logs die erwarteten Ausgaben stehen.

Alternativen

Wenn der Endpoint ein `MessageEndpoint` ist, wird der Methode `invoke` der komplette `MessageContext` übergeben, aus dem dann die Attribute ausgelesen werden können, die im Interceptor gesetzt wurden.

Fehlersituation

Wenn der Client als Response `null` zurückgibt, kann es sein, dass im Interceptor noch die Rückgabe der Handler-Methoden auf `false` steht.

Dokumente

Die Spring-Konfiguration wurde in dem Beispiel nur durch den Interceptor erweitert. Der folgende Ausschnitt zeigt deshalb nur den Mapper, der Rest ist wie im vorherigen Anwendungsfall:

```
<bean class="org...mapping.PayloadRootQNameEndpointMapping">
   <property name="mappings">
      <props>
         <prop key="{http://traudel.de/test}PingRequest">
            pingEndpoint
         </prop>
      </props>
   </property>
   <property name="interceptors">
      <bean class="de.traudel.springws.basic.InfoInterceptor"/>
   </property>
</bean>
```

Listing 11.13: Bean-Definition des Mappers mit Interceptor

Der Interceptor implementiert die drei Lifecycle-Methoden und gibt Infos über die Parameter aus:

```
package de.traudel.springws.basic;

import org.springframework.ws.context.MessageContext;
import org.springframework.ws.server.EndpointInterceptor;

public class InfoInterceptor implements EndpointInterceptor {
   @Override
   public boolean handleFault(MessageContext mc, Object ep)
         throws Exception {
      System.out.println("in handleFault");
      System.out.println(mc);
      return true;
   }

   @Override
   public boolean handleRequest(MessageContext mc, Object ep)
         throws Exception {
      System.out.println("in handleRequest");
      System.out.println(mc.getRequest());
      // geht nur bei MessageEndpoint
      mc.setProperty("Intercept", "Prüfung ok..");
```

```
        return true;
    }

    @Override
    public boolean handleResponse(MessageContext mc, Object ep)
          throws Exception {
        System.out.println("in handleResponse");
        if (mc.hasResponse())
        {
            System.out.println(mc.getResponse());
        }
        return true;
    }
}
```

Für weitere Nutzungsmöglichkeiten der Interceptoren hilft ein Blick in die Quelltexte der Implementierungen.

11.8.3 Erzeugung eines Clients

Kurzbeschreibung

Erstellen eines Clients mit dem WebServiceTemplate von Spring-WS.

Ausgangssituation

Der Webservice ist wie im vorhergehenden Anwendungsfall »Kommunikationstest« beschrieben deployed und funktioniert.

Ziel

Der Client ruft den Webservice auf und erhält das erwartete Ergebnis.

Ablauf

Schritt 1: Erstellen des Projekts

Erstellen Sie in Eclipse ein ganz normales Java-Projekt. Fügen Sie zum Build-Path folgende Bibliotheken hinzu:

- /dist/spring-ws-1.5.8-all.jar
- /lib/spring/spring-webmvc-2.5.6.jar
- /lib/spring/spring-aop-2.5.6.jar
- /lib/spring/spring-beans-2.5.6.jar
- /lib/spring/spring-context-2.5.6.jar
- /lib/spring/spring-core-2.5.6.jar

- /lib/spring/spring-jdbc-2.5.6.jar
- /lib/spring/spring-jms-2.5.6.jar
- /lib/spring/spring-orm-2.5.6.jar
- /lib/spring/spring-tx-2.5.6.jar
- /lib/spring/spring-web-2.5.6.jar
- /lib/jakarta-commons/commons-logging-1.1.1.jar
- /lib/jakarta-commons/commons-httpclient-3.1.jar
- /lib/jdom/jdom-1.1.jar

Schritt 2: Erzeugen des Clients

Erstellen Sie im Paket `de.traudel.test` die Klasse `WebServiceClient`. Für die zu sendende Nachricht können wir eine konstante Zeichenkette erzeugen:

```
<PingRequest xmlns="http://traudel.de/test">
    <text>kleiner Testlauf</text>
</PingRequest>
```

Der Namensraum der Nachricht kommt aus dem Namensraum der WSDL-Definition aus dem Anwendungsfall »Kommunikationstest«.

Des Weiteren benötigt unsere Testklasse eine Instanz des `WebServiceTemplate` aus dem Paket `org.springframework.ws.client.core`. Für die Eigenschaft `defaultUri` erzeugen wir einen Setter, der die übergebene Zeichenkette an das WebServiceTemplate weitergibt. Dieser Wert wird nachher durch die Spring-Konfiguration gesetzt.

Schritt 3: Testmethode im Client

Für unseren Test erstellen wir in der Klasse `WebServiceClient` die Methode `sendeUndEmpfange()`. In dieser Methode erzeugen Sie eine `StreamSource` mit der Nachricht (die als Konstante vorliegt) und ein `JDOMResult` zum Auffangen des Ergebnisses. Dann rufen Sie die Methode `sendSourceAndReceiveToResult` des `WebServiceTemplate` mit der `Source` und dem `Result` als Parameter auf.

Aus dem `JDOMResult` kann nun elegant per `getChild(...)` auf die interessanten Elemente zugegriffen werden.

Schritt 4: Die Spring-Konfiguration

Erzeugen Sie eine Spring-Konfigurationsdatei und definieren Sie dort die Klasse `WebServiceClient` als Bean. Übergeben Sie als `defaultUri` den URI zum Service. Dies ist der Gleiche, der bei der Konfiguration des Kommunikationstests bei der WSDL-Definition als `locationUri` eingetragen wurde.

Schritt 5: Der Test

Erzeugen Sie einen Main-Tester, der den `ApplicationContext` erzeugt, die Bean referenziert und die Testmethode ausführt. Wenn Sie den Tester ausführen, sollten keine Fehler und die richtigen Rückgabewerte ausgegeben werden.

Alternativen

Statt dem `JDOMResult` kann natürlich auch mit SAX, DOM und StAX gearbeitet werden.

Die Source wird hier aus einer Konstanten erzeugt. Man kann sie in diesem Fall natürlich auch dynamisch aus Parametern zusammenbauen.

Fehlersituation

Wenn für bestimmte Werte null zurückgegeben wird, kann eine Veränderung des Datengefüges von XML-Schema, Service und Client erfolgt sein. Eine Synchronisation wie bei den generierten Dateien von Axis oder JAX-WS erfolgt hier nicht. Hilfreich ist es, den Client über einen HTTP-Monitor laufen zu lassen. Ändern Sie dazu den Port bei dem `locationUri` in der Spring-Konfiguration des Services.

Dokumente

Der WebServiceClient enthält die Request-Message, eine Instanz des Templates und eine Testmethode.

```
package de.traudel.test;
import java.io.StringReader;
import java.net.URISyntaxException;
import javax.xml.transform.stream.StreamSource;
import org.jdom.Document;
import org.jdom.Element;
import org.jdom.transform.JDOMResult;
import org.springframework.ws.client.core.WebServiceTemplate;

public class WebServiceClient {
   private static final String REQUEST_BODY =
       "<PingRequest xmlns=\"http://traudel.de/test\">"
       + "<text>kleiner Testlauf</text>" + "</PingRequest>";
   private final WebServiceTemplate webServiceTemplate =
       new WebServiceTemplate();

   public void setDefaultUri(String defaultUri) {
      webServiceTemplate.setDefaultUri(defaultUri);
   }
```

```
    public void sendeUndEmpfange() throws URISyntaxException
    {
        StreamSource msgSource = new StreamSource(new
                StringReader(REQUEST_BODY));
        JDOMResult result = new JDOMResult();
        // Aufruf des Services
        webServiceTemplate.sendSourceAndReceiveToResult(
              msgSource, result);
        // Auswertung des Ergebnisses
        Document responseMsg = result.getDocument();
        Element wurzel = responseMsg.getRootElement();
        Element info = wurzel.getChild("info");
        Element freierSpeicher = wurzel.getChild("freierSpeichern");
        System.out.println("Rückgabe: '" + info.getText()
         +"' freier Speicher:"+freierSpeicher.getText());
    }
}
```

Listing 11.14: Klasse WebServiceClient

Der Tester erzeugt einen `ApplicationContext` und ruft die Testmethode auf:

```
ApplicationContext ctx = new ClassPathXmlApplicationContext
            ("spring-beans.xml");
WebServiceClient client = (WebServiceClient) ctx.getBean
            ("webServiceClient");
client.sendeUndEmpfange();
```

Die Spring-Konfiguration definiert den Client und übergibt den URI an den Service:

```
<?xml version="1.0" encoding="UTF-8"?>
<!DOCTYPE beans PUBLIC "-//SPRING//DTD BEAN//EN"
    "http://www.springframework.org/dtd/spring-beans.dtd">
<beans>
    <bean id="webServiceClient" class="de.traudel.test.WebServiceClient">
        <property name="defaultUri"
            value="http://localhost:8888/springWS/pingService/" />
    </bean>
</beans>
```

Listing 11.15: Die Spring-Konfiguration `spring-beans.xml`

11.8.4 Komplexeres Beispiel mit Marshalling

Kurzbeschreibung

Die komplexere Datenstruktur einer Rechnung wird in einen Webservice übertragen. Für die Umwandlung wird ein JAXB2 Marshaller genutzt.

Ausgangssituation

Eine Spring-WS-Anwendung mit einem Message Dispatcher, wie in Anwendungsfall »Kommunikationstest« beschrieben, existiert und funktioniert.

Ziel

Die Daten einer Rechnung werden korrekt auf der Serverseite marshalled und auf der Clientseite unmarshalled.

Ablauf

Schritt 1: Erzeugen des XML-Schemas

Ausgehend von der Methode `holeRechnung`, bei der eine `id` als `Long` rein- und eine Rechnung rauskommt, erzeugen wir ein XML-Schema. In diesem XML-Schema benötigen wir sowohl das Schema für die Rechnung als auch für den Request (enthält nur die ID) und die Response (enthält die Rechnung). Dieses Schema kann mit Tools oder auch per Hand erzeugt werden.

Schritt 2: Erzeugen der Spring-Konfiguration

In der Spring-Konfiguration wird die `DefaultWsdl11Definition` für den Webservice benötigt. Diese ist analog zu dem Anwendungsfall »Kommunikationstest« aufgebaut. Nach dem ersten Deployment sollte schon eine korrekte WSDL angezeigt werden. (Obwohl wir noch keine Klasse erzeugt haben!)

Schritt 3: Erzeugen der Request- und Response-Klasse

Nun sollten wir die Request- und Response-Klassen erzeugen. Die Request-Klasse (`HoleRechnungRequest`) hat als Eigenschaft nur die `id` vom Typ `Long`, die Response-Klasse (`HoleRechnungResponse`) hat die Eigenschaft `Rechnung`. Für diese Eigenschaften müssen wir Zugriffsmethoden erstellen lassen. Beide Klassen benötigen die `@XmlRootElement`-Annotation mit den Attributen `namespace` und `name`. Das Attribut `name` hat dabei den Namen der Klasse, als Inhalt der `namespace` wird der URI für unseren Namensraum (in meinem Beispiel `http://traudel.de/re`) beinhalten.

Schritt 4: Erzeugen des Endpoints

Erzeugen Sie die Klasse `RechnungsEndpoint` im Paket `de.traudel.springws.rechnung` für den Endpoint. Der Endpoint erweitert die Klasse `Abstract-`

`MarshallingPayloadEndpoint` aus dem Paket `org.springframework.ws.server.endpoint`. Für die Auflösung der Abhängigkeiten zu dem Rest der Applikation (zum Rechnungsservice) sollten wir eine Eigenschaft für unsere Service-Schnittstelle definieren. Die Instanz für den Service und eine für den Marshaller erwarten wir im Konstruktor. Den Marshaller geben Sie über den Super-Konstruktor an die Super-Klasse weiter.

In der überschriebenen Endpoint-Methode `invokeInternal` bekommen wir in `Reinform` das Request-Objekt (`HoleRechnungRequest`) herein und geben das Response-Objekt (`HoleRechnungResponse`) zurück. Da die Signatur Object/Object ist, müssen wir ein wenig casten. Dann können wir den Übergabe-Parameter auswerten und den Service aufrufen. Den Rückgabewert verpacken wir dann in dem Response-Objekt und schicken ihn zurück.

Schritt 5: Spring-Konfiguration

Fügen Sie in der Spring-Konfiguration den einen Marshaller ein. Dieser ist von der Klasse `Jaxb2Marshaller` aus dem Paket `org.springframework.oxm.jaxb`. Als Property hat er eine Liste der Domain-Objekte, die gemarshalled werden sollen. Der Name dieser Property ist `classesToBeBound`.

Tragen Sie in der Spring-Konfiguration den Endpoint aus dem vorherigen Schritt ein und übergeben Sie als Konstruktor-Parameter den Service und den Mapper.

Schritt 6: Erzeugung des Clients

Erstellen Sie einen Client mit einem `WebServiceTemplate`. Als Vorlage mag der Webservice-Client aus dem Anwendungsfall »Kommunikationstest« hilfreich sein. Auch hier benötigen wir ein WebServiceTemplate, an das wir den `defaultUri` weitergeben können.

Zusätzlich benötigen wir noch zwei Parameter für den Marshaller und den Unmarshaller, die analog zur Serverkonfiguration erzeugt werden. Diese Marshaller werden an das Template übergeben.

Das Template bietet uns die Methode `marshalSendAndReceive` an, mit der wir unseren Service testen können. Als Parameter erzeugen Sie eine neue Instanz der Response-Klasse und geben ihr eine gültige `id`. Die Rückgabe ist eine Instanz des Response-Objekts, aus der die Rechnung herausgezogen werden kann.

Fehlersituationen

Sofern der Webservice meldet, dass er das angeforderte Element nicht finden kann

```
Exception in thread "main"
    org.springframework.ws.soap.client.SoapFaultClientException:
    JAXB unmarshalling exception: unexpected element
```

```
(uri:"http://traudel.de/re", local:"HoleRechnungRequest").
Expected elements are <none>;
```

fehlen bei den Request- und Response-Objekten die Parameter `namespace` und `name`.

Sofern der Fehler

```
Error resolving component 'kunde'. It was detected that 'kunde' has no name-
space, but components with no target namespace are not referenceable from
schema document 'http://localhost:8080/springReWe/rech-
nung.wsdl#types?schema1'. If 'kunde' is intended to have a namespace, perhaps
a prefix needs to be provided. If it is intended that 'kunde' has no namespace,
then an 'import' without a "namespace" attribute should be added to 'http://
localhost:8080/springReWe/rechnung.wsdl#types?schema1'.
```

auftaucht, fehlt in der Schema-Datei der Namensraum für die Elemente. Fügen Sie dann bei der Schema-Datei einfach einen Namensraum hinzu:

```
<xs:schema version="1.0"
    targetNamespace="http://re.traudel.de"
    xmlns="http://re.traudel.de"
    xmlns:xs="http://www.w3.org/2001/XMLSchema">
```

Alternativ dazu kann in der Schema-Definition auch mit den `attribute-` und `elementFormDefault`-Attributen gearbeitet werden:

```
<xs:schema xmlns:xs="http://www.w3.org/2001/XMLSchema"
    attributeFormDefault="qualified"
    elementFormDefault="qualified"
    targetNamespace="http://re.traudel.de">
```

Alternativen

Das Marshalling kann auch durch andere Marshaller vorgenommen werden. Die gebräuchlichsten sind:

- AnnotationXStreamMarshaller
- CastorMarshaller
- Jaxb1Marshaller
- Jaxb2Marshaller
- JibxMarshaller
- XmlBeansMarshaller
- XStreamMarshaller

Der Endpoint kann auch per `org.springframework.ws.server.endpoint.annotation.Endpoint` erzeugt werden, was gerade bei einem umfangreicheren Endpoint die Arbeit erleichtert. Ein Beispiel hierzu finden Sie mit Kapitel 13.4 beim Vergleich der Frameworks.

Dokumente

Das XML-Schema für die Daten ist der Ausgangspunkt der Entwicklung. Zu den eigentlichen Nutzdaten der Rechnung ② kommen noch die kapselnden Request- und Response-Objekte ① hinzu:

```
<?xml version="1.0" encoding="UTF-8"?>
<xs:schema xmlns:xs="http://www.w3.org/2001/XMLSchema"
   attributeFormDefault="qualified"
   elementFormDefault="qualified" targetNamespace="http://traudel.de/re">
   <xs:element name="HoleRechnungRequest"> <!-- ① -->
      <xs:complexType>
         <xs:sequence>
            <xs:element minOccurs="0" name="id"
               type="xs:long" />
         </xs:sequence>
      </xs:complexType>
   </xs:element>
   <xs:element name="HoleRechnungResponse"><!-- ① -->
      <xs:complexType>
         <xs:sequence>
            <xs:element minOccurs="0" name="return"
               nillable="true" type="Rechnung" />
         </xs:sequence>
      </xs:complexType>
   </xs:element>
   <xs:complexType name="Rechnung"><!-- ② -->
      <xs:sequence>
         <xs:element minOccurs="0" name="datum"
            nillable="true" type="xs:date" />
         <xs:element minOccurs="0" name="id" nillable="true"
            type="xs:long" />
         <xs:element minOccurs="0" name="kunde"
            nillable="true" type="Kunde" />
         <xs:element minOccurs="0" name="nr" nillable="true"
            type="xs:string" />
         <xs:element maxOccurs="unbounded" minOccurs="0"
            name="positionen" nillable="true" type="Position" />
      </xs:sequence>
```

```
    </xs:complexType>
    <xs:complexType name="Kunde">
    ...
    </xs:complexType>
    <xs:complexType name="Position">
        ...
    </xs:complexType>
    <xs:complexType name="Artikel">
        ...
    </xs:complexType>
</xs:schema>
```

Listing 11.16: XML-Schema für die Rechnung. Triviale Rechnungsfelder wurden der besseren Übersicht halber ausgelassen.

In der Spring-Konfiguration können bei der Definition der WSDL auch mehrere XML-Schema-Dateien angegeben werden:

```
    <bean id="re"
        class="org.springframework.ws.wsdl.wsdl11.DefaultWsdl11Definition">
        <property name="schemaCollection" ref="schemaCollection"/>
        <property name="portTypeName" value="HoleRechnungResource" />
        <property name="locationUri"
            value="http://localhost:8888/springWS/reService/" />
        <property name="targetNamespace" value="http://traudel.de/re" />
    </bean>
    <bean id="schemaCollection"
        class="org.springframework.xml.xsd.commons.CommonsXsdSchemaCollec-
tion">
        <property name="xsds">
            <list>
                <value>/WEB-INF/xsd/holeRechnung.xsd</value>
                <value>/WEB-INF/xsd/rechnungDaten.xsd</value>
            </list>
        </property>
        <property name="inline" value="true" />
    </bean>
```

Listing 11.17: Ausschnitt aus der Spring-Konfiguration für die Erstellung der WSDL

Die Klassen für Request und Response sind einfache Domain-Objekte mit Zugriffsmethoden für die Eigenschaften. Sie benötigen die `XmlRootElement`-Annotation:

```
import javax.xml.bind.annotation.XmlRootElement;
@XmlRootElement(namespace="http://traudel.de/re",
```

```
    name="HoleRechnungRequest")
public class HoleRechnungRequest {
    private Long id;
    // Getter und Setter
}
```

und

```
import javax.xml.bind.annotation.XmlRootElement;
import de.traudel.domain.Rechnung;
@XmlRootElement(namespace="http://traudel.de/re",
    name="HoleRechnungResponse")
public class HoleRechnungResponse {
    private Rechnung rechnung;
    // Getter und Setter
}
```

Listing 11.18: Request- und Response-Klasse

Die Konfiguration des Marshallers ist ein weiterer Bestandteil der Spring-Konfiguration.

```
<bean id="rechnungsService" class="de.traudel.service.RechnungsService-
Impl"/>
<bean id="rechnungsEndpoint"
    class="de.traudel.springws.rechnung.RechnungsEndpoint">
    <constructor-arg ref="rechnungsService"/>
    <constructor-arg ref="marshaller"/>
</bean>
<bean id="marshaller" class="org.springframework.oxm.jaxb.Jaxb2Marshaller">
    <property name="classesToBeBound">
        <list>
            <value>de.traudel.springws.rechnung.HoleRechnungRequest</value>
            <value>de.traudel.springws.rechnung.HoleRechnungResponse</value>
            <value>de.traudel.domain.Artikel</value>
            <value>de.traudel.domain.Kunde</value>
            <value>de.traudel.domain.Position</value>
            <value>de.traudel.domain.Rechnung</value>
        </list>
    </property>
</bean>
```

Listing 11.19: Teil der Spring-Konfiguration für den Marshaller, den Endpoint und den Service

Der Endpoint löst im Konstruktor die Abhängigkeiten auf und führt in der Methode `invokeInternal` den Request auf:

```
package de.traudel.springws.rechnung;
import org.springframework.oxm.Marshaller;
import org.springframework.oxm.Unmarshaller;
import
org.springframework.ws.server.endpoint.AbstractMarshallingPayloadEndpoint;
import de.traudel.domain.Rechnung;
import de.traudel.service.RechnungsService;

public class RechnungsEndpoint extends AbstractMarshallingPayloadEndpoint {
   private RechnungsService rechnungsService;
   public RechnungsEndpoint(RechnungsService rechnungsService,
         Marshaller marshaller) {
      super(marshaller);
      this.rechnungsService = rechnungsService;
   }
   @Override
   protected Object invokeInternal(Object p) throws Exception {
      HoleRechnungRequest req = (HoleRechnungRequest)p;
      System.out.println("Hole die ID: "+req.getId());
      Rechnung r = rechnungsService.holeRechnung(req.getId());
      HoleRechnungResponse resp = new HoleRechnungResponse();
      resp.setRechnung(r);
      return resp;
   }
}
```

Listing 11.20: Der Endpoint des Rechnungs-Webservices

Der Client benötigt für das `WebServiceTemplate` den Marshaller:

```
package de.traudel.test;
import org.springframework.oxm.Marshaller;
import org.springframework.oxm.Unmarshaller;
import org.springframework.ws.client.core.WebServiceTemplate;

import de.traudel.springws.rechnung.HoleRechnungRequest;
import de.traudel.springws.rechnung.HoleRechnungResponse;

public class WebServiceClient {
   private final WebServiceTemplate webServiceTemplate = new
         WebServiceTemplate();
   public void setDefaultUri(String defaultUri) {
      webServiceTemplate.setDefaultUri(defaultUri);
   }
   public void setMarshaller(Marshaller marshaller) {
```

```
        webServiceTemplate.setMarshaller(marshaller);
    }
    public void setUnmarshaller(Unmarshaller unmarshaller) {
        webServiceTemplate.setUnmarshaller(unmarshaller);
    }
    public void testeRechnung() {
        HoleRechnungRequest req = new HoleRechnungRequest();
        req.setId(1l);
        HoleRechnungResponse resp = (HoleRechnungResponse)
            webServiceTemplate.marshalSendAndReceive(req);
        System.out.println(resp);
    }
}
```

Listing 11.21: Der Webservice-Client

Kapitel 12

Apache CXF

Das Framework Apache CXF ist eine wundervolle Synergie aus zwei guten Webservice-Frameworks. Dieses Kapitel ist CXF gewidmet und stellt seine Herkunft und Funktionsweise vor. Die Umsetzung der beiden Ansätze Contract-First und Code-First wird hier ebenso vorgestellt, wie die Erstellung und Nutzung von Handlern, die hier auch Interceptor heißen, im dritten Abschnitt dargelegt wird. CXF hat eine schöne Unterstützung für die Erstellung von Clients und integriert JAX-RS nahtlos. Im Anschluss finden Sie wieder einige Anwendungsfälle für das tägliche Leben.

12.1 Vorstellung

Apache CXF entstand aus den besten Bestandteilen der beiden Projekte XFire von Codehaus und Celtix von Iona. Das Framework wird zurzeit (Mai 2010) in der Version 2.2.7 auf der Projekt-Homepage [CXF] von Apache angeboten.

Das Apache-CXF-Projekt enthält

- Ein CXF-Servlet für die Integration in Webapplikationen
- Einen CXF-Bus für die Steuerung von Interceptoren (Handlern) und Endpoints
- Unterstützung für JAXB 2.1 und ein eigenes Data-Binding-Framework *Aegis Data Binding* aus der Entwicklung von XFire sowie XMLBeans und SDO. JIBX und Castor sind geplant aber noch nicht begonnen.
- Tools für die Generierung von WSDL-Dokumenten und Java-Artefakten
- Tools für Eclipse, Ant und Maven
- Eine umfangreiche Dokumentation und viele How-Tos

Das Framework unterstützt die Protokolle SOAP und REST und die Transportprotokolle HTTP, JMS und JBI. Als Datenformate werden XML und JSON unterstützt. Weiterhin unterstützt CXF CORBA.

CXF setzt auf die Integration von Standards. Folgende Standards werden zurzeit von CXF unterstützt:

- JAX-WS, JSR-181, SAAJ
- JAX-RS

- SOAP 1.1 und 1.2, WSI, WSDL 1.1,
- WS-Addressing, WS-Policy, WS-ReliableMessaging,
- WS-Security, WS-SecurityPolicy, WS-SecureConversation
- MTOM

Auf der Downloadseite des Projekts kann man die Source- und die Binary-Distribution herunterladen. In der Binary-Distribution sind im `bin`-Verzeichnis die Batchdateien und Shell-Skripte für die Tools (z.B. wsdl2java, java2ws) zu finden. Im `docs`-Verzeichnis gibt es nur die JavaDoc für die CXF-Pakete. Das `lib`-Verzeichnis hält die Bibliotheken für unsere Applikationen bereit. Weiterhin gibt es eine Vielzahl von Beispielen, die in den Verzeichnissen `samples` und `lib-samples` zur Verfügung stehen.

12.2 Funktionsweise

12.2.1 Der CXF-Bus

Der CXF-Bus ist das Rückgrat der CXF-Architektur. Er bietet gemeinsame Ressourcen der CXF Runtime an. Diese gemeinsamen Ressourcen sind z.B. der WSDL Manager oder der Binding Factory Manager. Weiterhin können in dem Bus Interceptoren (Handler, s. Kapitel 12.3) eingehängt werden. Der Bus basiert auf Spring und löst per Dependency Injection die konfigurierten Abhängigkeiten auf. Per Default sind dies die Bean-Konfigurationen aus dem Verzeichnis `META-INF/cxf`.

12.2.2 CXFServlet und Spring-Konfiguration

Der Einstiegspunkt für die HTTP-basierte Webservice-Anwendung ist das CXF-Servlet, das in dem Deployment Descriptor der gastgebenden Webapplikation eingetragen wird. Die Konfiguration wird über eine Spring-Konfiguration vorgenommen, in der die Grundkonfiguration des CXF-Busses enthalten sein muss. Diese wird uns mit einem einfachen Import der Konfigurationen aus dem `META-INF`-Verzeichnis der `cxf-2.2.4.jar` angeboten. Der CXF-Bus, das Herzstück von CXF, wird in der `META-INF/cxf/cxf.xml` definiert. Für die Nutzung des CXFServlets benötigen wir noch die `cxf-servlet.xml` und für SOAP die `cxf-extension-soap.xml` aus dem gleichen Verzeichnis.

12.2.3 Frontends

Frontends haben die Aufgabe, eine Schicht zwischen den Webservices und der CXF-Kernfunktionalität (die Nachrichtenverarbeitung) einzufügen.

Um unsere Komponenten bei dem CXF-Bus registrieren zu können, bietet uns CXF eigene Namensräume für die unterschiedlichen Aufgaben. So kann man mit dem Namensraum `simple` (`http://cxf.apache.org/simple`) Webservices mit dem hauseigenen Frontend definieren.

Frontends sind hierbei das Programmiermodell, mit dem Webservice-Anwendungen geschrieben werden. CXF bietet die Frontends JAX-WS, JAX-RS und die Eigenentwicklung »Simple Frontend«. Das Simple Frontend arbeitet mit einem POJI und seiner POJO-Implementierung. Diese Implementierung wird dann in der Spring-Konfiguration eingetragen und mit einer Adresse versehen:

```
<simple:server id="pingService"
      serviceClass="de.traudel.cxf.basic.PingSimpleService"
      address="/ping">
   <simple:serviceBean>
      <bean class="de.traudel.cxf.basic.PingSimpleServiceImpl" />
   </simple:serviceBean>
</simple:server>
```

Listing 12.1: Deklaration eines Simple Frontend

Den Namensraum für das Präfix `simple` bietet CXF unter `http://cxf.apache.org/simple`.

Das Frontend JAX-WS wird mit dem Namensraum `http://cxf.apache.org/jaxws` eingebunden. Mit dem Tag `endpoint` kann ein Endpoint definiert werden:

```
<bean id="pingEndpoint" class="de.traudel.cxf.basic.PingEndpointImpl"/>
<jaxws:endpoint id="pingWS"
       implementor="#pingEndpoint"
       address="/pingWS"/>
```

Der Endpoint ist ein ganz normaler JAX-WS-Endpoint mit der `javax.jws.WebService`-Annotation.

Für das JAX-RS-Frontend muss in die Spring-Konfiguration der Namensraum für JAX-RS aufgenommen werden und die `cxf-extension-jaxrs-binding.xml` importiert werden. Dann kann mit dem `jaxrs:server`-Tag die REST-Ressource eingebunden werden:

```
<jaxrs:server id="pingRest" address="/pingRS">
   <jaxrs:serviceBeans>
     <ref bean="pingResource" />
   </jaxrs:serviceBeans>
</jaxrs:server>
```

12.2.4 Contract-First – Code-First

CXF unterstützt sowohl Contract-First als auch Code-First und bietet für beide Ansätze einen Satz von Batchdateien bzw. Shell-Skripten, um die Artefakte zu erzeugen.

Java2WS bzw. Java2WSDL

Bis einschließlich Version 2.0.x wird die Erzeugung von WSDL-Dokumenten mit dem Skript `java2wsdl` vorgenommen. Ab CXF 2.1. wird dieses durch `java2ws` ersetzt. Die beiden Skripte haben ähnliche Aufgaben, aber unterschiedliche Parameter. Im Folgenden betrachte ich nur die neue Version `java2ws`. Informationen zur Nutzung von `java2wsdl` finden Sie unter `http://cwiki.apache.org/confluence/display/CXF20DOC/Java+to+WSDL`.

Die Parameter von `java2ws` erhalten Sie mit dem Aufruf `java2ws -help`. Eine Beschreibung und Übersicht finden Sie unter `http://cwiki.apache.org/confluence/display/CXF20DOC/Java+to+WS`. Die wichtigsten Anwendungen sind:

- Erstellung des Service-Endpoints: `java2ws -server <Name des SEI>`
- Erstellung einer WSDL-Datei aus einem SEI: `java2ws -wsdl <Name des SEI>`
- Erstellung eines Clients aus einem SEI: `java2ws -client <Name des SEI>`

Die wichtigsten Optionen hierfür sind:

- `-o <wsdl-Datei>` für die Auswahl der zu generierenden WSDL
- `-s <Verzeichnis>` für das Verzeichnis der Sourcen
- `-d <Verzeichnis>` Ausgabeverzeichnis für die Resource-Dateien

Apache CXF bietet einen Ant-Task, der die gleichen Parameter wie das Shell-Skript hat:

```
<?xml version="1.0"?>
<project name="cxf java2ws" basedir=".">
  <property name="cxf.home" location ="/usr/myapps/cxf-trunk"/>
  <property name="build.classes.dir" location ="${basedir}/build/classes"/>

  <path id="cxf.classpath">
    <pathelement location="${build.classes.dir}"/>
    <fileset dir="${cxf.home}/lib">
      <include name="*.jar"/>
    </fileset>
  </path>
```

```
  <target name="cxfJavaToWS">
    <java classname="org.apache.cxf.tools.java2ws.JavaToWS" fork="true">
      <arg value="-wsdl"/>
      <arg value="-o"/>
      <arg value="hello.wsdl"/>
      <arg value="service.Greeter"/>
      <classpath>
        <path refid="cxf.classpath"/>
      </classpath>
    </java>
  </target>
</project>
```

Listing 12.2: Ant-File für java2ws

WSDL2Java

Aus einem WSDL-Dokument kann man mit dem Befehl `wsdl2java` die benötigten Artefakte erzeugen. Dieser Befehl erzeugt sowohl die serverseitig als auch die clientseitig benötigten Dateien. Mit der Option `-help` erhält man wieder eine komplette Übersicht und Beschreibung der Optionen. Hier nur ein paar wichtige Fälle; eine komplette Übersicht finden Sie unter `https://cwiki.apache.org/confluence/display/CXF20DOC/WSDL+to+Java`:

- `wsdl2java xxx.wsdl` Erzeugung der Datenobjekte und des Endpoints im aktuellen Verzeichnis
- `wsdl2java -client xxx.wsdl` Erzeugung der Datenobjekte, der Endpoints und eines Test-Clients im aktuellen Verzeichnis
- `wsdl2java -server xxx.wsdl` Erzeugung der Datenobjekte, der Endpoints und eines Endpoint-Publishers im aktuellen Verzeichnis

Die wichtigsten Optionen hierbei sind:

- `-p <Paket Name>` Festlegung des Paketnamens für die generierten Klassen
- `-sn <Service Name>` Name des WSDL-Services, der für den generierten Code genutzt werden soll
- `-d <Verzeichnis>` Ausgabeverzeichnis für die Artefakte
- `-keep` Festlegung, dass keine vorhandenen Dateien überschrieben werden dürfen
- `-wsdlLocation <URI>` Spezifikation der Property `wsdlLocation` der Annotation `@WebServiceClient`

Für den Befehl `wsdl2java` kann man auch einen entsprechenden Ant-Task nutzen:

```
<?xml version="1.0"?>
<project name="cxf wsdl2java" basedir=".">
  <property name="cxf.home" location ="/usr/myapps/cxf-2.0.1"/>

  <path id="cxf.classpath">
    <fileset dir="${cxf.home}/lib">
      <include name="*.jar"/>
    </fileset>
  </path>

  <target name="cxfWSDLToJava">
    <java classname="org.apache.cxf.tools.wsdlto.WSDLToJava" fork="true">
      <arg value="-client"/>
      <arg value="-d"/>
      <arg value="src"/>
      <arg value="MyWSDL.wsdl"/>
      <classpath>
        <path refid="cxf.classpath"/>
      </classpath>
    </java>
  </target>
</project>
```

Listing 12.3: Ant-File für `wsdl2java`

Eine komplette Übersicht der Optionen für den Befehl `wsdl2java` finden Sie in der Dokumentation unter `http://cwiki.apache.org/confluence/display/CXF20DOC/WSDL+to+Java`.

Weitere Tools

Weiterhin bietet uns Apache CXF folgende Tools:

- WSDL to Javascript
- WSDL to Service
- WSDL to SOAP
- WSDL to XML
- WSDLValidator
- XSD to WSDL

Nähere Informationen zu diesen Tools finden Sie in der Dokumentation unter `http://cwiki.apache.org/confluence/display/CXF20DOC/Tools` beschrieben.

12.3 Interceptor

Der CXF-Bus managt wie in Axis2 eine Handler-Kette für eingehende und ausgehende Nachrichten. Handler werden bei CXF wie bei Spring-WS »Interceptoren« genannt. Die Konfiguration erfolgt in der Spring-Konfiguration. Die Handler-Ketten werden wie in Axis2 in Phasen unterteilt. Zur Handler-Kette der eingehenden Nachrichten gehören folgende Phasen:

Phase	Funktion
RECEIVE	Verarbeitung des Transportprotokolls
(PRE/USER/POST)_STREAM	Verarbeitung und Transformation auf dem Stream-Level
READ	Auswertung der Header-Informationen
(PRE/USER/POST)_PROTOCOL	Protokollverarbeitung, z.B. JAX-WS, SOAP-Handler
UNMARSHAL	Das Unmarshalling des Requests
(PRE/USER/POST)_LOGICAL	Verarbeitung des Unmarshalled Requests
PRE_INVOKE	Aktionen vor der Ausführung des Services
INVOKE	Aufruf des Services
POST_INVOKE	Aufruf der Handler-Kette für ausgehende Nachrichten (sofern vorhanden)

Tabelle 12.1: Phasen der Handler-Kette für eingehende Nachrichten

Die Handler-Kette für ausgehende Nachrichten unterscheidet folgende Phasen:

Phase	Funktion
SETUP	Für notwendige Setups der folgenden Phasen
(PRE/USER/POST)_LOGICAL	Bearbeitung der Objekte, die marshalled werden sollen
PREPARE_SEND	Herstellen der Verbindung
PRE_STREAM	Verarbeitung auf dem Stream-Level
PRE_PROTOCOL	Verschiedene Aktionen für das Protokoll
WRITE	Schreiben der Nachricht im entsprechenden Protokoll (z.B. Erstellen der SOAP-Nachricht)
MARSHAL	Marshallen der Objekte
(USER/POST)_PROTOCOL	Verarbeiten der Protokollnachricht
(USER/POST)_STREAM	Verarbeitung der Bytes der Nachricht
SEND	Senden der Nachricht und schließen der Verbindung

Tabelle 12.2: Phasen der Handler-Kette für ausgehende Nachrichten

Die Phasen werden in dem Interceptor mit einer der vordefinierten Instanzen der Klasse `org.apache.cxf.phase.Phase` spezifiziert. Ein Interceptor erweitert die abstrakte Klasse `org.apache.cxf.phase.AbstractPhaseInterceptor<T>`. Im Konstruktor wird der Super-Konstruktor mit der gewünschten Phase aufgerufen. Im Interceptor wird dann die abstrakte Methode `handleMessage` überschrieben, die bei der Verarbeitung des Requests aufgerufen wird:

```
package de.traudel.cxf.interceptor;

import org.apache.cxf.binding.soap.SoapMessage;
import org.apache.cxf.headers.Header;
import org.apache.cxf.interceptor.Fault;
import org.apache.cxf.message.Message;
import org.apache.cxf.phase.AbstractPhaseInterceptor;
import org.apache.cxf.phase.Phase;

public class LoggerInterceptor
      extends AbstractPhaseInterceptor<Message>{

   public LoggerInterceptor() {
      super(Phase.PRE_INVOKE);
   }

   @Override
   public void handleMessage(Message m) throws Fault {
      if (m instanceof SoapMessage) {
         System.out.println("Soap-Message:");
         SoapMessage sm = (SoapMessage)m;
         for ( Header h : sm.getHeaders()) {
            System.out.println("\t"+h.getName());
         }
      }
   }
}
```

Listing 12.4: Ein Interceptor zum Auslesen der Header-Informationen einer SOAP-Nachricht

Der Header kann in der Spring-Konfiguration dem CXF-Bus hinzugefügt werden. Hier wird auch bestimmt, welcher Handler-Kette der Interceptor zugeordnet wird:

```
<bean id="logger"
   class="de.traudel.cxf.interceptor.LoggerInterceptor" />
```

```
<cxf:bus>
    <cxf:inInterceptors>
        <ref bean="logger" />
    </cxf:inInterceptors>
</cxf:bus>
```

Listing 12.5: Konfiguration eines Interceptors in der Spring-Konfiguration

12.4 Client

CXF bietet eine API zur Erstellung dynamischer Clients. Mit den Klassen `DynamicClientFactory` und `WsDynamicClientFactory` kann eine Factory erzeugt werden, die zur Laufzeit sowohl das Service Interface (SEI) als auch die Daten-Klassen erzeugt. Zur Konfiguration wird der Factory eine WSDL übergeben. Beim Aufruf des Services über die Methode `invoke` wird der Name der aufzurufenden Webservice-Operation und optional ein Parameter oder ein Array mit Parametern angegeben:

```
JaxWsDynamicClientFactory dcf = JaxWsDynamicClientFactory.newInstance();
Client client =
    dcf.createClient("http://localhost:8888/cxf/services/pingWS?wsdl");

Object[] res = client.invoke("ping", "ein kleiner WS-Test");
System.out.println("Rückgabe: " + res[0]);
```

Listing 12.6: Ein dynamischer Client

Über das Tool `wsdl2java` kann man sich einen Client generieren lassen. Dieser Befehl wurde in Kapitel 12.2.4. schon vorgestellt. Wider Erwarten wird der Spring-Client nicht mit dem Spring-üblichen Template-Ansatz realisiert. Apache CXF bietet zwei Factory-Klassen, die in den Spring-Kontext integriert werden. Diese erzeugen generische Proxies. Die beiden Factories `ClientProxyFactoryBean` und `JaxWsProxyFactoryBean` können auch ohne Spring benutzt werden. Aus der Factory kann mit der Methode `create()` nach der Konfiguration der Factory ein Client erzeugt werden:

```
ClientProxyFactoryBean factory = new ClientProxyFactoryBean();
factory.setServiceClass(PingSimpleService.class);
factory.setAddress("http://localhost:8888/cxf/services/ping");
PingSimpleService client = (PingSimpleService) factory.create();
String txt = client.ping("kleiner Test");
System.out.println(txt);
```

Listing 12.7: Client über eine ClientProxyFactoryBean ohne Spring

12.5 JAX-RS mit CXF

Ab der Version 2.2. unterstützt CXF die JSR 311 (JAX-RS) in vollem Umfang. Die benötigten Bibliotheken befinden sich im lib-Verzeichnis der Distribution. Außerdem bietet CXF ein JAX-RS-Bundle an, für diejenigen, die nur mit JAX-RS arbeiten möchten.

Die Ressourcenklasse wird wie in Kapitel 6 vorgestellt, mit den Standard-Annotations erweitert.

In der Spring-Konfiguration muss der Namensraum für jaxrs eingebunden werden (xmlns:jaxrs=http://cxf.apache.org/jaxrs). Die dazugehörige SchemaLocation, die in der Konfiguration eingebunden werden muss, befindet sich unter http://cxf.apache.org/jaxrs http://cxf.apache.org/schemas/jaxrs.xsd. Damit kann man mit dem jaxrs:server-Tag eine JAX-RS-Ressource einbinden:

```
<bean id="pingResource" class="de.traudel.cxf.basic.PingResource" />
<jaxrs:server id="pingRest" address="/pingRS">
    <jaxrs:serviceBeans>
      <ref bean="pingResource" />
    </jaxrs:serviceBeans>
</jaxrs:server>
```

Listing 12.8: Einbinden einer JAX-RS-Ressource in die Spring-Konfiguration

Einen Provider bindet man in die Spring-Konfiguration mit dem Tag jaxrs:providers ein.

CXF bietet Unterstützung für die Data Bindings JAXB und JSON. Für das Data Binding JAXB muss die Datenklasse nur mit den üblichen Annotations – Minimum @XmlRootElement – versehen sein. Der JSON-Support wird mithilfe von Jettison vorgenommen. JSON-Umwandlungen können mit den Klassen aus dem Paket org.codehaus.jettison.json vorgenommen werden.

Für weitere Details zur JAX-RS-Unterstützung von CXF siehe die Dokumentation unter http://cxf.apache.org/docs/jax-rs.html.

12.6 Charakteristik

Apache CXF bietet einen runden Funktionsumfang zur Realisierung von Webservices. Das Framework basiert komplett auf Spring und ist sehr einfach in bestehende Spring-Projekte zu integrieren. Für Entwickler mit Spring-Kenntnissen ist die Konfiguration der Endpoints und Interceptoren kein Problem. Etwas störend finde ich die recht umfangreichen Spring-Konfigurationen, die in die eigene Konfiguration eingebunden werden müssen, sowie die doch recht ordentliche Anzahl von Bibliotheken, die wir der Webapplikation mitgeben müssen.

CXF realisiert komplett den Standard JAX-WS und bietet eine gute Implementierung für JAX-RS. Mit den Tools `java2wsdl` und `wsdl2java` steht es dem Entwickler frei, welche Strategie er für die Entwicklung seiner Webservices nutzt. Das fehlende Tool zur Unterstützung von CXF in Eclipse, das von [Teufel09] angemerkt wurde, finde ich nicht so tragisch, da sehr gute Unterstützung für Ant und Maven vorhanden ist.

12.7 Anwendungsfälle

12.7.1 Installation und Einstieg

Kurzbeschreibung

Download und Installation in eine Webanwendung von Apache CXF. Erstellen, Deployen und Testen einer kleinen Anwendung.

Ausgangssituation

Tomcat ist installiert.

Ziel

Der Service ist deployed, eine WSDL kann abgerufen werden und ein Client ruft den Service auf und gibt den erwarteten Wert zurück.

Ablauf

Schritt 1: Download und Installation

Laden Sie die Binary-Distribution von Apache CXF von der Seite `http://cxf.apache.org/download.html` herunter und entpacken Sie sie in einem Verzeichnis Ihrer Wahl. Dieses Verzeichnis nennen wir zukünftig `CXF_HOME`.

Schritt 2: Ein Eclipse-Projekt erzeugen

Erzeugen Sie ein neues Webprojekt in Eclipse und kopieren Sie alle JAR-Files aus `CXF_HOME/lib` in das `lib`-Verzeichnis der Webanwendung.

Tragen Sie im Deployment Descriptor (`web.xml`) der Webanwendung das `CXF-Servlet` aus dem Paket `org.apache.cxf.transport.servlet` als Frontcontroller ein und mappen Sie alle `/services/*`-Requests zu diesem Servlet. Zusätzlich benötigen wir noch den `ContextLoaderListener` von Spring aus dem Paket `org.springframework.web.context`. Für den Listener müssen wir außerdem den Pfad zur Spring-Konfiguration einfügen. Dies können wir wie immer mit dem `context-param`, mit dem `param-name` `contextConfigLocation` und dem `param-value` mit dem Pfad zur Konfigurationsdatei, z.B. `classpath:spring-beans.xml`, vornehmen.

Schritt 3: Erzeugen des Services

Erzeugen Sie im Paket `de.traudel.cxf.basic` das Interface `PingSimpleService` und seine Implementation `PingSimpleServiceImpl`. Zum Testen der Kommunikation reicht unsere beliebte Ping-Methode, die einen kleinen String in einen großen String umwandelt. Dabei sind das Interface und die Implementierung reine POJI und POJO.

Schritt 4: Die Spring-Konfiguration

Wenn wir schon eine Konfigurationsdatei in die `web.xml` eintragen, sollten wir sie auch erzeugen, und zwar dort, wo wir es der `web.xml` versprochen haben. Die Spring-Konfiguration für Apache CXF wird durch einige Namensräume unterstützt. Für unser Beispiel reichen die Namensräume `NoNamespace` für die Beans, dann haben wir natürlich `xsi` für die XML-Schema-Instance, `simple` für Apache-Simple-Server, `cxf` für Apache Core und `soap` für die SOAP-Bindings.

Weiterhin werden einige externe Konfigurationen von CXF benötigt, die sich in der Bibliothek `cxf-xxx.jar` befinden:

```
<import resource="classpath:META-INF/cxf/cxf.xml" />
<import resource="classpath:META-INF/cxf/cxf-extension-soap.xml" />
<import resource="classpath:META-INF/cxf/cxf-servlet.xml" />
```

Nun tragen wir unseren Webservice in die Spring-Konfiguration ein. Hierzu bietet CXF uns den Tag `server` aus dem Hause `simple`. Diesem Tag geben wir eine `id`, als `serviceClass` das Interface und als `address` ein `/ping`. Als `nested`-Element bauen wir einen Tag `serviceBean` auch aus dem Hause `simple` ein und definieren darin die Implementation als normale Bean. Das schaut dann folgendermaßen aus:

```
<simple:server id="pingService"
   serviceClass="de.traudel.cxf.basic.PingSimpleService"
   address="/ping">
   <simple:serviceBean>
      <bean class="de.traudel.cxf.basic.PingSimpleServiceImpl" />
   </simple:serviceBean>
</simple:server>
```

Schritt 5: Deployment und Test des Services

Deployen Sie die Webanwendung und testen Sie die WSDL mit dem URL `http://localhost:8080/cxf/services/ping?wsdl`. Dabei ist `cxf` der Kontext der Webapplikation, `services` das Mapping aus der `web.xml` und `ping` die Adresse aus der `simple:server`-Definition.

Schritt 6: Der Client

Erzeugen Sie für den Client besser ein eigenes Projekt. Nehmen Sie in den Classpath wieder die JAR-Files aus dem `CXF_HOME/lib`-Verzeichnis auf.

Kopieren Sie die PingService-Schnittstelle in Ihr Client-Projekt.

Erzeugen Sie einen Main-Tester, der eine Instanz der Klasse `ClientProxyFactoryBean` aus dem Paket `org.apache.cxf.frontend` erstellt. Diese Instanz ist unsere Factory. Hier setzen wir als Service-Klasse das Service-Interface mit `setServiceClass(PingSimpleService.class)`. Dann müssen wir der Factory die Adresse zum Service übergeben. Dafür gibt es eine Methode `setAddress(...)`. Mit der Methode `create` der Factory erzeugen wir unseren Stub vom Typ unserer Schnittstelle (den wir entsprechend casten müssen) und können dann nach Lust und Laune seine Service-Methoden ausführen.

Fehlersituationen

Beim Redeployment durch das Kopieren eines WAR-Files in das `webapps`-Verzeichnis des Tomcat oder mit dem deploy-Ant-Task kann es dazu kommen, dass der Tomcat die Webapplikation nicht neu deployen kann, da er die Bibliotheken `cxf` und `jax-impl` nicht loslassen kann. In diesem Fall sollte man in `$CATALINA_HOME$/conf/context.xml` den Tag `Context` mit den Attributen `antiJARLocking="true"` und `antiResourceLocking="true"` erweitern.

Alternativen

Das Projekt kann natürlich auch mit dem Maven-Task aufgebaut werden. Nähere Informationen dazu finden Sie unter `http://cxf.apache.org/docs/using-cxf-with-maven.html`.

Statt des Simple-Servers kann auch ein JAX-WS-Service eingebunden werden. Hierfür muss der jaxws-Namensraum von CXF in die Spring-Konfiguration aufgenommen werden und der JAX-WS-Endpoint mit dem Element `jaxws:endpoint` konfiguriert werden. Diesen Endpoint könnte man auch statt mit dem Tomcat mit `Endpoint.publish` testen.

Sie müssen natürlich nicht alle Bibliotheken aus dem `lib`-Verzeichnis der Distribution im Projekt einfügen – eigentlich reicht in unserem Beispiel die folgende Liste:

- `aopalliance-1.0.jar`
- `commons-logging-1.1.jar`
- `cxf-2.0-incubator.jar`
- `geronimo-activation_1.1_spec-1.0-M1.jar` (oder die `activation.jar` von Sun)

- geronimo-annotation_1.0_spec-1.1.jar (für die Umsetzung JSR 250)
- geronimo-javamail_1.4_spec-1.0-M1.jar (oder die mail.jar von Sun)
- geronimo-servlet_2.5_spec-1.1-M1.jar (oder die servlet.jar von Sun oder Tomcat)
- geronimo-ws-metadata_2.0_spec-1.1.1.jar (für die JSR 181)
- jaxb-api-2.0.jar
- jaxb-impl-2.0.5.jar
- jaxws-api-2.0.jar
- jetty-6.1.5.jar
- jetty-util-6.1.5.jar
- neethi-2.0.jar
- saaj-api-1.3.jar
- aaj-impl-1.3.jar
- spring-core-2.0.4.jar
- spring-beans-2.0.4.jar
- spring-context-2.0.4.jar
- spring-web-2.0.4.jar
- stax-api-1.0.1.jar
- wsdl4j-1.6.1.jar
- wstx-asl-3.2.1.jar
- XmlSchema-1.2.jar
- xml-resolver-1.2.jar

Immer noch eine Menge Bytes ...

Dokumente

Der Deployment Descriptor definiert den ContextLoaderListener von Spring ① und das CXF-Servlet ②:

```
<web-app xmlns="http://java.sun.com/xml/ns/j2ee" xmlns:xsi="http://
www.w3.org/2001/XMLSchema-instance"
    xsi:schemaLocation="http://java.sun.com/xml/ns/j2ee
http://java.sun.com/xml/ns/j2ee/web-app_2_4.xsd"
    version="2.4">
  <context-param>
    <param-name>contextConfigLocation</param-name>
    <param-value>
        classpath:spring-beans.xml
```

```
    </param-value>
  </context-param>

  <listener>
    <listener-class> <!-- ① -->
        org.springframework.web.context.ContextLoaderListener
    </listener-class>
  </listener>

  <servlet> <!-- ② -->
    <servlet-name>CXFServlet</servlet-name>
    <servlet-class>
       org.apache.cxf.transport.servlet.CXFServlet
    </servlet-class>
  </servlet>

  <servlet-mapping>
    <servlet-name>CXFServlet</servlet-name>
    <url-pattern>/services/*</url-pattern>
  </servlet-mapping>
</web-app>
```

Listing 12.9: Der Deployment Desciptor `web.xml`

Die Spring-Konfiguration definiert den CXF-Bus durch die Imports und die eigenen Services:

```
<beans xmlns="http://www.springframework.org/schema/beans"
    xmlns:xsi="http://www.w3.org/2001/XMLSchema-instance"
    xmlns:simple="http://cxf.apache.org/simple"
    xmlns:cxf="http://cxf.apache.org/core"
    xmlns:soap="http://cxf.apache.org/bindings/soap"
    xsi:schemaLocation="
http://cxf.apache.org/core http://cxf.apache.org/schemas/core.xsd
http://www.springframework.org/schema/beans http://www.springframework.org/
schema/beans/spring-beans-2.0.xsd
http://cxf.apache.org/bindings/soap http://cxf.apache.org/schemas/configu-
ration/soap.xsd
http://cxf.apache.org/simple http://cxf.apache.org/schemas/simple.xsd">

    <!-- Imports für CXF -->
    <import resource="classpath:META-INF/cxf/cxf.xml" />
    <import resource="classpath:META-INF/cxf/cxf-extension-soap.xml" />
    <import resource="classpath:META-INF/cxf/cxf-servlet.xml" />
```

```
    <!-- Ping-Basic-Beispiel -->
    <simple:server id="pingService"
        serviceClass="de.traudel.cxf.basic.PingSimpleService"
            address="/ping">
        <simple:serviceBean>
            <bean class="de.traudel.cxf.basic.PingSimpleServiceImpl" />
        </simple:serviceBean>
    </simple:server>
</beans>
```

Listing 12.10: Die Spring-Konfiguration `spring-beans.xml`

Die Service-Schnittstelle und ihre Implementierung sind einfache POJI und POJOs:

```
package de.traudel.cxf.basic;
public class PingSimpleServiceImpl implements PingSimpleService {
    @Override
    public String ping(String txt) {
        return txt.toUpperCase();
    }
}
```

Listing 12.11: Die Implementierung des Services

Der Client ist ein einfacher Main-Tester, der eine Instanz der `ClientProxyFactoryBean` erzeugt:

```
package de.traudel.cxf.basic;
import org.apache.cxf.frontend.ClientProxyFactoryBean;
public class Tester {
    public static void main(String[] args) {
        ClientProxyFactoryBean factory = new ClientProxyFactoryBean();
        factory.setServiceClass(PingSimpleService.class);
        factory.setAddress("http://localhost:8080/cxf/services/ping");

        PingSimpleService client = (PingSimpleService) factory.create();

        String txt = client.ping("kleiner Test");
        System.out.println(txt);
    }
}
```

Listing 12.12: Der Client des Ping-Services

12.7.2 Integration eines Interceptors

Kurzbeschreibung

Erstellen eines einfachen Interceptors und seiner Konfiguration.

Ausgangssituation

Ein bestehendes CXF-Projekt mit mindestens einem Service. Der vorangehende Anwendungsfall ist eine gute Ausgangsposition.

Ziel

Die Ausgabe von Informationen durch den Interceptor beim Aufruf des Services.

Ablauf

Schritt 1: Erstellen des Interceptors

Erzeugen Sie die Klasse `LoggerInterceptor` im Paket `de.traudel.cxf.interceptor`. Diese Klasse soll als Super-Klasse die abstrakte Klasse `AbstractPhaseInterceptor<Message>` aus dem Paket `org.apache.cxf.phase` erweitern. Dadurch müssen wir die Methode `handleMessage` ausführen.

Überschreiben Sie den Standard-Konstruktor und rufen Sie in ihm den Super-Konstruktor mit Übergabe der Phase auf. Nutzen Sie in dem Beispiel die Phase `PRE_INVOKE`.

Füllen wir nun die geerbte Methode `handleMessage` aus. Als Parameter für diese Methode wird eine Instanz von `org.apache.cxf.message.Message` übergeben. Diese Message wird im Normalfall eine Instanz einer `SoapMessage` aus dem Paket `org.apache.cxf.binding.soap` sein. Aus dieser `SoapMessage` können Sie z.B. die Header-Information auswerten, die Attachments untersuchen oder auf den Content zugreifen.

Schritt 2: Eintragung in der Konfiguration

In der Spring-Konfiguration können Sie nun den `LoggerInterceptor` als ganz normale Bean definieren. Mit dem `bus`-Tag des Namensraums `cxf` können Sie den Interceptor jetzt mit dem Tag `inInterceptors` zur Eingangs-Handler-Kette hinzufügen und die definierte Bean referenzieren.

Schritt 3: Deployment und Test

Deployen Sie das Projekt neu und rufen Sie den Service auf. Die Ausgaben des Interceptors müssten nun im Log-File enthalten sein.

Fehlersituationen

Achten Sie auf die richtige Kombination von Phase und `inInterceptors` bzw. `outInterceptors` für die eingehende oder ausgehende Handler-Kette.

Alternativen

Sie können Interceptoren zu den Handler-Ketten `inInterceptors`, `outInterceptors` und `outFaultInterceptors` hinzufügen. Eine Übersicht der Phasen finden Sie im Abschnitt »Phasen«.

CXF bietet auch eine Reihe von vorhandenen Interceptoren, z.B. ist die Klasse `org.apache.cxf.interceptor.LoggingInInterceptor` einen Blick wert.

Dokumente

Der `LoggerInterceptor` überschreibt den Standard-Konstruktor ①, um die Zuordnung zu der Phase vorzunehmen und überschreibt die Methode `handleMessage` ②, um auf die Nachrichten zu reagieren:

```
package de.traudel.cxf.interceptor;

import org.apache.cxf.binding.soap.SoapMessage;
import org.apache.cxf.headers.Header;
import org.apache.cxf.interceptor.Fault;
import org.apache.cxf.message.Message;
import org.apache.cxf.phase.AbstractPhaseInterceptor;
import org.apache.cxf.phase.Phase;

public class LoggerInterceptor
        extends AbstractPhaseInterceptor<Message>{

    public LoggerInterceptor() { // ①
        super(Phase.PRE_INVOKE);
    }

    @Override // ②
    public void handleMessage(Message m) throws Fault {
        if (m instanceof SoapMessage) {
            System.out.println("Soap-Message:");
            SoapMessage sm = (SoapMessage)m;
            for ( Header h : sm.getHeaders()) {
                System.out.println("\t"+h.getName());
            }
        }
    }
}
```

Listing 12.13: Die Klasse LoggerInterceptor

Die Spring-Konfiguration enthält die Definition des Loggers und die Zuordnung zum CXF-Bus:

```
<bean id="logger" class="de.traudel.cxf.interceptor.LoggerInterceptor" />

<cxf:bus>
    <cxf:inInterceptors>
    <ref bean="logger" />
    </cxf:inInterceptors>
</cxf:bus>
```

Listing 12.14: Ausschnitt aus der Spring-Konfiguration

12.7.3 Erstellung eines komplexeren Beispiels mit Codegenerierung

Kurzbeschreibung

Aufbauend auf den Rechnungsservice der Edeltraut GmbH erzeugen wir mithilfe der Tools eine WSDL und daraus Client und Server.

Ausgangssituation

Ein Webprojekt für CXF besteht, Rechnungsservice existiert.

Ziel

Ein Service, der eine Rechnung korrekt übergibt und ein Client, der diesen Service testet.

Ablauf

Schritt 1: Das Service Endpoint Interface (SEI)

Erzeugen Sie das SEI, aus dem die WSDL generiert werden soll. Nehmen wir hierfür das Interface `RechnungsEndpoint` im Paket `de.traudel.cxf.rechnung` an. Im Prinzip reicht die Methode `public Rechnung holeRechnung(Long id)`, um die Funktionsweise zu zeigen. Dieses Interface annotieren Sie mit `@WebService`.

Schritt 2: Erzeugen der WSDL

Mit dem Tool `java2ws` generieren wir aus dem SEI unsere WSDL. Dies können wir mit einer Batchdatei tun:

```
java2ws.bat -wsdl -d resource -o re.wsdl \
   de.traudel.cxf.rechnung.RechnungsEndpoint
```

Die Batchdatei benötigt im Pfad das `bin`-Verzeichnis der CXF-Distribution und im Classpath unsere Klassen und die `reService.jar`.

Kontrollieren Sie, ob die WSDL Ihren Vorstellungen entspricht und ob alle Datentypen abgebildet sind. Sie werden feststellen, dass sowohl die Liste der Positionen als auch der Status richtig übertragen wurden.

Schritt 3: Generieren der serverseitigen Klassen

Erzeugen Sie die serverseitigen Artefakte mit dem Tool `wsdl2java`. Hierfür können Sie wieder eine Batchdatei nutzen. Der Befehl dazu ist folgender:

```
wsdl2java.bat -server -d src resource/re.wsdl
```

Die Batchdatei benötigt im Pfad das `bin`-Verzeichnis der CXF-Distribution und im Classpath unsere Klassen und die `reService.jar`. Das Tool generiert das SEI neu. Ersetzen Sie das SEI aus dem ersten Schritt mit dem generierten SEI.

Schritt 4: Erzeugen der Service Implementation Bean (SIB)

Erzeugen Sie die Implementation des SEI, das SIB. Erstellen Sie hierfür die Klasse `RechnungsEndpointImpl` im Paket `de.traudel.cxf.rechnung` und lassen Sie die Klasse das SEI implementieren. Der Konstruktor kann hierbei die Instanz des eigentlichen Services aufnehmen und sich in einer privaten Eigenschaft merken. In der Service-Methode kann nun der Aufruf an den Service delegiert und die Rechnung zurückgegeben werden. Die Domain-Objekte aus dem Service können hier ohne Änderung weiter verwendet werden.

Schritt 5: Konfiguration

In der Spring-Konfiguration benötigen wir den eigentlichen Service, ganz normal als SpringBean. Zusätzlich definieren wir als Bean den RechnungsEndpoint und übergeben ihm als Konstruktor-Argument die Referenz auf dem Service. Die Funktionalität des Endpoints wird mit dem Tag `endpoint` aus dem Hause `jaxws` definiert. Hierbei referenziert man die Bean des Endpoints mit dem Attribut `implementor` und legt mit dem Attribut `address` eine Adresse fest. Das Ganze schaut dann so aus:

```
<jaxws:endpoint id="rechnungsWS"
    implementor="#rechnungsEndpoint"
    address="/rechnung"/>
```

Schritt 6: Deployment und Test

Deployen Sie das Projekt und testen Sie das erfolgreiche Deployment über den Aufruf der WSDL. Der URL hierzu lautet `http://localhost:8080/cxf/services/rechnung?wsdl`.

Im Clientprojekt können wir nun per Batchdatei die clientseitigen Dateien generieren lassen. Der Befehl dazu lautet:

```
wsdl2java.bat -client -d src http://localhost:8888/cxf/services/rechnung?wsdl
```

Die Batchdatei benötigt im Pfad das `bin`-Verzeichnis der CXF-Distribution und im Classpath unsere Klassen und die `reService.jar`. Unter den generierten Klassen gibt es eine, die auf »Client« endet, die `RechnungsEndpoint_RechnungsEndpointImplPort_Client`. Diese Klasse können Sie zum Testen nutzen. Sorgen Sie nur dafür, dass ein sinniger Parameter mit übergeben wird.

Fehlersituationen

Bei den generierten Klassen auf der Serverseite wird auch ein eigenständiger Server für den Service erzeugt. Diese Klasse endet auf `_Server`. Sofern in dieser Klasse ein Fehler auftritt, kann dies daran liegen, dass unsere Implementation keinen Standard-Konstruktor hat, sondern im Konstruktor den Service erwartet (Constructor Injection). Diese Abhängigkeit müssen Sie per Hand auflösen oder die Klasse löschen, sofern Sie den Server nicht nutzen.

Sofern unerwartete Ergebnisse vom Client zurückgegeben werden, kann dies daran liegen, dass der generierte Client nicht bezüglich der Parameter angepasst wurde. Dieser Client wird bei jeder neuen Generierung überschrieben – erzeugen Sie einfach einen eigenen Client in einem anderen Paket/Source-Verzeichnis.

Alternativen

Sofern man für den Webservice die gleichen Domain-Objekte nutzen kann wie bei dem Service, kann man auch in den Request- und Response-Objekten (`HoleRechnung.java` und `HoleRechnungResponse.java`) die Originalversion der Rechnung (hier in der Response) referenzieren. Dazu muss man die generierten JAXB-Objekte löschen und in der Response, in der ObjectFactory und im Endpoint die Imports organisieren.

Dokumente

Die Batchdateien für die Generierung sind hier recht einfach gehalten. Zur Erzeugung der WSDL brauchen wir das Tool `java2wsdl`:

```
java2ws.bat -wsdl -d resource -o re.wsdl
  de.traudel.cxf.rechnung.RechnungsEndpoint
```

Die serverseitigen Klassen können mit folgendem Befehl erstellt werden:

```
wsdl2java.bat -server -d src resource/re.wsdl
```

Die clientseitigen Klassen werden mit

```
wsdl2java.bat -client -d src http://localhost:8888/cxf/services/rech-
nung?wsdl
```

erzeugt.

Das Tool wsdl2java erstellt auf der Serverseite einen kleinen Tester für den Service, der sofort genutzt werden kann:

```
package de.traudel.cxf.rechnung;

import javax.xml.ws.Endpoint;
import de.traudel.service.RechnungsService;
import de.traudel.service.RechnungsServiceImpl;

public class RechnungsEndpoint_RechnungsEndpointPort_Server{

   protected RechnungsEndpoint_RechnungsEndpointPort_Server()
       throws Exception {
      System.out.println("Starting Server");
      RechnungsService rs = new RechnungsServiceImpl();
      Object implementor = new RechnungsEndpointImpl(rs);
      String address = "http://localhost:9090/RechnungsEndpointPort";
      Endpoint.publish(address, implementor);
   }

   public static void main(String args[]) throws Exception {
      new RechnungsEndpoint_RechnungsEndpointPort_Server();
      System.out.println("Server ready...");

      Thread.sleep(5 * 60 * 1000);
      System.out.println("Server exiting");
      System.exit(0);
   }
}
```

Listing 12.15: Der generierte Tester für den Service

Die Implementation gibt den Aufruf an den Service weiter und wandelt bei Bedarf die Daten um:

```
package de.traudel.cxf.rechnung;

import de.traudel.domain.Rechnung;
```

```
import de.traudel.service.RechnungsService;

public class RechnungsEndpointImpl implements RechnungsEndpoint {

    private RechnungsService rechnungsService;

    public RechnungsEndpointImpl(RechnungsService rechnungsService) {
        this.rechnungsService = rechnungsService;
    }
    @Override
    public Rechnung holeRechnung(Long id) {
        Rechnung r = null;
        System.out.println("Erhalte ID: "+id);
        try {
            r = rechnungsService.holeRechnung(id);
        } catch (Exception e) {
            // TODO Auto-generated catch block
            e.printStackTrace();
        }
        System.out.println("Rückgabe: "+r);
        return r;
    }

}
```

Listing 12.16: Implementation des SEI

Diese Implementation kann dann in die Spring-Konfiguration eingetragen werden:

```
<bean id="rechnungsService"
    class="de.traudel.service.RechnungsServiceImpl" />
<bean id="rechnungsEndpoint"
    class="de.traudel.cxf.rechnung.RechnungsEndpointImpl">
    <constructor-arg>
        <ref bean="rechnungsService" />
    </constructor-arg>
</bean>
<jaxws:endpoint id="rechnungsWS"
        implementor="#rechnungsEndpoint"
        address="/rechnung"/>
```

Listing 12.17: Eintrag in die Spring-Konfiguration

Für den Test wird von dem Tool `wsdl2java` ein Client generiert:

```
package de.traudel.cxf.rechnung;

import java.io.File;
import java.net.MalformedURLException;
import java.net.URL;
import javax.xml.namespace.QName;
import javax.jws.WebMethod;
import javax.jws.WebParam;
import javax.jws.WebResult;
import javax.jws.WebService;
import javax.xml.bind.annotation.XmlSeeAlso;
import javax.xml.ws.RequestWrapper;
import javax.xml.ws.ResponseWrapper;

public final class RechnungsEndpoint_RechnungsEndpointImplPort_Client {

    private static final QName SERVICE_NAME =
        new QName("http://rechnung.cxf.traudel.de/",
        "RechnungsEndpointImplService");

    public static void main(String args[]) throws Exception {
        URL wsdlURL = RechnungsEndpointImplService.WSDL_LOCATION;
        if (args.length > 0) {
            File wsdlFile = new File(args[0]);
            try {
                if (wsdlFile.exists()) {
                    wsdlURL = wsdlFile.toURI().toURL();
                } else {
                    wsdlURL = new URL(args[0]);
                }
            } catch (MalformedURLException e) {
                e.printStackTrace();
            }
        }

        RechnungsEndpointImplService ss = new RechnungsEndpointImplService(wsd-
lURL, SERVICE_NAME);
        RechnungsEndpoint port = ss.getRechnungsEndpointImplPort();
        {
            System.out.println("Invoking holeRechnung...");
            java.lang.Long _holeRechnung_arg0 = 1L; // ①
            de.traudel.cxf.rechnung.Rechnung _holeRechnung__return =
                port.holeRechnung(_holeRechnung_arg0);
        // ②
```

```
        System.out.println("holeRechnung.result=" + _holeRechnung__return);
        }
        System.exit(0);
    }

}
```

Listing 12.18: Der generierte Client als Tester

Bei der Erstellung der Response ① muss noch der passende Parameter übergeben werden, dann kann die Rückgabe ② ausgewertet werden.

Kapitel 13

Vergleich der Frameworks

Bei dem breiten Angebot an Technologien und Frameworks im Webservice-Umfeld ist es nicht einfach, sich für das richtige Framework und die richtige Vorgehensweise zu entscheiden. Im Endeffekt hängt es vom Projekt, der Aufgabenstellung, den Vorgaben und den vorhandenen Fertigkeiten ab – ja sehr oft sogar von den eigenen Präferenzen. Um seine Entscheidung fundierter treffen zu können, benötigt man eine Gegenüberstellung der Möglichkeiten. Dieses Kapitel bietet diese Gegenüberstellung der wichtigsten Frameworks als Entscheidungshilfe für Entwickler und Architekten.

13.1 Technische Daten

Um die Vergleichbarkeit ein wenig überschaubarer zu machen, möchte ich hier die Teilnehmer des Vergleichs mit ein paar Fakten vorstellen. Die Angaben zu den Versionen und der Unterstützung der Standards beziehen sich auf den Zeitpunkt Februar 2010.

Die Frameworks mit ihren Projektseiten sind:

Axis2	`http://ws.apache.org/axis2/`
Metro	`https://metro.dev.java.net/`
Spring-WS	`http://static.springsource.org/spring-ws/sites/1.5/`
Apache CXF	`http://cxf.apache.org/`
Jersey	`https://jersey.dev.java.net/`

Tabelle 13.1: Die Frameworks mit den Projektseiten

Allein an den URLs der Projektseiten erkennt man eine gute Gruppierung: Zwei Frameworks werden auf der Apache-Seite gehostet, zwei bei Sun und ein Framework bei der agilen SpringSource Community. Die Sun-Projekte Metro und Jersey sind Referenzimplementationen (RI), die im Gegensatz zu früheren RI sehr gut praxistauglich sind. Die beiden Apache-Projekte sind die Ergebnisse aus einer langen, machtvollen Ahnenreihe, die aus den Erkenntnissen ihrer Vorfahren gute Schlüsse gezogen haben. Spring-WS ist die logische Konsequenz für einen revolutionären Ansatz – Spring war schon immer etwas anders ...

Natürlich hat Jersey teilweise einen Sonderstatus, da es »nur« REST abdeckt. Wo es nicht passt, lasse ich Jersey aus dem Vergleich heraus.

13.1.1 Eckpunkte

Die wichtigsten Eckpunkte der Frameworks wie Herkunft und Versionsentwicklung stellt die folgende Tabelle dar:

	Axis2	Metro	Spring-WS	CXF	Jersey
Version	1.5.1	1.5	1.5.9	2.2.6	1.1.5
Projekt von	WSO2, IBM	Sun	SpringSource	IONA	Sun
Version 1.0	04.05.2006	17.09.2007	17.08.2007	2007	11.02.2009
REST	Ja	Ja	Nein	Ja	Ja
Spring	Ja	Ja	Ja	Ja	Ja
JSR 181	Rudimentär	Ja		Ja	
Contract-First	Ja	Ja	Ja	Ja	
Code-First	Ja	Ja	(Nein)	Ja	

Tabelle 13.2: Die wichtigsten Eckpunkte

Die Version von CXF springt ein wenig aus der Betrachtung heraus. Dies scheint aber nur damit zusammenzuhängen, dass CXF scheinbar gleich mit Version 2.0 angefangen hat. Axis2 ist das älteste der neuen Frameworks mit sehr viel Erfahrung und einer weiten Verbreitung. Man erkennt sehr schön, dass kaum ein Framework um eine Spring-Integration herumkommt. Einige schaffen es nicht ohne (CXF und Spring-WS), andere lassen sie mehr oder weniger einfach zu. Dafür, dass der Code-First-Ansatz immer so verteufelt wird, wird er recht breit unterstützt. Das »Nein« bei Code-First für Spring-WS steht in Klammern, da rein technisch gesehen ein wenig Code-First unterstützt wird, indem aus der Service-Implementation die restlichen Bestandteile der WSDL erzeugt werden. Offiziell unterstützt Spring-WS kein Code-First.

13.1.2 Standards

Die Unterstützung der wichtigsten Standards ist nicht unbedingt entscheidend, aber doch recht interessant.

Standards sind kein Garant für gute Applikationen, aber sie bilden eine gute gemeinsame Basis. Im Endeffekt ist es entscheidend, ob das Framework eine effiziente Lösung der Aufgabe zulässt. Dafür ist eine Standardisierung nicht notwendig, aber bei der Pflege und Entwicklung sehr hilfreich.

	Axis2	Metro	Spring-WS	CXF	Jersey
SOAP 1.2	Ja	Ja	Ja	Ja	
JAX-WS	Fast Ja	Ja	Nein	Ja	
JAX-RS		Nein		Ja	Ja
MTOM	Ja	Ja	Ja	Ja	
WSDL 2.0	Ja	Ja (ab 2.0)	Nein	Nein	Nein

Tabelle 13.3: Unterstützte Standards

13.1.3 WS-*

Die Realisierung der WS-Protokolle zeigt die unterstützten Features:

WS-	Axis2	Metro	Spring-WS	CXF
Addressing	Ja	Ja	Ja	Ja
Policy	Ja	Ja	Nein	Ja
ReliableMessaging	Ja	Ja	Nein	Ja
Security	Ja, Rampart	Ja	Ja	Ja
SecurityPolicy	Ja, Rampart	Ja		Ja
Secure Conversation	Rampart	Ja	Nein	Ja

Tabelle 13.4: Unterstützung der WS-Protokolle

Aus dem Dschungel der WS-* habe ich nur einige repräsentative Protokolle herausgegriffen. Axis2 realisiert viele Anforderungen durch externe Module wie Sandesha für WS-ReliableMessaging und Rampart für z.B. WS-Security, WS-SecureConversation und WS-SecurityPolicy. Eine umfangreichere Übersicht über das WS-Gebilde finden Sie bei der Stack Comparison unter `http://wiki.apache.org/ws/StackComparison`.

13.1.4 Data Bindings

Die unterstützten Data Bindings:

	Axis2	Metro	Spring-WS	CXF	Jersey
JAXB	Ja	Ja	Ja, 2.1	Ja, 2.1	Ja
XMLBeans	Ja		Ja	Ja	
JiBX	Ja		Ja		

Tabelle 13.5: Data Bindings

	Axis2	Metro	Spring-WS	CXF	Jersey
Castor	Auf Umwegen		Ja		
SDO				Ja	
ADB	Ja				
Aegis				Ja	

Tabelle 13.5: Data Bindings (Forts.)

Die unterschiedliche Komplexität der Daten und deren verschiedene Anforderungen an den Versand erfordern unterschiedliche Möglichkeiten der Kodierung. Davon gehen zumindest Axis2 und Spring-WS aus. Metro setzt allein auf JAXB und erleichtert damit dem Entwickler die Qual der Wahl – und diese Wahl ist auch in den meisten Fällen eine gute Wahl.

13.1.5 Transportprotokolle

Die unterstützten Transportprotokolle sind in folgender Tabelle zusammengefasst:

	Axis2	Metro	Spring-WS	CXF	Jersey
HTTP(S)	Ja	Ja	Ja	Ja	Ja
TCP	Ja	Ja	Ja	Nein	
SMTP	Ja	Nein	Ja	Nein	
JMS	Ja	Nein	Ja	Ja	

Tabelle 13.6: Die unterschiedlichen Transportprotokolle

Auch wenn in der Praxis HTTP und HTTPS den Markt beherrschen, ist bei besonderen Aufgaben eine Alternative nicht schlecht. Da Jersey nur REST »spricht«, ist es auch normal und verzeihlich, dass es nur HTTP und HTTPS unterstützt.

13.2 Charakteristik

13.2.1 Axis2

Axis2 bietet eine Webapplikation, in der Services und Module deployed werden können. Die Services sind POJOs und werden mit XML-Konfigurationsdateien beschrieben. Axis2 bietet Tools für Code-First und für Contract-First. Für die Projektverwaltung wird sehr stark Ant eingesetzt. Axis2 ist sehr weit verbreitet und bietet den besten Schema-Generator der vorgestellten Frameworks. Es ist modular aufgebaut und leicht zu erweitern. Die Dokumentation ist sehr umfangreich und Axis2 hat eine sehr agile Community. Für Axis2 reicht Java 1.4. Axis2 bietet eine sehr gute Clientunterstützung, sowohl in den programmatischen als auch in den generierten Clients. Leider ist die Unterstützung von JAX-WS und JAXB noch nicht vollständig. Der Einstieg in Axis2 erfordert doch recht viel Einarbeitungszeit.

Ein paar Vor- und Nachteile von Axis2:

Vorteile	Nachteile
Sehr performant und optimiert	Erfüllt nicht den aktuellen Standard
Viel Erfahrung	Aufwendige Einarbeitung
Modularer Aufbau	
Viele alternative Wege (z.B. bei Transport und Data Binding)	
Gute Tool-Unterstützung	
Große Community	
Wenig Ansprüche bzgl. der Aktualität der benutzten Programme	

Tabelle 13.7: Vor- und Nachteile von Axis2

Unter Umständen können Vorteile auch Nachteile sein und umgekehrt. Wenn die Vielzahl der alternativen Wege zu Grabenkämpfen und Unsicherheiten führt, ist sie kein Vorteil mehr.

13.2.2 Metro

Metro ist die Referenzimplementierung von JAX-WS. Die Konfiguration der Services wird mit Annotations (JSR 181) vorgenommen. Metro bietet mit den Tools `wsgen` und `wsimport` Unterstützung für Code-First und Contract-First. Die Services werden entweder in eine bestehende Webapplikation eingebunden oder mit hauseigenen Mitteln angeboten. Metro bietet nur JAXB für das Data Binding und ist kaum erweiterbar. Es setzt mindestens Java 1.5 voraus und bietet eine gute Dokumentation. Außerdem gewährleistet Metro eine gute Unterstützung für die Entwicklung von Clients.

Ein paar Vor- und Nachteile von Metro:

Vorteile	Nachteile
Erfüllt voll und ganz den Standard	Nicht sehr leicht erweiterbar
Einfaches, effektives Konzept	Wenig Alternativen bezüglich Data Binding und Versionen

Tabelle 13.8: Vor- und Nachteile von Metro

Vorteile	Nachteile
Einfache Einarbeitung	
Starke Unterstützung durch Hersteller und Community	
Gute Tool-Unterstützung	

Tabelle 13.8: Vor- und Nachteile von Metro

Eine gute universelle Lösung braucht nicht unbedingt eine Erweiterbarkeit und eine Vielzahl von Alternativen für das Data Binding. Von daher würde ich den »Nachteil« nicht zu hoch bewerten.

13.2.3 Spring-WS

Wie in Spring üblich, werden auch hier die Services als SpringBeans erzeugt und konfiguriert. Spring-WS bietet einen eigensinnigen Contract-First-Ansatz. Code-First wird abgelehnt und nicht unterstützt. Dafür bietet Spring-WS eine wundervolle Unterstützung für die Erstellung von WSDL-Dokumenten. Es baut auf dem Prinzip des Spring-MVC auf und bietet eine Vielzahl von Binding-Frameworks. Für einen erfahren Spring-Entwickler ist die Einarbeitung recht einfach. Spring hat keine Kompatibilität zu JAX-WS.

Ein paar Vor- und Nachteile von Spring-WS:

Vorteile	Nachteile
Interessanter Ansatz	Eigensinniger Ansatz
Gute Unterstützung durch die Spring-Community	Bruch zwischen WSDL und Java
Nur Contract-First	Nur Contract-First

Tabelle 13.9: Vor- und Nachteile von Spring-WS

Der Ansatz ist auf der einen Seite interessant (und somit positiv), auf der anderen Seite eigensinnig und daher nicht so einfach zu verinnerlichen. Ob nun »nur Contract-First« ein Vor- oder Nachteil ist, liegt im Auge des Betrachters.

13.2.4 Apache CXF

CXF ist das Beste aus den beiden Welten XFire von Codehaus und Celtix von Iona. CXF integriert per Spring seine Services in eine bestehende Webapplikation und bietet Batchdateien und Shell-Skripte für Code-First und für Contract-First. Das Framework gewährleistet eine gute Unterstützung von JAX-WS, JSR181 und REST sowie zur Entwicklung von Clients. CXF ist ein modular erweiterbares Framework. Man benötigt Spring-Kenntnisse für die Entwicklung. Die Dokumentation ist nicht sehr umfangreich.

Ein paar Vor- und Nachteile von CXF:

Vorteile	Nachteile
Viel Erfahrung	Nicht gerade schlankes Framework
Wundervolle Unterstützung der Standards	
Schöne Vielfalt bei den Technologien	
Umfangreiche Dokumentation und agile Community	
Exzellente Tool-Unterstützung	

Tabelle 13.10: Vor- und Nachteile von CXF

13.2.5 Jersey

Jersey ist die Referenzimplementierung von JAX-RS. Die Services können auch mit eigenen Mitteln angeboten oder auch in bestehende Webapplikationen integriert werden. Zusätzlich zum normalen JAX-RS-Umfang bietet Jersey eine gute Client-Unterstützung.

Ein paar Vor- und Nachteile von Jersey:

Vorteile	Nachteile
Konzentration auf die Kernkompetenz (JAX-RS)	Keine Webservice-Unterstützung
Eigene (notwendige?) Server	
Gute Integration in andere Container	
Gute Erweiterbarkeit im Rahmen von JAX-RS	
Nette Clientunterstützung	

Tabelle 13.11: Vor- und Nachteile von Jersey

Ob nun die eigenen Server notwendig sind oder nicht, diese Entscheidung überlasse ich Ihnen gerne. Dass die »fehlende« Unterstützung von Webservices ein Nachteil ist, kann ich nicht mit dem Brustton der Überzeugung sagen – aber die rechte Seite sah so leer aus ...

13.3 Vergleich der Vorgehensweisen

In diesem Abschnitt stelle ich exemplarisch die Erzeugung eines einfachen Services mit seinem Deployment im Tomcat und der Erzeugung eines Clients vor. Bei der Vorstellung geht es mehr um die Charakterisierung der Vorgehensweise als um eine Step-by-Step-Anleitung. Diese finden Sie in den Anwendungsfällen der entsprechenden Kapitel. Um den Vergleich zu erleichtern, unterteile ich die Schritte in die Abschnitte

- Installation
- Erzeugung des Services
- Deployment
- Erzeugung des Clients

Das Beispiel hierzu ist ein einfaches Ping: Gib mir einen Text und ich gebe ihn leicht verändert zurück. Ein paar Anmerkungen erläutern den Weg zum komplexeren Beispiel.

13.3.1 Axis2

Installation

Axis2 bietet eine Webapplikation, die in jedem Container deployed werden kann. Über eine Konsole kann die Installation überprüft und verifiziert werden. Das WAR-File kann per Hotdeploy oder auch entpackt per Context deployed werden. Mit der zentralen Konfiguration in der `axis2.xml` können das Verzeichnis für das Repository zur Aufnahme der Services und Module sowie die Schalter für Hotdeploy und Hotupdate gesetzt werden.

Erzeugung des Services

Der Service ist ein POJO, der in unserem Beispiel die recht einfache Klasse String erwartet und zurückgibt. Für komplexere Strukturen ist die Klasse OMElement als Container für die Daten recht gut. Mit dem Tool WSDL2Java können auch die Data Bindings für die komplexeren Daten erzeugt werden. Dieses Tool erzeugt außerdem ein Skeleton, das als Ableitung für den Webservice genutzt werden kann.

Für die Konfiguration benötigt man eine XML-Konfiguration in einer Datei mit dem Namen `services.xml`. Auch diese kann man sich von WSDL2Java erzeugen lassen.

Deployment

Das Deployment ist recht einfach: Der Service, die XML-Konfiguration und eventuell weiterhin benötigte Bibliotheken werden in ein JAR-File mit der Endung `.aar` zusammengepackt und im Repository (per Default im `WEB-INF`-Verzeichnis der Axis2-Webapplikation) zur Verfügung gestellt. Dies kann durch einfaches Hineinkopieren (Hotdeploy und Hotupdate) oder per Upload über die Admin-Konsole passieren. Ein Neustart oder ein Refresh der Axis2-Webapplikation ist nicht notwendig.

Erzeugung des Clients

Mit dem Tool WSDL2Java kann auch der Stub für den Client erzeugt werden. Dieser generiert je nach genutztem Data Binding außerdem die dazugehörigen Binding-Klassen für die zu übertragenden Datentypen. Ohne den Stub kann auch eine direkte Nutzung der Klasse `ServiceClient` erfolgen. Diese Klasse wird sonst durch den Stub gekapselt und konfiguriert.

13.3.2 Metro

Installation

Ab der Version 1.6 ist eigentlich keine Installation mehr notwendig, sofern man Metro direkt nutzen möchte. Für Java 1.5 werden die Bibliotheken aus der Metro-Distribution, insbesondere für JAXB und die JSR181 benötigt. Um Metro in einer Webapplikation zur Verfügung zu stellen, benötigen wir den `WSServletContextListener` zum Erkennen und zur Konfiguration der Services und das `WSServlet` als Frontcontroller für das Routing.

Erzeugung des Services

Der Service ist ein POJO mit mindestens der Annotation `@WebService`. Anstandshalber sollten die Methoden mit der Annotation `@WebMethod` konfiguriert werden und ein Interface als Webservice-Endpoint eingebunden werden. Für komplexere Datentypen benötigt man XMLElemente aus JAXB. Diese kann man mit der Klasse `WsImport` erzeugen lassen.

Da die Konfiguration über die Annotations vorgenommen wird, benötigen wir normalerweise keine externe XML-Konfiguration.

Deployment

In der bei der Installation angesprochenen Webapplikation werden die Services als Klassen im `WEB-INF/classes`-Verzeichnis oder als Bibliothek im `WEB-INF/lib`-Verzeichnis zur Verfügung gestellt und dann wird die Applikation neu geladen.

Erzeugung des Clients

Über die Klasse `Service` kann mithilfe der WSDL ein Stub erzeugt werden. Die benötigten Klassen können mit der Klasse `WsImport` erzeugt werden.

```
Service s = Service.create(wsdlLocation, serviceName);
PingWS service = s.getPort(PingWS.class);
System.out.println(service.ping("kleiner test"));
```

Listing 13.1: Ein einfacher Client

`PingWS` ist dabei das generierte Interface für den Service.

13.3.3 Spring-WS

Installation

Spring-WS erfordert eine Webapplikation, die im `lib`-Verzeichnis um ein paar Bibliotheken für Spring-WS erweitert werden muss. Als Frontcontroller wird in der `web.xml` der `MessageDispatcherServlet` von Spring eingetragen.

Erzeugung des Services

Da wir bei Spring-WS strikt mit Contract-First arbeiten, müssen wir zuerst ein XML-Schema für die Übergabe der Parameter und die Rückgabewerte erzeugen. Die Service-Klasse ist kein POJO, sondern von `AbstractJDomPayloadEndpoint` abgeleitet. Die überschriebene Methode `invokeInternal` macht hierbei die Arbeit für den Service. In der Spring-Konfiguration wird der Service mit Datentypen und Mappings definiert.

Deployment

Das Deployment erfolgt durch Zusammenpacken der kompletten Webapplikation in ein WAR-File und dessen Deployment bei dem Container.

Erzeugung des Clients

Der Client ist eine SpringBean und wird per Spring-Konfiguration definiert. Dabei folgt Spring wieder dem Template-Ansatz und stellt ein `WebServiceTemplate` zur Verfügung, über das der Request versendet werden kann. Für komplexere Datentypen bietet Spring-WS Marshaller, die in dem Client genutzt werden können.

13.3.4 Apache CXF

Installation

Apache CXF wird in einer einfachen Webapplikation integriert. In der Distribution sind die notwendigen Bibliotheken enthalten, die im `WEB-INF/lib`-Verzeichnis mit deployed werden müssen. In der `web.xml` muss für Spring der `ContextLoaderListener` und von CXF das `CXFServlet` als Frontcontroller eingebunden werden.

In der Spring-Konfiguration der Webapplikation müssen einige Spring-Konfigurationen von CXF importiert werden.

Erzeugung des Services

Die Service-Schnittstelle und ihre Implementation sind POJI und POJO. Der Service wird mit dem XML-Tag `simple:server` in der Spring-Konfiguration oder als WS-Endpoint mit `jaxws:endpoint` definiert. Dabei werden auch die Adressen der Services angegeben. Für die Nutzung als JAX-WS-Endpoint müssen das Interface und die Implementation natürlich entsprechend mit den JSR181-Annotations versehen sein.

Deployment

Da hier die komplette Webapplikation vom Deployment betroffen ist, sind die normalen Schritte zum Deployment oder zur Aktualisierung einer Webapplikation erforderlich.

Erzeugung des Clients

CXF stellt uns eine Klasse `JaxWsDynamicClientFactory` zur Verfügung, mit der wir mithilfe der WSDL einen dynamischen Client erzeugen können. Alternativ kann auch mit der Klasse `ClientProxyFactoryBean` ein Proxy für den Client erzeugt und ausgeführt werden.

13.3.5 Jersey

Installation

Sofern Jersey in einem Container deployed werden soll, benötigt man hierfür eine Webapplikation, in der die benötigten Bibliotheken enthalten sind. Jersey bietet eine Klasse `ServletContainer` als Frontcontroller an.

Erzeugung des Services

Eine REST-Ressource für Jersey ist ein POJO mit der `@Path`-Annotation. Für einen einfachen Ping-Service wird die Methode mit der `@Get`- und der `@Produces`-Annotation versehen. Bei Bedarf kann der begonnene Pfad der Ressource erweitert werden. Der Rückgabewert sollte eine Instanz von Response sein. Eine einfache Resource-Methode schaut dabei folgendermaßen aus:

```
@GET
@Path("ping")
@Produces( MediaType.TEXT_PLAIN)
public Response ping(@QueryParam("text") String text){
    return Response.ok(text.toUpperCase(),
```

```
        MediaType.TEXT_PLAIN).build();
}
```

Listing 13.2: Eine Resource-Methode mit Jersey

Deployment

Da hier die komplette Webapplikation vom Deployment betroffen ist, sind die normalen Schritte zum Deployment oder zur Aktualisierung einer Webapplikation erforderlich.

Erzeugung des Clients

Für einen Client bietet uns Jersey die Klasse `Client`, aus der wir eine Instanz von `WebResource` erzeugen können. Die `WebResource` ist die zentrale Klasse für das Versenden eines Requests und den Empfang der Response.

13.4 Gleiche Aufgabe für alle

13.4.1 Aufgabenbeschreibung

Um die Frameworks besser vergleichen zu können, möchte ich die Lösung einer Aufgabe in den verschiedenen Technologien vorstellen. Hierbei geht es nicht um die Schritt-für-Schritt-Anleitungen, die wir in den Anwendungsfällen der einzelnen Frameworks betrachtet haben, sondern um die Ecken und Kanten und wie wir diese glätten können.

Das Beispiel ist die Schnittstelle unseres Rechnungsservices. Diesen stellen wir in der Service-Schicht als Spring-Applikation zur Verfügung und nehmen an, dass dieser Bereich nicht geändert werden darf. Um keine unnötige Verkomplizierung einzubringen, wird erst einmal nur ein Client für alle Webservices per Metro erzeugt. Lediglich für den REST-Provider wird auch ein REST-Consumer erzeugt.

Die Methode `ping()` des Services dient lediglich zur Überprüfung der Kommunikation. Der Schwerpunkt des Vergleichs wird auf der Nutzung der Methoden `holeAlleRechnungen()` und `holeRechnung(Long id)` liegen, da hiermit die ganzen Problemfälle (Datentypen der Rechnung und Nutzung der Listen) abgedeckt sind.

Da sich das Datenmodell der Service-Ebene in der Praxis vielfach von dem Datenmodell des Webservices unterscheidet, wird auch das Datenmodell der Service-Ebene nicht verändert und dafür ein vergleichbares Datenmodell für die Webservice-Ebene erzeugt. Die Daten werden dann durch Assembler-Methoden zwischen den Datenmodellen übertragen.

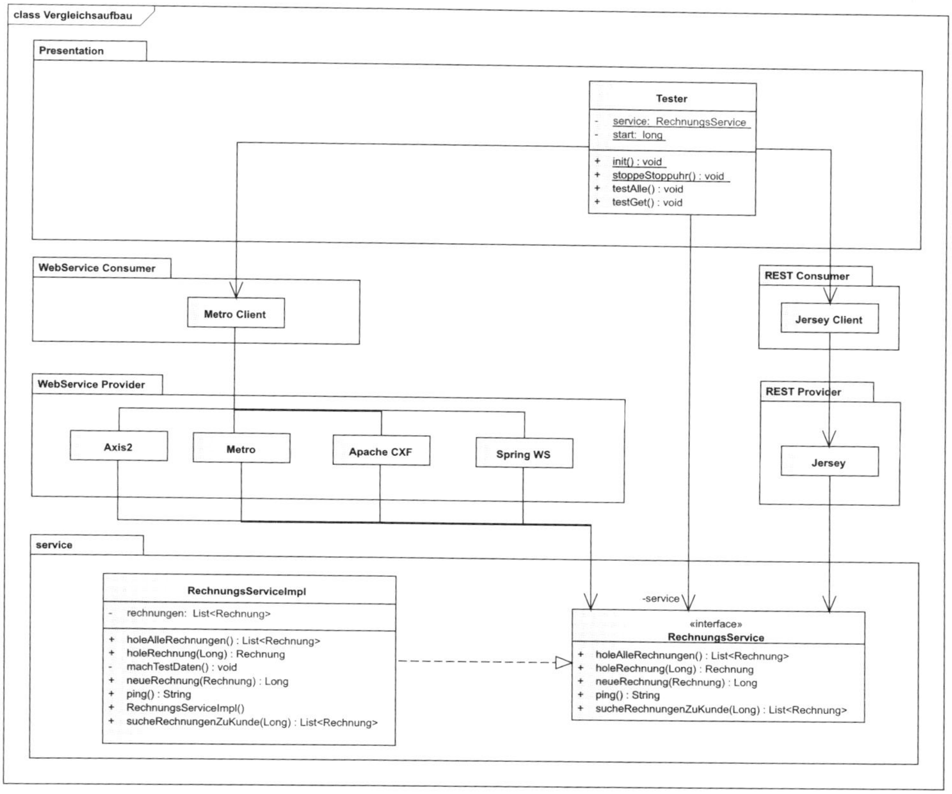

Abb. 13.1: Aufbau für den Vergleich

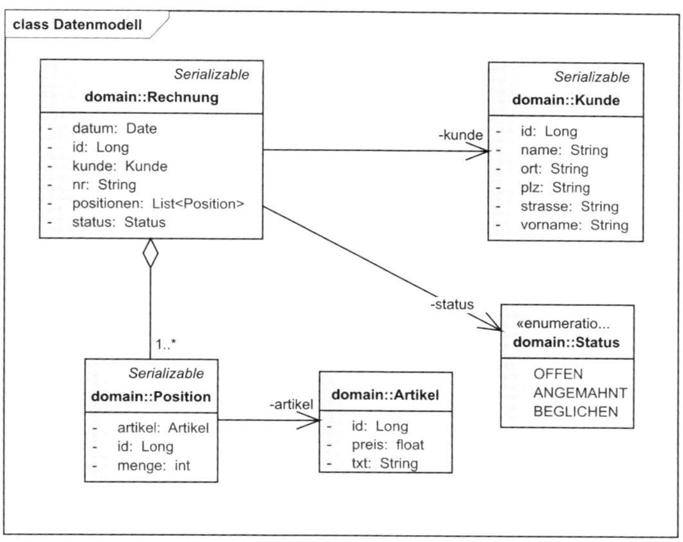

Abb. 13.2: Datenmodell des Services

Das Datenmodell enthält als Knackpunkte den Typ `Date` bei der Rechnung, eine `Enumeration` für den Status und eine Liste von Positionen.

13.4.2 Lösung Axis2

Für Axis2 habe ich zuerst ein Webservice-fähiges Interface auf Basis des Service-Interfaces erzeugt:

```
package de.traudel.rewe.axis2;

import de.traudel.rewe.axis2.adb.RechnungADB;

public interface RechnungsWebService {


    public RechnungADB[] holeAlleRechnungen() throws AxisFault;
    public RechnungADB holeRechnung(Long id) throws AxisFault;
    public Long neueRechnung(RechnungADB re) throws AxisFault;
    public String ping();
    public RechnungADB[] sucheRechnungenZuKunde(Long id) throws AxisFault;
}
```

Listing 13.3: WebService-Schnittstelle

»Webservice-fähig« bedeutet hier, dass die Rückgabewerte vom Typ `List<Rechnung>` in ein Rechnungsarray `Rechnung[]` umgewandelt wurden. Weiterhin habe ich eine Kopie der Domain-Objekte erzeugt (aufgrund einer langen Überlegung, wie denn meine XML-Schema-Datenstrukturen aussehen sollen ;-)) und habe ihnen zur leichteren Unterscheidung die Endung `ADB` gegeben – es sollen ja mal ADB-Beans werden. Die Exceptions wurden in AxisFaults umgewandelt.

Bei der ersten Erstellung der WSDL sind die meisten Knackpunkte gut verlaufen. Zwei Fehler sind noch vorhanden. Die Positionen werden nicht richtig aufgelöst, da die `RechnungADB` sie noch vom Typ `List<PositionADB>` definiert. Somit fehlen die Postionen und die darin enthaltenen Artikel im XML-Schema ganz. Dieser Fehler ist einfach zu korrigieren, indem für die Positionen der Getter auf den Rückgabewert `Rechnung[]` umgewandelt wird.

Der zweite Fehler ist, dass die Enumeration nur zum Teil erkannt wird und keine Inhalte hat.

Mit dem Element `Enum` in der WSDL erhalten wir bei der Generierung der serverseitigen Artefakte eine Warnung `Type {http://www.w3.org/2001/XML-Schema}Enum missing!`. Weiterhin erhalten wir bei der Validierung der WSDL einen Fehler zu dieser `Enum`:

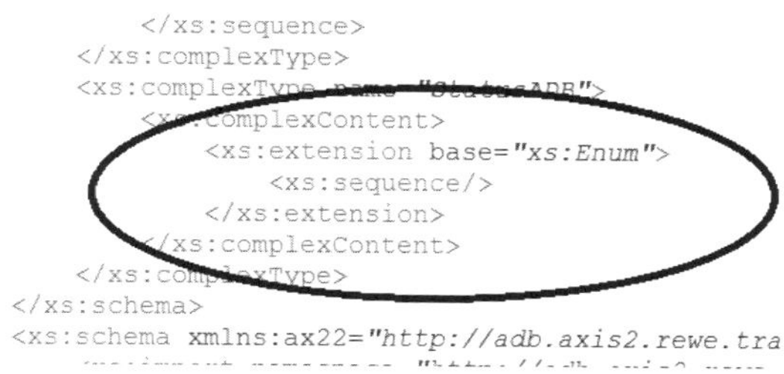

Abb. 13.3: Ausschnitt aus der WSDL

```
Description    Resource    Path    Location    Type
src-resolve.4.2: Error resolving component 'xs:Enum'.
It was detected that 'xs:Enum' is in namespace
'http://www.w3.org/2001/XML-Schema', but components
from this namespace are not referenceable from schema
document 'file:///.../13-01-Axis2/ReWs.wsdl'. If this
is the incorrect namespace, perhaps the prefix of 'xs:Enum'
needs to be changed. If this is the correct namespace,
then an appropriate 'import' tag should be added to
'file:///.../13-01-Axis2/ReWs.wsdl'.
ReWs.wsdl   /13-01-Axis2   line 52   WSDL Problem
```

Listing 13.4: Fehler zur Enum

Nach der Umwandlung des ENUM-Typs zu einer XML-Schema-Enumeration ist das WSDL-Dokument valide und erzeugt die richtige ADBBean:

```
<xs:simpleType name="StatusADB">
   <xs:restriction base="xs:string">
      <xs:enumeration value="ANGEMAHNT"/>
      <xs:enumeration value="BEGLICHEN"/>
      <xs:enumeration value="OFFEN"/>
   </xs:restriction>
</xs:simpleType>
```

Listing 13.5: Abbildung der Enumeration

Die ADB-Bean bietet nun die konstanten Typen an:

```
public static final StatusADB ANGEMAHNT =
   new StatusADB(_ANGEMAHNT,true);

public static final StatusADB BEGLICHEN =
   new StatusADB(_BEGLICHEN,true);
```

```
public static final StatusADB OFFEN =
   new StatusADB(_OFFEN,true);
```

Listing 13.6: Repräsentation der Enumeration in der ADBBean

Der `wsimport` von Metro tut sich ein wenig schwer mit der von Axis2 generierten WSDL. Insbesondere die angebotenen Port-Typen geben Warnungen aus und die Nutzung von Exceptions führt zu einem Fehler bezüglich schon vorhandener Datentypen.

Die Warnungen, die bleiben, nachdem die Fehler ausgeräumt wurden, sind hauptsächlich auf zwei Punkte zurückzuführen. In unserem Beispiel gibt es zwei Methoden, die keinen Parameter haben. Diese werden in der WSDL im Message-Part so dargestellt:

```
<wsdl:message name="holeAlleRechnungenRequest"/>
<wsdl:message name="pingRequest"/>
```

Dadurch erregt sich `wsimport` von Metro mit der Begründung, dass beide Methoden den gleichen Body-Part für den Request haben:

```
[wsimport] [WARNING] Non unique body parts! In a port, as per BP 1.1 R2710 ope-
rations must have unique operation signaure on the wire for successful dis-
patch. In port RechnungsWebServiceHttpSoap11Endpoint, Operations "ping" and
"holeAlleRechnungen" have the same request body block . Method dispatching may
fail, runtime will try to dispatch using SOAPAction
```

Listing 13.7: Warnung bei gleichem (nicht vorhandenen) Parameter

Die zweite Warnung bezieht sich auf die angebotenen Ports. Axis2 bietet per Default drei Port-Typen an:

```
<wsdl:service name="RechnungsWebService">
   <wsdl:port name="RechnungsWebServiceHttpSoap11Endpoint"
         binding="ns:RechnungsWebServiceSoap11Binding">
      <soap:address location="http://..."/> ①
   </wsdl:port>
   <wsdl:port name="RechnungsWebServiceHttpSoap12Endpoint"
         binding="ns:RechnungsWebServiceSoap12Binding">
      <soap12:address location="http://..."/> ②
   </wsdl:port>
   <wsdl:port name="RechnungsWebServiceHttpEndpoint"
         binding="ns:RechnungsWebServiceHttpBinding">
      <http:address location="..."/> ③
   </wsdl:port>
</wsdl:service>
```

Listing 13.8: Der Service-Bereich der WSDL

Der Übersicht halber habe ich die Inhalte der location-Attribute weggelassen. Sie enthalten nur die Adresse zum Service. Der dritte Port, der weder mit `soap:adress` ① noch mit `soap12:adress` ②, sondern mit `http:adress` ③ beginnt, entspricht nicht dem Standard der SOAP-Ports (was er ja auch nicht ist ;-)) und wird von `wsimport` moniert:

```
[wsimport] [WARNING] port "RechnungsWebServiceHttpEndpoint": not a standard
SOAP port. The generated artifacts may not work with JAXWS runtime.
```

Listing 13.9: Warnung für den Nicht-Standard-SOAP-Port

Mit diesen Warnungen können wir aber gut leben, die Funktionalität ist hierdurch nicht eingeschränkt.

13.4.3 Lösung Metro

Metro ist unspektakulär. Eine Kopie des Original-Service-Interfaces, versehen mit der `@WebService`-Annotation, führt beim ersten Anlauf zu einer korrekten WSDL. Das in einer extra ausgelagerten WSDL und per Import in die WSDL eingebundene XML-Schema zeigt die souveräne Umschiffung der Klippen.

Die Exception wird sauber als Typ abgebildet und als Fault-Part definiert:

```
<message name="Exception">
  <part name="fault" element="tns:Exception"/>
</message>
```

Listing 13.10: Die Exception im Fault-Part

Die Listen als Rückgabewerte wurden sauber als solche erkannt und die Enumeration wurde korrekt abgebildet:

```
<xs:simpleType name="status">
  <xs:restriction base="xs:string">
    <xs:enumeration value="OFFEN"/>
    <xs:enumeration value="ANGEMAHNT"/>
    <xs:enumeration value="BEGLICHEN"/>
  </xs:restriction>
</xs:simpleType>
```

Listing 13.11: Darstellung einer Enum im XML-Schema

Die leeren Parameter werden als eigener – nicht sehr aufregender – Typ dargestellt und ergeben beim `wsimport` kein Problem:

```
<xs:complexType name="ping">
  <xs:sequence/>
```

```
</xs:complexType>

<xs:complexType name="holeAlleRechnungen">
  <xs:sequence/>
</xs:complexType>
```

Listing 13.12: Darstellung der leeren Parameter

Der Service bietet hier nur per Default den normalen SOAP-Port an:

```
<service name="RechnungsWebServiceService">
  <port name="RechnungsWebServicePort"
       binding="tns:RechnungsWebServicePortBinding">
    <soap:address location="REPLACE_WITH_ACTUAL_URL"/> ①
  </port>
</service>
```

Listing 13.13: SOAP-Port bei Metro

Die Adresse in dem Port ① muss nachträglich noch eingesetzt werden.

13.4.4 Lösung Spring-WS

Da hier eine umfangreichere Schnittstelle anzubieten ist, habe ich den Endpoint mit der `org.springframework.ws.server.endpoint.annotation.Endpoint`-Annotation zur Verfügung gestellt. Nachdem die XMLBean-Klassen für die Parameter erzeugt wurden, kann man mit dem Schema-Generator von JAXB das benötigte XML-Schema erzeugen. Spring tut sich hierbei mit den Imports etwas schwer, so dass es ratsam ist, diese bei dem XML-Schema aufzulösen und das XML-Schema in einer Datei anzubieten. Das Schema bildet problemlos das Objektmodell ab und die üblichen Schwächen, die wir bei Axis2 gesehen haben, treten hier nicht auf.

Die Endpoint-Klasse schaut vereinfacht folgendermaßen aus:

```
package de.traudel.rewe.springws.endpoint;

import org.springframework.ws.server.endpoint.annotation.Endpoint;
import org.springframework.ws.server.endpoint.annotation.PayloadRoot;

import de.traudel.rewe.springws.typen.HoleRechnungRequest;
import de.traudel.rewe.springws.typen.HoleRechnungResponse;
// Import der anderen Parameter

@Endpoint
public class RechnungsEndpoint implements RechnungWebService {
```

```
    @PayloadRoot(localPart = HOLE_RECHNUNG_REQUEST, namespace = NAMESPACE)
    public HoleRechnungResponse holeRechnung(HoleRechnungRequest request) {
        HoleRechnungResponse resp = new HoleRechnungResponse();
                // Holen der Rechnung und Zuweisung zum Response
        return resp;
    }

        // die anderen Service Methoden
}
```

Listing 13.14: Ausschnitt aus dem Endpoint

Die zugrunde liegende Schnittstelle definiert hier neben den Service-Methoden auch den Namensraum und die lokalen Namen. In der Spring-Konfiguration kann man sehr viel mit Component Scans arbeiten.

```
<?xml version="1.0" encoding="UTF-8"?>

<beans xmlns="http://www.springframework.org/schema/beans"
    xmlns:xsi="http://www.w3.org/2001/XMLSchema-instance"
        xmlns:p="http://www.springframework.org/schema/p"
    xmlns:context="http://www.springframework.org/schema/context"
    xsi:schemaLocation="http://www.springframework.org/schema/beans
        http://www.springframework.org/schema/beans/spring-beans.xsd
        http://www.springframework.org/schema/context
        http://www.springframework.org/schema/context/spring-context.xsd">

    <context:component-scan
        base-package="de.traudel.rewe.springws.endpoint" /> ①

    <bean id="rechnung" ②
        class="org.springframework.ws.wsdl.wsdl11.DefaultWsdl11Definition"
        p:portTypeName="Rechnung" p:locationUri="/rechnungService/"
        p:requestSuffix="-request" p:responseSuffix="-response">

        <property name="schema">
            <bean class="org.springframework.xml.xsd.SimpleXsdSchema"
                p:xsd="classpath:/xsd/rechnung.xsd" /> ③
        </property>
    </bean>

    <!-- Component Scan für Endpoints ④ -->
    <bean
        class="org.springframework.ws.server.endpoint.mapping.
```

```
                                PayloadRootAnnotationMethodEndpointMapping">
    </bean>

    <!--
       Erweiterung des MessageDispatchServlet für OXM (Object/XML-Mapping)
    -->
    <bean
       class="org.springframework.ws.server.endpoint.adapter.
             MarshallingMethodEndpointAdapter">
    </bean>
    <!-- Pfad zu den JAXB-Typen ⑤ -->
    <bean id="marshaller"
       class="org.springframework.oxm.jaxb.Jaxb2Marshaller"
       p:contextPath="de.traudel.rewe.springws.typen" />

</beans>
```

Listing 13.15: Die Spring-Konfiguration `spring-ws-servlet.xml`

Über den Namensraum `context` ① kann Spring den Component Scan aktivieren. Die WSDL für den Endpoint ② wird wieder über die `DefaultWsdl11Definition` definiert. Einige Vereinfachungen bringt uns das Spring-Schema für Parameter bezüglich des Port-Namens und der LocationURI. Als Property ③ wird das XML-Schema eingebunden. Das Mapping der Service-Methoden wird über einen `PayloadRootAnnotationMethodEndpointMapping` ④ vorgenommen und für den Marshaller wird nur das Verzeichnis angegeben ⑤, in dem er die XML-Beans findet.

13.4.5 Lösung Apache CXF

Die einfache CXF-Lösung ist in ein paar Minuten erzeugt. Es reicht, eine Endpoint-Implementation zu erstellen (mit der gleichen Signatur des Services) und diese mit `@WebService` zu annotieren. In der Klasse lässt man sich den eigentlichen Service injizieren (hier per Constructor Injection) und delegiert die Aufrufe an den Service weiter:

```
package de.traudel.rewe.cxf;

import java.util.List;
import javax.jws.WebService;
import de.traudel.rewe.RechnungsService;
import de.traudel.rewe.domain.Rechnung;

@WebService
```

```
public class RechnungsWebService {

   private RechnungsService service;

   public RechnungsWebService(RechnungsService service) {
      this.service = service;
   }

   public List<Rechnung> holeAlleRechnungen() throws Exception {
      return service.holeAlleRechnungen();
   }

   public Rechnung holeRechnung(Long id) throws Exception {
      return service.holeRechnung(id);
   }

   public Long neueRechnung(Rechnung r) throws Exception {
      return service.neueRechnung(r);
   }

   public String ping() {
      return "lebe...";
   }

   public List<Rechnung> sucheRechnungenZuKunde(Long id) throws Exception {
      return service.sucheRechnungenZuKunde(id);
   }

}
```

Listing 13.16: Der Service-Endpoint

Diesen Endpoint definiert man in der Spring-Konfiguration ② und bindet dort die Spring-Konfiguration des Services per Import ein ①:

```
<beans xmlns="http://www.springframework.org/schema/beans"
   xmlns:xsi="http://www.w3.org/2001/XMLSchema-instance"
   xmlns:simple="http://cxf.apache.org/simple"
   xmlns:jaxws="http://cxf.apache.org/jaxws"
   xmlns:cxf="http://cxf.apache.org/core"
   xmlns:soap="http://cxf.apache.org/bindings/soap"
   xmlns:jaxrs="http://cxf.apache.org/jaxrs"
   xsi:schemaLocation="
     http://cxf.apache.org/jaxws http://cxf.apache.org/schemas/jaxws.xsd
       http://cxf.apache.org/core http://cxf.apache.org/schemas/core.xsd
```

```
        http://www.springframework.org/schema/beans
            http://www.springframework.org/schema/beans/spring-beans-2.0.xsd
        http://cxf.apache.org/bindings/soap
            http://cxf.apache.org/schemas/configuration/soap.xsd
        http://cxf.apache.org/simple http://cxf.apache.org/schemas/simple.xsd
        http://cxf.apache.org/jaxrs http://cxf.apache.org/schemas/jaxrs.xsd">

    <!-- Imports für CXF -->
    <import resource="classpath:META-INF/cxf/cxf.xml" />
    <import resource="classpath:META-INF/cxf/cxf-extension-soap.xml" />
    <import resource="classpath:META-INF/cxf/cxf-extension-jaxrs-bin-
ding.xml"/>
    <import resource="classpath:META-INF/cxf/cxf-servlet.xml" />

    <!-- Import der Services definiert den rechnungsService ① -->
    <import resource="classpath:spring-beans.xml" />

    <!-- Rechnung als JAX-WS ② -->
    <bean id="rechnungsEndpoint"
        class="de.traudel.rewe.cxf.RechnungsWebService">
        <constructor-arg>
            <ref bean="rechnungsService" />
        </constructor-arg>
    </bean>
    <jaxws:endpoint id="rechnungsWS"
            implementor="#rechnungsEndpoint"
            address="/rechnung"/>

</beans>
```

Listing 13.17: Spring-Konfiguration

Alles hübsch zusammengepackt und dem Tomcat gegeben, führt zu einem aus dem Stand heraus funktionierenden Webservice. Die Erzeugung des Metro-Clients aus der WSDL führt zu einem problemlosen und sauberen Client.

13.4.6 Lösung Jersey

Nach dem Aufbau des JSON-Projekts mithilfe von Maven, um die Abhängigkeiten aufzulösen, muss man sich für den Service nur noch um die Ressource und die Spring-Konfiguration kümmern:

```
package de.traudel.rewe.jersey;

import javax.ws.rs.GET;
```

```
import javax.ws.rs.Path;
import javax.ws.rs.PathParam;
import javax.ws.rs.Produces;
import javax.ws.rs.core.MediaType;
import javax.ws.rs.core.Response;

import org.json.JSONObject;
import org.springframework.beans.factory.annotation.Autowired;

import de.traudel.rewe.RechnungsService;
import de.traudel.rewe.domain.Rechnung;

@Path("/rechnung")
public class RechnungsResource {

    @Autowired // ①
    private RechnungsService rechnungsService;

    @GET
    @Produces(MediaType.APPLICATION_JSON)
    @Path("{nr}")
    public Response holeRechnung(@PathParam("nr") Long id)
        throws Exception {
        Rechnung r = rechnungsService.holeRechnung(id);
        JSONObject jo = new JSONObject(r); // ②
        return Response.ok(jo.toString(),
            MediaType.APPLICATION_JSON).build();
    }
    // weitere Methoden
}
```

Listing 13.18: Die Rest-Ressource für den Rechnungs-Jersey-Service

Die Rechnung kann im Urzustand in ein JSON-Objekt umgewandelt werden ②. Die Abhängigkeit zum Service wird über `Autowired` ① aufgelöst.

Die Spring-Konfiguration ist recht klein und übersichtlich:

```
<?xml version="1.0" encoding="UTF-8"?>

<beans xmlns="http://www.springframework.org/schema/beans"
   xmlns:xsi="http://www.w3.org/2001/XMLSchema-instance"
   xmlns:context="http://www.springframework.org/schema/context"
   xsi:schemaLocation="
        http://www.springframework.org/schema/beans
```

```
        http://www.springframework.org/schema/beans/spring-beans-2.0.xsd
        http://www.springframework.org/schema/context
    http://www.springframework.org/schema/context/spring-context-2.5.xsd">

  <!-- Import der Services definiert den rechnungsService ① -->
  <import resource="classpath:spring-beans.xml" />

  <!-- Annotation-Config einschalten -->
  <context:annotation-config />

  <!-- Die Ressourcen ② -->
  <bean id="rechnungsResource"
     class="de.traudel.rewe.jersey.RechnungsResource" />

</beans>
```

Listing 13.19: Spring-Konfiguration

In der Spring-Konfiguration, die ja in der `web.xml` für `SpringServlet` eingebunden wird, kann man die Spring-Konfiguration des Services einbinden ① und die Ressource definieren ②.

13.4.7 Vergleich der Lösungen

Arbeitsaufwand

Vom Arbeitsaufwand her waren die Lösungen für Metro, Apache CXF und Jersey die einfachsten. Wenn man ein paar Regeln beachtet und die Schnittstelle entsprechend anpasst, ist aber auch die Axis2-Variante recht schnell und sicher erstellt. Die Spring-WS-Variante erfordert schon ein wenig mehr Zeit für die Erzeugung des XML-Schemas und der doch recht umfangreichen Spring-Konfiguration.

WSDL

Sehr elegant ist die WSDL von Metro, insbesondere, weil das Schema in einem extra Dokument ausgelagert ist, was meines Erachtens die Lesbarkeit und die Übersicht verbessert. Die WSDL von Axis2 bietet dafür mehr Alternativen für den Nutzer, indem Services für SOAP 1.1, SOAP 1.2 und HTTP angeboten werden. Metro, CXF und Spring-WS bieten per Default nur SOAP-1.1-Services an.

Umfang

Der Umfang der Lösungen ist nicht wirklich vergleichbar, da in einigen die Domain-Objekte des Services benutzt wurden und in den anderen extra Domain-Objekte erzeugt werden mussten – wobei dies natürlich auch eine Aussage hat.

Lösung	Größe	Anzahl Dateien
Axis2	2,4 MB + axis2.war	52 Dateien, davon 3 JAR
Apache CXF	24 MB	66 Dateien, davon 62 JAR
Jersey	4,8 MB	21 Dateien, davon 14 JAR
Metro	0,011 MB (besser 11 KB)	5 Dateien, davon 1 JAR
Spring-WS	4,2 MB	34 Dateien, davon 18 JAR

Tabelle 13.12: Größenvergleich der Lösungen

Bei der CXF-Lösung habe ich alle JAR-Files aus dem `lib`-Verzeichnis der Distribution im Projekt eingefügt. Hier könnte man sicherlich noch ein wenig ausfilzen und die Größe reduzieren.

13.5 Welches Framework sollten Sie nehmen?

Diese Frage kann man nicht generell beantworten. Es hängt davon ab, in welcher Umgebung und mit welchen Vorgaben es die unterschiedlichen Aufgaben erfüllen muss.

13.5.1 Techniken

- Code-First – Contract-First: Metro, Axis2, CFV sowohl als auch, Spring-WS nur Contract-First.
- XML-basierte Webservice-Entwicklung: Metro, Spring-WS, Axis mit z.B. dem RawXMLINOutMessageReceiver
- JSR181-Annotation: CXF, Metro, eingeschränkt Axis2
- JAX-WS: Metro, CXF, teilweise Axis2
- Java-Version: Spring-WS ab 1.3, Axis2 ab 1.4, CXF und Metro ab 1.5
- Integration in Spring: Kann inzwischen jedes der vorgestellten Frameworks
- REST-Unterstützung: CXF, teilweise Axis2 und natürlich Jersey
- Projektunterstützung: Metro und Jersey: Sun, Axis2 WSO2, IBM, Spring-WS-SpringSource, CXF: IONA

13.5.2 Entscheidungsfindung

Eine Entscheidung für das richtige Framework hängt von einer Reihe von Faktoren ab:

- Komplexität der Aufgabe (Datentypen, Service Composition)
- Vorgaben bezüglich Standards, Entwicklungsumgebung und Container

- Vorhandene Kenntnisse im Team
- Besondere Anforderungen an Security, Datenmengen, Verfügbarkeit
- Integration und Anschluss an die vorhandene Applikation (Spring, EJB etc.)
- Persönliche Vorlieben

Immer wieder wird der Ansatz Contract-First propagiert und die Gründe dafür sind edel und richtig. Dennoch bleibt es eine grausame Arbeit, eine korrekte WSDL von Hand (auch mit den vorhandenen Hilfsmitteln) zu erzeugen. Dieser Vorgang wird in Spring-WS sehr gut unterstützt und auch für komplexere Services akzeptabel. In den anderen Fällen empfehle ich, eine Java-Schnittstelle explizit für den Webservice zu erzeugen, diese dann als Vorlage für Code-First zu nutzen und den daraus gewonnen Contract zu überprüfen und an die Feinheiten anzupassen.

13.5.3 Fazit

Jedes Framework hat seine Stärken und seine Schwächen. Axis2 ist wundervoll modular aufgebaut, hat viel Erfahrung, eine breite Anhängerschaft und ist sehr gut für komplexe Anforderungen geeignet. Dafür unterstützt es den JAX-WS-Standard nicht richtig und erfordert für ein gutes Ergebnis doch eine ausführliche Einarbeitung. Metro unterstützt die weithin benötigten Standards und ist einfach und intuitiv nutzbar. Insbesondere ist die Zusammenarbeit von Metro mit Netbeans und Glassfish reibungslos. Apache CXF bietet eine saubere Anbindung an Spring-Applikationen und vereint das Beste aus den Erfahrungen von zwei guten Frameworks. Für eine nahtlose Integration von Webservices in eine Spring-Applikation ist Spring-WS geeignet. Es besticht durch den doch sehr gewöhnungsbedürftigen, aber praktischen Arbeitsansatz und ist eine ernst zu nehmende Alternative.

Jersey ist ein wenig außen vor. Wenn man eine reine REST-Applikation aufbauen möchte, sollte man Jersey nehmen. Wenn zu den Webservices zusätzlich noch REST-Ressourcen angeboten werden sollen, kann auch die REST-Unterstützung der Webservice-Frameworks gute Dienste tun.

Teil D

Weitere wichtige Informationen

In diesem Teil:

Kapitel 14

Weiterführende Themen

In diesem Kapitel sind einige Aspekte rund um Webservices zusammengefasst, die bei Bedarf eingebunden werden können. Hierzu gehört auch die nicht unerhebliche Problematik der Sicherheit und der Transaktionen. Beispielhaft für die unendlichen Weiten der WS-Welt habe ich WS-Addressing und WS-Reliable Messaging ausgeführt. Am Ende habe ich noch ein paar Gedanken zur Interoperabilität und zur Performance von Webservices niedergeschrieben.

14.1 Sicherheit

Die Verbreitung von Webservices im B2B- und B2C-Bereich ist nur langsam vorangekommen, da SOAP selbst keine Sicherheitsstandards definiert. Inzwischen haben sich einige Sicherheitsstandards etabliert und viele Frameworks bieten interessante Umsetzungen dieser Standards. Bevor wir uns diese Möglichkeiten ansehen, möchte ich jedoch gern einen Blick auf die Anforderungen an die Sicherheit von Webservices werfen.

14.1.1 Anforderungen an die Sicherheit

Um geeignete Maßnahmen ergreifen zu können, müssen wir erst einmal die Einsatzgebiete und die Ziele hierfür abstecken. Diese finden wir zum großen Teil in den folgenden Anforderungen an sichere Webservices.

- Vertraulichkeit – Die übertragenen Daten benötigen einen Schutz vor unbefugtem Zugang. Diese Vertraulichkeit muss sowohl beim Transport als auch beim Speichern der Daten sichergestellt werden.
- Authentifizierung – Hierbei wird die Identität des Kommunikationspartners meist durch ein Login per Benutzername und Passwort sichergestellt.
- Autorisierung – Ist die Identität des Partners festgestellt, benötigt man Informationen darüber, was er darf, also welche Services er aufrufen darf.
- Integrität – Es muss sichergestellt werden können, dass die Daten zwischen dem Sender und dem Empfänger nicht manipuliert werden.
- Unabstreitbarkeit – Die Herkunft einer Nachricht muss nachgewiesen werden können. Dies kann auch durch Auditierung unterstützt werden, indem die sicherheitsrelevanten Informationen aufgezeichnet werden.

Eine weiterführende Betrachtung der Anforderungen finden Sie bei [Josuttis08] in Kapitel 14. Die oben angeführten Punkte mögen für unsere Betrachtung ausreichend sein.

14.1.2 Möglichkeiten für sichere Webservices

Die Sicherheit kann auf zwei Ebenen realisiert werden:

- Auf der Transportebene (z.B. SSL, HTTP-Authentifizierung)
- Auf Nachrichtenebene (Verschlüsselung, Signatur)

Im Einzelnen können wir dabei folgende Möglichkeiten herausarbeiten:

Aufgabe	Möglichkeiten	Ebene
Chiffrierung von Daten, um eine Vertraulichkeit zu erreichen	XML-Encryption	Nachrichtenebene
Digitale Signaturen für Authentifizierung, Integrität und Unabstreitbarkeit	XML-Signature	Nachrichtenebene
Digitale Zertifikate für die Zuordnung von Schlüsseln zum Herausgeber	VeriSign, Entrust, Thawte ...	Nachrichtenebene
Sicherung des Kommunikationskanals	SSL, IPSec (Internet Protocol Security)	Transportebene
Authentifizierung	HTTP-Authentifizierung	Transportebene

Tabelle 14.1: Möglichkeiten für sichere Webservices

TLS mit HTTPS

Um auf der Ebene des Transports die Sicherheit des Kommunikationskanals herzustellen, nutzt man im Normalfall HTTPS. HTTPS basiert auf der Technologie SSL (Secure Sockets Layer), die ab der Version 3.0 von SSL als Transport Layer Security (TLS) bezeichnet wird. Aufgabe von HTTPS ist die sichere Datenübertragung für HTTP-Verbindungen.

Für die Einrichtung von HTTPS bei dem Container sollten die Container-Dokumentationen oder die vielfältigen Tutorials im Netz zu Rate gezogen werden. Für die Einrichtung von SSL im Tomcat ist das Tutorial von Thorsten Horn unter `http://www.torsten-horn.de/techdocs/ssl.htm` in Verbindung mit der SSL-Dokumentation des Tomcat unter `http://tomcat.apache.org/tomcat-6.0-doc/ssl-howto.html` zu empfehlen.

Der Nachteil von HTTPS ist im Produktivbetrieb die Notwendigkeit eines verifizierten Zertifikats von einer Certificate Authority (CA), wie z.B. VeriSign oder Thawte. Außerdem schluckt die sichere Verbindung durch die Verschlüsselung Performance.

Authentifizierung und Autorisierung

In weiten Teilen ist eine Authentifizierung über den Container zielführend. Diese kann z.B. mit der HTTP-Authentifizierung des Containers erfolgen. Zu diesem Zweck kann man im Deployment Descriptor der Webapplikation (`web.xml`) Security Constraints hinterlegen. Ein schönes Beispiel hierfür kann man immer aus der Sicherung des Tomcat-Managers beziehen:

```
<?xml version="1.0" encoding="ISO-8859-1"?>
<web-app xmlns="http://java.sun.com/xml/ns/j2ee"
    xmlns:xsi="http://www.w3.org/2001/XMLSchema-instance"
    xsi:schemaLocation="http://java.sun.com/xml/ns/j2ee
    http://java.sun.com/xml/ns/j2ee/web-app_2_4.xsd"
    version="2.4">

    <!-- ... -->

  <!-- Define a Security Constraint on this Application -->
  <security-constraint> ①
    <web-resource-collection>
      <web-resource-name>HTMLManager and Manager command</web-resource-name>
      <url-pattern>/html/*</url-pattern> ②
    </web-resource-collection>
    <auth-constraint>
       <!-- NOTE:  This role is not present in the default users file -->
       <role-name>manager</role-name> ③
    </auth-constraint>
  </security-constraint>

  <!-- Define the Login Configuration for this Application -->
  <login-config> ④
    <auth-method>BASIC</auth-method>
    <realm-name>Tomcat Manager Application</realm-name>
  </login-config>

  <!-- Security roles referenced by this web application -->
  <security-role> ⑤
    <description>
      The role that is required to log in to the Manager Application
    </description>
    <role-name>manager</role-name>
  </security-role>

</web-app>
```

Listing 14.1: Ausschnitt aus dem Deployment Descriptor des Tomcat-Managers

Hierbei werden bei den Security Constraints ① die Rollen ③ den Ressourcen ② zugeordnet (Autorisierung) und die Autorisierungsmethode festgelegt ④. Zum Schluss ⑤ muss noch eine Übersicht der benutzten Rollen hinterlegt werden. Bei dieser Methode werden die Rollen, Benutzer und Passwörter in der Datei `%TOMCAT_HOME%/conf/tomcat-users.xml` definiert:

```
<?xml version='1.0' encoding='utf-8'?>
<tomcat-users>
  <role rolename="admin"/>
  <role rolename="user"/>
  <user username="Friedl" password="geheim" roles="admin"/>
  <user username="McWichtig" password="ganzGeheim" roles="admin,user"/>
</tomcat-users>
```

Listing 14.2: Die `tomcat-users.xml`

Der Ablauf der Autorisierung auf der Clientseite hängt natürlich von dem genutzten Framework ab. Für Axis2 schaut das Einloggen folgendermaßen aus:

```
Options options = stub._getServiceClient().getOptions();
HttpTransportProperties.Authenticator auth =
   new HttpTransportProperties.Authenticator();
auth.setPreemptiveAuthentication(true);
auth.setPassword("geheim");
auth.setUsername("Friedl");
options.setProperty(HTTPConstants.AUTHENTICATE, auth);
stub._getServiceClient().setOptions(options);
```

Listing 14.3: HTTP-Authentifizierung bei Axis2

WS-Security

Die WS-Security-Spezifikation und ihre Unterspezifikationen werden von OASIS koordiniert und herausgegeben (s. `http://www.oasis-open.org/committees/wss/`). WS-Security befasst sich hauptsächlich mit der Verschlüsselung und Signierung von Nachrichten. Diese Spezifikation bezieht sich auf die Nachrichtenebene. WS-Security hat eine Menge von Unterspezifikationen, die WS-Security erweitern. Eine kleine Auswahl dazu schaut folgendermaßen aus:

- **WS Secure Conversation**: Bei mehreren Nachrichten wird durch diesen Standard der Sicherheitskontext geteilt.
- **WS Trust**: Eine SOAP-Erweiterung für eine vertrauensvolle Konversation mithilfe von Sicherheitstokens.
- **WS Security Policy**: Definition von Sicherheitsregeln.

Für eine komplette Übersicht empfiehlt sich die Aufstellung von ws-universe unter `http://www.ws-universe.com/wsOverview/security_spezifikationen.html`.

14.2 Transaktionen

Bei Composed-Services (s. Kapitel 1.2.2) tritt die Frage nach der Transaktion auf. Für einfache Transaktionen bietet sich das Modul WS-Transaction an. Bei mehreren Backends (verteilte Transaktionen) sollte eher mit Composition (Storno-Buchung) statt mit Rollback gearbeitet werden.

14.2.1 WS-Transaction

Die WS-Transaction wird durch die Spezifikationen

- WS-Atomic Transaction und
- WS-BusinessActivity

realisiert.

WS-Atomic Transaction

WS-Atomic Transaction realisiert die Alles-oder-nichts-Eigenschaft von Transaktionen. Dazu werden alle Ressourcen bis zum Abschluss der Transaktion gesperrt, wodurch WS-Atomic Transaction nur für kurze Transaktionen nutzbar ist.

Sollten mehr als eine Ressource beteiligt sein, kann man das two-phase-commit-protocol (2PC) nutzen.

Die Spezifikation wird von OASIS koordiniert. Siehe dazu `http://docs.oasis-open.org/ws-tx/wstx-wsat-1.1-spec-os/wstx-wsat-1.1-spec-os.html`.

WS-BusinessActivity

Bei der Nutzung von lange laufenden Transaktionen sollten die Ressourcen nicht gesperrt werden. Aus diesem Grund werden bei WS-BusinessActivity die Änderungen sofort gespeichert. Sollte ein Fehler auftreten, werden Aktivitäten definiert, die die Modifikationen ausgleichen sollen.

Auch diese Spezifikation wird bei OASIS koordiniert. Siehe hierzu `http://docs.oasis-open.org/ws-tx/wsba/2006/06`.

14.3 WS-Addressing

14.3.1 Überblick

In einem Punkt-zu-Punkt-Szenario ist das Auffinden des Services kein Problem. Bei der Nutzung eines Service-Bus kann dies aber zu Problemen führen. In diesem Fall benötigt man einen zusätzlichen Adressierungsmechanismus, der dem Bus angibt, wo der Service zu finden ist.

Diese Technik wurde in der WS-Addressing-Spezifikation definiert, die vom W3-Consortium betreut wird. Siehe dazu [WS-Addressing].

14.3.2 Beispiel

Um WS-Addressing zu aktivieren, kann man die Endpoint-Implementation mit der Annotation `@Addressing` versehen. Sie hat die Attribute `enabled` und `required`, die beide einen booleschen Wert erwarten.

Die daraus generierte WSDL weist dann einen Zusatz für WS-Addressing auf:

```
<?xml version='1.0' encoding='UTF-8'?>
<!-- Published by JAX-WS RI at http://jax-ws.dev.java.net.
RI's version is JAX-WS RI 2.1.5-hudson-$BUILD_NUMBER-. -->
<!-- Generated by JAX-WS RI at http://jax-ws.dev.java.net.
RI's version is JAX-WS RI 2.1.5-hudson-$BUILD_NUMBER-. -->

<definitions xmlns="http://schemas.xmlsoap.org/wsdl/"
   xmlns:wsaw="http://www.w3.org/2006/05/addressing/wsdl" <!-- ① -->
   xmlns:tns="http://www.traudel.de/wsaddr"
   xmlns:xsd="http://www.w3.org/2001/XMLSchema"
   xmlns:soap="http://schemas.xmlsoap.org/wsdl/soap/"
   xmlns:wsu="http://docs.oasis-open.org/wss/2004/01/
      oasis-200401-wsswssecurity-utility-1.0.xsd"
   targetNamespace="http://www.traudel.de/wsaddr" name="PingService">
  <import namespace="http://wsaddr.traudel.de/" location="http://local-
host:8888/wsaddr/ping?wsdl=1" />
   <!-- ③ -->
  <ns1:Policy xmlns:ns1="http://www.w3.org/ns/ws-policy"
wsu:Id="PingWSImplPortBinding_Addressing_Policy">
   <ns1:ExactlyOne>
     <ns1:All>
       <wsaw:UsingAddressing />
     </ns1:All>
   </ns1:ExactlyOne>
  </ns1:Policy>

  <binding xmlns:ns2="http://wsaddr.traudel.de/" name="PingWSImplPortBin-
ding" type="ns2:PingWS">
   <!-- ③ -->
   <wsaw:UsingAddressing />
   <ns3:PolicyReference xmlns:ns3="http://www.w3.org/ns/ws-policy"
URI="#PingWSImplPortBinding_Addressing_Policy" />
   <soap:binding transport="http://schemas.xmlsoap.org/soap/http"
style="document" />
```

```
    <operation name="ping">
      <soap:operation soapAction="" />
      <input>
        <soap:body use="literal" />
      </input>

      <output>
        <soap:body use="literal" />
      </output>
    </operation>
  </binding>
  <service name="PingService">
    <port name="PingWSImplPort" binding="tns:PingWSImplPortBinding">
      <soap:address location="http://localhost:8888/wsaddr/ping" />
    </port>

  </service>
</definitions>
```

Listing 14.4: WSDL mit WS-Addressing

Die WSDL wurde um den Namensraum wsaw erweitert ①. Per WS-Policy ② wird Addressing eingeschaltet. Das Addressing wird im Binding ③ vermerkt. Bei der Deklaration des Port-Typs wird dann für die Operations die zugrunde liegende Action definiert:

```
  <portType name="PingWS">
    <operation name="ping">
      <input ns1:Action="http://wsaddr.traudel.de/PingWS/pingRequest"
        message="tns:ping"
        xmlns:ns1="http://www.w3.org/2006/05/addressing/wsdl"/>
      <output message="tns:pingResponse"/>
    </operation>
  </portType>
```

Listing 14.5: Port-Typ für Addressing

Beim Client muss das AddressingFeature mit übergeben werden:

```
PingService service = new PingService();
PingWS port = service.getPingWSImplPort(new AddressingFeature(true, true));

String ret = port.ping("sag was Großes!");
System.out.println(ret);
```

Listing 14.6: Der Client mit AddressingFeature

Die SOAP-Nachricht für den Request wird nun im Header erweitert:

```
<S:Envelope xmlns:S="http://schemas.xmlsoap.org/soap/envelope/">
  <S:Header>
    <To xmlns="http://www.w3.org/2005/08/addressing">
      http://localhost:8888/wsaddr/ping
    </To>
    <Action xmlns="http://www.w3.org/2005/08/addressing">
      http://wsaddr.traudel.de/PingWS/pingRequest
    </Action>
    <ReplyTo xmlns="http://www.w3.org/2005/08/addressing">
      <Address>http://www.w3.org/2005/08/addressing/anonymous</Address>
    </ReplyTo>
    <MessageID xmlns="http://www.w3.org/2005/08/addressing">
      uuid:47160ced-92ec-419d-a4b1-59528437a590
    </MessageID>
  </S:Header>
  <S:Body>
    <ns2:ping xmlns:ns2="http://wsaddr.traudel.de/">
      <arg0>sag was Großes!</arg0>
    </ns2:ping>
  </S:Body>
</S:Envelope>
```

Listing 14.7: SOAP-Nachricht für den Request

Wichtig sind hierbei die vier Elemente `To`, `Action`, `ReplyTo` und `MessageID`. Zusätzlich gibt es noch optionale `ReferenceParameters`. Bei der Antwort bezieht sich der Sender auf die `MessageID` des Requests:

```
<S:Envelope xmlns:S="http://schemas.xmlsoap.org/soap/envelope/">
  <S:Header>
    <To xmlns="http://www.w3.org/2005/08/addressing">
      http://www.w3.org/2005/08/addressing/anonymous
    </To>
    <Action xmlns="http://www.w3.org/2005/08/addressing">
      http://wsaddr.traudel.de/PingWS/pingResponse
    </Action>
    <MessageID xmlns="http://www.w3.org/2005/08/addressing">
      uuid:6c850faa-f835-4477-9e65-5bdae282585d
    </MessageID>
    <RelatesTo xmlns="http://www.w3.org/2005/08/addressing">
      uuid:47160ced-92ec-419d-a4b1-59528437a590
    </RelatesTo>
```

```
  </S:Header>
  <S:Body>
    <ns2:pingResponse xmlns:ns2="http://wsaddr.traudel.de/">
      <return>SAG WAS GROSSES!</return>
    </ns2:pingResponse>
  </S:Body>
</S:Envelope>
```

Listing 14.8: SOAP-Response

Die Antwort geht wie erwartet an die Adresse, die in der Response unter `ReplyTo` angegeben wurde. Man beachte, dass bei dem Element `RelatesTo` die `uuid` der `MessageID` des Requests enthalten ist.

14.4 WS Reliable Messaging

In vielen Fällen ist es wichtig, dass man die Sicherheit hat, dass eine Nachricht auch wirklich beim Empfänger angekommen ist. Diese Problematik wird von der Technologie WS Reliable Message (WS-RM) definiert, die dann von den einzelnen Webservice-Frameworks realisiert werden muss. Dabei muss WS-RM die Nachrichten identifizieren, ihren Transport überwachen und die Auslieferung erzwingen oder, wenn eine Auslieferung nicht möglich ist, einen entsprechenden Fehler werfen. Dazu werden sowohl auf der Sender- als auch auf der Empfänger-Seite zusätzliche Softwarekomponenten benötigt, die diese Aufgaben wahrnehmen können.

14.4.1 WS-RM

Die WS-RM-Spezifikation (s. dazu [WSRM]) unterscheidet vier Auslieferungsgarantien, die in der WSDL vorgegeben werden können (s. 14.4.2):

- **AtLeastOnce**: Mindestens einmal, kann aber auch öfter sein. Sofern die Zustellung nicht möglich ist, wird ein Fehler gemeldet. Dies ist sinnvoll, wenn die erneute Auslieferung nicht zu einem Problem führt (z.B. Speichern von Daten) und die Aufgabe selbst relativ lange dauern könnte.
- **AtMostOnce**: Höchstens einmal. Hierbei kann die Nachricht auch kein einziges Mal ausgeliefert werden, aber niemals mehr als einmal.
- **ExactlyOnce**: Hierbei wird die Nachricht genau einmal ausgeliefert. Sofern dies nicht möglich ist, wird ein Fehler geworfen.
- **InOrder**: Diese Garantie stellt sicher, dass die Reihenfolge der Nachrichten eingehalten wird. Dies ist insbesondere dann sinnvoll, wenn eine Nachricht auf der anderen Nachricht aufbaut.

Für die Übertragung des RM-Protokolls in der SOAP-Nachricht wird der RM-Namensraum unter `http://schemas.xmlsoap.org/ws/2005/02/rm` mit dem üblichen Präfix `wsrm` benötigt. Eine Anforderung der Garantie wird in dem Element `Sequence` im Header der SOAP-Nachricht definiert:

```
<wsrm:Sequence>
    <wsrm:Identifier>http://traudel.de/rewe</wsrm:Identifier>
    <wsrm:MessageNumber>3</wsrm:MessageNumber>
</wsrm:Sequence>
```

Listing 14.9: Anforderung einer Garantie

Die Elemente `Identifier` und `MessageNumber` sind für das Element `Sequence` erforderlich.

Die Antwort darauf enthält die Message-Nummern, die angekommen sind:

```
<wsrm:SequenceAcknowledgement>
    <wsrm:Identifier>http://traudel.de/rewe</wsrm:Identifier>
    <wsrm:AcknowledgementRange Upper="3" Lower="1"/>
    <wsrm:AcknowledgementRange Upper="6" Lower="5"/>
</wsrm:SequenceAcknowledgement>
```

Listing 14.10: Eine Bestätigung

Hier wird bestätigt, dass die Nachrichten mit den Nummern 1 bis 3 und 5 sowie 6 angekommen sind. Die 4 hat es leider nicht geschafft:

```
<wsrm:SequenceAcknowledgement>
    <wsrm:Identifier>http://traudel.de/rewe</wsrm:Identifier>
    <wsrm:Nack>4</wsrm:Nack>
</wsrm:SequenceAcknowledgement>
```

Listing 14.11: Eine ist nicht durchgekommen

WS-RM können über die WS-RM Policy in den WSDL-Dokumenten definiert werden. Leider können nicht alle Frameworks diese Informationen ordentlich umsetzen. Siehe dazu Kapitel 13.1.3 und die Übersicht unter `http://wiki.apache.org/ws/StackComparison`.

14.4.2 WS-RM Policy

Um die Informationen für WS-RM in der WSDL zu konfigurieren, benötigen wir WS-RM Policy. WS-RM Policy wird von OASIS unter [WS-RM Policy] geführt. Leider unterstützen nicht alle Webservice-Frameworks diesen Standard (s.o.). Der Namensraum für diese Policy ist `wsp` unter `http://docs.oasis-open.org/ws-rx/wsrmp/200608`. Hier werden die einzelnen Elemente zur Konfiguration definiert.

Zu Beginn der WSDL kann man die Policy unter dem Definitions-Tag spezifizieren:

```
<wsp:UsingPolicy/>
  <wsp:Policy
    wsu:Id="traudelPolicy"
    xmlns:wsu="http://docs.oasis-open.org/wss/2004/01/oasis-200401-wss-wsse-
curity-utility-1.0.xsd">
    <wsp:All>
      <wsp:ExactlyOne>
        <wsp:All>
          <ns1:RMAssertion xmlns:ns1="http://docs.oasis-open.org/ws-rx/wsrmp/
200702"/>
            <ns2:UsingAddressing xmlns:ns2="http://www.w3.org/2006/05/addres-
sing/wsdl"/>
        </wsp:All>
      </wsp:ExactlyOne>
    </wsp:All>
  </wsp:Policy>
```

Listing 14.12: WS-RM Policy in der WSDL

Beim Binding der WSDL muss dann die Referenz zu der Policy eingebunden werden. Dazu fügt man unter dem Binding-Tag die Referenz ein:

```
<wsp:PolicyReference URI="#traudelPolicy"/>
```

Der URI ist dabei eine Referenz auf die ID der Policy, hier **traudelPolicy**.

14.5 Interoperabilität

Unter »Interoperabilität« versteht man allgemein die Fähigkeit von Programmen, Daten mit anderen, fremden Programmen über bestimmte Formate und Protokolle austauschen zu können. Die Interoperabilität ist einer der Hauptgründe, um Webservices zu nutzen.

Dies bedeutet für Webservices, dass verschiedene Clients unseren Webservice nutzen können. Die Verschiedenheit der dabei genutzten SOAP-Engines kann sowohl in den benutzen Programmiersprachen und Frameworks als auch in den genutzten Versionen von Provider und Consumer liegen.

14.5.1 Ursachen für mangelnde Interoperabilität

Die Ursachen für mangelnde Interoperabilität sind sehr vielschichtig. Die Kernbereiche, in denen die Interoperabilität Probleme bereiten kann, sind

- die SOAP-Nachricht,
- die WSDL,
- das XML-Schema und
- die unterschiedliche Interpretation von .NET und J2EE.

Probleme bei der SOAP-Nachricht

Die meisten Interoperabilitätsprobleme der Vergangenheit wurden durch Mehrdeutigkeiten in der Interpretation der SOAP-Nachricht verursacht. In der SOAP-Version 1.2 sind die meisten Interoperabilitätsprobleme gelöst oder nicht mehr so bedeutsam. In der Praxis wird aber noch sehr häufig SOAP 1.1 genutzt, das ein paar bedeutende Schwächen aufweist. Einige dieser Schwächen zeigt die folgende Auflistung:

- Einigung auf die gleichen SOAP-Bindings (vgl. Kapitel 5.3). Unterschiedliche Frameworks haben unterschiedliche Default-Einstellungen für die SOAP-Bindings, insbesondere der Kodierung. Hier muss man bewusst das gleiche Encoding (literal/encoded) einstellen.
- Die Reihenfolge bei der Deserialisierung wird in SOAP 1.1 nicht festgelegt. Dies kann zu Problemen bei der Implementation führen.
- Das Attribut `xsi:type` in der SOAP-Nachricht kann in der Nachricht einen Datentyp bestimmen. Dieses Attribut ist optional. Normalerweise wird der Datentyp durch das XML-Schema der WSDL bestimmt. Wenn eine Seite das Attribut braucht und die andere Seite das Attribut nicht mitschickt, ist das ein wenig problematisch.
- Zu den Standard-Headern (wie `from` und `to`) können Erweiterungen benutzt werden, die der Partner vielleicht nicht versteht, die aber für die Bearbeitung der Message wichtig sind.

Probleme bei der WSDL

Ein WSDL-Dokument ist für die Nutzung von Webservices nicht zwingend erforderlich. Bei einem geschlossenen Benutzerkreis kann auf dieses Dokument verzichtet werden und die benötigten Informationen können auf andere Art und Weise ausgetauscht werden. Nicht alle Programmiersprachen generieren so einfach die benötigten Dateien für einen Consumer, wie dies z.B. .NET und Java tun. Eine WSDL-Datei kann sehr einfach unter Eclipse hinsichtlich der Interoperabilität überprüft werden. Hierzu muss man aus dem Kontextmenü der WSDL-Datei den Menüpunkt VALIDATE auswählen. Problematisch können bei der WSDL auch die unterschiedlichen Versionen sein, wenn das Client-Framework die neue WSDL-Version noch nicht verarbeiten kann.

Das XML-Schema

Die unterschiedlichen Möglichkeiten, Namensräume in einem XML-Schema zu benennen, können zu Problemen führen. Es gibt zurzeit drei Versionen des XML-Schema-Namensraums: 1999, 2000/10 und 2001. Hierbei gibt es teilweise Änderungen in den Typen. Man sollte darauf achten, dass als gemeinsamer Nenner die 2001er Version genutzt wird. Außerdem sollte man auf das Encoding achten. Bei einigen Umgebungen ist US-ASCII das nicht angegebene Default. Wenn möglich, sollte darauf geachtet werden, dass UTF-8 genutzt und auch angegeben wird.

Unterschiede .NET und J2EE

Die Probleme bei der Kommunikation zwischen .NET und J2EE sind gar nicht so tragisch, wie immer wieder angenommen wird. Die Konsolidierung der beiden Ansätze für Webservices ist schon recht weit fortgeschritten. Dennoch gibt es noch ein paar Klippen, die zu beachten sind. Die wichtigsten davon stellt die folgende Liste zusammen:

- .NET basiert zu einem großen Teil auf Standards, aber es erweitert seinen Umfang durch proprietäre Funktionen.
- .NET nutzt für die Darstellung von Arrays eine Multireferenz mit `id` und `href`, um die Mitglieder eines Arrays zu definieren. Diese Multireferenz wird nicht von allen SOAP-Buildern erkannt.
- Beide Umgebungen nutzen unterschiedliche Datentypen. Während .NET zwischen vorzeichenbehafteten und vorzeichenlosen Zahlen unterscheidet, gibt es in Java nur vorzeichenbehaftete Zahlen. Dies kann zu Problemen führen. Java hat ein umfangreiches Collection Framework. Der gemeinsame Nenner für .NET und Java sind hier Arrays, in die diese Liste umgewandelt wird. Dies kann zum Verlust von Informationen über den Typ führen, insbesondere bei der Bedeutung um die Reihenfolge der Elemente.

14.5.2 Ansätze, um die unterschiedlichen SOAP-Engines kompatibel zu machen

Um die unterschiedlichen SOAP-Engines kompatibel zum machen, erstellte man Richtlinien zur Gewährleistung von Interoperabilität. Das Ergebnis hiervon ist das Basic Profile 1.0. Das Basic Profile 1.0 wurde vom Web Services Interoperability Forum (kurz WS-I) spezifiziert. In WS-I sind u.a. Microsoft, Sun Microsystems, IBM und BEA Systems eingebunden. Ziel ist nicht nur die Festlegung von Standards, sondern auch die Veröffentlichung von Testwerkzeugen. Vergleiche hierzu `http://www.ws-i.org`.

Weiterhin gibt es von der Gruppierung SOAPBuilders Interoperability Labs eine Test-Suite zur Überprüfung der Interoperabilität.

14.6 Performance

14.6.1 Checkliste für Webservice-Performance

In Anlehnung an die »Checklist: Web Services Performance« von Microsoft unter `http://msdn.microsoft.com/en-us/library/ms979173.aspx`.

Design-Entscheidungen

- Verringere die Aufrufmenge durch eine gröbere Granularität.
- Bevorzuge den nachrichtenbasierten Stil gegenüber RPC.
- Benutze Literal Message Encoding für die Parameter.
- Bevorzuge primitive Typen als Parameter.
- Vermeide zustandsbehaftete Services.
- Ziehe Eingabe-Validierung für kostspielige Service-Methoden in Betracht.
- Ziehe Caching in Betracht.
- Ziehe Ansätze für Attachments und Massendatenverarbeitung in Betracht.
- Vermeide den Aufruf lokaler Webservices.

Verbindungen

- Konfiguriere die Anzahl der maximalen Verbindungen.
- Priorisiere und belege Verbindungen für besondere Webservices.
- Benutze eine Identität für ausgehende Aufrufe.
- Nutze die »Basic Authentifikation« für die Vorabauthentifizierung.

One-Way (Fire and Forget)-Kommunikation

- Ziehe One-Way-Kommunikation in Betracht, wenn keine Antwort gebraucht wird.

Asynchrone Webmethoden und Aufrufe

- Nutze asynchrone Webmethoden für I/O-Operationen.
- Wenn parallele Arbeit existiert, sollten asynchrone Aufrufe in Betracht gezogen werden.
- Benutze asynchrone Aufrufe, wenn mehrere nicht voneinander abhängige Webservices aufgerufen werden sollen.

Timeouts

- Setze ein angebrachtes Proxy-Timeout.

Serialisation

- Reduziere Serialisation mit `XmlIgnore`.
- Ziehe XML-Kompression in Betracht.

14.6.2 Performancevergleich

In diesem Rahmen einen Performancevergleich der unterschiedlichen Frameworks aufzubauen, sehe ich nicht als sehr sinnvoll an. In punkto Performance ist das Framework nicht mehr so entscheidend. Die hier vorgestellten Frameworks sind inzwischen alle so gut, dass eine vergleichende Aussage müßig ist, da sie nur relativ sein kann. Eine objektive Vergleichbarkeit liegt da meines Erachtens nicht vor. Der Großteil der Performanceprobleme liegt normalerweise nicht beim Framework, sondern bei der Umsetzung des Webservices.

Wichtig ist, dass die Regeln der vorangegangenen Checkliste beherzigt werden und dass man die Webservices mit der angebrachten Komplexität realisiert. Damit meine ich, dass es wichtig ist, für einen einfachen Webservice auch einen einfachen Aufbau zu nutzen. Sicherlich muss der Service mit der Zeit erweiterbar sein, aber wenn eine HTTP-Authentifizierung mit HTTPS zur Absicherung reicht, brauche ich kein WS-Security. Vielleicht kommt man in dem Projekt auch mit den Bordmitteln von REST aus und spart sich den Overhead eines Webservice-Frameworks. Beides sind Beispiele dafür, wie eine gute Performance von Webservices erreicht werden kann.

Teil E

Anhänge

In diesem Teil:

Abkürzungsverzeichnis

Abkürzung	Bedeutung
AJAX	Asynchronous JavaScript and XML
AXIOM	Axis Object Model
CORBA	Common Object Request Broker Architecture
DOM	Document Object Model
DTD	Document Type Definition
JAXB	Java Architecture for XML Binding
JAXP	Java API for XML Processing
JSON	JavaScript Object Notation
JSR	Java Specification Request
MEP	Message Exchange Pattern
MTOM	SOAP Message Transmission Optimization Mechanism
REST	REpresentational State Transfer
RMI	Remote Method Invocation
RPC	Remote Procedure Call
SAX	Simple API for XML
StAX	Streaming API for XML
SEI	Service Endpoint Interface
SIB	Service Implementation Bean
SOA	Service-Oriented Architecture
SSL	Secure Sockets Layer
SwA	SOAP with Attachments
TLS	Transport Layer Security
UDDI	Universal Description, Discovery and Integration
URI	Uniform Resource Identifier
URL	Uniform Resource Locator
URN	Uniform Resource Name
WADL	Web Application-Description Language
WS-I	Web Services Interoperability Organization

Tabelle A.1: Abkürzungen

Abkürzung	Bedeutung
WSIT	Web Services Interoperability Technologies
WS-RM	Web Services Reliable Message
XML	Extensible Markup Language
XOP	XML Binary Optimized Packaging
XSD	XML-Schema-Definition

Tabelle A.1: Abkürzungen (Forts.)

Glossar

Begriff	Bedeutung
Consumer	Der Nutzer eines Webservices oder auch der Client für einen Webservice. Siehe auch »Provider«.
CORBA	»Die Common Object Request Broker Architecture (CORBA, engl. Allgemeine Architektur für Vermittler von Objekt-Anforderungen) ist eine Spezifikation für eine objektorientierte Middleware, deren Kern ein sog. Object Request Broker (ORB) bildet, und die plattformübergreifende Protokolle und Dienste definiert. Sie wird von der Object Management Group (OMG) entwickelt. CORBA-konforme Implementierungen vereinfachen das Erstellen verteilter Anwendungen in heterogenen Umgebungen.« [Wikipedia]
Endpoint	Der Endpoint ist der Zugriffspunkt für einen Webservice, der über einen URI erreichbar ist. Dies kann ein HTTP-Server mit einem Framework sein oder eine Instanz einer Klasse, wie z.B. `javax.xml.ws.Endpoint`, die HTTP-Requests empfängt und zur Bearbeitung weitergibt.
Interoperabilität	Unter Interoperabilität versteht man allgemein die Fähigkeit von Programmen, Daten mit anderen, fremden Programmen über bestimmte Formate und Protokolle austauschen zu können.
Parser	Programm zur Analyse der Dokumentstruktur.
Provider	Ein Provider stellt einen Webservice bereit. Man kann ihn als den Server für den Webservice betrachten. Siehe auch »Consumer«.
Resource class Ressourcenklasse	JAX-RS: Eine Java-Klasse, die per Annotations eine Webressource implementiert.
Root resource class	JAX-RS: Eine Ressourcenklasse mit der Annotation `@UriTemplate`. Sie stellt die Wurzel eines Ressourcenbaums dar.
Resource method	JAX-RS: Eine Methode einer Ressourcenklasse, die einen spezifischen Request verarbeitet.
Service Implementation Bean (SIB)	Eine Klasse, die einen Webservice implementiert. Diese Klasse ist entweder ein POJO oder eine Stateless Session Bean. Im Normalfall implementiert die SIB ein Service Endpoint Interface (SEI).
Service Endpoint Interface (SEI)	Die Schnittstelle zu einer SIB, die als Zugriffspunkt für den Client zur Verfügung gestellt wird. Die SEI ist vergleichbar mit dem Remote Interface einer EJB, mit dem Unterschied, dass kein Home Interface existiert.

Tabelle B.1: Glossar

Begriff	Bedeutung
Skalierbarkeit	»Die Skalierbarkeit beschreibt das Verhalten von Programmen bezüglich des Ressourcenbedarfs bei wachsenden Eingabemengen, also die Performance und die Komplexität.« [Wikipedia]
Sub-resource locator	JAX-RS: Eine Methode einer Ressourcenklasse, die eine Sub-Ressource lokalisiert.
Sub-resource method	JAX-RS: Eine Methode einer Ressourcenklasse, die den Request für eine Sub-Ressource realisiert.
Transportprotokoll	Protokoll, das zum Übertragen der Nutzdaten eines Webservices verwendet wird. Das Standardprotokoll ist HTTP. HTTPS, SMTP, JMS, FTP sind auch weit verbreitet.
URI	Ein URI (Uniform Resource Identifier) ist eine Zeichenfolge zur Identifikation einer Ressource. Es gibt zwei Subtypen des URI: URN und URL.
URN	»Ein Uniform Resource Name (URN, engl.: einheitlicher Name für Ressourcen) ist ein Uniform Resource Identifier (URI) mit dem Schema urn, der als dauerhafter, ortsunabhängiger Bezeichner für eine Ressource dient.« *[Wikipedia]*

Tabelle B.1: Glossar

Literaturverzeichnis

[AXIOM]	Projekt-Homepage von AXIOM URL: `http://ws.apache.org/commons/axiom/`
[Axis2]	Axis2 Projekt Homepage URL: `http://ws.apache.org/axis2/`
[Butek05]	Russell Butek: Which style of WSDL should I use? URL: `http://www.ibm.com/developerworks/webservices/library/ws-whichwsdl/`
[ButekGallardo06]	Russell Butek, Nicholas Gallardo: Web services hints and tips: JAX-RPC versus JAX-WS URL: `http://www.ibm.com/developerworks/webservices/library/ws-tip-jaxwsrpc.html`
[Costello]	Roger L. Costello: Tutorials and Articles URL: `http://www.xfront.com`
[CXF]	Apache-CXF-Projektseite URL: `http://cxf.apache.org/`
[Dargan09]	Brett Dargan, Query vs. Matrix Params or Path Params URL: `http://brettdargan.com/blog/2009/01/16/query-vs-matrix-params/`
[DJMZ05]	W. Dostal, M. Jeckle, I. Melzer, B. Zengler: Service-orientierte Architekturen mit Web Services Elsevier GmbH, München 2005 ISBN 3-8274-1457-1
[FrotscherTeufelWang07]	Thilo Frotscher, Marc Teufel, Dapeng Wang: Java Webservices mit Apache Axis2 Entwickler.press, Paderborn ISBN: 978-3-935042-81-9
[Frotscher09]	Thilo Frotscher: Auslegungssache Java Magazin 5.09
[Fielding00]	Roy Thomas Fielding: Architectural Styles and the Design of Network-based Software Architectures, CHAPTER 5: Representational State Transfer (REST) URL: `http://www.ics.uci.edu/~fielding/pubs/dissertation/rest_arch_style.htm`
[Josuttis08]	Nicolai Josuttis: SOA in der Praxis dpunkt.verlag, Heidelberg, 2008 ISBN 978-3-89864-476-1

Tabelle C.1: Literaturverzeichnis

[JAX-RPC]	JSR-101 JavaTM APIs for XML based RPC, Version 1.1 URL: `http://jcp.org/aboutJava/communityprocess/final/jsr101/index2.html`
[JAX-RS]	JAX-RS: Java API for RESTful Web Services, Version 1.1 Editors Draft, March 13, 2009 URL: `https://jsr311.dev.java.net/`, insbesondere `https://jsr311.dev.java.net/drafts/spec20090313.pdf`
[JAX-WS]	JSR-224, Java API for XML-Based Web Services 2.0 (Final Release) URL: `http://jcp.org/aboutJava/communityprocess/final/jsr224/index.html`
[JAXB]	Referenzimplementierung von JAXB URL: `https://jaxb.dev.java.net/`
[Jersey]	JAX-RS-RI Jersey URL: `https://jersey.dev.java.net`
[JerseyWiki]	Community Wiki for Project Jersey URL: `http://wikis.sun.com/display/Jersey/Main`
[JQuery]	Website des JavaScript-Frameworks JQuery URL: `http://jquery.com/`
[JSON]	Projektseite von JavaScript Object Notation (JSON) URL: `http://www.json.org/`
[LocherEtAl08]	Thomas Locher (Sonatype, Inc.), Tim O'Brien (Sonatype, Inc.), John Casey (Sonatype, Inc.), Brian Fox (Sonatype, Inc.), Bruce Snyder (Sonatype, Inc.), Jason Van Zyl (Sonatype, Inc.): Maven: The Definitive Guide URL: `http://www.sonatype.com/books/maven-book/reference_de/public-book.html`
[Maven]	Projektseite des Apache-Projekts Maven URL: `http://maven.apache.org/`
[Metro]	Die Projekt-Homepage von Metro URL: `https://metro.dev.java.net/`
[MTOM]	W3C Recommendation von MTOM, 25. Januar 2005 URL: `http://www.w3.org/TR/2005/REC-soap12-mtom-20050125/`
[OrtMetha03]	Ed Ort, Bhakti Mehta: Java Architecture for XML Binding (JAXB) URL: `http://java.sun.com/developer/technicalArticles/WebServices/jaxb`
[OASIS-SOA]	OASIS Committees by Category: SOA URL: `http://www.oasis-open.org/committees/tc_cat.php?cat=soa`
[OASIS-UDDI]	OASIS UDDI Specification URL: `http://www.oasis-open.org/committees/tc_home.php?wg_abbrev=uddi-spec`

Tabelle C.1: Literaturverzeichnis (Forts.)

[OestereichEtAl04]	B. Oestereich, C. Weiss, C. Schröder, T. Weilkiens, A. Lenhard: Objektorientierte Geschäftsprozessmodellierung mit der UML dpunkt.verlag, Heidelberg 2004 ISBN: 3-89864-237-2
[Oestereich06]	Bernd Oestereich: Analyse und Design mit UML 2.1 Oldenbourg Wissenschaftsverlag, München 2006 ISBN: 3-486-57926-6
[Selfhtml]	Nachschlagewerk für HTML, CSS und JavaScript URL: `http://de.selfhtml.org`
[Spring-WS]	Projektseite von Spring-WS URL: `http://static.springsource.org/spring-ws/sites/1.5/`
[Teufel09]	Marc Teufel: Jenseits der Achse Java Magazin 5.09
[W3SOAP07]	Nilo Mitra, Yves Lafon: SOAP Version 1.2 Part 0: Primer (Second Edition) URL: `http://www.w3.org/TR/2007/REC-soap12-part0-20070427/`
[W3WSDL07]	David Booth, Canyang Kevin Liu: Web Services Description Language (WSDL) Version 2.0 URL: `http://www.w3.org/TR/2007/REC-wsdl20-primer-20070626/`
[W3XML06]	Extensible Markup Language (XML) 1.1 (Second Edition) W3C Recommendation 16 August 2006, edited in place 29 September 2006 URL: `http://www.w3.org/TR/2006/REC-xml11-20060816/`
[W3XMLSchema04]	XML Schema Part 0: Primer Second Edition W3C Recommendation 28 October 2004 URL: `http://www.w3.org/TR/xmlschema-0/`
[wikipedia]	Wikipedia URL: `http://de.wikipedia.org/`
[WS-Addressing]	Web Services Addressing (WS-Addressing) W3C Member Submission 10 August 2004 URL: `http://www.w3.org/Submission/ws-addressing/`
[WS-I]	Web Services Interoperability Organization (WS-I) URL: `http://www.ws-i.org/`
[WS-I-BasicProfile]	Basic Profile Version 1.1, 2006 URL: `http://www.ws-i.org/Profiles/BasicProfile-1.1.html`
[WS-RM]	Web Services Reliable Messaging URL: `http://www.ibm.com/developerworks/library/specification/ws-rm/`

Tabelle C.1: Literaturverzeichnis (Forts.)

[WS-RM Policy]	Web Services ReliableMessaging Policy Assertion (WS-RM Policy) Committee Draft 04, August 11, 2006 URL: `http://docs.oasis-open.org/ws-rx/wsrmp/200608/wsrmp-1.1-spec-cd-04.html`
[WS-Security]	Web Services Security: SOAP Message Security 1.0 (WS-Security 2004) OASIS Standard 200401, March 2004 URL: `http://docs.oasis-open.org/wss/2004/01/oasis-200401-wss-soap-message-security-1.0.pdf`

Tabelle C.1: Literaturverzeichnis (Forts.)

JSR 101	Java APIs for XML based RPC
JSR 181	Web Services Metadata for the Java Platform
JSR 222	Java Architecture for XML Binding (JAXB) 2.0
JSR 224	Java API for XML-Based Web Services (JAX-WS) 2.0
JSR 250	Common Annotations for the Java Platform
JSR 311	JAX-RS: The Java API for RESTful Web Services

Tabelle C.2: Java Specification Requests

Weitere Infos

D.1 XML

XML ist die Kerntechnologie bei Webservices. Viele Aufgaben der Interoperabilität werden mithilfe von XML gelöst.

D.1.1 Ursprung und Wesen von XML

Der Ursprung von XML ist in der Sprache SGML (Standard Generalized Markup Language) zu finden. SGML wurde Anfang der 80er Jahre entwickelt und ist ein internationaler Dokumentationsstandard. Die Sprache ist allerdings extrem komplex und für die Bedürfnisse des Webs überdimensioniert. Jon Bosak von SUN Microsystems rief eine W3C-Arbeitsgruppe für die vereinfachte Form XML ins Leben. Seit 1998 ist XML ein offizieller Standard des W3-Konsortiums. XML sollte die Schwächen von HTML ausgleichen und als Basis für neue Sprachen im Web dienen.

Das Wesen von XML liegt in der Möglichkeit, eigene Dokumentenstandards zu definieren. Dazu schafft man Tags (Kennzeichen, Anweisungen) mit Attributen, wie sie analog in HTML genutzt werden, z.B. <body>. Der große Unterschied zwischen HTML und XML ist aber, dass in HTML alle Tags vorgegeben sind, wohingegen in XML die Tags von dem Benutzer »erfunden« werden müssen. Dies hat zum einen den Vorteil, dass unserer Phantasie keine Grenzen gesetzt sind, zum anderen aber den Nachteil, dass wir jemanden brauchen, der in der Lage ist, unserer Phantasie zu folgen – eine Aufgabe, die für HTML vom Browser übernommen wird. Bei XML wurde großer Wert auf die korrekte Nutzung der Tags und Attribute gelegt, wohingegen für HTML von vornherein eine sehr laxe Regelung angestrebt wurde. Der zentrale Aspekt von XML ist die logische und physische Strukturierung von Daten.

D.1.2 Aufbau und Syntax einer XML-Datei

In diesem Abschnitt betrachten wir im Überblick:

- den Aufbau einer XML-Datei,
- die Syntax und Elemente einer XML-Datei und
- XML-Instruktionen, die in einer XML-Datei enthalten sein können.

Der Aufbau einer XML-Datei ist in zwei, optional drei Teile gegliedert. In der ersten Zeile befindet sich die XML-Deklaration, die als Hauptaufgabe die Festlegung des Zeichensatzes hat. In der einfachsten Variante sieht die XML-Deklaration folgendermaßen aus:

```
<?xml version="1.0"?>
```

Man beachte hierbei die »?« bei den Klammern.

Der zweite Teil im Aufbau einer XML-Datei ist optional und enthält eine Verbindung zu einer DTD (Document Type Definition) oder die DTD selbst. Eine Verbindung zu einer DTD kann folgendermaßen aussehen:

```
<!DOCTYPE Wurzelelement SYSTEM "meine.dtd">
```

Dies besagt, dass sich im gleichen Verzeichnis eine DTD mit dem Namen `meine.dtd` befindet. Beachten Sie bitte das Ausrufezeichen nach der öffnenden Klammer. Die DTDs haben bei Webservices eine untergeordnete Bedeutung, weshalb ich in diesem Rahmen nur diese Erwähnung von DTDs für notwendig erachte. Die DTD beschreibt die Struktur einer Menge gleichartiger XML-Dokumente – ähnlich der Klasse zu ihren Objekten.

Als dritter Teil kommen die eigentlichen Daten hinzu, die in einem Wurzelelement eingeschlossen sind. Das Wurzelelement ist unser erster, alles umschließender Tag. Jeder Tag beginnt mit dem Zeichen < und endet mit einem >, auch spitze Klammern genannt. Ein Tag wird beendet, indem er wiederholt und ein / nach der öffnenden Klammer eingefügt wird. Man beachte, dass XML case-sensitive ist.

```
<wurzelElement>
   <!-- die Daten -->
</wurzelElement>
```

Kommentare werden mit der Zeichenfolge `<!--` begonnen und mit `-->` beendet.

Eine komplette XML-Datei zur Darstellung einer Flasche Wein könnte folgendermaßen aussehen:

```
<?xml version="1.0" encoding="ISO-8859-1"?>
<!DOCTYPE EineFlascheWein SYSTEM "wein.dtd">
<EineFlascheWein> <!-- das Wurzelelement -->
   <Jahrgang>1999</Jahrgang>
   <Rebsorte art="Merlot"/>
   <Lage>Bordeaux</Lage>
```

```
    <Preis waehrung="EUR">69,90</Preis>
</EineFlascheWein>
```

Listing D.1: Eine Flasche Wein in XML

Die Syntax in einer XML-Datei ist recht einfach. Abgesehen von der Deklaration und der DTD-Definition beinhaltet die XML-Datei nur Tags und Text. In den meisten Fällen definieren die Tags einen Bereich mit einem Start-Tag, `<Jahrgang>`, und einem End-Tag, `</Jahrgang>`. Zwischen diesen beiden Tags können weitere Tags oder Text oder beides stehen. Tags ohne Inhalt sind leere Tags, wie z.B. `<Rebsorte art="Riesling"/>`. Sie werden mit einem / vor der abschließenden Klammer beendet. Start-Tag, Inhalt und End-Tag werden als Element bezeichnet.

Ein Tag besteht aus einem Elementnamen und 0 bis n Attributen. Der Elementname folgt sofort nach der öffnenden Klammer bzw. bei dem End-Tag nach </. Er ist case-sensitive und muss mit einem Buchstaben oder einem Unterstrich beginnen. Er darf nicht mit der Zeichenfolge »xml« beginnen und im Elementnamen sind Leerzeichen, Doppelpunkte und »@« nicht erlaubt.

Ein Attribut besteht immer aus dem Attributnamen, einem Gleichheitszeichen als Trenner und einem Wert, der in Anführungszeichen eingeschlossen ist. Zwischen Elementnamen und den Attributen sind Leerzeichen als Trenner eingefügt.

Zusätzlich zu dem Element können in einer XML-Datei noch XML-Instruktionen enthalten sein. Folgende Typen werden unterschieden:

- XML-Deklaration
- Verknüpfung zur DTD
- Processing Instructions
- CDATA-Sections
- Kommentare

Die XML-Deklaration hatte ich schon angesprochen. Ihre allgemeine Syntax lautet:

```
<?xml version="Nummer"
    [encoding="Zeichensatz"] [standalone="yes|no"]?>
```

Das Attribut `version` hat seit Februar 1998 den Wert »1.0«, seit 2006 gibt es die Nachfolgeversion »1.1«. `encoding` enthält die Bezeichnung des Zeichensatzes, z.B. `"iso-8859-1"`, `"utf-16"` oder `"us-ascii"`. Das Attribut `standalone` gibt an, ob diese XML-Datei eine DTD besitzt (`"no"`) oder nicht (`"yes"`). Der Standardwert ist `"no"`.

Die Verknüpfung zur DTD legt fest, dass das aktuelle XML-Dokument nach den Regeln einer DTD aufgebaut ist. Grundsätzlich werden öffentliche (im Web verfügbare) und systemeigene DTDs unterschieden. Die allgemeine Syntax für die DTD-Verknüpfung lautet:

```
<!DOCTYPE Wurzelelement SYSTEM|PUBLIC ["Name"] "URI-der-DTD">
```

Der Name setzt sich aus der veröffentlichenden Person oder Institution, der Bezeichnung der DTD und einer Angabe zur Sprache zusammen, z.B.:

```
"-//MeineFirma Solutions//DTD Email V 1.0//DE"
```

Eine weitere Art der XML-Instruktion ist die Processing Instruction, mit der Sie spezifische Informationen für externe Programme einbinden können, sofern das Programm diese versteht. Alle Processing Instructions beginnen mit <? und enden mit ?>. Im folgenden Beispiel wird eine Anweisung eingefügt, die aus einer Postscript-Datei eine PDF-Datei erzeugen soll:

```
<?ps2pdf von="druck.ps" nach="ausgabe.pdf"?>
```

Sie brauchen nur ein Programm, das dies auch ausführt ...

Die nächste XML-Instruction ist die CDATA-Section, die sicherstellt, dass der XML-Prozessor den Inhalt dieser Section nicht interpretiert (parsed). Die allgemeine Syntax hierfür ist `<![CDATA[...]]>`, wobei die drei Punkte den Inhalt der Section darstellen:

```
<Javascript><![CDATA[
   var i = 0;
   for (i = 0; i < 100; ++i) {
      echo i + ."-->" + (i*i);
   }
   ]]>
</Javascript>
```

Listing D.2: Nutzung einer CDATA-Section

In diesem Beispiel sorgt die CDATA-Section dafür, dass das <-Zeichen und die Zeichenfolge `-->` nicht ausgewertet werden.

Die letzte XML-Instruction ist der Kommentar, der natürlich die Lesbarkeit für Menschen erhöhen kann. Jeder Kommentar beginnt mit der Zeichenfolge `<!--` und endet mit `-->`. Ein Kommentar darf keine doppelten Bindestriche enthalten.

D.1.3 Wohlgeformtes XML

Ein gültiges, korrekt aufgebautes XML-Dokument nennt man »wohlgeformt«. Neben den oben erwähnten wichtigsten Regeln gelten weitere Anforderungen an ein wohlgeformtes XML-Dokument, die unter [W3XML06] in Kapitel 2.1. eingesehen werden können.

Zur Vermeidung der häufigsten Fehlerquellen, die zum großen Teil der laxen Handhabung von HTML entspringen, sollten insbesondere folgende Regeln beachtet werden:

- Alle Element-Attributwerte müssen in Anführungsstriche eingeschlossen werden. Die übliche Darstellung in HTML, bei der Zahlen ohne Anführungsstriche dargestellt werden
- <img src="bild.gif" width=192 height=300/>
- ist falsch!
- Ein Element muss sowohl ein Start-Tag als auch ein End-Tag besitzen. Handelt es sich um ein leeres Element, muss es vor der schließenden Klammer abgeschlossen werden. Beispiel für einen HTML-Zeilenumbruch:

  ```
  <br/>
  ```

- Alle Start- und End-Tags müssen richtig ineinandergeschachtelt werden. Folgende Kombination ist falsch, da das Bold-Tag (<b>) vor dem Italic-Tag (<i>) geschlossen wird:

  ```
  <b>Dies ist nicht <i>korrekt</b></i>
  ```

- Isolierte Markup-Zeichen (<, & und]]>) sind im laufenden Text nicht erlaubt. Stattdessen sind deren Entity-Referenzen zu nutzen:

  < wird zu <

  & wird zu &

  ]]> wird zu]]>

- Sofern in der XML-Deklaration das Attribut standalone auf "yes" gesetzt wurde, darf keine DTD angegeben werden.

D.2 Maven

In vielen Projekten wird für die Erstellung und Verwaltung von Projekten und Abhängigkeiten Maven benutzt. [Maven] ist ein Apache-Projekt und unter dem URL http://maven.apache.org gehostet. Im Folgenden beschreibe ich kurz die Installation und Verwendung von Maven mit Eclipse.

D.2.1 Installation

Unter der Adresse http://maven.apache.org/download.html kann die aktuelle Maven-Distribution heruntergeladen werden. In dem entzippten Projekt gibt es ein bin-Verzeichnis mit der Batchdatei/Shell-Skript mvn. Um eine einwandfreie Funktionalität von Maven sicherzustellen, benötigen wir bei den Umgebungsvariablen die neue Variable M2_HOME, die zum Maven-Installationsverzeichnis zeigt, und eine Erweiterung der Path-Variable durch %M2_HOME%\bin. Die Überprüfung der Installation kann in einer neuen DOS-Box/Shell mit mvn -version vorgenommen werden. Weitere Informationen zur Installation finden Sie unter http://maven.apache.org/download.html#Installation.

D.2.2 Grundsätzliche Aufgaben

Die erste Aufgabe mit Maven ist normalerweise die Erweiterung eines Eclipse-Workspaces durch die Classpath-Variable für Maven (M2_REPO). Für diese Aufgabe benötigt man den Befehl:

```
mvn -Declipse.workspace=. eclipse:add-maven-repo
```

Als Nächstes benötigen wir ein einfaches Java-Projekt. Dies können wir mit dem Befehl

```
mvn archetype:create -DgroupId=de.kiltz.traudel -DartifactId=Traudel
```

erstellen. Dabei ist Traudel der Name des Projekts und de.kiltz.traudel das Default-Paket für das Projekt. In dem neuen Projekt wurde eine Datei mit dem Namen pom.xml (Project Object Model) angelegt. In dieser Datei sind die Informationen für die Konfiguration des Projekts hinterlegt:

```
<project xmlns=http://maven.apache.org/POM/4.0.0
    xmlns:xsi=http://www.w3.org/2001/XMLSchema-instance
    xsi:schemaLocation="http://maven.apache.org/POM/4.0.0
    http://maven.apache.org/maven-v4_0_0.xsd">

  <modelVersion>4.0.0</modelVersion>
  <groupId>de.kiltz.traudel</groupId>
  <artifactId>Traudel</artifactId>
  <packaging>jar</packaging>
  <version>1.0-SNAPSHOT</version>
  <name>Traudel</name>
  <url>http://maven.apache.org</url>
  <dependencies>
    <dependency>
```

```
      <groupId>junit</groupId>
      <artifactId>junit</artifactId>
      <version>3.8.1</version>
      <scope>test</scope>
    </dependency>
  </dependencies>
</project>
```

Listing D.3: Ein Standard-pom.xml

Das neu erstellte Projekt hat folgende Struktur:

```
Traudel
+---src
    +---main
    ¦   +---java
    ¦       +---de
    ¦           +---kiltz
    ¦               +---traudel
    ¦                   +---App.java
    +---test
        +---java
            +---de
                +---kiltz
                    +---traudel
                        +---AppTest.java
```

Listing D.4: Struktur eines Maven-Projekts

Um nun aus diesem Projekt ein Eclipse-Projekt zu erzeugen, muss man in dem Projektverzeichnis den Befehl `mvn eclipse:eclipse` ausführen.

D.2.3 Einbinden des Tomcat-Plugins in eine pom.xml

Mit dem `-DarchetypeArtifactId=maven-archetype-webapp` kann man eine Webapplikationen erzeugen, die man recht einfach im Tomcat deployen kann.

Hierfür muss man in <maven_home>/conf/settings.xml im Abschnitt <servers> die Benutzerdaten hinterlegen, sofern der Tomcat-Manager nicht mit dem Benutzer `admin` ohne Passwort konfiguriert ist:

```
    <server>
      <id>meinServer</id>
      <username>ich</username>
```

```
    <password>geheim</password>
  </server>
```

Listing D.5: Ausschnitt aus der `settings.xml`

Die `pom.xml` muss um das Repository von Codehaus erweitert werden:

```
<repository>
  <id>codehaus</id>
  <name>Codehaus maven repository</name>
  <url>http://dist.codehaus.org/</url>
  <layout>legacy</layout>
</repository>
```

Listing D.6: Einbinden des Codehaus-Repositories

Der Build-Bereich der `pom.xml` muss um das Codehaus-Plugin erweitert werden:

```
<build>
  <finalName>js</finalName>
  <plugins>
    <plugin>
      <groupId>org.codehaus.mojo</groupId>
      <artifactId>tomcat-maven-plugin</artifactId>
      <configuration>
        <url>http://localhost:8080/manager/html</url>
        <server>vosi</server> ①
      </configuration>
    </plugin>
    <plugin>
      <groupId>org.codehaus.cargo</groupId>
      <artifactId>cargo-maven2-plugin</artifactId>
    </plugin>
  </plugins>
</build>
```

Listing D.7: Erweiterung des Build-Bereichs

In der Konfiguration des Tomcat-Maven-Plugins kann man eine Verbindung zu einem definierten Server aus der `settings.xml` ① angeben.

Nun kann man das Deployment mit `mvn tomcat:deploy` bzw. `mvn tomcat:redeploy` und das Undeployment mit `mvn tomcat:undeploy` vornehmen.

D.2.4 Eclipse-Plugin für Maven

Für Maven gibt es ein Eclipse-Plugin, mit dem Maven-Tasks aus Eclipse heraus ausgeführt werden. Die Update-Site hierzu ist `http://m2eclipse.sonatype.org/sites/m2e`. Mit diesem Plugin kann man Maven Projekte und die `pom.xml` erzeugen, konfigurieren und Maven-Module erstellen.

Außerdem kann man nachträglich ein Java-Projekt in ein Maven-Projekt umwandeln. Im Kontextmenü des Projekts kann man über den Menüpunkt MAVEN|ENABLE DEPENDENCY MANAGEMENT eine `pom.xml` für das Projekt erstellen. Ein POM-Editor zeigt die verschiedenen Abschnitte der `pom.xml` und ermöglicht uns eine komfortable Anpassung dergleichen.

D.2.5 Weiterführende Informationen

Analog zu den Targets in Ant gibt es in Maven einige Tasks oder Goals, die hier unterschiedliche Phasen definieren. Per Default sind folgende Phasen verfügbar (siehe `http://maven.apache.org/guides/getting-started/maven-in-five-minutes.html`):

- validate: Validiert das Projekt und überprüft, ob alle notwendigen Informationen vorhanden sind.
- compile: Kompiliert den Sourcecode.
- test: Führt die im Projekt enthaltenen Tests aus.
- package: Erzeugt ein Paket für das Projekt, z.B. als JAR- oder WAR-Datei.
- integration-test: Deployed das Projekt und führt Integrationstests aus.
- verify: Überprüft, ob das Paket gültig ist.
- install: Führt die Installationsanweisungen aus.
- deploy: Deployed das Projekt.

Zum weiteren Einstieg in Maven empfehle ich das Buch »Maven: The Definitive Guide« von [LocherEtAl08].

D.3 Ajax

D.3.1 Beschreibung

Ajax ist ein Akronym für die Wortfolge »Asynchronous JavaScript and XML«. Es bezeichnet ein Konzept der asynchronen Datenübertragung zwischen einem Server und dem Browser, das es ermöglicht, innerhalb einer HTML-Seite eine HTTP-Anfrage durchzuführen, ohne die Seite komplett neu laden zu müssen. Das eigentliche Novum besteht in der Tatsache, dass nur gewisse Teile einer HTML-Seite oder auch reine Nutzdaten sukzessive bei Bedarf nachgeladen werden.

(aus Wikipedia `http://de.wikipedia.org/wiki/Ajax_(Programmierung)`)

D.3.2 Eventhandler

Mit Ajax nutzen wir die Möglichkeit, auf der Clientseite Ereignisse zu definieren, die eine JavaScript-Funktion aufrufen können. Diese Ereignisse sind z.B.

- `onLoad` beim Laden der Seite.
- `onMouseOver`, wenn der Mauszeiger über ein HTML-Element geschoben wird.
- `onClick`, wenn der Benutzer einen Link anklickt.
- `onChange`, wenn sich der Inhalt eines Formularfeldes ändert.

(Vgl. bei [Selfhtml] die JavaScript Event-Handler.)

Beispielweise können wir auf den Event `onMouseOver` reagieren:

```
<script language="javascript">
function fang(){
   alert("hab ne Maus gefangen!");
}
</script>
<span onMouseOver="fang()">Fahren Sie mit
   dem Mauszeiger über den Text</span>
```

Listing D.8: Eventhandling mit JavaScript

Alert-Fensterchen sind natürlich nicht die spannendste Erwiderung auf unsere Ereignisse. Wir könnten diese Funktion auch nutzen, um Formulardaten zu verarbeiten:

```
<script language="javascript">
function reversi() {
   eingabe = document.formi.ein.value;
   ausgabe = "";
   for (i = 1; i <= eingabe.length; ++i) {
      ausgabe += eingabe.charAt(eingabe.length - i);
   }
   document.formi.aus.value=ausgabe;
}
</script>
<form name="formi">
   Reversi: <input type="text" name="ein" onKeyup="reversi()"/>
```

```
    ==> <input type="text" name="aus" disabled="disabled"/>
</form>
```

Listing D.9: Formularverarbeitung mit Events

Einfach nur den Text umzudrehen, muss nicht unbedingt sinnvoll sein, aber man könnte analog dazu z.B. die Inhalte einer Liste verändern, Vorgabewerte ändern oder Formularfelder deaktivieren.

D.3.3 DHTML

Zur Anzeige von Informationen müssen wir den Inhalt einer HTML-Seite verändern. Dies erreicht man mit einer Technik, die unter dem Namen DHTML bekannt ist. DHTML ist eine Kombination von HTML, JavaScript, DOM und evtl. CSS.

Wenn wir unsere HTML-Seite als XML-Dokument betrachten, können wir mithilfe von DOM auf bestimmte Elemente der Seite zugreifen:

```
<script language="javascript">
function aenderText() {
    element = document.getElementById('meinText');
    element.innerHTML = document.formi2.eingabe.value;
}
</script>
<form name="formi2">
    <textarea name="eingabe" cols="30" rows="5"></textarea>
    <p>
    <input type="button" onclick="aenderText()" value="Text anzeigen">
</form>
</p>
<!-- Der Anzeigebereich: -->
<p id="meinText"></p>
```

Listing D.10: DHTML

Hierbei wird der Text aus der Textarea bei Betätigung des Buttons in dem Absatz angezeigt, der mit der ID `meinText` definiert wurde. Die Methode `document.getElementById('meinText')` hatten wir schon in DOM kennengelernt und wird inzwischen von allen ernst zu nehmenden Browsern unterstützt. Die Rückgabe der Methode ist ein `Element`, dessen Eigenschaft `innerHTML` wir anpassen können.

Mit CSS könnten wir noch Sichtbarkeiten und Positionen zu der ID definieren:

```
<STYLE TYPE="text/css">
#meinText {  position: absolute;
   left:300px; top:500px;
   width: 100px; height:100px;
}
</STYLE>
```

Listing D.11: Definition eines Bereichs mit CSS

Dies können wir natürlich über JavaScript ändern:

```
element = document.getElementById('meinText');
element.style.left = 500;
```

D.3.4 Daten vom Server

Bisher haben wir Möglichkeiten gesehen, auf Ereignisse beim Client zu reagieren und den Inhalt der Seite zu verändern. Der Zwischenschritt, die Ermittlung der Daten, fehlt uns noch.

Um die Daten ermitteln zu können, müssen wir eine Anfrage an den Server senden und das Ergebnis in einer Variablen speichern, ohne die Seite neu aufzubauen.

Hierfür bieten uns die neueren Browser die Klasse `XMLHttpRequest`, mit der wir einen Request im Hintergrund absetzen können. Die Erzeugung des dafür notwendigen Objekts ist im Normalfall:

```
   xmlhttp = new XMLHttpRequest();
```

nur beim Internet Explorer wird das Objekt über ActiveX erzeugt:

```
   xmlhttp = new ActiveXObject("Microsoft.XMLHTTP")
```

oder die neuere Variante:

```
   xmlhttp = new ActiveXObject("Msxml2.XMLHTTP");
```

Mit folgendem Ablauf können wir einen einfachen asynchronen Aufruf vornehmen:

```
// 1. Objekt erzeugen
if( window.ActiveXObject ) { // IE
   xmlHttp = new ActiveXObject( "Microsoft.XMLHTTP" );
```

```
}else{
   xmlHttp = new XMLHttpRequest();
}
// 2. Wurde Objekt erzeugt?
if( !xmlHttp ){
   alert("Kann keinen Request erzeugen!")
}else{
   // Request konfigurieren
   txt = document.formi.eingabe.value;
   xmlHttp.open( "GET", "ajax/test.php?inhalt="+txt, true );
   // welche Funktion soll aufgerufen werden, wenn der Aufruf beendet ist?
   xmlHttp.onreadystatechange = aenderText;
   // und los...
   xmlHttp.send("" );
}
```

Listing D.12: Ein Request mit AJAX

`xmlHttp` ruft nun beim Wechsel des »Ready-Status« die Funktion `aenderText` auf und übergibt als Parameter eine Referenz auf das `XMLHttpRequest`-Objekt.

Folgende Ready-Status werden unterschieden:

Status-Nr.	Name	Beschreibung
0	UNINITIALIZED	`open()` wurde noch nicht aufgerufen.
1	LOADING	`send()` wurde noch nicht aufgerufen.
2	LOADED	`send()` wurde aufgerufen, Header und Status sind verfügbar.
3	INTERACTIVE	Empfängt Daten, `responseText` enthält schon ein paar Daten.
4	COMPLETED	Request ist beendet.

Tabelle D.1: Status-Codes für AJAX

Wenn der Request ausgeführt wurde (`xmlHttp.readyState == 4`), kann der Text ausgelesen werden:

```
if (xmlHttp.readyState == 4){
   txt = xmlHttp.responseText;
   element = document.getElementById('meinText');
   element.innerHTML = txt;
}
```

Listing D.13: Ausgabe des Response-Textes

Weitere Information zum `XMLHttpRequest`-Objekt finden Sie bei Wikipedia unter `http://de.wikipedia.org/wiki/XMLHttpRequest`. Eine Schnittstellenbeschreibung für das `XMLHttpRequest`-Objekt finden Sie z.B. unter `https://developer.mozilla.org/en/XMLHttpRequest`.

D.3.5 Framework SACK

In dem vereinfachten Beispiel oben haben wir viele Eventualitäten zugunsten der Übersichtlichkeit weggelassen. Dies sind z.B. das Error Handling und die Versendung der Daten per POST.

Viele der gezeigten Arbeitsschritte möchte man natürlich nicht jedes Mal neu programmieren, so dass sich die Nutzung eines Frameworks anbietet. Wir können uns ein eigenes Framework erstellen, in dem wir die Aufrufe in wiederverwendbare Funktionen kapseln oder wir nutzen ein schon vorhandenes Framework, das unsere Bedürfnisse gut umsetzt. Es gibt sehr viele gute Frameworks, die eine Unterstützung von AJAX enthalten, wie z.B. jQuery. SACK ist ein sehr einfaches Framework, das sich nur auf AJAX konzentriert und einen schnellen und guten Einstieg in ein AJAX-Framework bietet.

Das Framework SACK (`http://www.twilightuniverse.com/?page_id=243`) bietet uns eine Klasse an, in der wir einfach unsere Konfiguration mit dem Setzen der Eigenschaften vornehmen können:

```
function doit(aktion){
    var form = document.getElementById('form');
    ajax = new sack();
    ajax.setVar("aktion", aktion);
    ajax.requestFile = "tester.php";
    ajax.method = "post";
    ajax.element = 'ausgabe';
    ajax.onLoading = whenLoading;
    ajax.onLoaded = whenLoaded;
    ajax.onInteractive = whenInteractive;
    ajax.onCompletion = whenCompleted;
    ajax.runAJAX();
}
```

Listing D.14: Ein AJAX-Request mit SACK

Hierbei können wir Funktionen definieren, die zu den verschiedenen Status-Codes aufgerufen werden sollen. Außerdem übergeben wir gleich die ID des Elements, in dem die Rückgabe angezeigt werden soll.

Die Status-Methoden könnten z.B. folgendermaßen aussehen:

```
function whenLoading(){
    var e = document.getElementById('status');
    e.innerHTML = "<p>Senden...("+(++i)+")</p>";
}
function whenLoaded(){
    var e = document.getElementById('status');
    e.innerHTML = "<p>gesendet...("+(++i)+")</p>";
}
function whenInteractive(){
    var e = document.getElementById('status');
    e.innerHTML = "<p>erhalte Daten...("+(++i)+")</p>";
    var a = document.getElementById('ausgabe');
    a.innerHTML = ajax.xmlhttp.responseText;
}
function whenCompleted(){
    var e = document.getElementById('status');
    e.innerHTML = "<p>Abfage beendet.("+(++i)+")</p>";
}
```

Listing D.15: Status-Methoden für SACK

Annotations

In diesem Anhang stelle ich die für JAX-WS wichtigen Annotations als komplettes Nachschlagewerk dar. Diese Annotations sind:

- JSR 181 Web Services Metadata for the Java Platform
- JSR 222 Java Architecture for XML Binding (JAXB) 2.0
- JSR 224 Java API for XML-Based Web Services (JAX-WS) 2.0
- JSR 250 Common Annotations for the Java Platform

Die Beispiele für die einzelnen Annotations sind der Metro-Dokumentation entnommen.

E.1 JSR 181 Web Services Metadata for the Java Platform

Die **JSR 181** definiert die Annotations

- `javax.jws.WebService`
- `javax.jws.WebMethod`
- `javax.jws.OneWay`
- `javax.jws.WebParam`
- `javax.jws.WebResult`
- `javax.jws.HandlerChain`
- `javax.jws.soap.SOAPBinding`

Im Folgenden werden sie im Detail mit ihren Attributen und einem kleinen Beispiel erklärt.

- `javax.jws.WebService`: (Target: Klasse) Markiert eine Klasse als Webservice oder ein Interface als SEI.

Property	Beschreibung	Default
`name`	Der Name des Webservices wird bei WSDL 1.1 zum Namen bei `wsdl:portType`.	SimpleName der Klasse oder des Interfaces

Property	Beschreibung	Default
`targetNamespace`	Namespace für den `wsdl:portType`	Paketname der Klasse bzw. des Interfaces
`serviceName`	Der Name des Services wird bei WSDL 1.1 zum Namen bei `wsdl:service`.	Der SimpleName der Klasse + `Service`
`portName`	Der Name des Ports `wsdl:port`. Darf nur bei Klassen benutzt werden.	Name des Webservices wie bei `name`-Property + `Port`
`wsdlLocation`	URL (absolut oder relativ) zu einer vordefinierten WSDL	`(leer)`
`endpointInterface`	Definition eines SEI, das als Grundlage zur Generierung der WSDL herangezogen wird. Darf nur bei Klassen benutzt werden.	`(leer)`

```
@WebService(name = "AddNumbers",
   targetNamespace = "http://duke.example.org", name="AddNumbers")
public class AddNumbersImpl {
   /**
    * @param number1
    * @param number2
    * @return The sum
    * @throws AddNumbersException
    *          if any of the numbers to be added is negative.
    */
    public int addNumbers(int number1, int number2)
          throws AddNumbersException {
       if (number1 < 0 || number2 < 0) {
          throw new AddNumbersException("Negative number cant be added!",
                                  "Numbers: " + number1 + ", " + number2);
       }
       return number1 + number2;
    }
}
```

Listing E.1: Beispiel für die WebService Annotation

- `javax.jws.WebMethod`: (Target: Methode) Konfiguriert eine Webservice-Operation.

Property	Beschreibung	Default
`operationName`	Der Name des `wsdl:operation`-Tags	Name der Java-Methode
`action`	Bei SOAP-Bindings ist dies der Inhalt der `soap action`.	`(leer)`

Property	Beschreibung	Default
`exclude`	Sorgt dafür, dass eine Methode NICHT als Webservice-Operation zur Verfügung gestellt wird. Wenn dieser Parameter genutzt wird, darf kein anderer Parameter aufgeführt werden. Dieser Parameter ist nur bei Klassen erlaubt.	`false`

```
@WebService(targetNamespace =
    "http://duke.example.org", name="AddNumbers")
public interface AddNumbersIF extends Remote {
    @WebMethod(operationName="add", action="urn:addNumbers")
    public int addNumbers(int number1, int number2)
        throws RemoteException, AddNumbersException;
}
```

Listing E.2: Beispiel für WebMethod

- `javax.jws.Oneway`: (Target: Methode) Spezifiziert, dass die Methode keine Response hat. Sollte die Methode einen Rückgabewert oder eine Checked Exception haben, wirft der Prozessor einen Fehler. Diese Annotation hat keine Properties.
- `javax.jws.WebParam`: (Target: Parameter) Mapped einen Parameter zu einem Webservice-Message-Part und XML-Element.

Property	Beschreibung	Default
`name`	Name des Parameters. Beim RPC-Stil wird dies zum Namen des `wsdl:part`, beim Document-Stil zum Namen des XML-Elements.	Bei Document/BARE der `@WebMethod. operation-Name`, ansonsten `arg`+N, wobei N eine fortlaufende null-basierende Nummer ist.
`partName`	Name des `wsdl:part`. Nur bei RPC oder Document/BARE.	`WebParam.name`
`targetNamespace`	XML-Namespace für den Parameter	TargetNamespace des Webservices oder leer bei Document/WRAPPED
`mode`	Richtung des Parameters: IN, OUT oder INOUT bei Holder-Klassen	IN bei nicht-Holder Klassen, INOUT bei Holder-Klassen
`header`	Der Parameter wird durch einen Header-Value gefüllt.	`false`

- `javax.jws.WebResult`: (Target: Methode) Spezifiziert den Return-Type der WSDL-Definition und das XML-Element.

Property	Beschreibung	Default
`name`	Name des Return-Elements. Beim RPC-Stil wird dies zum Namen des `wsdl:part` des Rückgabewertes, beim Document-Stil zum Namen des XML-Elements des Rückgabewertes.	Bei Document/BARE `arg` + Response, ansonsten `return`
`partName`	Name des `wsdl:part`. Nur bei RPC oder Document/BARE.	`WebResult.name`
`targetNamespace`	XML-Namespace für den Parameter	TargetNamespace des Webservices oder leer bei Document/WRAPPED
`header`	Der Parameter wird durch einen Header-Value gefüllt.	`false`

```
@WebService(targetNamespace =
   "http://duke.example.org", name="AddNumbers")
public interface AddNumbersIF extends Remote {
   @WebMethod(operationName="add", action="urn:addNumbers")
   @WebResult(name="return")
   public int addNumbers(
      @WebParam(name="num1")int number1,
      @WebParam(name="num2")int number2)
         throws RemoteException, AddNumbersException;
}
```

Listing E.3: Beispiel für WebParam und WebResult

- `javax.jws.HandlerChain`: (Target: Klasse, Methode, Feld, sollte nur bei der Klasse benutzt werden) Assoziiert einen Webservice mit einer extern definierten Handler-Kette. Diese Annotation kann nicht mit der Annotation `@SOAPMessageHandlers` kombiniert werden. Wenn die Annotation `@HandlerChain` bei der Implementation und dem Interface vorhanden ist, wird die Kette der Implementation genutzt.

Property	Beschreibung	Default
`file`	Pfad zur Datei mit der Handler-Kette als ULR oder relativem Pfad	`(leer)`
`name`	Deprecated	

```
@WebService
@HandlerChain( file="handlers.xml")
public class AddNumbersImpl {
   /**
    * @param number1
```

```
     * @param number2
     * @return The sum
     * @throws AddNumbersException
     *     if any of the numbers to be added is negative.
     */
    public int addNumbers(int number1, int number2)
            throws AddNumbersException {
        if (number1 < 0 || number2 < 0) {
            throw new AddNumbersException("Negative number cant be added!",
                "Numbers: " + number1 + ", " + number2);
        }
        return number1 + number2;
    }
}
```

Listing E.4: Beispiel für HandlerChain

Die dazugehörige Handler-Konfiguration muss in diesem Beispiel im Wurzelverzeichnis des Klassenpfads sein.

```
<jws:handler-config xmlns:jws="http://java.sun.com/xml/ns/javaee">
    <jws:handler-chains>
        <jws:handler-chain>
            <jws:handler>
                <jws:handler-class>
                    fromjavahandler.common.LoggingHandler
                </jws:handler-class>
            </jws:handler>
        </jws:handler-chain>
    </jws:handler-chains>
</jws:handler-config>
```

Listing E.5: Die `handlers.xml`

- `javax.jws.soap.SOAPBinding`: (Target: Klasse, Methode) Definiert das SOAP-Binding. Mehr dazu im nächsten Abschnitt.

Property	Beschreibung	Default
`style`	DOCUMENT oder RPC	DOCUMENT
`use`	LITERAL oder ENCODED	LITERAL
`parameterStyle`	BARE oder WRAPPED	WRAPPED

```
@WebService(targetNamespace = "http://duke.example.org",
    name="AddNumbers")
@SOAPBinding(style=SOAPBinding.Style.RPC, use=SOAPBinding.Use.LITERAL)
```

```
public interface AddNumbersIF extends Remote {
    @WebMethod(operationName="add", action="urn:addNumbers")
    @WebResult(name="return")
    public int addNumbers(
        @WebParam(name="num1")int number1,
        @WebParam(name="num2")int number2)
            throws RemoteException, AddNumbersException;
}
```

Listing E.6: Ein Beispiel für SOAP-Binding

E.2 JSR 222 Java Architecture for XML Binding (JAXB) 2.0

Die Spezifikation für JAXB beschreibt das Mapping zwischen den Java-Klassen und der WSDL mit ihrem XML-Schema. Die Annotations sind:

- `javax.xml.bind.annotation.XmlRootElement`
- `javax.xml.bind.annotation.XmlAccessorType`
- `javax.xml.bind.annotation.XmlType`
- `javax.xml.bind.annotation.XmlElement`
- `javax.xml.bind.annotation.XmlSeeAlso`

Im Detail stellen sich die Annotations folgendermaßen dar:

- `javax.xml.bind.annotation.XmlRootElement`: Definiert ein Top-Level-Element für das XML-Schema.

Property	Beschreibung	Default
`name`	Lokaler Name des XML-Elements	Der Name wird von der Klasse abgeleitet.
`Namespace`	Der Namensraum für das XML-Element	Der Namensraum wird vom Namen des Pakets abgeleitet.

- `javax.xml.bind.annotation.XmlAccessorType`: Definiert, ob Eigenschaften oder Methoden per Default für die Serialisation genutzt werden.

Property	Beschreibung	Default
`value`	`XmlAccessType.FIELD` oder `XmlAccessType.PROPERTY` oder `XmlAccessType.PUBLIC_MEMBER` oder `XmlAccessType.NONE`	`XmlAccessType.PROPERTY`

- `javax.xml.bind.annotation.XmlType`: Definiert das Mapping einer Java-Klasse zu einem XML-Schema-Typ.

Property	Beschreibung	Default
`name`	Lokaler Name des XML-Typs	`"##default"`
`namespace`	Der Namensraum aus dem XML-Schema der WSDL	`"##default"`
`propOrder`	Liste der Namen von Properties einer JavaBean	`{""}`

- `javax.xml.bind.annotation.XmlElement`: Mapped eine Property einer Klasse zu einem lokalen Element in dem XML-Schema.

Property	Beschreibung	Default
`name`	Lokaler Name des XML-Elements, das die JavaBean Property repräsentiert.	`Angelehnt an den Namen der JavaBean Property`
`namespace`	Namensraum des XML-Elements, das die JavaBean Property repräsentiert.	`Der Namensraum der Klasse`
`nillable`	Zu einem XML-Schema-Nillable-Element gemapped. Wird von JAX-WS nicht unterstützt.	`false`
`required`	Wenn `true`, wird `minOccurs` und `maxOccurs` auf 1 gesetzt. Wird von JAX-WS nicht unterstützt.	`false`

```
@XmlRootElement(name = "addNumbers",
   namespace = "http://server.fromjava/")
@XmlAccessorType(XmlAccessType.FIELD)
@XmlType(name = "addNumbers",
   namespace = "http://server.fromjava/", propOrder = {
   "arg0",
   "arg1"
})
public class AddNumbers {

   @XmlElement(name = "arg0", namespace = "")
   private int arg0;
   @XmlElement(name = "arg1", namespace = "")
   private int arg1;
```

```
    // Setter und Getter
}
```

Listing E.7: Beispiel für die JAXB Annotations

- `javax.xml.bind.annotation.XmlSeeAlso`: Weist JAXB an, auch noch andere Klassen einzubinden.

Property	Beschreibung	Default
`value`	Die andere Klasse, die eingebunden werden soll.	`{}`

```
@XmlSeeAlso({Dog.class,Cat.class})
class Animal {}
class Dog extends Animal {}
class Cat extends Animal {}
```

Listing E.8: Beispiel für `XmlSeeAlso`

E.3 JSR 224 Java API for XML-Based Web Services (JAX-WS) 2.0

Die JSR 224 definiert unter anderem die Annotations zur Konfiguration des Endpoints, des Requests und des Response.

- `javax.xml.ws.BindingType`
- `javax.xml.ws.RequestWrapper`
- `javax.xml.ws.ResponseWrapper`
- `javax.xml.ws.ServiceMode`
- `javax.xml.ws.WebEndpoint`
- `javax.xml.ws.WebFault`
- `javax.xml.ws.WebServiceClient`
- `javax.xml.ws.WebServiceProvider`
- `javax.xml.ws.WebServiceRef`
- `javax.xml.ws.Action`
- `javax.xml.ws.FaultAction`

Im Detail stellen sich die Annotations folgendermaßen dar:

- `javax.xml.ws.BindingType`: (Target: Klasse) Die Annotation gehört zu einer Implementation eines Endpunkts und definiert das Binding. Default Binding ist SOAP 1.1 über HTTTP.

Property	Beschreibung	Default
`value`	Die Binding-ID in Form eines URI	`(leer)`

```
@WebService
@BindingType(value="http://www.w3.org/2003/05/soap/bindings/HTTP/")
public class AddNumbersImpl {
    public int addNumbers(int number1, int number2)
       throws AddNumbersException {
        if (number1 < 0 || number2 < 0) {
           throw new AddNumbersException(
               "Negative number cant be added!",
               "Numbers: " + number1 + ", " + number2);
       }
       return number1 + number2;
    }
}
```

Listing E.9: Beispiel für die `BindingType`-Annotation

- `javax.xml.ws.RequestWrapper`: (Target: Methode) Verändert das generierte Wrapper Bean für den Request.

Property	Beschreibung	Default
`localName`	Der lokale Name des Elements	`(leer)`
`targetName-Space`	Der Namespace des Elements	`(leer)`
`className`	Name der Wrapper-Klasse	`(leer)`

- `javax.xml.ws.ResponseWrapper`: (Target: Methode) Verändert das generierte Wrapper Bean für den Response.

Property	Beschreibung	Default
`localName`	Der lokale Name des Elements	`(leer)`
`targetName-Space`	Der Namespace des Elements	`(leer)`
`className`	Name der Wrapper-Klasse	`(leer)`

```
public interface AddNumbersImpl {
   @WebMethod
   @WebResult(targetNamespace = "")
   @RequestWrapper(localName = "addNumbers",
```

```
        targetNamespace = "http://server.fromjava/",
        className = "fromjava.client.AddNumbers")
    @ResponseWrapper(localName = "addNumbersResponse",
        targetNamespace = "http://server.fromjava/",
        className = "fromjava.client.AddNumbersResponse")
    public int addNumbers(
        @WebParam(name = "arg0", targetNamespace = "")
        int arg0,
        @WebParam(name = "arg1", targetNamespace = "")
        int arg1)
        throws AddNumbersException_Exception;
}
```

Listing E.10: Beispiel für RequestWrapper und ResponseWrapper

- `javax.xml.ws.ServiceMode`: (Target: Klasse) Auswahl, welche Teile der Nachricht zur Verfügung gestellt werden sollen.

Property	Beschreibung	Default
`value`	Eine Konstante aus der Enumeration `javax.xml.ws.Service.Mode`. PAYLOAD (nur die Nutzdaten z.B. den Body einer SOAP-Nachricht) oder MESSAGE angeben, dann erhält man die ganze Nachricht.	PAYLOAD

```
@ServiceMode(value=Service.Mode.PAYLOAD)
public class AddNumbersImpl implements Provider<Source> {
    public Source invoke(Source source)
        throws RemoteException {
        try {
            DOMResult dom = new DOMResult();
            Transformer trans = TransformerFactory.newInstance()
                .newTransformer();
            trans.transform(source, dom);
            Node node = dom.getNode();
            Node root = node.getFirstChild();
            Node first = root.getFirstChild();
            int number1 = Integer.decode(first.getFirstChild()
                .getNodeValue());
            Node second = first.getNextSibling();
            int number2 = Integer.decode(second.getFirstChild()
                .getNodeValue());
            return sendSource(number1, number2);
        } catch(Exception e) {
```

```
            e.printStackTrace();
            throw new RemoteException("Error in provider endpoint");
        }
    }
    private Source sendSource(int number1, int number2) {
        int sum = number1+number2;
        String body =
            "<ns:addNumbersResponse xmlns:ns=\"http://duke.example.org\">"
            +"<return>"
            +sum
            +"</return></ns:addNumbersResponse>";
        Source source = new StreamSource(
            new ByteArrayInputStream(body.getBytes()));
        return source;
    }
}
```

Listing E.11: Beispiel für einen ServiceMode

- `javax.xml.ws.WebEndpoint`: (Target: Methode) Verbindet eine Methode mit einem Port.

Property	Beschreibung	Default
`name`	Der lokale Name des Webservices	`(leer)`

```
@WebServiceClient(name = "AddNumbersImplService",
targetNamespace = "http://server.fromjava/",
wsdlLocation = "http://localhost:8080/jaxws-fromjava/addnumbers?wsdl")
public class AddNumbersImplService
    extends Service {
    private final static URL WSDL_LOCATION;
    private final static QName ADDNUMBERSIMPLSERVICE =
        new QName("http://server.fromjava/", "AddNumbersImplService");
    private final static QName ADDNUMBERSIMPLPORT =
        new QName("http://server.fromjava/", "AddNumbersImplPort");
    static {
        URL url = null;
        try {
            url = new URL("http://localhost:8080/../addnumbers?wsdl");
        } catch (MalformedURLException e) {
            e.printStackTrace();
        }
        WSDL_LOCATION = url;
```

```
    }
    public AddNumbersImplService(URL wsdlLocation, QName serviceName) {
        super(wsdlLocation, serviceName);
    }
    public AddNumbersImplService() {
        super(WSDL_LOCATION, ADDNUMBERSIMPLSERVICE);
    }
    /**
     *
     * @return
     *     returns AddNumbersImpl
     */
    @WebEndpoint(name = "AddNumbersImplPort")
    public AddNumbersImpl getAddNumbersImplPort() {
        return (AddNumbersImpl)super.getPort(ADDNUMBERSIMPLPORT,
            AddNumbersImpl.class);
    }
}
```

Listing E.12: Beispiel für einen WebEndpoint

- `javax.xml.ws.WebFault`: (Target: Klasse) Zum Mappen von WSDL-Faults zu Java Exceptions.

Property	Beschreibung	Default
`name`	Der lokale Name des Elements	`(leer)`
`targetName-Space`	Der Namespace des Elements	`(leer)`
`faultBean`	Qualifizierter Klassename zur FaultBean-Klasse	`(leer)`

```
@javax.xml.ws.WebFault(name="AddNumbersException",
    targetNamespace="http://server.fromjava/jaxws")
public class AddNumbersException_Exception extends Exception {
    private fromjava.client.AddNumbersException faultInfo;
    public AddNumbersException_Exception(String message,
            fromjava.client.AddNumbersException faultInfo) {
        super(message);
        this.faultInfo = faultInfo;
    }
    public AddNumbersException_Exception(String message,
            fromjava.client.AddNumbersException faultInfo,
                                    Throwable cause) {
        super(message, cause);
```

```
        this.faultInfo = faultInfo;
    }
    public fromjava.client.AddNumbersException getFaultInfo() {
        return faultInfo;
    }
}
```

Listing E.13: Beispiel für ein WebFault

- `javax.xml.ws.WebServiceClient`: (Target: Klasse) Verbindet eine Klasse mit einem Webservice.

Property	Beschreibung	Default
`name`	Der lokale Name des Webservices	`(leer)`
`targetName-Space`	Der Namespace des Elements	`(leer)`
`wsdlLocation`	URL zur WSDL	`(leer)`

```
@WebServiceClient(name = "AddNumbersImplService", targetNamespace =
"http://server.fromjava/", wsdlLocation = "http://localhost:8080/jaxws-
fromjava/addnumbers?wsdl")
public class AddNumbersImplService
    extends Service
{
    private final static URL WSDL_LOCATION;
    private final static QName ADDNUMBERSIMPLSERVICE = new QName("http://
server.fromjava/", "AddNumbersImplService");
    private final static QName ADDNUMBERSIMPLPORT = new QName("http://ser-
ver.fromjava/", "AddNumbersImplPort");
    static {
        URL url = null;
        try {
            url = new URL("http://localhost:8080/jaxws-fromjava/addnum-
bers?wsdl");
        } catch (MalformedURLException e) {
            e.printStackTrace();
        }
        WSDL_LOCATION = url;
    }
    public AddNumbersImplService(URL wsdlLocation, QName serviceName) {
        super(wsdlLocation, serviceName);
    }
    public AddNumbersImplService() {
        super(WSDL_LOCATION, ADDNUMBERSIMPLSERVICE);
```

```
    }
    /**
     *
     * @return
     *     returns AddNumbersImpl
     */
    @WebEndpoint(name = "AddNumbersImplPort")
    public AddNumbersImpl getAddNumbersImplPort() {
        return (AddNumbersImpl)super.getPort(ADDNUMBERSIMPLPORT,
                                            AddNumbersImpl.class);
    }
}
```

Listing E.14: Beispiel für einen WebServiceClient

- `javax.xml.ws.WebServiceProvider`: (Target: Klasse) Die Annotation zeigt an, dass die Klasse ein Provider ist.

Property	Beschreibung	Default
`serviceName`	Der Name für den Service	`(leer)`
`portName`	Der Name des Ports	`(leer)`
`targetName-Space`	Der Namespace des Elements	`(leer)`
`wsdlLocation`	URL zur WSDL	`(leer)`

```
@ServiceMode(value=Service.Mode.PAYLOAD)
@WebServiceProvider(wsdlLocation="WEB-INF/wsdl/AddNumbers.wsdl")
public class AddNumbersImpl implements Provider {
    public Source invoke(Source source) {
        try {
            DOMResult dom = new DOMResult();
            Transformer trans = TransformerFactory.newInstance().newTransformer();
            trans.transform(source, dom);
            Node node = dom.getNode();
            Node root = node.getFirstChild();
            Node first = root.getFirstChild();
            int number1 = Integer.decode(first.getFirstChild().getNodeValue());
            Node second = first.getNextSibling();
            int number2 = Integer.decode(second.getFirstChild().getNodeValue());
            return sendSource(number1, number2);
        } catch(Exception e) {
            e.printStackTrace();
```

```
            throw new RuntimeException("Error in provider endpoint", e);
        }
    }

    private Source sendSource(int number1, int number2) {
        int sum = number1+number2;
        String body =
            ""
            +sum
            +"";
        Source source = new StreamSource(
            new ByteArrayInputStream(body.getBytes()));
        return source;
    }
}
```

Listing E.15: Beispiel für einen WebServiceProvider

■ `javax.xml.ws.WebServiceRef`: (Target: Klasse, Methode oder Feld) Die Annotation deklariert eine Referenz zu einem Webservice. Sie ist in einer Java-EE-5-Umgebung für Resource Injection analog zu `javax.annotation.Resource` zu nutzen.

Property	Beschreibung	Default
`name`	Der Name für die Webservice-Referenz	`(leer)`
`type`	Der Typ der Ressource	`Object.class`
`value`	Der Typ des Services	`Object.class`
`wsdlLocation`	URL zur WSDL	`(leer)`

■ `javax.xml.ws.WebServiceRefs`: (Target: Klasse) Die Annotation deklariert eine Gruppe von Referenzen zu Webservices. Sie ist in einer Java-EE-5-Umgebung für Resource Injection analog zu `javax.annotation.Resource` zu nutzen.

Property	Beschreibung	Default
`value`	Ein Array von `WebServiceRef Annotations`	`{}`

■ `javax.xml.ws.Action`: (Target: Methode) Definiert bei dem Operation-Part das Action-Attribut der WSDL für die input-, output- und fault-Messages. Wird für eine der drei Properties kein Inhalt angegeben, wird das Action-Attribut nicht generiert.

Property	Beschreibung	Default
`input`	Inhalt der Action Message für die Property `input`	`(leer)`
`output`	Inhalt der Action Message für die Property `output`	`(leer)`
`fault`	Spezifiziert FaultActions für die Exceptions	`{}`

```
@javax.jws.WebService
public class AddNumbersImpl {
   @javax.xml.ws.Action(input="http://example.com/inputAction")
   public int addNumbers(int number1, int number2) {
      return number1 + number2;
   }
}
```

Listing E.16: Beispiel für die Action Annotation

Das obige Beispiel hat folgende Auswirkungen auf die WSDL:

```
<definitions targetNamespace="http://example.com/numbers" ...>
  ...
    <portType name="AddNumbersPortType">
      <operation name="AddNumbers">
        <input message="tns:AddNumbersInput" name="Parameters"
          wsaw:Action="http://example.com/inputAction"/>
        <output message="tns:AddNumbersOutput" name="Result"/>
      </operation>
    <portType>
  ...
<definitions>
```

Listing E.17: Auswirkungen von Action in der WSDL

- `javax.xml.ws.FaultAction`: (Target: Methode) Kommt innerhalb der Action-Annotation für Faults zum Tragen.

Property	Beschreibung	Default
`className`	Name der Exception-Klasse.	`Pflichtfeld`
`value`	Inhalt der Property für Action Message Addressing	`(leer)`

```
@javax.jws.WebService
 public class AddNumbersImpl {
    @javax.xml.ws.Action(
       input="http://example.com/inputAction",
       output="http://example.com/outputAction",
```

```
        fault = {
            @javax.xml.ws.FaultAction(className=AddNumbersException.class,
            value="http://example.com/faultAction")
        })
    public int addNumbers(int number1, int number2)
        throws AddNumbersException {
        return number1 + number2;
    }
}
```

Listing E.18: Ein Beispiel für Action und FaultAction

Obiges Beispiel führt zu folgender WSDL:

```
<definitions targetNamespace="http://example.com/numbers" ...>
    ...
    <portType name="AddNumbersPortType">
      <operation name="AddNumbers">
        <input message="tns:AddNumbersInput" name="Parameters"
          wsaw:Action="http://example.com/inputAction"/>
       <output message="tns:AddNumbersOutput" name="Result"
         wsaw:Action="http://example.com/outputAction"/>
       <fault message="tns:AddNumbersException" name="AddNumbersException"
         wsaw:Action="http://example.com/faultAction"/>
      </operation>
    <portType>
    ...
<definitions>
```

Listing E.19: Ausschnitt einer WSDL mit FaultAction

E.4 JSR 250 Common Annotations for the Java Platform

Für die Auflösung von Abhängigkeiten und die Nutzung des Lifecycles sind die folgenden Annotations aus der JSR 250 im JAX-WS enthalten:

- `javax.annotation.Resource`
- `javax.annotation.PostConstruct`
- `javax.annotation.PreDestroy`

Im Detail stellen sich die Annotations folgendermaßen dar:

- `javax.annotation.Resource`: (Target: Type, Feld, Methode) Definiert eine `WebServiceContext`-Ressource, die der Container in eine Methode oder eine Eigenschaft injizieren kann.

Property	Beschreibung	Default
Type	Java-Typ der Ressource	Typ der Eigenschaft oder bei einer Methode Wert die BeanProperty

```
@WebService
public class HelloImpl {
 @Resource
 private WebServiceContext context;
 public String echoHello(String name) {
     ...
   }
}
```

Listing E.20: Beispiel für die Resource Annotation

- `javax.annotation.PostConstruct`: Definiert eine Methode, die nach der Erzeugung und vor der Nutzung des Services aufgerufen wird. Diese Annotation hat keine Properties.
- `javax.annotation.PreDestroy`: Definiert eine Methode, die vor der Zerstörung des Services aufgerufen wird. Diese Annotation hat keine Properties.

Stichwortverzeichnis

U

V

W

X

Martin Spiller

Maven 2

Konfigurationsmanagement mit Java

- Lifecycles, Dependencies, Projektbeziehungen
- Repositories, Plugins, Properties und Filtering
- Profile, Reporting, Dokumentation, Qualitätsmanagement

Maven ist ein Build- und Konfigurationsmanagement-Tool der Apache Software Foundation und basiert auf Java. Mit Maven lassen sich Java-Projekte standardisiert erstellen und verwalten. Ziel hierbei ist die Automatisierung und Vereinfachung immer wieder anfallender Aufgaben.

Der Autor erläutert die grundlegenden Konzepte und Module von Maven und zeigt Ihnen, wie diese im Projektalltag eingesetzt werden können. Das Buch richtet sich an Softwareentwickler und -architekten, an technische Projektleiter und alle, die sich mit Konfigurationsmanagement beschäftigen.

Zunächst gibt Ihnen der Autor einen Schnelleinstieg in Maven und erläutert die elementaren Befehle und Konfigurationsschritte, so dass Sie sofort erste Projekte mit Maven erstellen und bearbeiten können. Die folgenden sechs Kapitel vermitteln Ihnen die grundlegenden Konzepte und Prinzipien z.B. zu Verzeichnis- und Namenskonventionen, Lifecycles, Dependencies, Projektbeziehungen und zum Projektmodell. Alle weiteren Kapitel behandeln einzelne Themen, die im Verlaufe eines Projektes eine Rolle spielen können wie u.a. Repositories, Plugins, das Veröffentlichen von Software, Reporting und Dokumentation sowie Qualitätsmanagement. So erhalten Sie einen umfassenden Einblick in Maven.

Dieses Buch eignet sich sowohl als Einführung als auch als Referenz und Arbeitsbuch für die tägliche Praxis.

Über den Autor:

Martin Spiller ist Diplom-Mathematiker und arbeitet als Softwareentwickler und Berater im Java-Umfeld für die NEUSTA GmbH. Seine Schwerpunkte sind Softwarequalität, Konfigurationsmanagement, Performance-Tuning und Vorgehensmodelle.

Probekapitel und Infos erhalten Sie unter:
www.mitp.de/5937

ISBN 978-3-8266-5937-9